U0448830

新时代铸牢中华民族共同体意识思想研究

苏瑞莹·著

XINSHIDAIZHULAO
ZHONGHUAMINZU GONGTONGTIYISHI
YANJIU

綫装書局

图书在版编目（CIP）数据

新时代铸牢中华民族共同体意识思想研究 ／ 苏瑞莹著. -- 北京：线装书局，2022.12
ISBN 978-7-5120-5080-8

Ⅰ．①新… Ⅱ．①苏… Ⅲ．①中华民族－民族意识－研究 Ⅳ．①C955.2

中国版本图书馆CIP数据核字(2022)第240358号

新时代铸牢中华民族共同体意识思想研究
XINSHIDAI ZHULAO ZHONGHUAMINZUGONGTONGTIYISHI SIXIANGYANJIU

著　　者：	苏瑞莹
责任编辑：	林　菲
出版发行：	线装书局
地　　址：	北京市丰台区方庄日月天地大厦 B 座 17 层（100078）
电　　话：	010-58077126（发行部）010-58076938（总编室）
网　　址：	www.zgxzsj.com
经　　销：	新华书店
印　　制：	北京建宏印刷有限公司
开　　本：	710mm×1000mm　1/16
印　　张：	19.25
字　　数：	325 千字
版　　次：	2022 年 12 月第 1 版第 1 次印刷
定　　价：	78.00 元

目 录

绪 论 ……………………………………………………………………（001）

 第一节　研究来源与意义 ……………………………………………（001）

  一、研究来源 ……………………………………………………（001）

  二、研究意义 ……………………………………………………（004）

 第二节　国内外研究现状及述评 ……………………………………（007）

  一、国外研究现状及述评 ………………………………………（008）

  二、国内研究现状及述评 ………………………………………（013）

 第三节　研究思路与方法、创新之处 ………………………………（029）

  一、研究思路 ……………………………………………………（029）

  二、研究方法 ……………………………………………………（030）

  三、创新之处 ……………………………………………………（033）

第一章　中华民族共同体意识概述 …………………………………（035）

 第一节　相关概念的阐释 ……………………………………………（035）

  一、民族 …………………………………………………………（035）

  二、中华民族 ……………………………………………………（039）

  三、中华民族共同体 ……………………………………………（043）

  四、中华民族共同体意识 ………………………………………（045）

 第二节　中华民族共同体意识形成的发展脉络 ……………………（047）

  一、中国史前文明多元共生的痕迹 ……………………………（048）

  二、古代中华民族共同体意识的孕育 …………………………（053）

三、近代时期中华民族共同体意识形成 ……………………… (056)
四、当代中华民族共同体意识的发展 ……………………… (059)

第二章　新时代铸牢中华民族共同体意识的思想渊源和时代诉求 … (062)
　第一节　新时代铸牢中华民族共同体意识的思想渊源 ………… (062)
　　一、经典马克思主义的共同体思想 ……………………… (063)
　　二、中华优秀传统文化的共同体思想 …………………… (080)
　　三、马克思主义中国化的共同体理论 …………………… (090)
　第二节　新时代铸牢中华民族共同体意识的时代诉求 ………… (108)
　　一、实现中华民族伟大复兴中国梦的精神动力 ………… (109)
　　二、构建新时代和谐民族关系的必然要求 ……………… (111)
　　三、维护国家和平统一的重要基础 ……………………… (114)
　　四、协同推进两个"共同体"建设的逻辑中介 ………… (115)
　　五、应对日益复杂的国际局势的必然要求 ……………… (118)

第三章　新时代铸牢中华民族共同体意识的提出过程和科学内涵 … (120)
　第一节　新时代铸牢中华民族共同体意识的提出过程 ………… (121)
　　一、"牢固树立"中华民族共同体意识 ………………… (122)
　　二、"积极培养"中华民族共同体意识 ………………… (124)
　　三、"铸牢"中华民族共同体意识 ……………………… (125)
　第二节　新时代铸牢中华民族共同体意识的科学内涵 ………… (126)
　　一、共兴共荣的命运共同体意识 ………………………… (127)
　　二、共建共治的政治共同体意识 ………………………… (129)
　　三、共富共享的经济共同体意识 ………………………… (131)
　　四、共甘共苦的生活共同体意识 ………………………… (135)
　　五、共创共传的文化共同体意识 ………………………… (138)

第四章　新时代铸牢中华民族共同体意识的有利条件和现实挑战 … (142)
　第一节　新时代铸牢中华民族共同体意识的有利条件 ………… (143)
　　一、马克思主义民族理论是铸牢中华民族共同体意识的思想基础
　　　　…………………………………………………………… (144)

二、党对民族团结的领导是铸牢中华民族共同体意识的根本保证 ………………………………………………………………………… (150)

三、相互依赖的经济关系是铸牢中华民族共同体意识的物质保障 ………………………………………………………………………… (161)

四、崇尚统一的治理传统是铸牢中华民族共同体意识的政治支撑 ………………………………………………………………………… (165)

五、多元一体的中华文化是铸牢中华民族共同体意识的精神动力 ………………………………………………………………………… (168)

六、救亡图存的历史记忆是铸牢中华民族共同体意识的命运纽带 ………………………………………………………………………… (171)

第二节 新时代铸牢中华民族共同体意识面临的现实挑战 ……… (173)

一、多变的国际局势与交锋博弈的多元价值对铸牢中华民族共同体意识产生冲击 ……………………………………………… (174)

二、西方敌对势力意识形态的渗透对铸牢中华民族共同体意识产生威胁 ………………………………………………………… (175)

三、后现代史学对铸牢中华民族共同体意识的解构 ………… (178)

四、地区分裂意识和狭隘民族思想的滋长淡化中华民族共同体意识 ………………………………………………………………… (179)

五、"多元"与"一体"的关系冲突对中华民族共同体意识的弱化 ………………………………………………………………………… (181)

第五章 新时代铸牢中华民族共同体意识的价值意蕴与多维进路 … (183)

第一节 新时代铸牢中华民族共同体意识的价值意蕴 ………… (183)

一、立足四个"共同":铸牢中华民族共同体意识的前提基础 …… (183)

二、树立四个"与共"理念:铸牢中华民族共同体意识的精神组带 ………………………………………………………………………… (193)

三、把握"四大关系":铸牢中华民族共同体意识的价值遵循 …… (201)

四、树牢马克思主义"五观":铸牢中华民族共同体意识的价值内核 ………………………………………………………………………… (207)

五、坚定五个"认同":铸牢中华民族共同体意识的价值旨归 …… (212)

第二节 新时代铸牢中华民族共同体意识的多维进路 ………… (221)

一、政治维度：铸牢中华民族共同体意识的政治认同 …………（222）
二、经济维度：铸牢中华民族共同体意识的物质基础 …………（235）
三、文化维度：铸牢中华民族共同体意识的思想依托 …………（243）
四、社会维度：铸牢中华民族共同体意识的社会体系 …………（257）
五、生态维度：铸牢中华民族共同体意识的生态保障 …………（264）

结束语 ……………………………………………………………（274）
参考文献 …………………………………………………………（277）

绪　论

第一节　研究来源与意义

一、研究来源

中国是一个地域辽阔、幅员宽广的多民族国家，中华民族是生长在中华大家庭中的 56 个民族的总称，在这样一个多民族的国家里，维护国家统一和民族团结，不仅是各族人民共同的思想共识，更是全体人民的最高利益。可以说，一部卷帙浩繁、波澜壮阔的中国历史，不仅是各民族交融汇聚成多元一体中华民族的历史，也是各民族共同缔造、发展、巩固统一的伟大祖国的历史。

作为中华民族脊梁、中国人民主心骨，中国共产党自诞生之日起，就义无反顾地担负起带领各族人民实现中华民族伟大复兴的历史重任。一百多年来，通过不断艰辛探索，找到了一条中国特色解决民族问题的正确道路，开辟了具有鲜明的中国特色、中国风格、中国智慧的民族工作新方略。以毛泽东同志为主要代表的中国共产党人，把少数民族的解放纳入中华民族解放的全局中，把解决民族问题纳入新民主主义革命时期党的总任务之中，不断从全局和战略上研究、部署和推进民族工作。1922 年，中共二大就提出了关于民族问题的纲领。1928 年，中共六大专门做出关于民族问题决议案，认为民族问题"对于革命有重大的意义"。在红军长征时期，我们党深刻认识到"争取少数民族在中国共产党与中国苏维埃政府领导之下，对于中国革命胜利前途有决定的意义"。1945 年，中共七大专门强调"少数民族问题"。中华人民共和国成立后，我们党带领各族人民共同走上社会主义道路。1957 年，毛泽东深刻指出,"国家的统一,人民的团结,国内各民族的团结,这是我们的事业必定要胜利的基本保证"。改革开放以来,党中央分别于1992年、1999年、2005年召开中央民族工作会议,适时对民族工作做出一系列重大决策部署。邓小平强调,要"加速现代化建设,促进各民族共同繁荣"。江泽民强调,"必须从振兴中华民族的高度,从巩固和发展我国社会主义事业的高度,充分认识民族工作的长期性、复杂性和重要性"。胡锦涛指出,"祖国统一是各族人民的最高利益,民族团结是祖国统一的重要保证"。

党的十八大以来,世界处于百年未有之大变局,影响民族关系的因素更加复杂,维护国家统一和民族团结的任务更加艰巨。以习近平同志为核心的党中央,基于历史现实多方考量,基于民族工作的新变化、新态势、新特征,在马克思主义理论的指导下,站在坚持和发展中国特色社会主义,实现中华民族伟大复兴的战略高度,召开统战、民族、新疆、宗教、扶贫等领域的重大会议,出台多个重要文件,谋划部署新时代民族工作,提出了以铸牢中华民族共同体意识为核心内容的党的民族工作创新理论,系统科学地回答了百年来党领导下我国民族工作的"历史之问""时代之问"和"人民之问"。

中华民族共同体意识是一个历史范畴,是中华各民族在长达五千多年的历史进程中,基于共同开拓祖国疆域、共同推动社会进步、共同创造民族文化、共同塑造民族精神、共同走向美好未来的交往、交流和交融实践而逐步在头脑中形成的对中华民族命运共同体的认可、接受和热爱的思想观念,是民族情感、民族利益和民族价值取向的最大公约数。铸牢中华民族共同体意识,既是我们实现民族复兴愿景的重要保障,也是应对日益复杂的国际民族分裂主义的有力武器。铸牢中华民族共同体意识这一命题,是习近平总书记的原创性论断,是党的十八大以来马克思主义民族理论的重大创新和发展,是新时代党的民族工作的主线,民族工作的"纲"。

早在2014年5月,习近平总书记在第二次中央新疆工作座谈会上就提出牢固树立"中华民族共同体意识";随后,在9月的中央民族工作会议上强调要"积极培养中华民族共同体意识"①。2017年10月,党的十九大报告在此基础上进一步提出"全面贯彻党的民族政策,深化民族团结进步教育,铸牢

---

① 习近平. 在中央民族工作会议暨国务院第六次全国民族团结进步表彰大会上的讲话 [N]. 人民日报,2014—09—30 (1).

中华民族共同体意识"①的具体要求,并将"铸牢中华民族共同体意识"写入党章。2019年9月,习近平总书记在全国民族团结进步表彰大会上进一步强调,"要以铸牢中华民族共同体意识为主线做好各项工作"②。2021年8月,中央民族工作会议上,鉴于世界处于百年未有之大变局时期,中国日益走向世界舞台的中央,迈向第二个百年奋斗目标的重大历史时刻,习近平总书记发表重要讲话,回答了时代之问。在这次讲话中科学回答了新时代民族工作举什么旗、走什么路等重大问题,全面回顾了我们党的民族工作百年光辉历程和历史成就,深入分析了当前党的民族工作面临的新形势,系统阐释了我们党关于加强和改进民族工作的重要思想,明确了以铸牢中华民族共同体意识为主线推进新时代党的民族工作高质量发展的指导思想、战略目标、重点任务、政策举措。在重点谈到的"十二个必须"中,强调了铸牢中华民族共同体意识是新时代党的民族工作的主线和"纲"③。从开始的"牢固树立"发展到"打牢"和"积极培育",再到党的十九大报告强调的"铸牢",并在2021年中央民族工作会议上,把"铸牢中华民族共同体意识"提升到关乎中华民族伟大复兴的政治高度,将其作为新时代党的民族工作的"纲",要求所有工作要向此聚焦。其表述的变化充分体现出了党和国家对构建中华民族共同体意识的重视程度在不断加深,对民族工作的内涵拓展和方向不断提出了新的要求,既是时代之音,更是中国共产党民族政策的最新理论指南。

在习近平总书记亲自部署指挥下,各族儿女在中华民族大家庭中手足相亲、守望相助,在脱贫攻坚和全面建成小康社会进程中,啃下了民族地区脱贫攻坚这块硬骨头,兑现了"全面建成小康社会,一个民族都不能少"的庄严承诺。从雪域高原到天山南北,从祖国北疆到西南边陲,我国各民族面貌、民族地区面貌、民族关系面貌、中华民族面貌发生了翻天覆地的变化。在全面建成小康社会的进程中,全国各族人民得到实实在在的获得感,对伟大祖国、中华民族、中华文化、中国共产党、中国特色社会主义的认同达到了一个新高度。实践充分证明,中华民族共同体意识是国家统一之基、民族团结之本、精神力量之魂。

---

① 习近平. 决胜全面建成小康社会夺取新时代中国特色社会主义伟大胜利 [EB/OL]. 2020—10—21.

② 习近平. 在全国民族团结进步表彰大会上的讲话 [EB/OL]. 2020—10—21.

③ 习近平. 在中央民族工作会议上强调以铸牢中华民族共同体意识为主线推动新时代党的民族工作高质量发展 [N]. 人民日报,2021—08—29(1).

当前，我们正处于全面建成小康社会、实现第一个百年奋斗目标之后，开启全面建设社会主义现代化国家新征程向第二个百年奋斗目标迈进的重要历史时刻。在这一重要历史节点，世界百年未有之大变局加速演进，国际形势继续发生深刻复杂变化，国内改革发展稳定任务艰巨繁重。新的征程上，我们面临种种可以预见和难以预见的风险挑战，甚至会遇到难以想象的惊涛骇浪。"积力之所举，则无不胜也；众智之所为，则无不成也。"实现既定目标，创造新的历史伟业，更加需要团结一切可以团结的力量，调动一切可以调动的积极因素，凝聚起心往一处想、劲儿往一处使的奋斗合力。为此，进一步加强民族团结、凝聚民族力量、弘扬民族精神，倡扬全体中华儿女在思想上铸牢中华民族共同体意识，增强历史使命感和时代责任感，坚决抵制各种错误思潮，推动中华民族走向包容性更强、凝聚力更大的命运共同体等，就成为新时代条件下实现中华民族伟大复兴中国梦的现实之所需。

二、研究意义

铸牢中华民族共同体意识是我们党在治国理政的实践中，审视世界形势发生巨大变化以及深刻把握我国统一多民族国家基本国情的基础上，逐步探索而形成的新的民族理论成果，是维护国家统一，加强民族团结，凝聚民族力量的重大举措。其不仅是指导我国今后一个时期民族工作的行动指南，同时，也为实现中华民族伟大复兴凝聚 14 多亿中华儿女的力量提供强大的精神支撑。故此，在该领域进一步做深入系统的探索与研究，不仅在理论，而且在实践上都具有十分重要的意义。

（一）学术价值

一是有利于丰富和发展马克思主义民族理论。马克思、恩格斯在领导无产阶级革命和创立科学共产主义理论体系的过程中，非常重视民族问题。他们通过深刻批判资产阶级民族理论与对空想社会主义理论的扬弃而强调指出，世界各国各民族工人阶级的团结以及工人阶级与劳动群众的团结斗争，是无产阶级革命暨社会主义运动取得胜利的重要前提和根本保证，并因此就民族团结提出了重要论断。20 世纪初，列宁从人类社会已进入帝国主义和无产阶级革命时代以及殖民地半殖民地国家民族解放运动风起云涌、蓬勃高涨的世界形势出发，对包括民族平等在内的社会主义国家处理和解决民族问题的基本原则与政策做出了阐释，进一步丰富了马克思主义关于民族团结的思考与理论阐释。中国共产党是以马克思主义作为指导思想的工人阶级政党，是中国人民和中华民族的先锋队。自建党伊始，即根据马克思主义民族理论，明确提出了反对民族歧视和民族压迫、消除民族隔阂、要求民族平等与民族团结的主张。同时在领导中国人民进行革命、建设和改革开放的进程中，从中国是统一的多民族国家这一历史传统与现实状况出发，不但在实践上创造性地走出了一条符合中国国情，并有着鲜明中国特色的民族问题解决之路，而且在理论上也不断丰富和发展了马克思主义民族团结理论。铸牢中华民族共同体意识是在中国特色社会主义民族工作特别是其进入新时代的情境中形成的。其作为党立足于解决民族问题，在准确把握时代发展大势的基础上提出的原创理论，不但成为新时代增强中华民族凝聚力、促进中华民族大家庭共同团结进步与共同繁荣发展的精神力量支撑，同时也沿循着马克思主义民族团结理论发展路径，将马克思主义民族团结理论升华到了一个更新、更高并更加符合时代发展要求的崇高境界，在马克思主义民族理论发展史上留下浓墨重彩的印痕，愈益散发出理论创新的璀璨光芒。

二是有利于深化和拓展对铸牢中华民族共同体意识的研究。铸牢中华民族共同体意识是在继承马克思主义民族理论的基础上，洞察国内外形势变迁的总趋势，同时代相吻合，同具体实践相结合，围绕着加强民族团结，为实现"中国梦"凝聚民族力量的目标要求而逐步形成的新时代中国特色民族理论。是对中华优秀传统文化、马克思主义共同体思想、中国共产党主要领导人的民族思想、中国特色社会主义民族理论等的继承和发展，是与之既一脉相承又与时俱进的理论。本书在对中华民族共同体意识相关基础性概念界定的基础上，从中华民族共同体意识形成的发展脉络，新时代铸牢中华民族共同体意识的思想渊源、时代诉求、提出过程、科学内涵以及所面临的国内外有利条件和现实挑战进行系统性分析的基础上，进一步对新时代铸牢中华民族共同体意识的价值意蕴与多维进路进行了深入系统的阐发。这不仅有利于深化对习近平总书记关于铸牢中华民族共同体意识的重要论述的认识，坚定中国共产党加强民族团结工作理论的自信与创新，而且也可为人们深刻认识和理解新时代民族团结工作的基本方略、方式、方法，推动民族团结工作向纵深方向发展提供可供借鉴的新视角和新方向。

三是有利于推动和完善新时代中国特色社会主义民族理论体系的建构。习近平总书记在总结中国历史文化和民族发展规律的基础上，着眼新时代党的民族工作面临的新形势新特点，深刻把握党和国家事业发展对民族工作提出的新任务新要求，创造性地提出"铸牢中华民族共同体意识"，不仅是中国共产党对民族工作规律认识的历史性飞跃，更标志着党的民族工作进入了新阶段，开启了各民族交往交流交融不断深入、中华民族共同体意识不断铸牢的新时代。铸牢中华民族共同体意识这一重大论断，作为独具中国特色的标志性概念，是马克思主义民族理论中国化时代化的最新理论成果，是习近平新时代中国特色社会主义思想的重要组成部分，为做好新时期的民族工作指明了方向。本书在研究中坚持马克思主义正确的立场和方向，以马克思主义基本理论为研究起点，对党的民族理论体系和习近平新时代民族工作思想进行梳理，力求为新时代背景下做好民族工作和中国特色社会主义民族理论体系的完善做出一点有益的补充。

（二）应用价值

一是能为党在新时期铸牢中华民族共同体意识提供一定的参考。基于对中国共产党培育中华民族共同体意识的经验总结，一方面，能全面真实地了解当前铸牢中华民族共同体意识已取得的成效和方法。另一方面，立足于对新时期中华民族共同体发展特点的把握，从政治根本、经济基础、文化认同、社会整合、生态建设等多重角度，对铸牢中华民族共同体意识的具体内蕴进行切入，以期通过新思维、新逻辑、新视角为新时代民族工作的发展途径提供参考引领。有助于为党在新时期铸牢中华民族共同体意识提供一定意义的参考。

二是有助于维护国家统一和民族团结。在国家发展规划的宏伟蓝图中，和平与稳定始终是不可或缺的前提条件。新时代面对我国的日益强大，国外敌对势力，国内的暴力恐怖势力、民族分裂势力、宗教极端势力，企图遏制我国崛起壮大。通过铸牢中华民族共同体意识，既能加深各族群众的身份认同意识，提高整体意识，又能在实践中释放巨大的行为动力，指引全体中华儿女有效回击负面影响，自觉反对一切破坏势力，筑起牢固的思想城墙，自觉地同一切破坏国家统一与民族团结的势力做斗争。

三是有助于推动新时代民族工作高质量发展。民族团结和发展是民族工作的重点所在。铸牢中华民族共同体意识，正是围绕主基调，聚焦民族治理所探索出来的思想精华，能为民族工作的具体开展提供理论向导，能有效解决其实际开展过程中所面临的现实挑战，能有效克服政治、经济、文化各方面客观差距导致的认同障碍，能有效化解外部环境中不确定性因素和不稳定性因素，开创新时代民族工作新局面。

四是有助于实现中华民族的伟大复兴。培育中华民族共同体意识着眼于各民族共同利益和共同目标，寻求各民族在利益和精神层面的最大公约数，促使各民族劲儿往一处使，心往一处想。从各民族携手推翻"三座大山"建立了新中国，到后来的"一化三改"，确立了社会主义制度，再到今天新时代中国以崭新形象屹立于世界民族之林，这既是各民族团结奋斗的结果，也是各民族精神力量的彰显。如今我们正朝着第二个百年奋斗目标迈进之时，就更需要发挥中华民族共同体意识的"黏合力"，进而汇聚成夺取中华民族伟大复兴的精神力量。

五是能为高校思想政治教育工作的开展提供一定的参考。培育中华民族共同体意识是党和国家赋予思想政治教育的时代课题，通过对习近平总书记关于铸牢中华民族共同体意识的重要论述的研究，有利于青年学子在深刻地了解和掌握铸牢中华民族共同体意识的深刻内涵的基础上进一步提升自身的认同意识、归属意识、发展意识和责任意识，进一步加深自身对"五个认同"的认同程度，增强自身抵御敌对思想和错误思潮的能力。

第二节　国内外研究现状及述评

人类社会历史发展表明，任何民族的现代化不仅要有坚实的物质基础，而且还要有深厚的精神底蕴，正是物质与精神之合力推动了历史的发展。在全球化快速发展的当代，"世界正经历百年未有之大变局"，已成为世界第二大经济体的中国正处于向着第二个百年奋斗目标勇毅迈进的新征程上，现在的中国比历史上任何时期都更接近中华民族伟大复兴的目标，比历史上任何时期都更有信心、有能力实现这个目标①。

在这个千载难逢的历史机遇期，习近平总书记站在中华民族"千年大计"的高度，立足国际国内两个大局，在深刻分析民族团结进步事业发展现状，科学谋划中华民族伟大复兴光明前景的基础上，做出了"铸牢中华民族共同体意识"这一原创性重大论断，这一重要思想不仅是习近平总书记关于民族

---

① 习近平于2016年11月11日在纪念孙中山先生诞辰150周年大会上的讲话。

工作重要论述的思想精髓和核心要义，是马克思主义民族理论中国化的最新成果[①]，同时也是我国民族工作的指导方针和理论遵循，是新时代继续做好民族工作的首要原则，必须坚定不移地予以把握和坚持。因为"文明特别是思想文化是一个国家、一个民族的灵魂。无论哪一个国家、哪一个民族，如果不珍惜自己的思想文化，丢掉了思想文化这个灵魂，这个国家、这个民族是立不起来的"[②]。

作为较新的政治议题和学术话语，"铸牢中华民族共同体意识"这一命题自提出之日起就引起广泛关注，成为学术界研究的热点领域。当前，围绕"铸牢中华民族共同体意识"这一顶层制度设计，无论是学术界还是政府部门，都做出了诸多理论研究和实践探索。通过对以往文献的梳理归纳可知，中华民族共同体意识的研究热点主要集中于中华民族共同体意识的思想渊源、本质内涵、价值意蕴和实践路径探讨四个方面，取得了一系列丰硕的学术成果，丰富并拓展了新时代中国特色社会主义民族学理论与民族研究新领域。

一、国外研究现状及述评

关于中华民族共同体以及铸牢中华民族共同体意识相关的研究，国外学者并没有详细和系统的论述，但针对民族的理解和建构以及认同问题、共同体建设的研究居多。

（一）关于"民族"的理解和建构研究

国外学者对于"民族"的理解和建构研究，较为经典的流派有英国埃里·凯杜里强调民族现代性、政治性和公民性的现代主义，有英国安东尼·史密斯注重民族传统性、文化性、历史性的"族群—象征主义"，有英国厄内斯特·盖尔纳强调民族先天特质的原生主义，印度帕尔塔·查特吉关注边缘民族群体的后现代主义。在研究取向方面，一些民族政治学者如威尔·金里卡特别注重少数民族权利的研究，并创建了许多有深远影响的理论，如差异的政治、不同的公民权等。在主体与路径方面，国外学者如葛兰西还关注了政党、政党制度与民族共同体整合之间的关系，指出政党在多民族共同体中

[①] 邓光玉. 民族院校铸牢中华民族共同体意识的实践逻辑——以西北民族大学为例 [J]. 西北民族研究，2020 (4).

[②] 习近平于2014年9月24日出席纪念孔子诞辰2565周年国际学术研讨会暨国际儒学联合会第五届会员大会开幕会并发表重要讲话。

的凝聚与整合功能。

此外,关于民族的研究,国外还会将民族和国家放在一起研究,研究民族国家的建构问题,他们的目的是最终实现民族和国家的一体化。如埃里克·霍布斯鲍姆通过对语言学的研究,指出民族最初意义上是与地域、血缘联系在一起的,后来演变为与国家、人民、主权有密切联系的政治概念,在一系列民族国家建构中,民族与民族主义、民族国家、人民主权相联系,民族具有了政治、文化、社会精英的含义。安东尼·史密斯从族群的含义出发,阐述了民族与族群的区别,认为族群是与领土有关的共同体,它们拥有共同的名称、共同的历史记忆、共同的祖先与文化,且至少在精英界会出现某种程度的团结。同时他将民族划分为强调语言、宗教、领土、制度等客观因素的民族与强调行为、情感、感受等纯主观因素的民族两类;民族是随着交往程度的加深而产生的。同时,时代发展过程中各民族的文化呈现出多样性的特点,各民族间的矛盾在发展不平衡的情况下自然而然产生,抱团取暖成了常态,逐渐就有了民族国家的建构。

(二)关于认同的研究

第一,民族认同。民族认同在国外主要集中在对其含义和发展过程的研究。一种观点认为民族认同的产生是经历了漫长的发展过程才形成的,并不是一蹴而就的。另外一种观点认为,对民族认同的产生是与生俱来的。以上两种观点其实就是"原生论"和"工具论"。具体来说就是,原生论认为民族的产生是人类社会发展的必然结果,各民族之间的情感是自发产生的,不以人的主观意志为转移,是一代又一代的人们传承下来亘古不变的一种现象,具有永恒性;工具论则认为,民族的发展,是在历史长河中,在经济、政治、文化等社会条件下融合发展而成的。这两种理论都具有一定的片面性,只重渊源或者只重视发展过程都是不可取的。迈尔威利·斯图沃德认为"民族认同"意指"同一个民族共同体当中,每一个成员不论在物质方面还是精神方面都有着类似的看法"。[①] 美国学者菲尼(Phinney)则认为民族是自己对祖国强大的归属感,也是自己对外使用的个人标签。

英国爱德华认为民族是在长期历史发展中形成的,并不是跟肚脐一样先

---

① [美] 迈尔威利·斯图沃德. 当代西方宗教哲学 [M]. 周伟驰,胡自信,等译. 北京:北京大学出版社,2001:86—93.

天存在①，他提到的"肚脐"否认了原生论的观点，认为民族是在社会发展变化中发展起来的。史密斯的民族认同思想主要还体现在《民族认同》《民族的神话和记忆》和《被选中的人》这三部著作中，尤其是在《民族认同》一书中，安东尼·史密斯系统地表达了他对于民族认同的理解，他认为"在今天人类共有的所有集体认同中民族认同或许是最根本和最具包容性的"②。他指出，民族认同的基础在于"历史性的领土或祖国，共同的神话和历史记忆，共同的大众文化，成员平等的法律权利和义务，领土范围内共同的经济"③；并且民族认同具有"确认领土范围，控制领土内的资源，实现社会化，确认民族的政治权利和义务"④的功能。当然，史密斯在书中也指出了民族认同面临民族分离主义和全球化的威胁。在《民族的神话和记忆》一书中，史密斯分析了民族神话与前现代民族和现代民族认同建构的关系，同时也关注着欧洲一体化的进程。在书中，他指出，"欧洲一体化进程中，神话、记忆、符号和传统是缺席的"⑤，而这对于欧洲一体化进程是不利的，实现欧洲一体化需要建构整个欧洲的民族认同，这些都说明了国外学者关于民族认同有不同的看法。

第二，文化认同。文化认同可以看作不同国家交流中最可靠的黏合剂，在人类历史上起着不可替代的作用。民族间的文化认同是认同的重要组成部分，是架构起各民族相互交流的一座桥梁，在很大程度上使民族和国家之间的认同彼此关联不可分割。美国学者塞缪尔·亨廷顿、弗朗西斯·福山和约瑟夫·奈等是较早研究文化认同的学者。

亨廷顿首先肯定文明的差异，并指出差异才是当代文化的显著特征。他在著名的《文明的冲突与世界秩序的重建》一书中，对文明的性质、文明的结构、文明与现代化、文明之间的关系以及全球政治、文化的重构等问题做了非常有预见性和洞察力的分析。在其后来出版的与《文明的冲突与世界秩序的重建》构成姊妹篇的著作《我们是谁：美国国家特性面临的挑战》中，他对文化认同再次给予了深切的关怀。他认为，美国应该发扬"盎格鲁—新

---

① [英] 爱德华·莫迪默，罗伯特·法恩. 人民·民族·国家——民族性与民族主义的含义 [M]. 刘泓，黄海慧，译. 北京：中央民族大学出版社，2009：150.

② Anthony D. Smith. National Identity [M]. Harmondsworlh: Penguin, 1991: 143.

③ Anthony D. Smith. National Identity [M]. Harmondsworlh: Penguin, 1991: 14.

④ Anthony D. Smith. National Identity [M]. Harmondsworlh: Penguin, 1991: 16—17.

⑤ Anthony D. Smith. Myths and Memories of the Nation [M]. Oxford and New York: Oxford University Press, 1999: 21.

教"文化、传统和价值观,这是美国的根本"特性",否则美国就有分化和衰落的危险。这些特性是美国文化的内核,失去了对这些内核的认同,美国就不再是美国。无论哪个国家,都有其文化内核,对这些文化内核的肯定和认同是该国家和民族安身立命的根本,是维系民族和国家的重要纽带,也是民族和国家"合法性"的重要来源。

弗朗斯西·福山认为,人类历史将终结于自由民主制度,进入一个"普遍均质的社会"。而这个社会就是指西方文化统领下的全球化社会。同时福山也认为国家和个人一样,两者都需要有自我认同,并需要互相认同。一国的文化认同一旦解体,这个国家也会随之解体。

与亨廷顿和福山不同的是,约瑟夫·奈从侧面看到了文化的力量。他非常有洞察力地提出了"软力量"这个概念。在约瑟夫·奈看来,"左右他人意愿的能力和文化、意识形态、社会制度等这种无形力量资源便可称为软力量"①。软力量的一个重要作用就是使别的国家的国民接受本国的文化价值观。如果一个国家的国民对本国的价值观念不能认同的话,那么这个国家也就自然会失去对国家政治共同体的整合力,它的安全状况也会随之出现问题。因此,从这个层面来说,国家安全的维持需要通过文化认同的途径来实现。

英国学者尼克·史蒂文森的《文化公民身份:世界性的问题》一文,提醒我们注意在信息化时代下,公民需要什么样的政治和人格。另外,有些论文,如塞利姆·阿布的《文化认同性的变形》,雷纳·恩里克·哈梅尔的《社会文化冲突和双语教育——墨西哥奥托米印第安人的有关情况》,亚列克桑德拉·雅辛斯卡-卡妮娅、伊德的《民族身份和世界社会的形象:波兰问题》一文,也从不同的角度对"身份""认同"进行了研究等。从中可以看出,文化认同对于一个国家、一个民族的影响巨大。同时也可以看出,国外学者关于文化认同有不同的看法。

第三,国家认同。研究中华民族共同体意识,离不开对国家观和历史观的探讨,有必要对"国家认同"的内容进行分析,从而能够立足国家层面去讨论中华民族共同体意识。著名学者曼纽尔·卡斯特认为,一个社会人的身份并非自主选择的,而是来自社会和国家的定格。一个人的公民身份通过法律规定就可以形成,基于承认的自我识别,则需要借助个体对共同体想象的内在化才能生成②。英国著名的经济史学家、文学史学家埃里克·霍布斯鲍姆

---

① [美] 约瑟夫·奈. 美国能领导世界吗?[M]. 北京:军事译文出版社,1992:25.
② [西班牙] 曼纽尔·卡斯特. 认同的力量 [M]. 北京:社会科学文献出版社,2006:23.

认为，国家认同是现代人得以生存与发展的前提所在，乃是他们个人安身立命最基本而不可或缺的认同所在，是他们赖以为生的社会价值所系[①]。美国著名学者塞缪尔·亨廷顿曾经说过，现代化、经济发展、城市化和全球化使人们重新思考自己的特性和身份，从较狭窄、较亲近、较社群的角度重新界定身份和特性。他在分析美国国家认同的构成时，将其分为四个组成部分：民族属性、人种属性、文化属性和政治属性[②]。这也从不同属性方面启发人们从全球化的角度进行分析和考虑自己的身份和角色。美国学者莱昂妮·哈迪和娜迪亚·哈提布指出，国家认同是个人一种主观的或内在化的、属于某个国家（民族）的感受。川斯尤针对美国人的一项研究结果显示，与小范围的族群认同相比，一个国家认同感更强的人，他对其他族群的偏见更少，并且会更支持受益面更广泛的政府政策，如增加税收以提高公立学校的教育质量。从上述梳理的资料来看，学术界在国家认同的研究方面已取得了许多富有价值的成果，其中阐述的思想内容具有宝贵的借鉴意义和学术价值，为课题的开展提供了一定的借鉴。

（三）关于共同体的研究

通过对相关文献资料查阅可知，国外学术界关于共同体的研究成果比较丰富。具有代表性的成果包括，英国伦敦大学政治学教授埃里·凯杜里的专著《民族主义》，凯杜里教授从民族学的角度认为，共同体就是人们将普遍持有的情感附加到一种特殊的人类社会之中，每一个成员都具有一种坚定的意志，在任何情况下都不会偏离。而美国政治理论家塞缪尔·亨廷顿在其专著《变化社会中的政治秩序》中从政治学的角度对共同体进行了探讨。其主要观点认为，共同体的发展对社会既有结合又有分解的作用，不同的共同体可能会促使偏见的产生，在创设有效政治制度时，这种共同体可能会成为一种阻碍。德国社会学家斐迪南·滕尼斯在《共同体与社会：纯粹社会学的基本概念》这一著作中从社会学的角度对共同体进行了探讨。其主要观点认为，共同体是一种相互确定、相互效劳的存在，并且在发挥相互作用时，具有较大的帮助力量。

此外，学术界还有对马克思共同体思想的研究。关于马克思共同体思想

---

① [英] 埃里克·霍布斯鲍姆. 民族与民族主义 [M]. 上海：上海人民出版社，2006：5.
② [美] 塞缪尔·亨廷顿. 我们是谁？——美国国家认同面临的挑战 [M]. 程克雄，译. 北京：新华出版社，2005：12.

的研究具有代表性的包括，美国学者肯尼斯·梅吉尔在期刊《马克思哲学中的共同体》一文中从政治哲学的角度研究马克思的共同体思想。肯尼斯学者认为，作为民主联合形式的马克思共同体包括原始联合形式的共同体、作为无政府社会的共同体和作为存在形式的共同体三种不同的表达方式。日本学者望月清司作为日本"新马克思主义"的代表人物，在其著作《马克思历史理论的研究》中从历史学的角度深入探讨了马克思共同体思想，其主要观点是马克思的自然共同体包括亚细亚、古典古代、日耳曼三种形式，并对这三种形式进行了详细的研究。日本历史学者大塚久雄在其著作《共同体的理论基础》中从经济学的角度出发，其主要观点是血缘关系及对土地的占有是马克思共同体思想的理论基础，并且导致了马克思三种原始共同体的变迁与解体。

从以上的研究视角进行分析，我们不难发现，国外学术界关于民族的理解和建构以及认同问题、共同体建设问题的研究已取得一系列理论成果，而这些研究成果无疑为我们学习、了解和掌握习近平总书记关于铸牢中华民族共同体意识的重要论述奠定了一定的理论基础，提供了可供参考的资料。对我国在中华民族共同体意识方面的研究具有重要启示。对于我国的民族理论的创新发展具有一定的参考价值。当前，在学习借鉴的过程中，我们也要树立防患于未然的警觉性，防止用西方意识形态的演变和渗透来解释我们在社会生活中对铸牢中华民族共同体意识的理论研究和实际运用。

二、国内研究现状及述评

在国内，自2014年中央民族工作会议召开后，特别是党的十九大召开后，中华民族共同体意识成为研究热点。以习近平总书记几次重要讲话为契机，学术界兴起了讨论、宣传中华民族共同体意识的热潮，取得了一系列丰硕的学术成果，不仅丰富并拓展了新时代中国特色社会主义民族学理论与民族研究新领域，同时对于系统总结近年来中华民族共同体意识研究的最新成果，归纳中华民族共同体意识研究现状、基本特点和不足，并在此基础上探寻铸牢中华民族共同体意识的实践路径等无疑具有十分重要的理论价值和现实意义。

综观学术典籍和文献，学术界关于中华民族共同体意识的研究总体可划分为四类视角：第一，本体视角，阐明中华民族共同体的概念、构成和特征；第二，学理视角，阐明中华民族共同体意识的概念、内涵和思想由来；第三，历史视角，作为意识范畴的中华民族共同体意识，其成长根源于中华民族共同体这一实体生成和发展的历史土壤，因而，历史视角通过梳理中华民族共同体的形成和发展的历史，厘清中华民族共同体意识的历史形成；第四，现实视角，结合新时代民族理论和工作实践，阐述"铸牢中华民族共同体意识"的时代价值和有效路径等。

（一）从中华民族共同体意识的本体视角探析

1. 关于中华民族共同体的概念

在学术领域，"共同体"作为元概念，通常指的是一种平等互助的社会群体关系，既是历史发展的客观实在，也是人们价值观念的反映，是主客观的有机统一①。马克思此前在分析共同体的意义时指出，"只有在共同体中，个人才能获得全面发展其才能的手段，也就是说，只有在共同体中才可能有个人自由"②。马克思对个体与共同体之间关系的强调，已经超越了基本的伦理道德的契约维度，而上升为两大实体间的依存关系。随着现代化和全球化的推进，尤其是信息技术的快速发展，基于自然、历史和思想积淀的"共同体"概念解读式微，学术界开始展开对共同体内部要素的结构关系及其社会功用进行讨论。从社会学的基本问题出发，在"共同体"这个混合体中，回归到探索个人与社会的关系问题，"构成了对现代社会进行观察和研究的视角和方法"③。在哲学层面，学术界主张从共同目标、认同和归属感三大要素重构"共同体"概念。随之，共同体概念逐渐引入政治学、民族学领域，其拓展和重构成了国家层面优化社会治理并以此应对现代化和全球化所造成的文化冲击和现实挑战的重要议题。"中华民族共同体""人类命运共同体"等一系列凝聚思想共识、打造共同关怀的思想理论正是在此基础上逐渐形成。

作为中华民族共同体意识的本体，中华民族共同体与中华民族共同体意识在几千年来的民族融合发展进程中不可分割地存在辩证关系。界定中华民族共同体的概念，是对中华民族共同体意识进行研究的理论基础。对于中华民族共同体的概念，学者们都认为其是一个共同体，但是在共同体的实质内容所指为何方面存在分歧。费孝通先生1988年在题为"中华民族的多元一体格局"的演讲中认为，中华民族是在中国几千年历史发展中各民族不断交往、

---

①［德］斐迪南·滕尼斯.共同体与社会［M］.林荣远，译.北京：商务印书馆，1999：52—54.
②［德］马克思，恩格斯.马克思恩格斯文集：第1卷［M］.北京：人民出版社，2009：570.
③尹广文.共同体理论的语义谱系学研究［J］.学术界，2019（8）.

接触和融合中自然形成的、具有"多元一体格局"的事实共同体[①]。此后，结合对中华民族共同体的组成因素进行分析研究，学者们认为中华民族共同体是作为人的共同体和文化的共同体的结合[②]。是一个有着共同历史叙事、集体记忆和命运关联的历史命运和国家政治等多维建造体[③]；是中国各个民族在长期交往交流交融过程中形成的具有共同的国家疆域、互补的生计方式、互鉴的生活经验、共有的历史记忆、共认的价值体系、共育的国民意识、共享的精神家园等因素组成的具有地理和精神边界的共同体[④]；是历经时间化、社会化和政治化三重过程逐渐形成的，作为构建人类命运共同体的中国维度展示的共同体[⑤]；是体现"一个历程，即同呼吸、共命运、心连心的共同历史和奋斗历程；一种格局，即中华民族多元一体格局；一种命运，即一荣俱荣、一损俱损的共同命运"的共同体[⑥]；是历史与现实共同体的有机结合[⑦]。有的学者从马克思主义唯物史观的角度论证了中华民族共同体是政治国家共同体、历史文化共同体、社会生活共同体、精神命运共同体[⑧]，等等。以上研究对中华民族共同体的内涵概念、政治属性及强化维度做了深入探讨，对中华民族共同体意识的研究具有重要推进意义。

2. 关于中华民族共同体的构成

从"中华民族共同体"的语义构成的维度出发进行分析，学者们指出，"中华民族"加上"共同体"三个字，不是简单的语义重复，更凸显共同体含义，彰显出中华民族是一个有机整体，而非机械组合[⑨]。"中华民族"一词是近代民族自觉的产物，"中华民族"加"共同体"更凸显中华民族是一个大家庭的意涵，代表着从"自觉"向"更大的自觉"的思想实践，是对西方民族

[①] 费孝通. 中华民族的多元一体格局 [J]. 北京大学学报（哲学社会科学版），1989（4）：3—21.

[②] 沈桂萍. 铸牢中华民族共同体意识是民族工作的核心理念 [J]. 中央社会主义学院学报，2017（6）：103—107.

[③] 朱碧波. 论中华民族共同体的多位建构 [J]. 青海民族大学学报，2016（1）：26—32.

[④] 徐黎丽，韩静茹. 论中华民族共同体的现代含义 [J]. 思想战线，2021（1）：52—60.

[⑤] 冯育林. 从"中华民族"到"中华民族共同体"的概念考察及其建设析论 [J]. 西北民族大学学报（哲学社会科学版），2018（3）：8—15.

[⑥] 孔亭. 试析中华民族共同体意识的基本内涵 [J]. 江苏大学学报（社会科学版），2019，21（2）：33—40.

[⑦] 张建春，蒋平，张志巧. 中华民族共同体意识的历史形成及其多维建构 [J]. 四川省社会主义学院学报，2019（3）：60—64.

[⑧] 顾超. 西北地区中华民族共同体意识培育研究 [D]. 兰州：兰州大学，2020.

[⑨] 孔亭，毛大龙. 论中华民族共同体的基本内涵 [J]. 社会主义研究，2019（6）：51—57.

国家理论的一种超越，是对中华民族概念的丰富与发展①。还有的学者从"中华民族共同体"的成员构成的维度出发进行分析，强调指出，"中华民族共同体即中国境内56个民族的共同体"②"少数民族和民族地区是中华民族和新中国不可分割的组成部分"③"是包括今天56个民族在内的、生活在中华大地上所有民族及其海外华侨的统称"的共同体④。

3. 关于中华民族共同体的特征

目前来看，学术界主要从整体性、共同性和实体性论述了中华民族共同体的核心特征。其中，"共同的国家通用语言文字、共同的生活地域、共同创造中华文化、近代历史共同命运、中华民族共有精神家园、共同团结奋斗和繁荣发展"⑤等要素突显中华民族共同体的共同性特征。"'中华民族是一体'是中华民族的本质特征"⑥，"整体性是中华民族共同体的核心价值和基本诉求"⑦。中华民族并非想象而来，而是具有长期的自在生成和自觉体认的历史的实体性特征⑧。在中华民族共同体的建设中，要从要素重叠层面发掘中华民族的共同性，在纽带联结层面发掘中华民族的互嵌性，在功能依存层面发掘中华民族的共生性三重维度建设中华民族共同体⑨。着力从责任、文化、族迹、利益、命运等共生层面探寻中华民族共同体建构的模式，以建构多民族主权国家共建共治共享的共生治理格局⑩。

（二）从中华民族共同体意识的学理视角探析

1. 界定中华民族共同体意识的概念

研究中华民族共同体意识。首先需要明确的是中华民族共同体意识的概

---

① 詹进伟. 论中华民族共同体意识的理论进路与生成逻辑 [J]. 广西民族研究, 2019 (3): 10-14.
② 孔亭, 毛大龙. 论中华民族共同体的基本内涵 [J]. 社会主义研究, 2019 (6): 51-57.
③ 李贽. 中华民族共同体的历史考察和结构分析 [J]. 学术探索, 2017 (10): 130-136.
④ 沈桂萍. 铸牢中华民族共同体意识是民族工作的核心理念 [J]. 中央社会主义学院学报, 2017 (6): 103-107.
⑤ 孔亭, 毛大龙. 论中华民族共同体的基本内涵 [J]. 社会主义研究, 2019 (6): 51-57.
⑥ 孙懿. 中华民族共同体的本质属性及意义 [J]. 思想战线, 2019, 5 (3): 87-92.
⑦ 孔亭, 毛大龙. 论中华民族共同体的基本内涵 [J]. 社会主义研究, 2019 (6): 51-57.
⑧ 严庆. 本体与意识视角的中华民族共同体建设 [J]. 西南民族大学学报 (人文社会科学版), 2017, 38 (3): 46-50.
⑨ 郝亚明. 中华民族共同体建设的三个维度 [J]. 西北民族研究, 2021 (1): 1-10.
⑩ 周超, 刘虹. 共生理论视阈下中华民族共同体建构的五维向度 [J]. 民族学刊, 2021 (1): 19-25, 85.

念问题。学术界围绕中华民族共同体意识的概念阐发展开了充分研究,并达成了较为广泛的认同。多数学者从认识论的角度界定中华民族共同体意识这一概念,认为中华民族共同体意识是认识主体对于中华民族共同体这一客体的综合感知和评价,并在此基础上,"对其产生的认同感、归属感和依附感"[①],"是一种渐进认识,既包括认识初期人们对中华民族共同体意识的感性认知,也包括认识后期人们对中华民族共同体意识形成的理性认同"[②]。作为一种意识的形式,它是"'中华民族共同体'这一客观存在的实体在人脑中形成的主观映像,是人们在社会化过程中形成的对中华民族共同体的认知、情感、态度、评价和认同等一系列心理活动的总和"[③];"是我国各民族在共同开拓祖国辽阔的疆域,相互扶持、团结合作共同维护国家统一实践中形成的一种坚实的共同体意识"[④];"是人们头脑中的主观认知和对其的态度、评价和认同"[⑤];"是在我国领土上的各族人民在漫长的生产生活实践以及相互进行来往的过程中得出来的共同建设、互通的民族意识与国家意识的融合体,在特性上,它具有自身的相对独立性、稳定性和发展性"[⑥]。

2. 解读中华民族共同体意识的内涵

既然多数学者认为,中华民族共同体意识是主体对中华民族共同体这一客体的认识和评价,那么这种"认识和评价"具体是什么?这就涉及中华民族共同体意识的内涵解读。学者们基于不同的分析视角,对中华民族共同体意识的本质内涵提出了不同的认识,但总体来看,基本上可以归纳为认同视角和认知视角下的两种观点。

认同视角是解读中华民族共同体意识内涵的一个主流视角,"中华民族共

[①] 赵红伟. 论马克思主义视域下中华民族共同体意识的培养[J]. 黑龙江民族丛刊,2018(1):20−25.

[②] 青觉,赵超. 中华民族共同体意识的形成机理、功能与嬗变——一个系统论的分析框架[J]. 民族教育研究,2018,29(4):5−13.

[③] 青觉,赵超. 中华民族共同体意识的形成机理、功能与嬗变——一个系统论的分析框架. 民族教育研究,2018(4):5−13.

[④] 沈桂萍. 培育中华民族共同体意识构建国家认同的文化纽带[J]. 西北民族大学学报,2015(3):4−8.

[⑤] 孔亭. 铸牢中华民族共同体意识面临的问题与实践路径[J]. 佳木斯大学社会科学学报,2019(1):49−53.

[⑥] 张建春,蒋平. 中华民族共同体意识的历史形成及其多维建构[J]. 社会学,2019(3):60−64.

同体意识的核心就是认同问题"①,其核心意涵在于强化主体对客体的自觉认同和心理归属感,主要表现为多维认同论和核心认同论。多维认同论从中华民族的多重属性出发,强调从历史、政治、经济、文化和社会等方面树立主体对中华民族共同体的多维认同感②,指出"中华民族共同体意识就是从历史、政治、文化和社会等各个层面认可中华民族是一个整体"③,"是中国各民族在不断交往交流交融的历史进程中,在历史、心理、社会、制度、政治、文化等层面取得一致性或共识性的集体身份认同"④,至少应当包括历史主流意识、政治法制意识、团结合作意识、共建共享意识、国情家底意识和共同法制意识等六种意识。也有学者从中华民族的本质属性出发,认为中华民族共同体意识的核心内涵表现为主体对客体本质属性的认同,即核心认同论。以文化认同核心论为例,学者们指出,中华民族本质上是一个文化共同体,"中华民族认同的核心是中华文化认同"⑤,"中华民族共同体意识就是各民族广大人民群众共建和共享中华文化的意识,而中华民族共同体意识的培育则需要在各民族成员间建立起共享的文化记忆与文化形式,并提取出各民族成员都认同的价值体系"⑥。以政治认同核心论为例,学者们指出,"中华民族共同体意识既是中华民族作为文化共同体的自我意识,更是中华民族作为政治共同体所应具有的政治意识"⑦。文章特别指出,在当前民族分裂主义渐微,我国民族问题日趋复杂化的背景下,深化对中华民族共同体的政治认同具有强烈的时代价值和现实意义,因此主张中华民族共同体意识应彰显政治属性,

---

① 王文光,徐媛媛.中华民族共同体意识形成与发展的历史过程研究论纲[J].思想战线,2018(2):70-74.

② 邓新星.论中华民族共同体认同感的建构[J].西北民族大学学报(哲学社会科学版),2016(5):8-14.

③ 哈正利,杨胜才.中华民族共同体意识基本内涵探析[N].中国民族报,2017-02-24(005).

④ 哈正利,杨胜才.中华民族共同体意识基本内涵探析[N].中国民族报,2017-02-24(005).

⑤ 沈桂萍.培育中华民族共同体意识构建国家认同的文化纽带[J].西北民族大学学报(哲学社会科学版),2015(3):1-6.

⑥ 沈桂萍.培育中华民族共同体意识构建国家认同的文化纽带[J].西北民族大学学报(哲学社会科学版),2015(3):1-6.

⑦ 赵刚,王丽丽.中华民族共同体意识的政治属性解读[J].湖湘论坛,2017(1):106-112.

其内容主要包括国家认同意识、族际关系认同意识和社会发展道路认同意识[1]。以命运认同核心论为例,学者们认为,"中华民族共同体意识是各族人民在中华民族历史发展过程中,所形成的一种以追求各民族团结统一及打造命运共同体为目标主旨的自知自觉性意识,强调各民族成员对我们伟大祖国、中华民族、中华文化、中国共产党、中国特色社会主义的认同"[2]。"中华民族命运共同体认同,是中华民族共同体认同感的核心内容"[3]。从上述研究来看,研究者对中华民族共同体意识的理解,侧重个体对作为中华民族成员身份及其附属的精神文化的接受程度,这一理解更多是从社会学、政治学、文化学和民族学等学科的宏观视野出发来理解的。

从中华民族共同体意识内涵的认知视角来看,学者们普遍强调的是各民族成员对中华民族共同体的认知和理解,是意识层面的感知及心理生成的过程[4],指出"所谓的中华民族共同体意识就是各族人民对中华民族共同体持有的一系列认知、情感和评价等心理活动的总和,包括对中华民族共同体浅层次的感觉、知觉、记忆等感性认知,也包括深层次的判断、推理、认同等理性认知"[5]。各族人民正是在一系列的认知体验以及所形成的价值信念和行为意愿的基础上基于共同的历史和现实所建立的互动联系,连接着共同体成员和各要素之间的关系,维系着中华民族共同体的动态平衡。在中华民族共同体意识培育中,要大力"增强各族人民对民族文化和中华民族文化的历史认知与情感认知"[6]。相较于更侧重人们对中华民族共同体的宏观认同过程的认同视角,研究者对中华民族共同体意识内涵的认知视角更侧重人们对中华民族共同体的微观认知加工过程,侧重于个体对作为意识对象的中华民族共同体的认知加工及其加工结果的内化和外显水平,更多是从心理学学科的微观

---

[1] 赵刚,王丽丽.中华民族共同体意识的政治属性解读[J].湖湘论坛,2017(1):106—112.

[2] 郎维伟,陈瑛,张宁.中华民族共同体意识与"五个认同"关系研究[J].北方民族大学学报(哲学社会科学版),2018(3):12—21.

[3] 邓新星.论中华民族共同体认同感的建构[J].西北民族大学学报(哲学社会科学版),2016(5):8—14.

[4] 姜永志,侯友,白红梅.中华民族共同体意识培育困境及心理学研究进路[J].广西民族研究,2019(3).

[5] 青觉,赵超.中华民族共同体意识的形成机理、功能与嬗变——一个系统论的分析框架[J].民族教育研究,2018(4):5—13.

[6] 孙秀玲.正确认识"多元一体"是培养中华民族共同体意识的关键[J].红旗文稿,2016(10).

视野出发来解读中华民族共同体意识的深刻内涵。

然而必须指出的是，不论是基于实体认知角度综合感知中华民族共同体，还是从心理认同层面把握中华民族共同体的核心意涵，这两种视角并不是互相对立的，反而互相补充，完善了中华民族共同体意识的丰富内涵。正如学者敏锐地指出的那样："人们是先有对客观事物的充分感知和认知以后，才可能会逐渐产生认同。"[1]正是有了认识初期主体对于中华民族共同体的综合认识和充分感知，才有可能在后期将这种认识深化为人们对中华民族共同体的强烈认同感。

3. 探寻中华民族共同体意识的理论渊源

中华民族共同体意识不是凭空产生的，亦有独特的理论渊源。该理论渊源既彰显了中华民族共同体意识的历史传承性，又呈现了民族共同体的成长历程，这不仅有利于巩固中华民族共同体，也有助于铸牢共同体意识。没有理论来源认知，共同体意识将是无源之水、无本之木。有关理论来源认知，当前学术界已形成了主要以儒家民族观、西方民族主义理论、马克思主义民族理论等观念为基础的来源解说。就传统的中国文化观念的维度而言，学者们都强调了传统的中国文化观念对中华民族共同体意识的孕育作用。不同的是，"传统的儒家族类观"是一种"糅合了礼俗、血缘、地域等要素的文化族类观"。"天下观"较之"传统的儒家族类观"，蕴意更为宽泛，赋予了中华民族共同体意识一种"多元共生的文化思想"[2]。它强调的是对中华民族多元共生思想形成的推动作用，指出"中华民族共同体意识发端自'天下观'，再造于'民族主义'，充实在'马克思主义民族理论'，同中华民族经历'自在'到'自觉'过程相随"[3]。"华夷一统观"则把儒家"四海一家"的"大一统"思想和费孝通先生的"中华民族多元一体格局"理论作为中华民族共同体意识的理论来源[4]，强调的是民族共同体思想的孕育对中华民族整体性意识形成的推动作用，都"强调'一'，而不是'多'"。指出"古代'华夷一统'观、近代中华民族自觉意识和如今的'中华民族多元一体格局'理论共同构成了

---

[1] 青觉, 赵超. 中华民族共同体意识的形成机理、功能与嬗变——一个系统论的分析框架[J]. 民族教育研究, 2018 (4): 5–13.

[2] 闫丽娟, 李智勇. "中华民族共同体意识"的理论渊源探析[J]. 广西民族研究, 2018 (4): 9–17.

[3] 闫丽娟, 李智勇. "中华民族共同体意识"的理论渊源探析[J]. 广西民族研究, 2018 (4): 9–17.

[4] 刘再营. 中华民族共同体意识形成的历史趋势[J]. 西藏民族大学学报（哲学社会版），2019 (1).

中华民族共同体意识的思想载体"①。"中华民族共同体意识经历了从天下观场域中的'华夷一统观'向近代民族国家场域中的'中华民族观',继而向新时代和全球化场域中的'中华民族共同体意识'的转型与跃升。"②从古至今的民族观都一以贯之着"大一统"思想③。中华民族从多元逐渐融合为一体、从苦难逐渐走向辉煌,中华文化是重要见证和历史积淀,因而中华文化可以看作中华民族共同体得以形成巩固的黏合剂,同时也是中华民族共同体意识生成与培育的基本文化前提和重要现实语境④。近代以后,本土化的西方民族主义为中华民族共同体意识起到了推动作用,马克思主义民族理论则是最根本、最直接的理论来源⑤。

(三) 从中华民族共同体意识的历史视角探析

1. 整体研究中华民族共同体意识形成和发展的历史分期

可以说,中华民族自发形成和自觉建构为现代民族国家的历史,就是中华民族共同体意识孕育、形成和深化的发展史。"中华民族共同体意识作为一种自觉的民族实体意识和自觉的共同体意识,则是在几千年的历史过程中形成并迸发出来的。"⑥"自秦汉统一的多民族国家诞生以来,我国各族人民在经历产生、发展以及不断巩固的共同思想的指导下,不断地促进了一个具有指导性作用的共同体意识的形成和完善。当我国各族人民处于生死存亡的非常历史时期的紧要关头,他们自在自觉地形成的民族共同体意识前所未有地凝聚在一起,共同奋力与外来侵略者抗争,造就了宏大的共同体。"⑦对于中华民族共同体意识形成和发展的历史分期,学术界普遍认为中华民族共同体意识有一个孕育、发展和成熟的过程,其演进大致经历了如下历史分期:在古代华夷民族共同体时期孕育、发轫,在近代民族国家的建构进程中逐步形成,

---

① 乌小花. 中华民族共同体意识的演进与深化 [N]. 贵州民族报,2019—03—21 (A03).
② 严庆,平维彬. "大一统"与中华民族共同体意识的形成 [J]. 西南民族大学学报 (人文社会科学版),2018 (5):14—18.
③ 严庆,平维彬. "大一统"与中华民族共同体意识的形成 [J]. 西南民族大学学报 (人文社会科学版),2018 (5):14—18.
④ 张莉. 中华民族共同体意识的文化根基与培育机制研究 [J]. 北方民族大学学报,2021 (1):29—36.
⑤ 平维彬,严庆. 从文化族类观到国家民族观的嬗变——兼论"中华民族共同体意识"的理论来源 [J]. 贵州民族研究,2017 (4):1—6.
⑥ 费孝通. 中华民族的多元一体格局 [J]. 北京大学学报 (哲学社会科学版),1989 (4):21—26.
⑦ 陈辉. 中华民族共同体认同形成的历史逻辑 [N]. 中国社会科学报,2018—09—11 (008).

在中华人民共和国成立后得到发展、深化①。学者们普遍认为，虽然王朝时期并无现代"民族"观念，更无"中华民族共同体意识"一词，但延续几千年的"大一统"的政治观以及"和合"的文化理念不可否认地孕育了中华民族共同体意识②。近代以来，百年的民族抗争激发了国人骨子里的共同体基因。中华民族共同体意识得以确认并不断彰显。中华人民共和国成立以后，中华民族共同体意识又在维护国家统一和民族自强进程中不断深化、成熟③，同时"确定于中国特色社会主义事业的伟大建设实践中"④。

2. 重点研究影响中华民族共同体意识发展的重大历史节点

历史视角下研究中华民族共同体意识的第二种思路是重点研究推动中华民族共同体意识真正形成的重要历史时期或重大历史事件。有的学者认为中华民族共同体最早出现在公元前3世纪末，认同的意识则在西域与中原的交流中形成，这也是中华民族共同体的深层结构因子。有的学者以孙中山在排满革命中将"中华民族"独立建国发展为"五族共和"为依据，认为国人的中华民族共同体意识在孙中山的"五族共和"中逐渐清晰和形成⑤。也有大部分学者认为，中华民族共同体意识真正形成并深入人心要以1840年中华民族的近代史为起点，正是由于西方列强的外力入侵、民族的分裂、民不聊生的境况，促使救亡图存的仁人志士和相当部分的知识分子对维护国家主权意识、民族命运意识、中华民族文化意识等方面有了空前觉醒等。同时还有学者指出，抗日战争时期是中华民族共同体意识成长的至关重要时期，国人关于中华民族内涵、结构和特征等多方面的认识在这一时期不但有所明晰，而且有所升华⑥。其他学者也在此基础上，进一步分析了抗日战争时期中华民族共同体意识得以成熟和升华的原因，强调指出，"中华民族共同体意识的形成是民族生存危机加剧、抗日民族统一战线建立、抗日武装力量形成和对中华民族

---

① 王文光，徐媛媛. 中华民族共同体意识形成与发展的历史过程研究论纲[J]. 思想战线，2018（2）：70－74.

② 吴琼，王小兵. 中华民族共同体意识：历史演变、现实意义与铸牢路径[J]. 南宁师范大学学报（哲学社会科学版），2020（1）：98－103.

③ 吴琼，王小兵. 中华民族共同体意识：历史演变、现实意义与铸牢路径[J]. 南宁师范大学学报（哲学社会科学版），2020（1）：98－103.

④ 平维彬. 历史、当下与未来：铸牢中华民族共同体意识的三重向度[J]. 贵州民族研究，2019（9）：13－20.

⑤ 郑大华. "中华民族"自我意识的形成[J] 近代史研究，2014（4）：4－9.

⑥ 李臻. 抗战时期中国共产党中华民族观的转型与发展[J]. 民族论坛，2013（5）：17－19.

整体性认同增强的历史合力的结果"①。

在对中华民族共同体意识形成的问题梳理中,我们不难发现,尽管研究的期间有长有短,研究的角度也很多,但都以重大的历史事件为分界线进行阐释。而认同更多的还是从中国近代史以来,西方外力的入侵,在更大程度上让国人意识到"我族"和"他族"的区分,由此促进了从中华民族共同体的形成和中华民族共同体意识的觉醒这一维度进行分析。然而,很少有人系统研究清楚国族、民族、中华民族、民族意识、共同体、中华民族共同体以及中华民族共同体意识等相关概念,界定上仍存在模糊,而这一理论上的空缺有待进一步完善。

(四) 从中华民族共同体意识的现实视角探析

1. 价值意义

对中华民族共同体意识的时代价值及其铸牢意义的研究,学者们指出,中华民族共同体意识的当代价值体现在理论与实践两个层面,于理论维度而言是建设中华民族共同体的理论自觉,于实践维度而言则是建设中国特色社会主义的内在要求②。它既是对我国民族研究战略方向的重大端正,也是对我国民族理论宝库的极大丰富③。"在新时代,使民族同胞凝心聚力、增强中华民族共同体意识,在拥护国家统一、实现国泰民安、统一民族战线和实现中华民族伟大复兴等方面起到至关重要的作用。"④"坚定中华民族共同体意识是保护我们国家民族团结以及天下太平的重要举措,是增强五个认同、向第二个远景目标进军的关键。"⑤ 还有的学者视野更为宽广,指出铸牢中华民族共同体意识对于"推动构建人类命运共同体,共同创造人类的美好未来"也具有十分重要的作用,必将对世界文明的历史走向和精神追求产生深远的影

---

①王秀娟,孟凡东,熊坤新. 抗日战争与中华民族共同体意识的形成刍议 [N]. 中国民族报,2018-08-31 (007).

②代洪宝. 中华民族共同体意识的内在逻辑与当代价值 [J]. 江苏大学学报 (社会科学版),2019 (4):43-48,57.

③徐杰舜. "铸牢中华民族共同体意识"理论的内涵与学术支撑 [J]. 湖北民族大学学报 (哲学社会科学版),2020 (4):77-86.

④邓磊,罗欣. 习近平铸牢中华民族共同体意识理路探析 [J]. 社会主义研究,2018 (6):24-30.

⑤高承海. 中华民族共同体意识:内涵、意义与铸牢策略 [J]. 西南民族大学学报,2019 (12):24-28.

响①。由此可见，学术界对于中华民族共同体意识价值意蕴的探讨多集中在维护祖国统一和国家长治久安、构建中华民族共同体、打造社会主义和谐民族关系、助力实现中华民族伟大复兴以及推动人类命运共同体等方面进行阐述，对于各族人民对中华民族共同体意识的理解具有一定的启发意义。

2. 现实困境

关于铸牢中华民族共同体意识面临的风险与挑战，学者们认为，各民族国家政治生活参与状况不平衡、经济社会发展差距大、文化和风俗习惯各异、法制缺失不公等问题是制约中华民族共同体意识培育的重要因素②。错误的思想观念和各种敌对势力是培育和铸牢中华民族共同体意识的主要挑战，如"大汉族主义和狭隘民族主义都妨碍着我国各族人民的团结合作事业；暴力恐怖势力、民族分裂势力和宗教极端势力严重危害民族团结，解构和消融中华民族共同体意识；境外敌对势力不断制造民族分裂的杂音"。③除了国内各民族经济社会发展不平衡，国际多元文化主义和族裔文化主义等意识形态渗透也会妨碍中华民族共同体意识的培育④。

3. 实践路径

新时期铸牢中华民族共同体意识是从精神层面解决民族问题和实现民族团结的重要途径，培育各民族成员的中华民族共同体意识，强化各民族群众对中华民族共同体的认同，加强中华民族大团结，已经成为当前民族问题研究关注的重点。现有研究从不同视角出发，提出了中华民族共同体意识的培育与建构路径，概括起来可将其归纳为"路径说"与"维度说"两类。

一是中华民族共同体意识培育的路径说主张。就当前学术界来看，学者们主要从建设各民族共有精神家园角度、从加强民族团结进步的角度、从提升自觉意识的角度等方面对习近平总书记关于铸牢中华民族共同体意识的实现路径进行了论述。就建设各民族共有精神家园角度来看⑤，学者们主要是从

---

①赵金科.中国文化建构和精神自觉的历史回顾与现代反思[M].北京：光明日报出版社，2018：211.

②包国祥，白佳琦.新时代中华民族共同体意识培育研究[J].内蒙古民族大学学报（社会科学版），2018（6）：26—31.

③商爱玲，朱涛.铸牢中华民族共同体意识的价值底蕴和思想方略[J].重庆社会科学，2019（10）：27—34.

④李娜，赵金科.中华民族共同体意识：价值逻辑、现实困境与铸牢路径[J].广西社会主义学院学报，2019（4）：61—66.

⑤王易，陈玲.民族地区铸牢中华民族共同体意识的现实问题及路径选择[J].民族教育研究，2019（4）：48—53.

加强主流意识形态的宣传教育、践行社会主义核心价值观、弘扬中华民族优秀传统文化等不同的维度出发，针对如何更好地丰富"精神家园"的内容，以真正实现中华民族共同体意识内化于心、外化于行进行了阐释。就加强民族团结进步的角度来看，学者们主要是从实施民族政策、推进经济发展、建构精神家园、完善社会结构、制定法律法规、加强团结教育等六方面出发，对习近平总书记关于铸牢中华民族共同体意识的着力点展开论述[1]。就提升自觉意识的角度来看，大部分学者指出，铸牢中华民族共同体意识，首要在于牢固树立国情意识，核心在于不断增强"五个认同"[2]，关键在于努力实现共建共享。除此之外，学者们还从积极培育现代公民多元身份认同、加强民族理论研究、切实加强和改进新形势下民族工作、抵制错误思想、加强思想政治教育、提升道德认知等角度，对提升中华民族共同体意识的多重路径予以分析和探寻。综上可见，中华民族共同体意识培育的路径说，强调如何通过具体路径和方式培育各族人民的中华民族共同体意识，这些路径往往具有很强的可操作性。

二是中华民族共同体意识培育的维度说主张。综观当前学术文献，有关"铸牢中华民族共同体意识"的路径研究中，主张从政治、经济、文化和社会四个维度来促进各民族成员中华民族共同体意识的生成的文献最多。学者们强调应从政党认同与国家认同、市场排斥与经济互助、文化接触与文化整合、社区互嵌与民族交融四个方面开展中华民族共同体意识培育[3]。政治维度上坚持"三个认同"，推进民族事务治理法制化；经济维度上改变发展差距，推动互惠共赢；文化维度上整合创新中华文化，打造核心价值体系；社会生活维度上破除"藩篱"，促进民族交融[4]。此外，也有学者从历史与命运、政治与法律、经济与利益和精神与文化四个维度，讨论如何建设中华民族历史命运共同体、国家政治共同体、经济利益共同体和精神文化共同体[5]。

---

[1] 沈桂萍. 从六方面着力，铸牢中华民族共同体意识 [N]. 中国民族报，2017-11-03 (005).

[2] 郝亚明. 论中华民族多元一体格局与中华民族共同体建设 [J]. 湖北民族学院学报（哲学社会科学版），2019 (1).

[3] 杨鹍飞. 中华民族共同体认同的理论与实践 [J]. 新疆师范大学学报（哲学社会科学版），2016 (1).

[4] 赵红伟. 论马克思主义视域下中华民族共同体意识的培养 [J]. 黑龙江民族丛刊，2018 (1).

[5] 沈桂萍. 培育中华民族共同体意识构建国家认同的文化纽带 [J]. 西北民族大学学报（哲学社会科学版），2015 (3).

还有的学者从民族心理秩序、民族理论构建和民族工作实践等角度,为铸牢中华民族共同体意识提供富有新意的建议①。强调通过"形成中华民族共同体理论自觉,建设新时代民族理论学科体系、学术体系和话语体系"和"切实改革民族工作方式方法"等措施,铸牢中华民族共同体意识。综上可见,中华民族共同体意识的维度说,强调中华民族共同体意识培育的宏观视野,它更具有一定的宏观导向性。在某种程度上它与路径说主张具有重叠性,但维度说比路径说更具概括性、宏观性和指导性。上述经典理论对中华民族共同体意识研究均具有积极借鉴和参考价值。

综观学者们的观点,有关思想渊源、本质内涵、价值意蕴与实践路径的研究构成了中华民族共同体意识相关研究的问题域。国内学者在这四个方面的研究已经取得了很多有价值的理论成果,不仅为我们后续深入研究铸牢中华民族共同体意识提供了极为丰富的文献资料和理论基础,而且对于保障我国民族工作的顺利进行,加强民族团结等都起到了至关重要的引领作用。但不可否认的是,作为新时代条件下形成的崭新民族成果,由于提出的时间并不长,并且在现有的研究成果中绝大多数是以中华民族共同体意识的某一方面为立足点加以研究与阐释。到目前为止,相关的研究成果也大都集中在报纸、杂志上刊发论述,相关著作与博硕士论文尚少,对什么是中华民族共同体意识,为什么要铸牢中华民族共同体意识,铸牢中华民族共同体意识存在哪些现实基础、面临什么样的挑战以及怎样铸牢中华民族共同体意识等均缺乏较为系统性的探析,所有这些问题都为今后的研究指引了方向。具体而言,主要体现为以下几个方面:

一是在核心概念上有待进一步廓清。"中华民族共同体意识"与"中华民族共同体"是一对既互相区别又彼此联系的概念,而依旧不乏文章将"中华民族共同体意识"与"中华民族共同体"二者混淆、混用。此外,一些文章对于"意识"的阐释较为充分,但是对于"共同体"这一核心概念的学理分析不够。今后的研究不仅要严格区分和使用"中华民族共同体意识"和"中华民族共同体",还需要对"共同体"这一核心概念和中华民族的"共同性"特征进行更为深入的研究。

二是在对中华民族共同体意识形成的思想渊源的研究方面还有待于进一步完善。中华民族共同体理论虽然植根于中华民族理论之中,但仍用中华民

---

① 龙金菊,高鹏怀.民族心态秩序构建:铸牢中华民族共同体意识的社会心理路径[J].西南民族大学学报(人文社会科学版),2019(12):9—15.

族理论解释中华民族共同体，显然已经不能满足当前对铸牢中华民族共同体意识的需要，在新的时代背景下，我们呼唤新的中华民族共同体理论。为此，如何将中华优秀传统文化中的和合思想，如何将马克思主义经典作家共同体思想以及中国共产党主要领导人在不同时期的民族思想与中国民族发展实际相结合，并将其运用于指导解决民族问题和实现中华民族伟大复兴中国梦的实践方面则有待于做进一步的研究。

三是在对中华民族共同体意识的所内含的内容研究上有待加强。中华民族共同体意识渗透于中国当代建设的各个领域，如何将涉及领域的宽度和研究内容的深度结合起来，使铸牢中华民族共同体意识既不仅仅停留在某一领域层面，也不仅仅停留在一般的口号和空洞的概念上，有待于做进一步的研究。

四是在对影响中华民族共同体意识培育因素的研究方面有待系统地推进。我们之所以要积极培育中华民族共同体意识，是因为当前我们面临严峻的国际国内挑战，那么如何结合当前世界发展之大变局以及复杂的国际国内形势系统地分析归纳我国当前所面临的严峻挑战就成为在铸牢中华民族共同体意识所必须直面的问题。但从当前的研究来看，系统性的分析还较为缺乏。

五是在对中国共产党铸牢中华民族共同体意识的历史经验以及实践路径的研究方面还需大力推进。当前，学术界一般还是从经济、文化、政治或社会的角度研究中华民族共同体意识的培育，从中国共产党出发，历史考察党对中华民族共同体意识的培育还很少。中国共产党的领导，是中国特色社会主义最本质的特征，铸牢中华民族共同体意识，同样离不开中国共产党的积极建构。中国共产党在不同历史时期对中华民族共同体意识的培育工作，为我们提供了丰富的史料，是我们研究中华民族共同体意识的直接来源。

六是在铸牢中华民族共同体意识的理论体系建构方面还有待进一步加强。铸牢中华民族共同体意识是民族工作的重要组成部分，相关民族工作的指导意见也指出了铸牢中华民族共同体意识的基本内容与实践方向。若想深刻理解和把握中华民族共同体意识的精髓要义，需要探析中华民族共同体意识理论体系的构建。中华民族共同体意识理论体系的构建，应依托中华民族共同体意识形成过程中的历史根源、理论积淀、价值取向和目标导向，将其置于民族工作与国家治理的框架中，融通铸牢中华民族共同体意识的理论价值与现实需要，探明中华民族共同体意识的各层次内容，考察每个层次的理论核心及重点，以此构建科学、全面、系统的理论结构体系，并为铸牢中华民族共同体意识提供明确的目标、详细的实践步骤。但就目前的研究现状而言，党的十八大之后学术界尽管对习近平总书记关于铸牢中华民族共同体意识的研究关注逐渐增多，但大都是从某一个侧面对其进行概括和总结，且理论阐释研究较多，体系构建研究较少。在习近平总书记继承马克思主义经典作家共同体思想及中国共产党主要领导人的民族思想等方面，并将其运用于指导解决民族问题和实现中华民族伟大复兴中国梦的实践方面还缺乏较为深入系统的研究。另外，运用比较研究法和系统研究法进行研究的成果并不多见。对中华民族共同体意识的各个方面从整体、系统和全面的视域进行综合分析与研究的论著尚少。再者，在重要学术著作出版方面亦是缺乏，这与中华民族共同体意识的提出时间较短有直接关系，期待更加宏大和更有成就的学术论著涌现。

七是在铸牢中华民族共同体意识的多学科视角方面有待进一步加强。铸牢中华民族共同体意识是事关民族工作与国家治理的宏大议题，在建设中华民族共同体进程中具有巨大的政治优势。铸牢中华民族共同体意识的学理基础研究关涉加强民族交往交流交融、民族心理认同、民族教育培育等方面，同时也需要民族地区经济建设、文化建设、法治建设等联动制度作为保障。因此，铸牢中华民族共同体意识研究不能局限于民族学、政治学层面，需要人类学、历史学、心理学、经济学、教育学、法学等多学科的共同参与，为铸牢中华民族共同体意识提供全面的学理支撑和实践指导。

基于此，本书立足于马克思主义经典原著，在认真研读学术界对共同体、中华民族、民族共同体、中华民族共同体意识以及党的十八大以来特别是党的十九大以来习近平总书记对加强民族团结、弘扬民族精神等的最新报告的基础上，围绕"中华民族共同体意识的演变轨迹究竟是如何形成的""中华民族共同体意识的本质意涵是什么""铸牢中华民族共同体意识对维护国家统一、巩固民族团结、完善国家治理等方面有何重要价值""如何通过国家的顶层制度安排和具体实践路径铸牢中华民族共同体意识"等一系列问题，在吸收借鉴已有理论研究成果的基础上，对新时代铸牢中华民族共同体意识思想开展深入系统地研究、分析并提出自己的见解，以期对以上所提的一系列问题进一步加以论证。

第三节　研究思路与方法、创新之处

一、研究思路

在认真研读党的十八大以来关于民族工作和加强民族团结的最新报告以及关于铸牢中华民族共同体意识的重要讲话和相关论述的基础上，利用辩证唯物主义和历史唯物主义的方法进行多维的审视，从时代背景、理论渊源、主要内容、基本特征、价值意蕴、面临的新时代境遇及铸牢路径等方面对新时代铸牢中华民族共同体意识进行系统地梳理、阐释并进行深刻地提炼与概括，以期能够在一定程度上拓展新时代铸牢中华民族共同体意识思想研究的广度和深度，为相关研究尽自己一份微薄之力。

具体结构如下：

绪论：主要是对选题的来源与意义、国内外研究现状、研究的思路与方法以及本书的创新之处进行揭示。

第一章，主要是通过各类优秀文献数据库，搜索国内外专家学者的研究成果，在阅读和梳理有关中华民族共同体意识培育的相关文献的基础上，对与中华民族共同体意识相关的基础性的核心词汇如民族、中华民族、中华民族共同体以及中华民族共同体意识等相关概念进行系统的解析，并从中国史前文明多元共生的痕迹、古代中华民族共同体意识的孕育、近代时期中华民族共同体意识形成、当代中华民族共同体意识的发展等四个方面，对中华民族共同体意识形成和发展的历史脉络进行系统梳理，以期为后续的进一步研究打下坚实的理论基础。

第二章，探究新时代铸牢中华民族共同体意识思想形成的理论渊源及时代诉求。新时代铸牢中华民族共同体意识的产生既源于中国五千多年的悠久历史，植根于灿烂辉煌的中华文化，又是在继承和发展马克思、恩格斯等经典作家的共同体思想、中国共产党主要领导人的共同体思想以及民族团结进步思想的基础上，由中华人民共和国的成立完成整合，在社会主义现代化建设中不断加强而最终逐步形成的。基于此，该部分通过对中华优秀传统文化，马克思、恩格斯等经典作家的共同体思想，中国共产党主要领导人的共同体思想的有关文献进行阅读分析的基础上，系统梳理了党的十八大以来铸牢中华民族共同体意识思想产生的理论渊源，并进一步从实现中华民族伟大复兴中国梦、维护民族团结和国家统一、构建新时代和谐民族关系、应对日益复杂的国际局势等方面对铸牢中华民族共同体意识思想形成的现实背景进行深入的分析和探讨，从而为进行后续的探讨奠定必要的文献基础、理论根基和时代背景。

第三章，探析新时代铸牢中华民族共同体意识的提出过程和科学内涵。本部分在对党的十八大以来铸牢中华民族共同体意识的提出过程进行系统回顾的基础上，分别从铸牢共兴共荣的命运共同体意识、共建共治的政治共同体意识、共富共享的经济共同体意识、共甘共苦的生活共同体意识，以及共创共传的文化共同体意识等方面对新时代铸牢中华民族共同体意识的科学内涵进行系统的分析，以期为策略的提出奠定坚实的理论根基。

第四章，分析新时代铸牢中华民族共同体意识的有利条件和现实挑战。本部分是在对世界发展之大变局以及当前中国所面临的复杂的国际国内环境进行深刻的洞察和分析的基础上，对铸牢中华民族共同体意识的有利条件和面临的挑战进行辩证分析，以期为后续策略的提出提供基本的现实依据。

第五章，阐述新时代铸牢中华民族共同体意识的价值意蕴与多维进路。铸牢中华民族共同体意识不仅是价值观的培育，也涉及政治、经济、文化、社会、生态等改革和建设的各个方面，可以说，在各个领域的建设中，中华民族共同体意识的培育始终都贯穿于其中。那么，如何在对我国各项建设所取得的伟大成就的基础上，进一步挖掘出中华民族共同体意识在其中所发挥的重要作用并深刻阐释其中所蕴含的价值意蕴以及多维进路等就成为本专题研究所要着重解决的问题。基于此，本部分是在前面四个部分已充分挖掘中华民族共同体意识的理论根基、丰富理论基质以及铸牢中华民族共同体意识的巨大实践价值的基础上，进一步深刻阐释了新时代铸牢中华民族共同体意识的价值意蕴，并分别从经济、政治、文化、社会以及生态维度等方面对"铸牢中华民族共同体意识"的新智慧新方案进行了系统的介绍，以期为后续的研究及不断推进新时代中国特色社会主义伟大事业和马克思主义的中国化与时代化提供可供借鉴的思路，这也是本书研究的核心与重点。

二、研究方法

本书在吸收借鉴相关研究成果的基础上，结合当代中国特色社会主义伟大实践，在广泛收集和分析研究资料的基础上，在对中华民族、中华民族共同体、中华民族共同体意识等相关概念界定之后，系统诠释了中华民族共同体意识形成的发展脉络、思想渊源以及时代诉求，通晓了中华民族共同体意识的提出过程以及实质要义；而后选择采用同一问题的不同角度、不同方式交叉印证的办法，在调研分析的基础上，在掌握有充分的数据资料做支撑的基础上，在对新时代铸牢中华民族共同体意识所面临的国内外两方面的机遇与挑战的基础上，进一步对当前国内外形势背景下铸牢中华民族共同体意识所内含的价值意蕴进行详细阐述。并在此基础上，从政治、经济、文化、社会、生态等方面对铸牢中华民族共同体意识的多维进路进行了深刻的探析，以期为新形势下，为深入学习宣传贯彻习总书记在全国民族团结进步表彰大会上的讲话精神，进一步铸牢全体中华儿女的民族共同体意识等方面提供点滴参考。

具体研究方法如下：

一是文献研究法。在对中华优秀传统文化、以马克思、恩格斯以及毛泽东、邓小平等老一辈无产阶级革命家的民族思想及共同体思想的有关文献进行阅读分析的基础上，对他们的思想进行详细梳理，以此把握习近平总书记关于中华民族共同体重要论述产生的思想渊源。并在充分地查阅历次中国共产党全国人民代表大会报告，中央民族工作会议报告，政府相关部门出台的文件、报纸、官网信息报道以及其他新闻媒体的报道等的基础上，以中华民族共同体意识为主线，梳理中国共产党在不同历史时期建设中华民族共同体的具体内容，在对其中的经验进行总结并在梳理分析的基础上，形成自己的观点，从而为进行本书的探讨奠定必要的文献基础和理论根基。

二是逻辑与历史相统一的方法。通过系统查阅并梳理国内现有的相关历史文献，以中华民族共同体意识的思想基础和理论渊源为逻辑起点，统揽中华民族五千多年的发展历程以及我国不同历史时期所实行的民族政策与措施，以历史的眼光从中华民族的演进历程中剖析中华民族共同体意识的历史生成逻辑。并结合各历史时期的相关民族理论，在对其进行客观分析和凝练总结的同时，从当时社会环境和历史现实视角准确把握所蕴含的民族精神特质，对中华民族共同体意识的理论渊源、实质要义、价值意蕴和多维进路进行翔实剖析和系统归纳，明确"中华民族共同体意识"指导思想的连续性和主动性，从而更加深入领会中华民族共同体意识的生成逻辑与现实价值。

三是比较研究法。比较研究法是根据一定的标准，把不同的或相似的事物放在一起进行比较，以确定事物之间异同的一种方法。新时代铸牢中华民族共同体意识思想的研究的最终目的，旨在将比较法运用于指导解决民族问题和实现中华民族伟大复兴的中国梦，以引导人们深刻认识和理解新时代民族团结工作的发展方向，推动民族团结工作向纵深方向发展。比较研究法包括纵向比较法和横向比较法，将新时代铸牢中华民族共同体意识思想置于中华优秀传统文化、马克思主义共同体思想、中国共产党主要领导人的民族思想、中国特色社会主义民族理论等长河中并进行纵向比较，概括其中的共性，凸显新时代铸牢中华民族共同体意识思想的个性，体现它们之间一脉相承又与时俱进的关系。通过横向比较，研究中国共产党领导下的民族工作理论的本质特征和基本原理，从而更好地揭示中国共产党领导下的民族工作的发展规律和发展趋势。而通过跨时空的比较研究，纵横交错，就可以让我们以更加开拓的视野客观认识新时代铸牢中华民族共同体意识思想的精髓，更加准确地掌握党领导下的民族工作的本质和规律，从而推动中国共产党民族工作理论的不断创新。

四是系统分析方法。新时代铸牢中华民族共同体意识思想是一个系统的理论体系。系统分析方法要求，一方面，应把该理论作为一个整体进行审视，对该理论从特定的形成背景、主要内容体系与特点等几个要素予以综合研究；另一方面，由于党的十八大以来特别是党的十九大以来所形成的新时代铸牢中华民族共同体意识思想会受到时代、社会环境大系统的影响。因此，研究该理论及其对当前中国民族工作的启示等，就需要将该理论与当时的时代背景、社会背景视为一个有机整体。

五是理论联系实际的方法。通过已有文献资料作为理论基础，立足于世界局势发展动态和国内民族地区发展现实，结合当前民族工作开展过程中面临的问题和困境，从经济、政治、文化、社会和生态等五个相互联结、相互促进的方面，有针对性地探索并解决培育和铸牢中华民族共同体意识的有效践行方略和实际举措，将抽象性理论与践行路径紧密结合，从而保证践行路径的具体可行。

六是多学科整合研究法。本书力求从民族学、伦理学、心理学、政治学、社会学、历史学、教育学等方面进行跨学科的贯通研究，专题研究与主题探究相结合，并以主题统领专题，在每一个专题研究中，都特别强调回到习近平的著作、文章、书信、电报、批示、题词、讲话和谈话等文本语境中，强调文本研究，找寻其思想与提升民族团结工作实效性的关联性，力求探索出适合中国国情的民族团结工作的新思路。

三、创新之处

一是研究视角的新颖。在研究视角上，本书有别于以往主要从命运共同体视角来分析习近平总书记关于中华民族共同体重要论述的研究，力图从政治学视角，从微观的价值观视角来探析习近平总书记关于中华民族共同体重要论述及其价值，结合我国在经济、政治、文化、社会以及生态建设等各个方面所取得的伟大成就，深入挖掘习近平总书记关于中华民族共同体重要论述所蕴含的精神力量，从而将研究进一步引向深入。

二是研究内容的新颖。自党的十八大特别是党的十九大以来，尽管已有学者对习近平总书记铸牢中华民族共同体意识思想的某一领域进行研究和探索，但目前为止，尚未形成专门针对铸牢中华民族共同体意识研究的完整体系的成果材料，如专著等。且在习近平总书记对马克思主义经典作家的思想及中华民族传统多元一体思想的继承与发展方面的研究也仍有欠缺。基于此，本书在认真研读学术界对中华民族共同体意识以及党的十八大特别是党的十九大以来习近平总书记对民族工作和加强民族团结的最新报告等与之相关材料的基础上，以习近平民族团结思想为指导，把习近平总书记关于中华民族共同体的重要论述与当前中国民族关系现状联系起来进行研究是本书的特色之处。且本书的研究不只是进行会议精神的文本解读，而是进一步对习近平总书记关于中华民族共同体重要论述产生的现实背景、思想渊源以及价值意义等进行深层次分析和阐述。为此，本书的研究无疑在研究内容方面具有一定的创新性。

三是研究方法的新颖。在研究方法上，本书运用系统研究法，对习近平总书记关于铸牢中华民族共同体意识的重要论述进行系统归纳和总结，并进行深入的剖析，从中汲取有益经验服务于新时代中国特色社会主义建设。运用比较研究法，将以往有关中华民族共同体的论述与习近平总书记关于中华民族共同体的重要论述进行对照，探索习近平总书记关于中华民族共同体重要论述的理论价值及实践价值。

四是理论认识的前导性。作为一名思想政治理论教育工作者，其庄严使命就在于关注和研究时代课题。从开始的"牢固树立"发展到"打牢"和"积极培育"，再到党的十九大报告强调的"铸牢"，并在2021年中央民族工作会议上，把"铸牢中华民族共同体意识"提升到关乎中华民族伟大复兴的政治高度，将其作为新时代党的民族工作的"纲"等。所有这些重要论述都充分体现出党和国家对构建中华民族共同体意识的重视程度在不断加深，对民族工作的内涵拓展和方向不断提出了新的要求。本书的研究不是单纯停留在理论的层面上，而是紧扣时代脉搏，以马克思主义唯物史观为指导，以中国梦为支点，在认真研读学术界对共同体、中华民族、民族共同体、中华民族共同体意识以及党的十八大以来特别是党的十九大以来习近平总书记对加强民族团结，弘扬民族精神等的最新报告，并在吸收借鉴已有理论研究成果的基础上，对新时代铸牢中华民族共同体意识思想开展深入系统地研究、分析并提出自己的见解。毫无疑问，这对于进一步铸牢中华民族共同体意识，推动民族团结工作向纵深方向发展等都起到了一定的导向作用。

第一章
中华民族共同体意识概述

习近平总书记指出:"一部中国史,就是一部各民族交融汇聚成多元一体中华民族的历史,就是各民族共同缔造、发展、巩固统一的伟大祖国的历史。"① 中国特色社会主义进入新时代,面对世界百年未有之大变局和复杂的国内外形势,作为植根于中华民族数千年的自在史中,激起于近百年的自觉发展史中的中华民族共同体意识的提出,既是对民族事业发展的规律性把握,同时也完全合乎中国特色社会主义建设的当前需求与根本目的。准确把握中华民族共同体意识的历史渊源和相关概念,不仅是铸牢中华民族共同体意识的前提,同时也必将对切实践行习近平新时代民族工作思想产生重要的认识论、方法论意义。因为只有在对相关基础概念进行厘定的基础上,才能更加有针对性地提出铸牢中华民族共同体意识现实可行性的路径。

第一节 相关概念的阐释

一、民族

"民族"这一词汇在中国出现甚早,史书早有明载。不过我们今天耳熟能详的"民族"概念,则在很大程度上是西学东渐的产物,近代中国的民族认同,亦是基于这样的概念。据学者考察,至少在南朝宋齐时期,"民族"一词已出现于典籍之中,如顾欢《夷夏论》中有言:"今诸华士女,民族弗革,而

① 2019年9月27日在全国民族团结进步表彰大会上的讲话。

露首偏踞，滥用夷礼，云于薨落之徒，全是胡人，国有旧风，法不可变。"①之后，唐代李筌所著兵书《太白阴经》的序言中也有"民族"一词，文中言："夫心术者，尊三皇，成五帝。贤人得之以霸四海，王九州；智人得之以守封疆，挫强敌；愚人得之以倾宗社，灭民族。"这些文献中的"民族"一词，"就其含义而言，既指宗族之属，又指华夷之别。宗族之属包括了泛指的民众，也包括了相对于'皇族'的'贵族''世族''巨族'之类。华夷之别，则包含了区别'五方之民'（蛮、夷、戎、狄、华夏）的意义"。可谓混杂多义，不能等同于今日"民族"的定义。

与今日所言之"民族"相关联的，应是19世纪30年代普鲁士传教士郭实腊最早在中文著作里所用者②，但作为一个现代概念，何谓"民族"③，如何定义，一直是个非常复杂的问题。东西方学术界曾对之做过大量研究，提出种种解释，但众说纷纭。因为，其作为一种社会历史现象，是随社会发展而不断变化的，带有强烈的时代属性。是特定历史时期人类社会的一种特定历史现象或历史事实，其在不同历史时期的民族特性具有很大的差异性。对此，马克思就曾指出，人类社会从产生至今，经历了一系列的发展过程，民族就是在由氏族、部落过渡到更高发展阶段的一个团体或组织。但关于民族这一概念，马克思也没有对其含义进行阐释。恩格斯在《家庭、私有制和国家的起源》中，详细论证了"民族形成的一般规律即历经氏族—胞族—部落—部落联盟—民族"的一系列发展过程；同时强调指出，人类社会在这个过程中实现了从血缘关系到地域关系的飞跃，人类社会在前四个阶段是以血缘关系为基础的，而从部落到民族的飞跃伴随着人类社会生产力与生产关系的不断前进突破了区域的限制；"到了原始社会末期向阶级社会过渡的时期，由于生产力的发展、分工交换的出现、私有制的产生，人类社会逐渐冲破狭隘的氏族部落这一血缘共同体，逐渐形成了建立在地缘关系之上的人们共同体——民族"④。从以上这一系列的论述中，可以看出民族这一词汇是经历了氏族、部落之后才产生的，但并没有明确的定义。作为人类社会发展过程中普遍存在的其中一种人类形态，"氏族"被认为是最早的人类群体，经过"部

---

①〔南朝梁〕萧子显. 南齐书·高逸传（《南齐书》卷五十四）[M]. 北京：中华书局，1972：934.

②黄兴涛. "民族"一词究竟何时在中文里出现[M]. 浙江学刊，2002（1）.

③〔美〕本尼迪克特·安德森. 想象的共同体：民族主义的起源与散步[M]. 吴叡人，译. 上海：上海人民出版社，2003：3.

④字振华. 马克思主义民族理论中国化研究[M]. 北京：人民出版社，2014：18.

落"的过渡发展,形成了更为高级的"民族"存在形态。与此形态相对应的是其所处的社会发展阶段,"氏族"存在于原始社会,为了战胜自然而求得生存,是依托于血缘关系结成的社会单位;"部落"是为适应新石器时代的发展所产生的,不再简单地依靠血缘这一纽带,而开始考虑共同的文化特征,由此形成的人类单位。"民族"是人类社会发展进步的表现,一般意义上来说是与阶级分化相伴生的人类共同体。

此后,东西方学术界尽管也曾对民族做过大量研究,提出种种解释,但很少有学者直接给民族下一个全面而又准确的定义,当然,这并不是说民族的不可认知。比如,清末民初,伴随当时社会精英集团"图强救国"之时代使命,对人文科学和社会科学的认知也显得更加深入。20世纪初,以梁启超、王国维、钱穆为代表的社会精英对民族议题的关注较多,孙中山认为民族是人类社会发展的必然产物,以血统、语言、习俗等要素为构成要件[1]。列宁则认为,民族的两个重要属性是地域和语言[2]。而在马克思主义民族理论发展过程中,第一个关于"民族"的完整科学概念则是斯大林提出来的。作为列宁的继承者,斯大林对苏联民族问题进行了深入的研究,在《民族问题和列宁主义》一文中,对民族的定义进行了确定,强调指出,"民族是人们在历史上形成的有共同语言、共同地域、共同经济生活及表现于共同的民族文化特点上的共同心理素质这四个基本特征的稳定的共同体"[3]。这就是斯大林的著名民族定义,此定义于1913年首次提出,1929年再次做出重申。这个定义第一次将马克思主义民族概念提升到了理论的高度,是对马克思主义民族观的继承与发展,在世界民族发展史中留下了浓重一笔。然而,这一定义并不符合中国社会历史发展实际。因为斯大林在给民族下定义时有一个前提,就是认为民族是在资本主义上升时期形成的。而中国,包括汉族在内尚没有一个民族完全进入资本主义。此外,如以斯大林的民族定义具体来衡量各个民族的特征时,也总是捉襟见肘。因为,依照这样的定义,民族应有六个方面的特征:一是历史形成的,为历史的产物,属于社会历史的范畴;二是有共同的语言,语言是族类共同体最牢固、最有活力的联系纽带;三是有共同的地域,这是一个民族生息繁衍的最重要的条件,它确保同一族体的各个成员、各个组成部分之间的经济联系和其他联系的发展;四是有共同的经济生活,即共

---

[1] 孙中山.孙中山选集[M].北京:人民出版社,1981:619.
[2] [俄]列宁.列宁全集:第7卷[M].北京:人民出版社,1959:76-83.
[3] [俄]斯大林.斯大林全集:第2卷[M].北京:人民出版社,1953:294.

同的经济联系，内部的经济联系是把同一族体的各部分结合为一个整体的强大动力；五是有共同的心理素质，这种共同的心理素质表现为共同的文化，即同一族体的成员在文化上的一致性，是不可分割地同他们的心理特点联系在一起的；六是具有稳定性，任何群体都要求有一定的稳定性，但民族所要求的稳定性非同一般，否则就不能形成共同的语言和文化[1]。斯大林所概括的特征，对于理解和识别我国的民族有可取之处，但他所说的"共同地域"有"共同领土"的意思，因而他对民族的定义主要是服务于联邦制的。

为此，我国在20世纪50年代进行民族识别时，并没有严格套用斯大林的定义，而是将其"灵活运用"。改革开放以后，学术界一方面对斯大林的定义进行了批评，另一方面也就此进行了更深入的研究。针对斯大林民族定义存在的局限，2005年5月，在中央民族工作会议上，中央在提出党的关于民族理论政策十二条基本观点时，第一条就为"民族"下了新的定义："民族是在一定的历史发展阶段形成的稳定的人们共同体。一般来说，民族在历史渊源、生产方式、语言、文化、风俗习惯以及心理认同等方面具有共同的特征。有的民族在形成和发展中，宗教起着重要作用。"[2] 显然，这一表述是马克思主义民族理论发展史上继斯大林对民族这一词汇定义之后的新的表述，有着非常中国化的色彩，也在民族理论和工作中产生了广泛的影响。依此论述，民族是社会发展到一定阶段的产物。民族在漫长的演变过程中，其实就是各民族在不同的物质基础上建立起来的具有不同文化特征和地域特色的过程，当形成过程达到一定程度，民族就应运而生了。而各民族为了发展壮大自身在各个领域的实力，通过交往加深相互了解，无论在物质文化层面还是精神文化层面的共同性必然越来越多，差异性越来越小，民族融合的因素逐渐增加，渐渐就形成了具备共同历史渊源、共同生产方式、共同语言、共同文化、共同风俗习惯、共同心理素质为主要特征的共同体。这六个要素构成了我国民族内涵的核心。从这六个要素中，既可以看到从氏族到部落再到民族的演变轨迹，也可以看到中华文化的历史传承与发展，是马克思主义民族观中国化的重要表现。

---

[1] 宁骚. 民族与国家——民族关系与民族政策的国际比较 [M]. 北京：北京大学出版社，1995：16-19.
[2] 国家民族事务委员会，中共中央文献研究室. 民族工作文献选编（2003—2009）[M]. 北京：中央文献出版社，2010.

二、中华民族

"起来！不愿做奴隶的人们！把我们的血肉，筑成我们新的长城！中华民族到了最危险的时候，每个人被迫着发出最后的吼声……"在艰苦卓绝的抗日战争中，中国共产党党员田汉作词、聂耳谱曲的《义勇军进行曲》诞生了，让各族儿女清醒地认识到中华民族一荣俱荣、一损俱损，推动全民族抗战的号角逐渐响彻神州大地。在党的领导下，中华民族的无数英雄儿女"宁为战死鬼，不做亡国奴"，前仆后继、抗日救亡，谱写了可歌可泣的生命赞歌，最终夺取了近代以来中国抗击外敌入侵的第一次完全胜利。

我国是一个历史悠久的统一多民族国家，今天的56个民族都是中华民族大家庭的平等一员。习近平总书记强调，中华民族是一个命运共同体，一荣俱荣、一损俱损。各民族只有把自己的命运同中华民族的命运紧紧连接在一起，才有前途，才有希望。这一重要论断深刻揭示了中华民族和各民族是一个大家庭和家庭成员的关系，深刻指出了中华民族多元一体格局中"多"与"一"的辩证统一，为我们准确把握我国是统一的多民族国家的基本国情、做好新时代民族工作，指明了方向，提供了遵循。

那么，"中华民族"这一名词何时出现？其起源与演化的情形又如何呢？据学者研究，"中华"一词起源于魏晋，最初用于天文方面，是从"中国"与"华夏"两个名称各取一字复合而成。古人宗信"天人相与"，天文分野，取与地理区域相配合，当时天文星野有"中华"名称，地理上当亦有此观念，而且作为地域名称，"中华"与"中国"相同。此外，魏晋之时，世家大姓自诩"衣冠华族"，备受尊崇，"中华"一词最初也许与这些"衣冠华族"相关，逐渐地扩及于指传统文化和具有这种文化的人民。所以，在古代，"中华"既是地理名称，又是文化与民族称谓，尤其是指文化与民族。"中华"一词与19世纪上半叶进入中国的"民族"概念相结合，就构成了"中华民族"这一词汇，相应的思想观念也就此产生。

从根本上说，"中华民族"概念及其思想观念的出现，是鸦片战争以来不断加剧的民族危机的产物。自近代以来，西方国家凭借着工业革命带来的强大实力强势入侵中国，使中国面临"亡国灭种"的危险。这使当时的中国知识分子认识到在"救亡图存"的道路上，需要全部国人的参与，需要一种能够凝聚全国人民思想的观念。同时，受西方民族国家思想影响，与"西方民族""美利坚民族"等相呼应，"中华民族"理念呼之欲出。在中国近代史上，

"最早具有较为明确的现代国家各民族一体观念者为梁启超"①。在梁启超的论述中,"中华民族"的内涵经历了从"汉族—多元混合的汉族—多数民族混合共同体"的逻辑演变过程。1901年,梁启超在《中国史叙论》一文中多次使用"中国民族"概念,以"中国民族"的活动来对中国历史进行时代划分,有"中国民族自发达、自竞争、自团结之时代""中国民族与亚洲各民族交涉繁赜、竞争最烈之时代""中国民族合同全亚洲民族,与西人交涉竞争之时代"等②。

  联系上下文可以看出,其内涵不确指,有时指汉族,有时为有史以来中国各民族的统称,这种统称已初步具有各民族从古至今所凝成的某种一体性和整体性的含义。1902年,梁启超在《论中国学术思想变迁之大势》中开始提出并使用"中华民族"这个词汇,他说:"齐,海国也。上古时代,我中华民族之有海思想者厥惟齐,故于其间产出两种观念焉:一曰国家观,二曰世界观。"梁启超虽提出了"中华民族"这一词汇,但其内涵与今天我们心目中的"中华民族"还是有差异的。从其文章整体来看,"中华民族"仍指的是华夏族,即汉(汉族),如文中言:"中华建国,实始夏后。古代称黄族为华夏、为诸夏,皆纪念禹之功德,而用其名以代表国民也。"1905年,梁启超在《历史上中国民族之观察》一文中又数次使用"中华民族"一词,并明确指出:"今之中华民族,即普通俗称所谓汉族者",但同时又以事实进行论证,说明先秦时华夏族之外的各个民族,最终大都融入华夏族,从而证明"中华民族自始本非一族,实由多数民族混合而成"。这样的看法表明,尽管梁启超仍把"中华民族"作为汉族的代名词,但显然已不把汉族看作单一民族,而是"由多民族混合而成"。这一点至关重要,因为是用"中华民族"概念谈民族混合,而非用汉族概念谈民族混合,所以即便"中华民族"在这里仍等同于汉族,但却从主体民族融合化力之伟大和各民族不断融合化入的历史角度,明确昭示了主体民族将继续与其他民族融合的趋势。这也就意味着"中华民族"这一概念,最终必将是未来民族共同体的统一名称。至少可以说,在承认"中华民族"代表着历史上长期由各民族混合而成的共同体方面,此时的梁启超已有相当的自觉性。1923年,在《中国历史上之民族研究》中,梁启超对自己先前"中华民族"的概念界定进行了修改,"凡遇一他族,而立刻有'我

---

① 黄兴涛.民族自觉与符号认同:"中华民族"观念萌生与确立的历史考察[J].中国社会科学评论,2002.
② 梁启超.饮冰室文集[M].昆明:云南教育出版社,2011:215.

中国人也'之一观念限于脑际者，此人即中华民族之一员也"①。此时，梁氏将民族意识纳入判别中华民族的要素，不再坚持中华民族即汉族的观点。

孙中山先生在领导推翻清朝封建帝制的革命过程中，借鉴了1367年《朱元璋奉天讨元北伐檄文》中的"驱逐胡虏，恢复中华，立纲陈纪，救济斯民"的主张，并改编为"驱除鞑虏，恢复中华"的口号，将"鞑虏"与"中华"对立，这里的"中华"主要是指以汉族为核心的政权。随着革命形势的变化和对中国基本国情的认识不断深化，开始倡导汉满蒙回藏"五族共和"。倡导"五族共和"，虽然摒弃了将"中华民族"等同于"汉族"的狭隘观点，但仍然不符合中国多民族国家基本国情的实际，存在历史局限性。因为所谓"汉满蒙回藏"，是指汉族为主的内地"十八行省"与满、蒙、回、藏五大地域，所以极易产生歧义，即容易使人产生中国境内只有五大民族的误会，而将其他若干民族都排斥在外，这与中华民族的构成、民族关系以及民族国家建立的内在要求不相符。中华民国建立后不久，"五族共和"理论倡导者孙中山认识到"五族共和"理论的局限性，他率先改变主张，进而提出内涵更加丰富的"中华民族"概念。1920年，孙中山在上海中国国民党本部演讲时阐释了新的民族观："现在说五族共和，实在这五族的名词很不恰当。我们国内何止五族呢？我的意思应该把我们中国所有各民族融合成一个中华民族。"②以孙中山为首的革命者敢于自我否定，从而将"五族共和"观上升为包括所有民族在内的"中华民族"整体观，表明"中华民族命运共同体"出现新的理论升华。如此，五四运动的巨大冲击是关键因素。第一次世界大战后，帝国主义列强在巴黎和会上对中国人民合理要求的漠视与蛮横态度，不仅激发起五四爱国运动，而且也刺激了一直对帝国主义抱有某种幻想的孙中山，他意识到帝国主义就是整个中华民族共同的敌人，开始抛弃对帝国主义的幻想，而五四运动中学生与各界民众所显示的巨大力量，则使他看到了全民族的希望所在。这样，他的民族思想由早期狭隘的种族革命、局限在国内民族革命而转变为明确反帝，具有整体对外性质的反民族压迫的革命，这也正是其"中华民族"观完善及确立的明显标志与最大特色。这表明数千年来"自在"的中华民族共同体意识悄然觉醒。

由此不难看出，"中华民族"概念的提出、使用和内涵的不断拓展延伸甚

---

① 梁启超. 饮冰室文集 [M]. 昆明：云南教育出版社，2011：3211.
② 白晨曦. 天人合一：从哲学到建筑——基于传统哲学观的中国建筑文化研究 [D]. 北京：中国社会科学院研究生院博士学位论文，2003：29.

至前后不一致，与当时中国社会背景有着深刻的联系。近代以来，中国面临着反帝反封建的双重任务，"中华民族"的理念既能在对内的反封建斗争中起到凝聚革命力量的作用，又能在对外反抗帝国主义的侵略中起到凝聚全中国人民力量的效果。所以，梁启超和孙中山面对国内的反清反封建斗争时，会强调"中华民族"中的汉族核心；当面对帝国主义的侵略时，强调"中华民族"是"多个民族的混合体"。虽然从整体来看，存在一定的历史局限性，但在当时反帝反封建斗争中起到了积极的作用。

中国共产党自登上历史舞台后，就高度重视解决民族问题，在将马克思主义民族理论和中国具体实际相结合的基础上，对中华民族这一概念做出了正确阐释。毛泽东同志深刻指出，"中国是一个由多数民族结合而成的拥有广大人口的国家"，除汉人外，"还有蒙人、回人、藏人、维吾尔族人、苗人、彝人、壮人、仲家人、朝鲜人等，共有数十种少数民族"。"中华民族的各族人民都反对外来民族的压迫，都要用反抗的手段解除这种压迫。他们赞成平等的联合，而不赞成相互压迫。"中国各民族"虽然文化发展的程度不同，但是都已有长久的历史"，"中华民族又是一个有光荣革命传统和优秀的历史遗产的民族"。

就毛泽东对"中华民族"的论述来看，它回答了"中华民族"研究中最为重要的两个问题。一是"中华民族"本身的定义问题，亦即"中华民族"是什么的问题。毛泽东主要是从三个方面定义"中华民族"的：其一，中华民族是一个有着几千年历史的民族，"从古代起，我们中华民族的祖先就劳动、生息、繁殖在这块广大的土地之上"。其二，中华民族是一个有着几千年文化的民族，"中国是世界文明发达最早的国家之一"，"在中华民族开发史上，有素称发达的农业、手工业，有许多思想家、科学家、发明家、政治家、军事家、文学家和艺术家，有丰富的文化典籍"。其三，"中华民族不但是以刻苦耐劳著称于世，同时又是酷爱自由、富于革命传统的民族"。总之，中华民族是一个"刻苦耐劳"、有着悠久的历史、文化和革命传统的民族。

二是"中华民族"一词的含义问题，亦即我们是在什么意义上使用的"中华民族"一词。毛泽东论述的"中华民族"一词包含着三个相互联系的基本内涵：其一，中国是统一的多民族国家，存在着汉族以及其他数十个少数民族；其二，经过数千年的交往与融合，各民族已形成你中有我、我中有你的不可分离的民族共同体，"中华民族"便是这一民族共同体的称谓，或者说"是代表中国境内各民族之总称"；其三，中华民族内部各民族不分大小一律平等。这是迄今为止毛泽东对"中华民族"最全面和最权威的论述，也是中国共产党成立以来党的最高领导人对"中华民族"最全面和最权威的论述。它标志着中国共产党的"中华民族"观念的最终形成和确立。

正因为中国共产党的"中华民族"观念，承认中国是一个统一的多民族国家，经过数千年的交往和融合，各民族已成为你中有我、我中有你的不可分离的民族共同体，"中华民族"是这一民族共同体的称谓，"中华民族"内部各民族之间不分大小一律平等，并提出了实现各民族平等、保障少数民族权利的各项方针政策，才得到了各民族尤其是少数民族的普遍认同和拥护。这也是中国共产党及其领导的人民武装能够把各民族解放纳入中华民族解放全局中，团结带领全国各族人民推翻"三座大山"，建立了崭新的中华人民共和国，开辟了中华民族发展的历史新纪元的重要原因。随着新民主主义革命的胜利和中华人民共和国的建立，中国共产党的"中华民族"观念及其内涵也日益深入人心。在今天，它已成为全体中国人民的基本共识。坚持这一基本共识，对于铸牢中华民族共同体意识、加强中华民族内部各民族团结、巩固国家统一等方面具有十分重要的积极意义。

三、中华民族共同体

从中华民族到中华民族共同体，并非"中华民族"和"共同体"两个术语的简单叠加，而是通过共同体这一外延更为宽泛、更易为人所接受的概念的引入，实现了对围绕"中华民族"这一术语所引发的"名实之争"的超越，进而大大拓宽了中华民族概念的阐释空间。

"共同体"是一个描述群体而非个体的概念，是一个自然凝聚而成的整体，它是指人们从各自不同利益、不同范围出发，为了共同的目标和宗旨而组成的人们团体。其核心特征是有机而紧密地联系，其维系和发展的关键因素是"共同性"。这一共同性包含利益和精神两个层面：一方面，任何类型的共同体都必然建立在利益共同性的基础上，且利益共同与命运一体密不可分。另一方面，共同体亦需要持久而稳定的精神共同性作为维系其发展的内生动力。简言之，共同体成员在维护共同利益的长期实践中，必然会形成利益共生、情感共鸣、价值共识、发展共赢、责任共担的命运共同体。

作为一个具有共同历史叙事和集体记忆、共同发展基础、共同命运前途的民族实体，中华民族共同体既包含了"多元一体"的文化共同体精神价值，也体现了"国族"的政治共同体意蕴①。关于中华民族"多元一体"的科学内涵，习近平做了深刻阐述："我国历史演进的这个特点，造就了我国各民族在分布上的交错杂居、文化上的兼收并蓄、经济上的相互依存、情感上的相互亲近，形成了你中有我、我中有你、谁也离不开谁的多元一体格局。"② 中华民族多元一体的民族构成格局，要从国际、国内两个视角上来认识：一是要从世界民族国家政治体系的角度认识中华民族的一体性。中华民族在长期的历史发展过程中形成的相互依存、统一而不可分割的共同体，是民族国家世界体系的一员。二是从国内层面把握中华民族的多元性，这既包括了中华民族起源的多元特征，也体现了民族的多元特征。如果不能正确认识"多元"与"一体"的辩证关系，"中华民族"只能是一个空洞的政治口号，而不具有凝聚力。

近年来，习近平关于"多元一体"内涵的论述，既是对中华民族发展规律的深刻揭示，也是把对中华民族共同体的认识提升到了新的高度③。不管是从我国社会发展史的视角，还是我国民族关系史的视角，中华民族共同体的形成都是必然的结果，而不是偶然形成的。当今中国作为一个具有民族国家形态的多民族国家，其本质是实现了民族认同基础上的主权国家。在国际上有着举足轻重地位的中国，如果不能坚决维护民族团结和国家统一，实现各民族对国家的认同，那么我国的各个民族就会受到外部示范效应所带来的压力，形成国家认同危机，使国家处于十分被动的境地。为此，将中华民族建构成为一个平等、团结、互助、和谐的共同体，则是实现国内各民族交融一体的必要条件。

由此，从中华民族到中华民族共同体，既不是语义上的重复，也不是"中华民族"与"共同体"二者的简单相加，而是具有一个明显的认知和内涵转变过程——从自在到自觉的辩证逻辑过程。加上"共同体"一词，它突出的是共同的历史记忆、共同的精神文化、共同的责任、共同的命运和共同的价值目标，凸显了中国各民族是一个"同呼吸、共命运的整体"，强调的是"他者"出现的重要性。在中华民族从"自在"到"自觉"的自我重塑中，

---

① 刘吉昌，金炳镐. 构筑各民族共有精神家园培养中华民族共同体意识 [J]. 西南民族大学学报（人文社会科学版），2017（11）.

② 国家民族事务委员会. 中央民族工作会议精神学习辅导读本 [M]. 北京：民族出版社，2015：139.

③ 刘宝明. 改革开放以来我国民族理论创新发展成果具有重要意义——马克思主义与中国民族工作实际深度结合的四十年（下）[N]. 中国民族报，2018—11—16.

"中华民族"一词主要指称近代与西方列强对抗后加速形成的共同体,对应费孝通先生所说的"自觉的中华民族"。"中华民族+共同体"则代表着从"自觉"向"更大的自觉"的思想实践,是对西方民族国家理论的一种超越,是对中华民族概念的丰富与发展,能够涵盖近代中国被殖民主义强迫"分家"的历史过程,是马克思主义民族理论的又一次创新。同时,这也是一个极具包容性和生命力的概念,充分彰显各民族在共同体内的平等地位,既回避了国家认同和民族认同的逻辑冲突,又为二者的整合架起了桥梁。充分体现了中华民族共同体内部成员"你中有我、我中有你,谁也离不开谁"有机融合的凝聚状态,以及这一状态背后所蕴含的"一体"高于"多元","一体"统合"多元"的价值理念。中华民族共同体概念不仅是各民族同呼吸、共命运、心连心的共同情感纽带,而且也是各民族共担前途使命,朝向中华民族伟大复兴目标不断接续奋斗的根本动力。

四、中华民族共同体意识

马克思指出,"观念的东西不外是移入人的头脑并在人的头脑中改造过的物质的东西而已"。[①] 从辩证唯物主义的角度看,意识是指人的头脑对客观物质世界的反映,是感觉、思维等各种心理过程的总和。根据马克思主义的基本观点,物质决定意识,意识具有主观能动性,意识的能动性可以通过人们的社会实践活动表现出来。"中华民族共同体意识"是由"中华民族共同体"和"意识"两个部分组成。"中华民族共同体"是客观实体或客观存在,而"意识"是思想、观念、精神等主观层面的认知结果。因此,"中华民族共同体意识"就是"中华民族共同体"这一客观事实在人们头脑中的主观认知,是人们在社会实践中形成的对中华民族和中华民族共同体的态度、评价和认同结果。它不仅蕴含着中华民族共同体发展过程中所形成的民族共有记忆、气节、文化等一切精神内涵,也展现了中华民族共同体成员由个体走向共同体的过程,是个体的自我意识向社会意识的进阶,最终指向是个体自我意识与共同体社会意识的统一。作为一种特殊的社会意识,中华民族共同体意识是"同属于一个民族的人们的认同感和一体感"[②],包含各民族在实践过程中得到发展的理性思维以及共同生活中产生的感性记忆,因而具有其他社会意

---

① [德] 马克思,恩格斯. 马克思恩格斯选集:第2卷 [M]. 北京:人民出版社,1995:112.
② 费孝通. 中华民族多元一体格局 [M]. 北京:中央民族大学出版社,2003:4.

识所不具有的认同功能。也正因此，中华民族共同体意识有着强大的凝聚力、吸引力和感召力，是各族人民共有的心灵居所和精神动力。

纵观历史，人类对自身意识的产生机制、作用机制的探究与追问从未停止：从古希腊的斯芬克斯之谜到苏格拉底的"认识你自己"，人们总是在意识到自身存在之后进行无穷探索。德国古典哲学家康德认为人的意识是在一定范畴下产生聚集的感性经验，具有"经验性的统一性"①；黑格尔认为"意识是对一个对象的意识"②，自我意识是以自我为对象的意识，是自由的、个性的，理性思维则是人摆脱自我意识的偶然性通向法与道德原则的途径。尽管上述思想家的探讨展现出人类对自身意识的关注，但只停留在对人的个体、抽象意识的探讨。哲学进入实践转向后，马克思批判继承了黑格尔关于意识的观点，并对其进行了历史唯物主义改造，他认为意识的本质是人脑的机能，是对客观事物的主观反映，"意识的生产最初是直接与人们的物质活动，与人们的物质交往，与现实生活的语言交织在一起的"③。它产生于社会性的生产实践和物质交往，质言之，意识具有实践性和社会性。

在马克思肯定社会意识的存在及作用后，许多近代社会学家也开始对不同社会结构中的意识进行考察。滕尼斯将乡村社会的意识理解为共同体意识，并认为其是由习惯、记忆与本能感觉构成的"本质意志"④，表达自身对温情、守望的乡村共同体的怀念。涂尔干则认为社会意识是一种共同意识，它是"社会成员平均具有的信仰和感情的总和"⑤，是通过伦理道德维系个体的社会纽带。

上述思想家对意识、社会意识、共同体意识的讨论，为我们更深刻地理解中华民族共同体意识提供了重要启发：中华民族共同体意识是各民族以共同体形式存在、发展、生产、交往的过程中得以生成并延续下来的社会意识，是一种具有重要反作用的精神存在。不同于其他集体意识，中华民族共同体意识是理性思维和感性情感的统一。

中华民族共同体意识不仅包含各民族在共同实践中得以发展的理性思维，还包含各族人民共有的温情眷恋的感性记忆。它蕴含着中华民族共同体成员

---

① [德] 康德. 纯粹理性批判 [M]. 邓晓芒, 译. 北京：人民出版社, 2004：94.
② [德] 黑格尔.《精神现象学》中的自我意识溯源 [J]. 哲学研究, 2011 (8).
③ [德] 马克思, 恩格斯. 马克思恩格斯文集：第1卷 [M]. 北京：人民出版社, 2009：524.
④ [德] 斐迪南·滕尼斯. 共同体与社会 [M]. 林荣远, 译. 北京：商务印书馆, 1999：146.
⑤ [法] 埃米尔·涂尔干. 社会分工论 [M]. 渠东, 译. 上海：生活·读书·新知三联书店, 2000：42.

所共享的安全感、归属感、信任感、眷恋感、幸福感、认同感等一切美好感受，具有其他集体意识所不具有的高度凝聚力、强大吸引力、特殊感召力，因而成为各民族命运与共、紧密相依的精神桥梁。因此，中华民族共同体意识能够以一种认同的力量，凝聚着各民族共有的精神、记忆、情感，并使每个人都能共享其构建的温馨家园和心灵归属，从而获取更多的精神动力，实现自身的全面发展。可以说，中华民族共同体意识不仅是集体意识，更是个体在共同体中实现自身精神解放、获得全面自由发展的精神支撑和重要路径。其既是对中华民族及其政治共同体——中华人民共和国的认同、忠诚和情感依托等，同时也是对中国历史上各民族在政治、经济、文化等方面交往交流的认同，更是对中国近代以来各民族患难与共的共同命运的认同。习近平总书记创造性地提出"铸牢中华民族共同体意识"，不仅是对中国共产党的民族理论与时俱进的创新发展，是马克思主义民族理论中国化的最新成果，同时也是顺应实现中华民族伟大复兴时代要求应运而生的重大理论创新成果，是新时代民族工作的根本遵循和行动指南。

第二节　中华民族共同体意识形成的发展脉络

中华民族，由中华和民族两个词汇组成。中华是"中国"与"华夏"复合词的简称，最早出现于魏晋南北朝时期。民族作为一个历史范畴，形成于夏商周时期的原始部落、部族和胞族中。"中华民族不是狭义上的具有共同语言、共同地域、共同经济生活，以及表现于共同文化上的共同心理素质的稳定的人们共同体的单纯的民族，而是包括生活在中华大地上的56个民族的民族共同体。"[1] 近代以来，民族危机随着西方列强一次次侵略进一步加深，民族意识逐渐高涨，中华民族实体慢慢变成了中华民族共同体，且形成了中华民族共同体意识。中华大地上的56个民族，在外敌入侵的过程中休戚相关、荣辱与共。中华民族共同体意识虽然是在近代与外敌对抗中才出现，但中华民族作为实体延续了几千年，因此中华民族共同体意识也有一个孕育、形成、发展的过程。

---

[1] 王文光，徐媛媛. 中华民族共同体意识形成与发展的历史过程研究论纲 [J]. 思想战线，2018 (2).

一、中国史前文明多元共生的痕迹

中国史前文明的发生与发展，具有多元复合的显著特点。早在夏代以前，中国的原始部族文明经历了星散于全国各地，融聚于黄河中下游流域，然后再辐射于中国各地乃至环太平洋地区的活动轨迹，至西周时已初步奠定了政治统一、民族融合和经济文化交流的文明格局。由于远古史迹的湮没不彰，这一重要的文明时期给人们留下了无数难解的谜团，并导致了"一元发生"论者与"满天星斗"论者的各执一端。

"一元发生"论者的代表人物为西汉史学家司马迁。早在春秋时期，列子有感于远古史迹的湮没不彰而喟然叹曰："太古之事灭矣，孰志之哉！三皇之事，若存若亡；五帝之事，若觉若梦；三王之事，或隐或显；亿不存一。"时至汉代，列子以及诸子百家普遍存在的这种迷惑终于被史学智者司马迁初步澄清。其根据"金匮石室"的秘藏记载以及遍布全国各地的调查采访，在《史记》"五帝本纪""夏本纪""殷本纪""周本纪""秦本纪""高祖本纪""匈奴列传""南越列传""东越列传""西南夷列传"等纪传中，为中华文明的发展史勾勒了一个清晰的轮廓，即始自炎黄、下迄秦汉、旁及中原汉族政权之外的各少数民族政权，其文明源头均滥觞于黄河流域，中国各族政权的创立者均系黄帝族裔。

司马迁首倡的中国古文明"一元发生论"并非面壁虚构，自《史记》问世后，随着晋代魏冢《竹书纪年》的出土和近代殷墟甲骨卜辞的重见天日，司马迁在《史记》中列具的五帝谱系和夏、商帝王谱系一再得到证实。故自汉代以来，尽管有不少疑古派学者对《史记》的上古体系提出异议，但终因缺乏理论依据而无法动摇司马迁的上古史观。近代考据学家王献唐先生的《炎黄氏族文化考》，更是从详尽的史料和周密的考证，支持了司马迁的上古史观。王著认为，中原华夏皆系黄帝族裔（另融合了小部分炎帝族裔），周边夷、蛮、戎等少数民族则都是炎族子孙，历史上汉族与周边部族的战争，实际是远古炎黄之争的继续与扩展。与此巧合的是，近年来对我国民族血缘关系进行抽样检测的白细胞抗原体研究中所接连报道的"汉藏同源""塔吉克人与汉人血型基因相同"，等等，似乎也在印证中华文明"一元发生"的历史合理性。

大浪淘沙是历史长河的运动规律，实践是检验真理的唯一标准，历史真相的揭露往往需要漫长的时间。中华人民共和国成立前后，特别是最近20年来田野考古发掘的丰富成果，终于向传统的中华文明"一元发生论"提出了挑战。继黄河流域姜寨文化、仰韶文化、大汶口文化、马家窑文化、龙山文化、齐家文化、二里头文化和长江流域屈家岭文化、良渚文化、马家浜文化、河姆渡文化等先夏古文明遗址发现之后，中国考古界近几十年来可谓捷报频传。

1985年，四川广汉三星堆文化遗址被确认为古蜀国城址，是另一个与中原商王朝并存发展的文明古国。1986年，辽宁省西部山区发现了距今5000年左右的大型祭坛、女神庙和积石冢群址，考古学家们初步推断，5000年前这里存在着一个具有国家雏形的原始文明政权，其年代与黄河流域的炎帝、黄帝、少昊部族文明政权约略相当。1991年，江西新于县发掘一座大型古墓，考古学家们考证，早在3000多年前，鄱阳湖区域就有着高度发达的青铜文明，有着与中原殷王朝并存发展的另一奴隶主政权。1992年，湖南澧县发现了中国最早的古城遗址——城头山遗址，其建造年代距今6000余年，远远早于中原夏王朝的二里头文化遗址……

接二连三的考古新发现，如平地春雷，强烈地震撼了中国学术界，并极大地拓展了人们的学术视野。它向世人昭示：中国文明时代的上限不仅已找到距今5000年的考古实证，而且中国文明的原始发生也绝非如《史记》所载，仅仅局限于黄河流域一带，然后再呈墨迹漫散状向四周缓慢扩展。辽西大型祭坛、女神庙和积石冢群址，湖南澧县古城山遗址，四川广汉三星堆，以及江西、云南、贵州、香港青铜器文明遗址的发现都有力地证明，早在远古时代，中国的黄河流域、长江流域、辽河流域、珠江流域人类均在新石器文化的发展基础上，或先或后，各自独立地步入了文明社会的门槛，形成了南北部族方国林立、交相辉映的动人局面。司马迁首倡的中国古文明"一元发生论"，终于被无情的考古事实摧垮。中国上古史研究领域中蔚然兴起的"满天星斗"论开始占据主导地位。

根植于当代考古新成果，用"满天星斗"来形容中国远古文明的"多元发生"是无可非议的。但是，正如"一元发生"论者无法回避当代考古成果一样，持"满天星斗论"论者亦难以解释中国古代各族政权千古共谱、万姓同宗、中国各族人民血缘相近、文字相通以及盘古、伏羲、女娲、炎帝、黄帝、太昊、少昊、蚩尤、共工、夸父等远古神话传说及其文化遗迹遍布神州大地等复杂现象。因此"一元发生论"与"满天星斗论"虽各有所据，但这两种静态的古史观，均难以解释中华民族与中华文明"多元一体"的独特成因。事实上，中华民族和中华文明的成长壮大，是一个海纳百川、波澜叠起、从多元不断走向一体化的历史过程。

以中国疆域之广大以及先夏部族方国的多元分布倘无惊心动魄的融聚和整合，其发展趋势必然会像欧洲上古时代那样，形成万邦割据的局面。但是，历史所赋予中华民族的，却是一条由分到合、"多元一体"的大一统道路。中华民族何以能够栉风沐雨、历经劫难而自强不息、崛起于世界民族之林？中华文化和民族精神何以能够一脉相承、绵延连续、与时俱进？其根本原因，是由于中华民族拥有一种特别强大而坚韧的凝聚力。这种凝聚力形成的主要因素、不断发展的内在规律，是多方面综合而形成的。但其中起核心作用的，主要有两点：一是特殊的地理环境，部族迁徙融合，方国间的政治、军事斗争促进了国家的统一；二是经济交流，文化互相影响、渗透，导致中华文化、民族精神一脉相承，形成了"大一统"的中华民族整体观念。

回望中国史前的"多元发生"及其融聚轨迹进程中，我们不难发现，始自炎黄时代的阪泉、涿鹿之战，并延续至商周之际武王伐纣等长达1500余年的部族迁徙融合及方国统一战争，已成为人类文明更新发展的动力和催化剂，在部族的迁徙、冲突、融合的过程中，不仅推动了经济交流、文化渗透，加强了各族之间的政治联系，而且也极大地促进了民族精神凝聚力的形成。

首先，史前部族迁徙、冲突导致的血缘旋涡，造就了华夏族和以华夏族为主体的多民族大家庭——中华民族。

中国史前部族的千年战争，导致了一个巨大的运转不息的血缘漩涡。阪泉之战与涿鹿之战结束后，地处中原的黄帝部族、炎帝部族、苗部族、夷黎部族主体部分归属黄帝中央方国政权，其逸散部分则消融于周边部族，各部族打破了以往的地理阻隔和种族界限，互为通婚与联姻，形成旋涡式的血缘融汇态势，并在此基础上催生出一个新的民族——中原华夏族。随着部族统一战争的加深与扩大，以中原华夏族为凝聚核心的血缘旋涡以急剧的速度向四周扩展，经过夏商周秦各统一王朝的开疆拓土与民族融合，到西汉封建统一王朝建立时，华夏族（汉族）已成为占全国人口绝大多数的主体民族，并与周边各兄弟民族形成彼此渗透的血缘联系。在世界民族之林中，中华民族已成长为以汉族为主体、以其他各兄弟民族为枝叶的参天大树。

其次，史前部族迁徙、冲突导致的政治突变，规范了以中原华夏族政权为主体的历代大统一王朝的发展模式。

黄帝击败蚩尤后，又针对周边戎、蛮、夷、狄各族的反抗，东征西讨，

"天下有不顺者，黄帝从而征之，平者去之。披山通道，未尝宁居"，最后终于统一黄河中下游流域，铸鼎中原，成为众多方国盟主。这种军事征服导致了政治上的突变，故在黄帝时代已出现国家政权的萌芽。据《拾遗记》："黄帝以风后配上台，天老配中台，五圣配下台，谓之三公。其余知命、窥纪、地典、力牧、常先、封胡、孔甲等，或以为师，或以为将。"这些记载虽带有后人臆测成分，但黄帝时代已草创中央政权与地方政权，殆无可疑义。

黄帝建立的中原华夏方国联盟政权，尽管还比较松散，但它毕竟打破了远古时代各部族方国彼此隔绝的局面。从此发轫，中华民族由分到合，逐渐走上了从"多元到一体"化的发展道路。历经夏王朝的"茫茫禹迹，划为九州""远方图物，贡金九牧"，到西周时代，终于建立了以中原华夏族政权为凝聚核心的统一的多民族的奴隶主政权并形成"普天之下，莫非王土，率土之滨，莫非王臣"的大一统观念。从黄帝至西周，中原华夏族政权同宗共谱，一脉相承，从而造就了中原华夏族政权的正统地位和非凡的同化力，使之在与多元文化的交往中，始终处于主导的地位。自西周始，历代各族统治者为夺取天下，均以黄帝的嫡系传人自居，逐鹿中原，并自觉仿效黄、炎、尧、舜、禹、汤、文、武、周公之制，相继建立了周、秦、汉、唐、宋、元、明、清等大一统的奴隶制或封建制王朝，将史前时期多元发生的中华文明，纳入了统一发展的道路。

再次，史前部族迁徙、冲突导致了经济交流，开创了中华民族以农业立国的发展道路。

中国的史前农耕文化虽属南北多元发生，但因当时生产工具的落后以及原始草本的封荫只能呈现星散状态，这也是远古时期方国林立、互为隔绝的重要经济原因。这种封闭的原始农业局面直到炎黄部族战争后才逐渐得到改变。如前所述，炎族较早从游牧业转入农耕业，其突出贡献是发明了木制耒耜工具和"刀耕火种"的耕作方式。这在使用石器和蚌器垦林耕种、步履维艰的原始社会，无疑是社会生产力发展的重大进步。炎族借助进步的生产工具和耕作方式，率先迁徙中原，开发黄河中下游流域。阪泉之战和涿鹿之战结束后，耕牧并举的黄帝族统一中原，混融诸族。盖因保障族民生活，维护国家安定的需要，黄族亦紧承炎族余绪，重视发展农耕业。随着中原华夏族政权的巩固和发展，农耕业进一步得到交流和传播，渐渐遍及整个中国，并以其明显优势逐步取代游猎业和采集业，使这些经济活动降为农业的附庸和补充部分，从而开创了中华民族"农业立国"的发展道路。

中国的重农思想在商代即已形成。因神农氏首倡农业，且为开发中原的先驱，故在商代即已被人们奉为农神，受到人们的顶礼膜拜。此后，祭祀先农便成为历代帝王定制。其流风所披，乃至历代入主中原的一些游牧部族也十分重视农业，如北周宇文氏、清朝爱新觉罗氏等帝王均遵循古制，举行过祭祀先农和亲耕籍田之礼。这种源远流长的重农思想既有利于中国古代农业的交流传播和发展，同时也促进了中华民族的融合。

最后，史前部族迁徙、冲突导致的文化交流，奠定了中华"文明古国"和"礼仪之邦"的思想文化基础。

中国史前部族迁徙、冲突主要发生在中原地区，这样就以中原为核心，华夏族及周边各部族的文化在这里得到交流和传播，并由此生发出新的文明因素。如仰韶文化的彩陶、龙山文化的黑陶、红山文化的白陶，从炎黄时代始，已不再为某一个部族所专有，逐渐形成交错传播的状态；另仰韶文化、龙山文化、河姆渡文化等遗址出土的陶符文字，亦殊途同归，成为夏商文字的母体，在殷墟甲骨文中均能找到其影响痕迹。中华民族以 5000 年文明古国著称于世，追根溯源，中国史前部族迁徙、冲突导致的文化交流和传播功不可没。与此相适应，在史前部族统一迁徙、冲突时期，中国的伦理文化因适应时代需要出现萌芽。据《韩诗外传》："黄帝即位，施惠承天，一道修德，惟仁是行，宇内和平。"《淮南子》："黄帝治天下，而力牧、太山稽辅之，以治日月之行律，治阴阳之气，节四时之度，正律历之数。别男女，异雌雄，明上下，等贵贱。使强不掩弱，众不暴寡，人民保命而不夭，岁时熟而不凶，百官正而不私，上下调而去尤，法令明而不暗，辅佐公而不阿。田者不侵畔，渔者不争隈，道不拾遗，市不豫贾，城郭不关，邑无盗贼。鄙族之人，相让以财，狗彘吐菽粟于路，而无忿争之心。"

这种仁政礼义思想经颛顼、帝喾、尧、舜、禹、汤等远古帝王的继承和发扬，到西周奴隶制统一王朝建立时，随着宗法制的确立，初步形成了"父慈子孝、兄良弟悌、夫义妇听、长惠幼顺、君仁臣忠"的礼教思想。后经春秋时期孔子等人的进一步阐发，强调"忠、孝、仁、义、礼、智、信"的伦理道德准则遂成为中国礼教思想的精髓，并影响了中国社会达数千年之久，至今尚保存着强盛的生命力。

炎黄至西周，是中国史前文明首次发生突变的重要历史时期。长达 1500 余年的部族迁徙、融合和方国的冲突，将多元发生的中华民族和中华文明初步纳入了政治统一、民族融合和经济文化交流发展的道路，由此形成中华民族强大而坚韧不拔的凝聚力。

二、古代中华民族共同体意识的孕育

早在 1988 年 11 月，费孝通先生在香港中文大学所做的一场演讲中就明确提出："中华民族作为一个自觉的民族实体，是近百年来中国和西方列强对抗中出现的，但作为一个自在的民族实体则是几千年的历史过程中形成的。"[①] 党的十八大以来，习近平总书记多次强调："一部中国史，就是一部各民族交融汇聚成多元一体中华民族的历史，就是各民族共同缔造、发展、巩固统一的伟大祖国的历史。"[②] 国家领导人和理论学者关于中华民族历史逻辑的表述充分阐明了中华民族作为一个地缘共同体与精神共同体，不管人们是否明确意识到它的存在，它本身就是一种客观存在。"中华民族共同体"作为"自在意识"长期存在于中华各民族的历史与文化长河之中[③]。

中国古代本无"民族"这一概念，而是由近代梁启超在《历史上中国民族之观察》一文中首先提出。在中国古代人的认知观念中，"天下观"根深蒂固，"天子"作为"万民"的管理者，除了中央王朝直接管辖范围之内的中原各族外，还包括四周的"蛮夷戎狄"，均是需要管理的对象，也要接受天子的管辖。这种观念历经几千年发展延续，通过施以管控实现天下归一，已然成为"天地之常经，古今之通义"。据《礼记·王制》记载："中国戎夷，五方之民，皆有性也，不可推移。东方曰夷，被发文身，有不火食者矣；南方曰蛮，雕题交趾，有不火食者矣；西方曰戎，被发衣皮，有不粒食者矣；北方曰狄，衣羽毛穴居，有不粒食者矣。中国、夷、蛮、戎、狄，皆有安居、和味、宜服、利用、备器。五方之民，言语不通，嗜欲不同。"其中，"中国"当时就是指"华"与"夷"组成的民族共同体，此后，华夷推动着中华民族的形成与发展。华夷民族观早在先秦以前就形成，表明中国自古以来就是多民族国家，中华民族由多民族共同缔造。夏商周时期，《诗经·小雅·北山》说："普天之下，莫非王土；率土之滨，莫非王臣。"[④] "天下"即国家，"王臣"即人民，人民住在国家里，也就是中华民族共同体中各民族生活在共同的地域里，共同的地域是中华民族共同体意识的基础。对于中华民族共同体

[①] 费孝通. 中华民族研究新探索 [M]. 北京：中国社会科学出版社，1991：37.
[②] 习近平. 在全国民族团结进步表彰大会上的讲话 [N]. 人民日报，2019-09-28 (2).
[③] 王鉴. 中华民族共同体意识的内涵及其构建路径 [J]. 中国民族教育，2018 (4).
[④] 高亨. 诗经今注 [M]. 上海：上海古籍出版社，1980：315.

的生存空间，费孝通先生在《中华民族多元一体格局》一文中是这样说的：中华民族的家园坐落在亚洲东部，西起帕米尔高原，东到太平洋西岸诸岛，北有广漠，东南是海，西南是山的这一片广阔的大陆上。这片大陆四周有自然屏障，内部有结构完整的体系，形成一个地理单元。这个地区的古代居民的概念里是人类得以生息的、唯一的一块土地，因而称为天下，又因为四面环海，所以称为四海之内①。

春秋战国时期，"华夏"意识、"大一统"思想闪现。天下无道，则礼乐征伐自诸侯出。在5000年的历史长河中，中国古代政治权力在岁月演进中历经氏族、部落到王朝国家的转变与更迭起伏，表征着政治权力历史态发展和共时态凝聚的时空张力，"华夏""中原""大一统"等政治思维图式不断被提出和论及。在纷繁变化的族群意识中，"中华"又称"中夏"，"华"与"夏"曾相互通用，两字同义反复，华即是夏。《左传》中有语："裔不谋夏，夷不乱华。"这里的"华"亦即"夏"。自春秋时代之始，"华"与"夏"二字连用，成为王朝统治阶层重要的政治术语。"大一统"一词最早出现在战国时代的《公羊传》中，其包含"尊王""崇礼"和"内华夏"三个层面的内容，且分别指谓了政治一统、文化一统和民族一统②。春秋战国时期以孔子、墨子、老子、韩非子等为代表的诸子百家争鸣不仅推动了中国历史的发展，更奠定了中国思想文化发展的理论基础，孕育出了"四海之内皆兄弟""天下定于一"等重要论断。这些先秦思想家们关于民族存在场域的重要主张也成了统治阶级思考天下格局的重要参考素材，春秋战国这一时期关于国家和民族存在形态和场域的思考为中华民族共同体的未来建设奠定了坚实的初始理论基调。

秦汉时期，中华民族多元一体格局基本形成。天下有道，则礼乐征伐自天子出。自公元前230年至公元前221年，嬴政历经10年时间，结束了自公元前770年西周覆灭后长达500余年之久的分裂割据混战状态，"书同文""车同轨""度同制""行同伦"等政治措施不仅维护了国家统一，也促使了人心归一，有力地塑造了统一的多民族共同体意识。"六合之内，皇帝之土，西涉流沙，南尽北户，东有大海，北过大夏。人迹所至，无不臣者。功盖五帝，

---

① 费孝通. 中华民族多元一体格局 [M]. 北京：中央民族大学出版社，1989：2.
② 马卫东. 大一统源于西周封建说 [J]. 文史哲，2013 (4)：118-129，167.

泽及牛马。莫不受德,各安其宇。"① 此后,秦虽历二世而亡,但"大一统"的政治传统与文化理念得以保留和延续。汉承秦制,秦朝颁布的很多法令制度在大汉王朝得以保留和深化。与此同时,汉武帝刘彻为适应王朝国家政治发展的需要,采纳了董仲舒的建议,强化与政治统治相契合的社会意识,将儒学思想正统化,进而促进了国家制度大一统、政令大一统、学术大一统等的全面形成,对后世的影响极其深远。

隋唐到明清时期,中华民族多元一体格局得以巩固和发展。从隋唐到明清,1000多年的封建王朝历经数次分化与统合,汉族之外的少数民族入主中原并建立王朝者不在少数,但在这期间无论是汉族皇帝登基大宝、南面称孤,还是少数民族入主中原,都以统一天下为己任,"大一统"政治任务和民族情怀始终都未曾改变。要而论之,在跌宕起伏的时空转换中,中华民族分立如南北朝,对峙如宋辽夏金,统一如秦汉,整合如明清,虽王朝不断更迭、统治权力几易其手,但有一核心准则从未更改,那就是统治者们都自诩为中华正统,都将自己与其他各民族进行积极融合,继而在中华民族5000年的历史长河中,民族共同体意识不断得到捍卫、强化和升华。

纵观中国古代发展史,自秦汉建立"大一统"帝国以来,"大一统"思想为"华夷之辨"转变为"华夷一家"提供了文化转换机制,孔子、孟子和荀子不仅提出"用夏变夷"②,还倡导"天子失官,学在四夷"③。在秦汉"大一统"的政治图景中,华夏和"蛮夷狄戎"之民打破了华夷之间的区别,和谐共处,孕育了"兼容并蓄"的民族观和"夏夷一体"政治理想观。再经过隋唐时期和元明清时期两个发展阶段,"大一统"思想为"夏夷一体"奠定了稳固的心理认同基础,"五服"之民共存于一国之内,一致推崇"大一统"各民族之间深度的文化交流交融进一步加强,形成了强大而持久的向心力和凝聚力,影响着中华民族文化心理,初步形成了"大一统"的多民族融合归一格局。

总之,"大一统"思想在中国古代政治格局的形成过程中起到了十分重要的作用,深深影响着中华民族深层的"文化心理结构"。这一思想始终贯穿于

---

① 徐卫民,张文立. 史记研究集成·十二本纪:秦始皇本纪[J]. 北京:中华书局,1982:245.
②〔汉〕赵岐(注),〔宋〕孙奭(疏). 孟子注疏[M]. 北京:中华书局,1980:2670,2706.
③〔西晋〕杜预(注),〔唐〕孔颖达(疏). 春秋左传正义[M]. 北京:中华书局,1980:2134,2060,1825,2084.

中华民族的发展历程，维系并形成了超稳定的中国社会结构，逐步实现了统一多民族国家形态的构设。从地理角度看，这统一多民族国家是自成一体、相对封闭的地理单元，有利于区域内各民族的密切交往，因而各民族在分布上呈现出"交错杂居"的状态。从政治角度看，几千年来，中国古代"天下观""大一统"思想浸润着各族人民的思想感情，在国家统一中发挥了强大的向心力作用。从经济角度看，中国历史上各民族有着不同类型的生产方式和生活方式，经济交流、文化交流，相互补充、互通有无，已形成密不可分的经济共同体。从文化角度看，历朝历代都强调和合理念，合而不同，兼容并蓄，各民族长期共同生活、彼此认同，构筑起了牢不可破的精神纽带。由此不难发现，在古代的中国，中华民族共同体意识虽没有明确提出，但在过去的历史中比比皆是，只不过是以传统的"天下观""大一统"思想在延续。近代以来，中华民族从"自在"发展至"自觉"思想形成，再到"共同体意识"的升华，最终形成了"中华民族多元一体格局"。数千年以来，在各族人民中形成的传统习俗被一代代沿袭传承下来，中华各族通过生存迁徙、互通贸易，抑或是战争冲突等形式，促使中华各族人民在交往的广度、深度上不断加深，越来越"你中有我、我中有你"，最终形成"自在"的中华民族实体。毋庸置疑，各族人民的历史共识是形成中华民族共同体意识的深厚基础。

三、近代时期中华民族共同体意识形成

费孝通先生指出，一个民族只有与外族接触的时候，才会产生对本民族的认同。中华民族所生产、生活的地理环境具有相对封闭性，西、北两面环山，东、南两面靠海，这种天然的屏障使中华民族在很长一段历史时期内与外族没有任何接触。为此，人们便以血缘、地缘、族群划分自己的民族认同，对中华民族的认知、对中华民族的意识还处于相对薄弱的原始状态，即"自在状态"。在"自在状态"下，中华儿女对边界意识、利益纷争等都是流动与模糊的。

1840年，鸦片战争爆发，中国的大门被西方列强的坚船利炮野蛮叩开。曾经延续了2000多年的"大一统"王朝宣告终结，这也成了近代中国衰落的一个标志。在救亡图存的历次尝试和伟大实践中，中华各族儿女的民族共同心理和意识得到了提升和加强，促使了"中华"一词之于共同实体的概念先行，继而实现了由王朝体系崩散下自在存在而不自知的民族共同体向自觉自省的现代民族共同体的过渡。从"自在"到"自觉"的过程并非一蹴而就，

而是在丧权辱国的情境下先有一部分个体实现觉醒，从学习技术以实现自立到学习制度以力求自强，再到学习文化以力求革新，无数爱国志士为维护国家主权与领土完整而不断探求新路径。在这部分先觉者的感召与引领下，加之帝国主义不知满足的野心，侵略战争的手段与范围不断扩大，一步一步将中国置于割地赔款、丧权辱国的境地，中华儿女的共同体意识空前觉醒。中华各族人民在觉醒的过程中边界意识逐渐清晰、利益划分逐步明确，深刻体会到了中华民族是一个有着共同命运的民族整体。至此，"中华民族"的名称得以提出，中华民族开始从自在走向自觉，中华民族共同体意识开始成为中国各民族的共同意识。

通过对历史文献的纵向考察和对现有研究成果的横向比较可以得出，梁启超是在近代第一个提出"中华民族"概念之人。1902年，梁启超首次提出"中华民族"的概念，主张中国"合汉合满合蒙合回合苗合藏，组成一大家族"和"中华民族自始本非一族，实由多民族混合而成"[①]。随后梁启超又论道："立于五洲中之最大洲而为其洲中之最大国者，谁乎？我中华也；人口居全球三分之一者，谁乎？我中华也；四千余年之历史未尝一中断者，谁乎？我中华也。"[②] 随后在《中国历史上民族之研究》一文中，梁启超基于历史逻辑的纵向思考而谈道："中华民族自始即是多元的结合，又在漫长的历史长河中不断地融汇化合，逐步混'成为数千年来不可磨灭之一大民族'。"[③] 他说："上古时代，我中华民族之有四海思想者厥惟齐，故于其间产出两种观念焉，一曰国家观，二曰世界观。"[④] 梁启超所言的国家观和世界观，反映出当时中国已经从历史上的王朝国家向现代的民族国家转变，现代意义上的中国民族国家开始建构，这当中最重要的就是与"国家"相对应的"国族"[⑤]。中华民族共同体就是中国的"国族"，其中就包含了中华民族共同体意识，至此，中华民族共同体意识开始形成。

孙中山先生所领导的辛亥革命不仅结束了统治中国2000余年的封建帝制，更唤起了中华民族近代的兴衰存亡意识。中国革命同盟会于1905年8月成立，随后孙中山被推举为总理，继而确立了同盟会"驱除鞑虏，恢复中华，

[①] 孟凡东，张莹. 中国共产党与中华民族共同体意识[N]. 中国民族报，2016-07-01(5).
[②] 梁启超. 新史学[M]. 北京：商务印书馆，2014：127.
[③] 梁启超. 中国历史上民族之研究[A]//饮冰室专集之四十二[C]. 北京：中华书局，1989：82.
[④] 吴松. 饮冰室文集点校：第1集[M]. 昆明：云南教育出版社，2001：228.
[⑤] 吴松. 饮冰室文集点校：第1集[M]. 昆明：云南教育出版社，2001：228.

创立民国,平均地权"的政治纲领①。及至辛亥革命以后中华民国成立,孙中山在《中华民国临时大总统宣言书》中宣称:"合汉、满、蒙、回、藏诸族为一人,是曰民族之统一。"② 后来随着其对时势的研判和自我观念的进步,又追加了"我们国内何止五族"③ 的反思与疑问,但无论其思维轨迹如何转变,其观念主张的演绎与发展表明了以孙中山先生为代表的早期国民党人和民族资产阶级对中华民族这一大概念的价值认知与理性表达,以及他们从实践角度上对中华民族观的不懈思考与探索。"辛亥革命开启了中国各族人民从族类、王朝认同到现代民族国家认同的根本转变。"④ 辛亥革命以后,中华民族共同体的概念和意识慢慢地被中国人民肯定、认同,并就此找到了民族归属感,它为中华民族的形成开辟了新纪元。"辛亥革命对于民族共同体建构的意义在于,中国境内的各民族无高下贵贱之分,共同构成中华民族,并成为现代民族国家建构的基石,构成中华民族共同体意识的新起点。"⑤ 辛亥革命为在中国历史上实现民族融合、民族团结和民族共同发展开辟了新道路,为现代民族国家的建设提供了经验和新模式。可以说,辛亥革命奠定了中华民族共同体意识的基础,使中华民族成为一个更有凝聚力、更团结统一的民族。

继辛亥革命运动后,作为中华民族历史上最为彻底的思想革新运动——五四新文化运动的爆发,则更是促使中华民族共同体意识全面觉醒。特别是受到日本的入侵后,中国各族人民为了保住民族根基,不让自己的家园沦为他国的殖民地,开始了大规模的联合,形成了一个相依为命、唇亡齿寒的民族共同体。各少数民族与汉族人民结成一个整体对抗外来侵略,并在这一过程中巩固了民族团结友爱的关系,加深了中华民族共同体意识。在此基础上建立起来的囊括中国境内各个民族的"抗日民族统一战线"更是将各族人民对中华民族共同体的认同提升到了更加突出的地位。在共同面对外敌入侵的漫长而艰苦的伟大斗争过程中,中华民族共同体意识深深融入各族人民的血脉中,并在这一斗争过程中不断彰显自身价值,成为实现"民族独立和人民解放"的强大精神动力。自此,中华民族共同体意识得以真正被确认和彰显。也正是中华民族的团结统一,使中国不被外国列强所侵略霸占,中华文化和

---

① 孙中山. 中国同盟会总章. 孙中山全集:第1卷[M]. 北京:中华书局,2011:284.
② 孙中山. 临时大总统宣言书. 孙中山全集:第2卷[M]. 北京:中华书局,2011:2.
③ 孙中山. 在上海中国国民党本部会议的演讲. 孙中山全集:第5卷[M]. 北京:中华书局,2011:394.
④ 罗福惠. 辛亥革命与中华民族共同体精神的演进[J]. 史学月刊,2011(4).
⑤ 彭南生. 辛亥遗产:中华民族共同体建构的新开端[J]. 史学月刊,2011(4):8.

中华文明得以保存。

四、当代中华民族共同体意识的发展

共同体是人们基于共同存在场域和生活条件下而结成的集体。中国共产党自1921年宣告成立以后，中国革命面貌开始焕然一新，其领导饱经风霜的全国各民族人民在历经近30年的浴血奋斗中推翻了内外敌人，完成了国家统一，缔造了中华人民共和国，重新把涣散的中国整合成了一个超大统一的中国，并赋予了中华民族全新的时代含义，中华民族共同体建设也进入了崭新的历史时期。新中国的成立不仅重新聚合了一个超大统一之中国，更标志着睿智果敢的中华民族在历经近半个世纪艰苦卓绝的浴血奋斗，终于实现了"站起来"搞建设的奋斗目标。

中华人民共和国成立初期，我国还有些民族处于原始社会阶段、农奴制社会阶段和封建制社会阶段。中国共产党积极探索和实施民族区域自治制度，消灭阶级压迫和民族压迫，并帮助经济落后的少数民族成为社会主义新民族。1949年9月，在召开的第一届中国人民政治协商会议上，"中华人民共和国"作为国名得以提出，这包含了中华民族共同体的含义和中华民族共同体意识；而中华人民共和国的国歌和国旗，则从国家的角度表达了中华民族共同体意识，象征着中华民族的大团结；此外，在社会生活和国际交往中，都把中国各民族称为中华民族。所有事实表明，中华民族共同体已经屹立于世界民族之林，这是在国家层面铸牢中华民族共同体意识的体现。而在维护国家统一与中华民族自强的进程中，中华各民族更是把中华民族共同体意识融入自己的实践活动中，用勤劳和智慧共同推动了社会主义建设的稳步开展。

以毛泽东同志为核心的领导集体在准确把握我国多民族基本国情的基础上，自1950年起开展了历时30多年的民族识别工作，由中华人民共和国成立初期的400多个民族成分最终确定为56个民族。民族识别工作明确了各民族的民族身份，加深了各民族之间的联系。针对当时国内存在的"两种民族主义"，毛泽东提出："汉族和少数民族的关系一定要搞好。这个问题的关键是克服大汉族主义，同时克服地方民族主义。"[1]民族识别工作的稳步开展以及推动，民族平等、团结、民族区域自治等在内的体系完备的民族政策的推行，使中华人民共和国成为各民族友爱合作的大家庭。

---

[1] 毛泽东. 毛泽东文集：第七卷[M]. 北京：人民出版社，1999：227.

社会主义改造完成以后，为了逐步缩短各民族之间的差距，党和国家大力发展少数民族地区的经济和文化建设，努力消除一切不利于民族平等、团结、互助、和谐的消极因素。各民族在差异基础上的共同性得到进一步强化。

改革开放后，由于各种原因造成的影响民族团结的事件时有发生。1981年12月，在中共中央统战部、全国人大民族委员会、国家民族事务委员会举行的茶话会上，全国政协副主席、中央统战部副部长刘澜涛在讲话指出，"汉族和少数民族的关系是，汉族离不开少数民族，少数民族也离不开汉族"。这些可以说是关于"两个离不开"思想较早的完整表述。此后，"两个离不开"的提法便开始普遍见诸于党的报刊、文件和大众舆论中，并很快为各族干部群众接受和肯定，邓小平对"两个离不开"给予了高度肯定，认为"'两个离不开'观点正确，很好，大家都这样想问题，处理问题就好了"。

"两个离不开"的侧重点在于强调汉族和少数民族之间的团结。是在全党拨乱反正取得巨大成效，民族关系得到迅速恢复的历史时期，党中央针对来自"左"的和"右"的思想倾向而提出的。它最初是为了强调在增强各民族团结、维护祖国统一大业中，各民族干部特别是汉族干部和少数民族干部之间加强团结的极端重要性，要求汉族干部和各少数民族干部要相互信赖、相互尊重、相互支持、相互谅解、亲密团结。由于这一提法既形象又概括，进而由汉族干部和少数民族干部谁也离不开谁，发展为汉族、少数民族谁也离不开谁。

20世纪90年代，与整个国家的改革开放相适应，各民族的社会生产力都有了很大程度的提高，有了一定的参与社会主义市场经济的能力。这时候，不只是汉族与少数民族之间，各少数民族之间在经济文化上的交往也进一步增强，经济文化上的互补性更加明显。为了促进各民族的共同繁荣，更广泛地加强各民族之间的团结互助，就显得更为重要。

在此背景下，1990年9月，江泽民在视察新疆时指出："我们伟大的中华民族是由56个民族构成的，在我们祖国的大家庭里，各民族之间的关系是社会主义的新型民族关系，汉族离不开少数民族，少数民族离不开汉族，少数民族之间也相互离不开。"这样，"两个离不开"思想发展成为"三个离不开"思想。"三个离不开"不但一如既往地强调了汉族与少数民族之间的团结，又专门指出了各少数民族之间团结的重要性，是以江泽民为核心的党的第三代领导集体对我国社会主义民族关系的高度概括，成为今天我们党和国家正确处理民族关系、做好民族工作、促进各民族共同繁荣进步的重要指导思想。

此后，在中央重要文献及领导同志讲话中，也多次对此加以强调。胡锦涛在2005年中央民族工作会议的讲话中就指出："坚持巩固和发展平等、团结、互助、和谐的社会主义民族关系，大力弘扬爱国主义精神，牢固树立汉族离不开少数民族、少数民族离不开汉族、各少数民族之间也相互离不开的思想观念，促进各民族互相尊重、互相学习、互相合作、互相帮助，始终同呼吸、共命运、心连心。"此后，深入开展爱国主义、民族团结教育，各族人民反对民族分裂、维护民族团结和祖国统一的集体认知不断加强。由此不难发现，在推进改革开放的伟大进程中，中国共产党以建设中华民族大家庭为出发点，统筹规划，将经济发展作为解决民族问题的出发点和着力点，提出"各民族共同团结奋斗，共同繁荣发展"的工作目标和构建"平等、团结、互助、和谐"的社会主义新型民族关系，为铸牢中华民族共同体意识，助力民族地区脱贫致富奠定了坚实的基础。

进入新时代，中国共产党将实现"中国梦"的伟大目标寄予中华民族共同体，赋予了中华民族共同体新的历史性任务。中华民族共同体意识与优秀传统文化、革命文化、社会主义先进文化一道成为凝聚共识、形成合力的精神助推器。中国在不断深化的中华民族共同体意识基础上，坚持"一国两制"，坚持"九二共识"解决台湾问题，共同振兴中华民族。同时，中国共产党带领各族人民在解决好中华民族自身发展的同时，秉持人类命运共同体意识，率先垂范，勇担使命，不惧困难，积极解决世界各民族共同面对的国际性难题，激发了世界各国人民的人类命运共同体意识，顺应了当今世界时代发展的潮流，契合了全世界各民族求和平、谋发展、促合作的共同愿望。中华民族共同体意识在中国特色社会主义伟大事业推进过程中得以一步步铸牢。随着时代的发展和实践的深入，中华民族共同体意识的作用也会与时俱进地增添更多新的亮点。

回望我国历史，我们曾备受欺凌，濒临灭国；着眼我国当下，我们的中华民族共同体意识比历史上任何时候都更加的坚定；展望未来，我们繁荣的祖国在中国共产党的领导下，一定会更加繁荣富强。"凡益之道，与时偕行"，中华民族处于和平时代，面对变化的世界形势，各民族要凝心聚力，团结在党中央的周围，才能有利于中华民族共同体意识的形成，才能为我国坚定不移地走中国特色社会主义道路提供智力支持和精神引领，从而实现中华民族的伟大复兴。

第二章
新时代铸牢中华民族共同体意识的思想渊源和时代诉求

中国是一个由56个民族构成的多民族统一国家，民族问题事关国家统一、民族团结、社会稳定和人民幸福，事关我国积极应对当今世界百年未有之大变局。长久以来，中国共产党秉持求真务实的工作态度和坚持不懈持续奋斗的决心，始终高度重视做好各项民族工作并逐步形成了符合中国国情的民族问题理论认知、民族问题解决方案和民族问题解决路径，开辟了具有鲜明的中国特色、中国风格、中国智慧的民族工作新方略。新时代，基于民族工作的新变化、新态势、新特征，以习近平总书记为核心的党中央从战略的高度提出"铸牢中华民族共同体意识，促进各民族交往交流交融，促进各民族共同团结奋斗、共同繁荣发展"，系统科学地回答了自1921年中国共产党成立以来党领导下我国民族工作的"历史之问""时代之问"和"人民之问"，从根本上为解决新时代民族问题提供了"新方案"和"新智慧"[1]。显然，"铸牢中华民族共同体意识"已经成为中华民族一个重要的理论问题、现实问题和时代课题，亟须从理论和思想源头上探索中华民族共同体意识，并结合当前我国的实际情况揭示中华民族共同体意识的深刻价值，探索铸牢中华民族共同体意识的路径，以更好地助力实现"两个一百年"奋斗目标和中华民族伟大复兴的"中国梦"。

第一节　新时代铸牢中华民族共同体意识的思想渊源

党的十八大以来，以习近平同志为核心的党中央着眼新时代民族工作面

---

[1] 李文勇，卢成观. 党的十九大以来中华民族共同体意识的研究综述 [J]. 甘肃理论学刊，2020 (4): 22—30.

临的新形势新特点,深刻把握党和国家事业发展对民族工作提出的新任务新要求,谋长远之策、行固本之举,创造性提出"铸牢中华民族共同体意识"这一重大论断[1],旗帜鲜明地回答了新时代我国民族工作"是什么""做什么""怎样做"以及"为谁做"的时代之问。在党的二十大报告中,习近平总书记再次明确提出,以铸牢中华民族共同体意识为主线,坚定不移走中国特色解决民族问题的正确道路,坚持和完善民族区域自治制度,加强和改进党的民族工作,全面推进民族团结进步事业。"水有源,故其流不穷;木有根,故其生不穷。"世间万事万物先有其根、后有其貌,根长其貌才能盛。只有从源头上探溯中华民族共同体意识,并结合新时代中国特色社会主义事业现状,阐释中华民族共同体意识的现实价值,探寻中华民族共同体意识的路径选择,才能从根本上为解决新时代我国民族问题提供科学的理论指南。

一、经典马克思主义的共同体思想

哲学缘起于对人类自身的关怀,崇高而深切的人文关怀是马克思主义理论永恒不变的精神气质。激情洋溢的马克思自青年时期开始在19世纪跨入资本主义时代的欧洲矢志不渝地实践着人类自由解放发展的终极梦想,直至伟大生命的结束。纵观早、中、晚各阶段马克思的思想,可以看到不论是对资本主义的犀利批判,还是对未来社会的勾画重建,它始终存在着一个根本的价值向度:每个人如何"回归人的本质"以自由而全面地发展,获得更幸福、更快乐的生活。人不是孤立、单独的个体,是社会性存在物,"只有在共同体中,个人才能获得全面发展才能的手段。也就是说,只有在共同体中才能有个人自由。"[2] 共同体是人的存在方式,只有在物质生产的基础上以自然关系、社会关系为纽带普遍交往,在共同体的群居生活中,人的自我发展、自由解放才成为可能。

那么,何谓"共同体"? 作为哲学发展史上是一个十分重大的论域,"共同体"有着丰富的内涵和外延。随着人类社会的发展,共同体的格局也在不断得到延展,诸如村社、行会、教区、采邑等的小共同体发展到阶级社会的国家、民族共同体乃至全球的各种以政治、经济、文化等为连接纽带的共同体模式。德国的社会学家斐迪南·滕尼斯在《共同体与社会——纯粹社会学

---

[1] 习近平. 决胜全面建成小康社会夺取新时代中国特色社会主义伟大胜利——在中国共产党第十九次代表大会上的报告[N]. 人民日报,2017-10-28(1).

[2] [德]马克思,恩格斯. 马克思恩格斯选集第1卷[M]. 北京:人民出版社,1995:119.

的基本概念》中将共同体区分为血缘共同体（植物生活式）、地域共同体（动物生活式）和精神共同体（心灵生活式）三大类，并将这一思想归功于受到了马克思的启发，他认为："只有这位资本主义生产方式的发现者能够使这种思想变得清楚而深刻。"① 按照马克思共同体思想发展的内在逻辑，共同体的发展在不同历史阶段呈现出不同的概念表述，分别使用了"前资本主义共同体""等级共同体""国家虚幻共同体""货币抽象共同体""资本主义虚假共同体""真正共同体"等概念。从前资本主义共同体、资本主义虚假共同体再到真正的共同体，共同体的发展实际上经过了三个阶段："人的依赖关系（起初完全是自然发生的）……以物的依赖性为基础的人的独立性……建立在个人全面发展和他们共同的社会生产能力成为他们的社会财富这一基础上的自由个性。"② 与此相对应的依次是偶然的人、抽象的人、必然的人，个体与共同体的关系相应地从相互依存、劳动自由，再到相互对立、劳动异化，最后到相互成就、劳动解放。马克思的共同体概念的生成逻辑在根本上与人类社会的劳动实践发展史相一致。通过对《马克思恩格斯全集》的三百余处"共同体"文字的研读，可以看到，不断更新的"共同体"概念贯穿了马克思研究社会发展历史形态的全过程。在《德意志意识形态》中，"共同体"一词高频出现，马克思在晚年的古代社会史笔记中也详细地阐释了古代共同体的概念和特征，两者首尾呼应贯穿了马克思学术研究的始终。马克思共同体概念的发展理路与其19世纪40年代开创的思想变革历程是一致的，概念本身的嬗变必然包含着对私有制条件下的资本主义虚假共同体的批判，以及个体人的生存与发展的历史分析与展望，蕴含着实存与本质、个体与整体、现实与未来的张力结构。从三个历史时期马克思关于不同的"共同体"概念发展的嬗变看，仅就字面意义而言，共同体具有集体、联盟、团体等的"联合体"之意。这正体现了马克思关于概念的解读方法，他说："它们不能被限定在僵硬的定义中，而是要在它们的历史或逻辑的形成过程中来加以阐明。"③ 鉴于此，对于马克思共同体思想理论内涵的解析可以依据不同历史条件下马克思关于"共同体"概念的嬗变、发展的目标任务和价值诉求的结构要素。考察

---

① [德] 斐迪南·滕尼斯. 共同体与社会——纯粹社会学的基本概念 [M]. 林荣远, 译. 北京：商务印书馆, 1999：16.
② [德] 马克思, 恩格斯. 马克思恩格斯全集：第46卷 [M]. 北京：人民出版社, 1979：104.
③ [德] 马克思. 资本论：第3卷 [M]. 北京：人民出版社, 2004：17.

马克思共同体思想的时代问题,要根据不同历史时代条件下人们在实践活动中结成的关系、生产力以及社会公共性实现的程度等总体发展水平管窥马克思共同体思想的理论内涵以及架构逻辑。

(一) 马克思共同体思想的理论来源

想要深刻理解马克思的共同体思想,就必须追根溯源,梳理其理论生成发展的历史轨迹并阐述其内在逻辑。因为任何一种伟大的思想都不是凭空产生的,必有其前人为之而奋斗的思想遗迹,马克思共同体思想也不例外。

自人类社会诞生之初,"共同体"的雏形在人猿揖别之初就已实际存在了。马克思指出:"我们越往前追溯历史,个人,从而也是进行生产的个人,就越表现为不独立,从属于一个较大的整体。"[①] 在马克思看来,人的生存与发展离不开共同体,但共同体中的个人不断受到"对他们来说是异己的力量的支配"[②]。为此,如何克服共同体对个体的压制,从而实现个体与共同体的和解,就成为古今中外具有人文关怀的思想家们求索的重点,关于人类社会最合理的组织形式的构想更是灿若繁星、源远流长。从古希腊柏拉图、亚里士多德提出"城邦共同体"开始,到霍布斯的"利维坦"、黑格尔的"伦理共同体",直至空想社会主义者的"乌托邦";中国从先秦儒家所倡导的"大同(社会)",到近代以来康有为的《大同书》、孙中山提出的"天下为公"理念等,人类从没有停止过对理想社会形态的追求与探索。正如黑格尔所说:"如果这个世界已经达到了'应当如此'的程度,哪里还有他们表现其老成深虑的余地呢?"[③] 但这些理想所提出的"应当",作为一种高远的价值目标,却始终指引着现实世界的发展方向。

1."城邦共同体":以善为核心的共同体

人的存在和发展离不开特定的空间场域。由于受到生产力水平的制约,早期人类活动的空间只能在城邦中进行。古希腊哲学家在对城邦的探讨中萌生了最早的共同体思想,他们从伦理角度出发,把"善"作为城邦共同体的永恒价值。试图找到"善"的最大公约数,并在逻辑的思辨中发展共同的"善",即从哲学的角度追求"至善",从政治学的角度推崇"共善"。在古希腊哲学家的眼中,维护公民共同利益的"城邦共同体",是"共善"思想的实

---

① [德] 马克思,恩格斯. 马克思恩格斯全集:第46卷(上)[M]. 北京:人民出版社,1979:21.

② [德] 马克思恩格斯选集:第1卷[M]. 北京:人民出版社,2012:169.

③ [德] 黑格尔. 小逻辑[M]. 贺麟,译. 北京:商务印书馆,2011:44.

践形式。

　　苏格拉底从伦理维度打开了探讨"共同体"思想的大门。他认为,"共有制度"是城邦共同体中最大的"善",是实现"善"的最有效方式,在共有制度的规范下,城邦公民的特殊利益和城邦共同体的整体利益趋于一致,从而达到城邦"善"的目标。城邦作为共同体,是一个整体,城邦的公民是构成整体的部分,作为城邦的公民要遵守城邦的制度和法律,这是"善"的一种表现。

　　柏拉图继承了苏格拉底城邦共同体思想中的"共善"的色彩。在《理想国》一书中,他采取整体主义观点,认为城邦共同体的建立主要是源于人不能依靠单个人而达到自足,为了个体需要,人们聚集在一起,形成社会分工才导致了共同体的出现。柏拉图认为,正义是城邦的原则和支撑,也是他所要建立的理想国的精神支柱。"城邦共同体"内部必须是和谐、幸福、统一的,劳动必须成为第一需要,但这种劳动不是盲目的,每个人应找准自己的位置。他从人的本性出发分为智慧、勇敢、节制。少数统治者是用黄金做的,是智慧的;城邦的护卫是用白银做的,是勇敢的;占社会大多数的劳动者处于社会底层,是铜铁做的,必须是节制的。每一个人为了城邦中的正义各司其职,各尽所能,各取所需,安定和谐,维护整体利益,个体只有生活在城邦中才能过上幸福生活。柏拉图基于雅典城邦的历史教训和现状,试图探索一种整体高于个体的城邦共同体。但他的共同体是理想性的,忽略了人的个性的释放,不涉及任何现实的制度和政策。就连柏拉图自己也说,他所描述的是一个理想的国家,是为我们现实社会塑造一个样板,通过比较让人们意识到自己是否幸福。这更多地体现了他的唯心主义思想,也没有指出实现这样一个理想国家的现实途径。

　　亚里士多德批判继承了柏拉图的共同体思想,他在《政治学》中指出,城邦国家是囊括一切社会团体、以实现"最高的善业"为最终目的的共同体,"善"是城邦中每一个人的价值追求,"善"的存在就是幸福,人们只有生活在城邦中,才能具有价值,才能拥有幸福。在辨析个人与城邦的关系时,他批判地继承了前人的"城邦共同体"思想。他认为,在处理个人与共同体的关系时,既要肯定维护城邦共同利益的必要性,又要肯定维护个人私有财产的重要性。由此形成了以追求"共善"为目的、个体通过分有"共善"而拥有道德的共同体思想,即个人只有处在城邦中才具有价值和意义。他认为,在财产共有制度上不应追求绝对的整体性,而应当发扬乐善之心,追求"产业私有而财务公用"①。亚里士多德将"城邦共同体"的思想推向了一个新的高度,虽未能挽救古希腊城邦制度的衰落,但对后人的共同体思想产生了深远的影响。

古罗马时期的西塞罗深受古希腊"德性共同体"思想和斯多亚学派"自然法"和"世界国家"思想的影响,立足于国家的现实,从"共同体"的维度阐述了对政治国家的认知。"国家乃是人民的事业,但人民不是人们某种随意聚合的集合体,而是许多人基于法权的一致性和利益的共同性而结合起来的集合体。"②他认为国家产生的根本原因是人的天然的聚合性,将"国家"等同于"人民的事业"。国家这种共同体不是柏拉图《理想国》中任意的人群集合,而是基于法律和人民的共同利益所形成的稳定的政治共同体。西塞罗认为,国家不是由一个人或者几个人建立的,国家的发展不应该由一个人或者几个人决定,所以王权统治和贵族集团统治下的国家具有不稳定性。反之,"如果在一个国家里,同一事物对大家都有利,在这样的国家里最容易达到协和一致"③。西塞罗认为,"混合政体"最大限度地满足了人民的共同利益,从而保障了国家的稳定性。西塞罗基于罗马共和国历史对政治共同体思想的探讨,虽局限于政治领域,却具有划时代的意义。

可见,古希腊哲学家一致认为"善"是城邦共同体的价值追求,虽然各自的主张都存在局限性,但是他们的共同体思想对后世的影响深远。马克思关于"人的本质实质上是人的真正共同体"的重要论断是对"城邦共同体"思想进行合理批判后提出的。

2."契约共同体":以自然法为纽带的共同体

随着中世纪宗教的兴起,基督教逐渐成为欧洲人的精神支柱,欧洲构建了以信仰"上帝"为核心的"宗教共同体"。只要归属于"宗教共同体",不同性别、年龄、地位的信徒在上帝面前都同样渺小和平等。个人与共同体的关联基于由信徒对上帝的盲目崇拜而产生的精神联系,依托于教会举办的宗教团体仪式。此种"宗教共同体"阻碍了欧洲自然科学的发展,但其倡导的仁爱、平等思想却一直延续至今。

近代社会"契约共同体"的思想最早源自荷兰法学家格劳秀斯,他提出著名的非神学形态的"自然法"概念。在他看来,"自然法"至高无上,其立

---

①[古希腊]亚里士多德.政治学[M].吴寿彭,译.北京:商务印书馆,2009:9—13.
②[古罗马]西塞罗.论共和国[M].王焕生,译.上海:上海人民出版社,2006:75.
③[古罗马]西塞罗.论共和国[M].王焕生,译.上海:上海人民出版社,2006:87.

法的依据不再是按照神灵的指示,而是基于"自然状态"中人的社会本性[①]。自然法概念奠定了"契约共同体"的理论基石。在启蒙运动时期,霍布斯、洛克、卢梭等思想家都以"自然状态"和"自然法"为切入点构建"契约共同体"。这些思想家大多认为,在人们逐渐走出原始的"自然状态"进入新型社会后,为了维护社会安定,人们签订了社会契约从而形成共同体。对人们处在何种"自然状态"以及"共同体"权力如何分配等问题的不同回答,体现了启蒙运动思想家对近代政治制度设计的不同理念。

霍布斯摒弃近代以前从伦理道德角度阐释政治学的方式,从人性、自然法视角出发论证政治。他认为,在国家产生以前,人类在自然状态下形成了人反对人的对峙局面,人的生命随时受到威胁。要改变这种局面,霍布斯主张个人放弃自己的权力,通过订立契约,把个人的权力转让给国家主权者,国家主权者负责为个人提供安全保障,契约共同体由此产生。在这个共同体中,他主张实行君主政体,君主拥有至高无上的权力,共同体中的成员必须接受君主的统治,遵守相应的法律,否则将会受到惩罚,这样如"利维坦"般的国家的诞生解决了人与人之间的利益冲突,公民的生命安全和基本权利得到保障。

洛克不认同霍布斯把人类最初生活的自然状态描绘成人反对人的战争状态的观点;相反,他认为自然状态是有自由、平等权利,个人财产不受侵犯的状态,但是缺乏公共的评判者,因此,要通过契约建立"公民社会",在这个社会里的任何一个成员的利益受到侵害时,都可以向它申诉,同时每一成员都必须遵守这一社会里的法律。洛克认为社会契约是保护私有财产的共同体(国家)的历史的前提,其思想的进步之处在于认为人民有权反抗暴政。

卢梭认为自由、平等是与生俱来的,每个人只有在为了自身利益的情况下才会转让自己的自由。人类在自然状态下为了生存,就必须订立契约,把自己所有的权利转让给有道德的共同体,这个凝聚了全体个人联合起来的力量的共同体需要维护和保障每个成员的人身和财产权利,而每个成员也必须遵守"公意"。

由于受到阶级社会的制约,契约共同体思想并没有真正实现,但是它对马克思共同体思想的形成意义重大。在马克思共同体思想中,关于社会与国

---

① 〔荷〕格劳秀斯.战争与和平法[M].何勤华,等译,上海:上海人民出版社,2005:215—216.

家关系的重要观点受到了"契约共同体"思想的影响,突出表现为对虚幻共同体的批判。

3."国家共同体":以唯心主义为立论基础的共同体

德国古典哲学是在精神世界里对自由共同体的诉求。康德认为,自然为了发展人的禀赋目的而赋予人以合群的本能,这种本能在继续发展的过程中促使人组合成为市民社会,成为国家。国家就是立足于契约之上的联盟,这个联盟为自己确立了政府①。康德将自由作为道德法则的必然条件,提出自由是普遍人的精神实质,共同体必然是一个自由的共同体。自由共同体肯定了人作为理性存在所具有的独立意志和道德自律,但是,共同体的自由只存在于人的内在纯粹理性领域,不具有现实性②。

黑格尔将国家视为共同体,是具体自由的实现,体现为国家政治共同体与个人自由的有机统一。"国家直接存在于风俗习惯中,而间接存在于单个人的自我意识和他的知识和活动中。同样,单个人的自我意识由于它具有政治情绪而在国家中,即在它自己的实质中,在它自己活动的目的和成果中,获得了自己的实体性自由。"③ 这表明国家的目的不单是维护公民的生命财产,还要维护本国的实质的个体性——独立与主权。国家相对于个人或家庭、市民社会来讲,一方面是外在必然性和最高权力的体现,另一方面又是个人或市民社会的内在目的,国家的力量在于它的普遍的最终目的和个人的特殊利益的统一,个人对国家要尽义务,同时也享受权利④。因此,国家是自在自为的理性者,国家是客观"精神"的体现,个人仅以是国家的成员而具有客观性、真实性和伦理性。也就是说,个体只有成为共同体的成员才能实现其自身利益,个体意志必须遵从国家意志。

显然,黑格尔的国家共同体思想是建立在"绝对精神"的基础上的,是唯心主义的表现。一方面,其所构建的国家伦理共同体充满了理想主义色彩,且为了国家伦理共同体的达致而忽略了家庭和社会伦理的普遍性,导致三者之间关系的张力易于受到外界的扰动而失衡。另一方面,其对古典古代国家忽略个人特殊利益的批判和对现代一些不成熟国家的批判,则体现了他把特

---

① [德] 亨利希·库诺. 马克思的历史、社会和国家学说 [M]. 上海:译文出版社,2014:205.

② 胡寅寅. 走向"真正的共同体"——马克思共同体思想的致思逻辑研究 [M]. 哈尔滨:哈尔滨工程大学出版社,2016:20-26.

③ [德] 黑格尔. 法哲学原理 [M]. 北京:商务印书馆,2009:253.

④ [德] 黑格尔. 法哲学原理 [M]. 北京:商务印书馆,2009:261.

殊性作为普遍性的前提。黑格尔国家伦理共同体思想涵盖了政治制度、王权与君主制、国家和宗教的关系和世界历史与民族精神等内容，由于受到现实的限制，其思想没有真正实现。但是它对马克思共同体思想形成产生了深远影响，马克思正是在上述思想的批判继承中，实现了共同体的理论突破，即从现实的个人出发，将黑格尔最高的共同体形式——国家决定市民社会和家庭，颠倒过来，强调市民社会和家庭是国家的前提和基础。从现实感性的人和人的本质是一切生产关系的总和出发，解构传统的共同体，进而扬弃和超越虚幻的共同体，提出了以"现实的人"为出发点、以"社会分工"为动力、以实现人的自由全面发展为旨归的真正的共同体——共产主义社会中自由人联合体。

4. "乌托邦共同体"：空想社会主义对未来和谐共同体的设想

19世纪的空想社会主义时期，空想社会主义者在批判资本主义制度的同时，从改造社会道德、改善无产阶级处境的良好愿望出发，描绘了未来理想社会的美好远景，阐述了自己的"乌托邦"共同体思想。

16世纪到17世纪初叶的资本原始积累时期，英国托马斯·莫尔虚构的《乌托邦》、意大利托马斯·康帕内拉虚幻的《太阳城》、德国托马斯·闵采尔宣传的"千年太平天国"、法国德尼·维拉斯描绘的"塞瓦兰"理想国，都站在普遍的、人道主义立场上，回顾了人类以往的盛世，对资本主义制度进行了批判，以文学游记形式来描绘社会主义，提出了人类美好远景的幻想，以虚幻的形式表现出"共产主义思想的微光"[①]。

在17世纪、18世纪资产阶级革命时期，英国"掘地派"思想家杰腊德·温斯坦莱、法国向往社会主义的哲学家让·梅叶、倡导禁欲主义的加布里埃尔·博诺·马布利和倡导平均主义的摩莱里，以及倡导平等的郎斯瓦·诺艾勒·巴贝夫等空想社会主义者，以启蒙思想家的理性、自由、平等思想为理论武器，深刻地揭露了资本主义私有制的罪恶，探讨和论述了消灭私有制等原则，更加清晰地勾画出未来社会的轮廓，并试图以法律条文的形式将之固定下来。

到了19世纪初，英法空想社会主义者圣西门、傅立叶、欧文在资本主义社会基本矛盾已经显露的历史条件下，基于理论和实践双重维度，从衣食住行等方面阐述了对福利共同体社会的构想，并将这些天才的想法以实验的方

---

① [德]马克思,恩格斯.马克思恩格斯全集：第7卷[M].北京：人民出版社，1959：405.

式付诸实践。大量涌现的"法郎吉""新和谐公社""乌托邦岛""太阳城"等共产性质的理想共同体，闪耀着和谐平等的福利思想。空想社会主义者们坚信，只有生活在共享共有、劳动自由的共产主义共同体中，人们才能拥有真正的幸福。

圣西门自称是"工人阶级的代言人"，对资本主义制度不平等、不公正的现象进行了深刻批判，并在此基础上提出了对未来共同体的设想。他认为人类社会是从低级向高级的递进过程，把人类社会共同体划分为五个形态，其中实业制度是核心，它可以使人类获得自由，给社会带来安宁。在他看来，实业制度这种共同体形态会取代国家政治共同体，显然，这是一种不切实际的构想。

傅立叶对共同体的设想则更进一步，他认为人的本性是善的，应该将它的优点最大限度地发挥出来，并深刻揭露了资本主义社会的弊端。他还提出了"和谐制度"这一理想社会共同体，在这一共同体中，人人平等，人们共同劳动创造社会财富，坚持平均主义，实现社会和谐，目的是想取代资本主义，但是这种理想社会共同体在当时的社会是无法实现的。

欧文在对资本主义国家批判的同时，提出了"合作社"联合体的美好构想，他主张消除私有制，以公有制为基础，坚持按需分配，满足每个人的需求，没有阶级和压迫，人人都是自由和平等的。欧文试图尽最大努力实现这一构想，但是由于其所处的社会背景，欧文对未来社会的美好构想也未能实现。

不难发现，19世纪空想社会主义者都希望构建一种和谐共同体以实现社会和谐和人的自由平等，他们都对资本主义制度进行了无情的批判与揭露，阐述了自己的共同体思想，但遗憾的是囿于阶级立场，他们从所谓"理性和永恒正义"的抽象伦理原则出发，没能揭示实现这种共同体的具体道路，没有指出实现这种共同体的物质力量。但是他们的思想在某种意义上不仅是对古代共同体思想的深化和超越，同时也为未来社会发展积累了有价值的思想素材，为马克思共同体思想的形成提供了启发。马克思正是在批判继承了"乌托邦"共同体思想的积极成果，在发现唯物史观和剩余价值学说的基础上，提出了其科学的"真正的共同体"思想。

(二) 马克思共同体思想的逻辑演进

马克思以唯物史观为视角，科学地考察了人类社会历史发展过程。他在批判继承形形色色的共同体思想的基础上，立足于人类在不同发展时期的现实需要和生产力水平状态，把人类社会的发展分成"人的依赖性""物的依赖性""自由与全面发展"三个阶段。与此相对应的是，人类共同体的发展也依次经历了"自然形成的共同体""虚幻的共同体"以及"真正的共同体"三大发展阶段和历史形态。三种共同体的形成与发展是自然与历史共同作用的结果，体现了二者的统一。

1. 以人的依赖为基础的自然形成的共同体

早期的人类并不固定居于某一个地方，而是"逐水草而生"，把迁徙作为最初的生存方式，而共同体的生活方式就是人与自然抗争的产物，并逐渐成为人类社会发展的基本形式。马克思认为人类社会的起点就是"自然形成的共同体"。它是人类的第一个社会形态，是人类在社会历史发展过程中自然形成的，是人类共同劳动形成的联合体。这种自然生成的共同体以不发达的生产力、分工和交换为背景，以血缘、语言、习惯为纽带，以家庭为最基本单位，是"家庭或扩大成为部落的家庭，或通过家庭之间互相通婚而组成的部落，或部落的联合。"[①]

这种"部落共同体"或者说"血缘共同体"也是早期土地公有制的前提。因为土地是最主要的生产资料，只有生产资料归全体所有，才能保证每个共同体成员的生存。在这种天然的以血缘为纽带的共同体中，个体没有特殊利益。他们的劳动并不是为了创造价值，即使生产出来了剩余产品也仅仅是为了"维持各个所有者及其家庭以及整个共同体的生存"[②]。这种初级的共享生产资料的形式，表现出了共产主义的一些原始特性，但绝非人类生活的理想状态。在生产力极低的条件下，个体为了弥补自身能力的不足被迫走到一起，特殊利益也随之湮没在共同体利益之中。

越是在早期的共同体中，个体的主体性就越弱，对共同体的依赖性就越强，即马克思提到的"人的依赖"状态。人与人的关系与其说是"命运共同"，不如说是"生命共同"，个体对于共同体的强烈认同感并不是因为意识到自己是共同体中的成员，而仅仅来源于动物性的生存本能。共同体成员和共同体的一致并不说明特殊利益和共同利益的矛盾得到了化解，反而说明了此时个体根本没有任何的主体意识，而低下的生产力也不允许个体拥有超出生存权以外的特殊利益。自然形成的共同体意味着人类初步觉醒，敢于向

[①][德]马克思,恩格斯.马克思恩格斯全集：第30卷[M].北京：人民出版社，1995：466.

[②][德]马克思,恩格斯.马克思恩格斯文集：第8卷[M].北京：人民出版社，2009：123.

"天命""自然"发出挑战,敢于在同大自然抗争中获取人类自身生存与发展所必不可少的弥足珍贵的生存资料。因此,此共同体的形成对于人类社会早期的发展具有重要作用,因为在这种形式的共同体中,社会成员对公共利益的重视从而保障了共同体秩序的运行。然而,在这种共同体中,公共利益的维护是以牺牲个体的自由与个性为代价的,个体利益未得到应有的重视,导致个体完全依附于共同体。且这一共同体仅仅是人类为了生存与发展而有意识地基于血缘、地缘、部落关系组成的一个共同体。换言之,这个共同体"并不是为了人类社会更好地转型与发展,这就决定了它的历史宿命只能被更高级的人类社会共同体所取代"[1]。

2. 以物的依赖为基础的虚幻共同体

随着生产力的发展和分工的不断完善,少数人攫取越来越多的社会剩余财富,个人利益与共同利益的矛盾日益尖锐,人们逐渐摆脱了对原有共同体的依赖,以人的依赖关系为根基的"自然的共同体"逐步土崩瓦解,走向以物的依赖关系为基础的"虚幻的共同体"。虚幻共同体的典型特征是"物"建立起自身的主导和支配地位,商品、货币、资本等主宰着人与人的关系,成为人与人交往的纽带和中介。资本主义社会是这种共同体的典型。马克思曾经深刻地作出评价,在资本主义社会共同体中,资产阶级将一切事物都变成了交换价值。对于生活在资本主义社会中的个体来说,他与社会的联系是通过交换价值来完成的,因为他个人的活动或产品唯有通过社会交换并且表现为交换价值,才可以成为他的活动或产品。在这样的共同体中,每个人具有较强的利己性,个体对私利的重视超过了对共同利益的重视,个体的公共性泯灭了,"把他们连接起来的唯一纽带是自然的必然性,是需要和私人利益,是对他们的财产和他们的利己的人身的保护"[2]。为了寻求个体利益与社会利益的协调,国家这种政治共同体形式便以社会协调者的身份进行政治统治。但是,资本主义国家并不是如其所宣称,代表社会成员的公共利益的,它本质上体现和维护少数统治阶级的核心利益。马克思认为:"由于这种共同体是一个阶级反对另一个阶级的联合,因此对于被统治阶级来说,它不仅是完全虚幻的共同体,而且是新的桎梏。"[3] 当然,对资本主义社会的评价,马克思

---

[1] 卢成观,李文勇.中华民族共同体意识的理论根基、现实价值及路径选择[J].理论导刊,2020(3):51-58.

[2] [德]马克思,恩格斯.马克思恩格斯文集:第1卷[M].北京:人民出版社,2009:42.

[3] [德]马克思,恩格斯.马克思恩格斯文集:第1卷[M].北京:人民出版社,2009:571.

始终持辩证的态度。一方面，资本主义社会相较于之前自然形成的共同体来说，创造了更高程度的社会生产力，为推动人类走向新的更高级共同体形态提供了前提条件，为人自由而全面的发展提供了物质基础。另一方面，资本主义社会并没有实现人的彻底解放，在统治形式上资产阶级占统治地位，资本主义国家虽然在法权意义上承认了人的自由权利，但是没有实现人的实质平等和自由，资本主义社会实现的其实是资本的自由。因此，需要探索一种新的共同体形态，彻底实现人的解放和自由全面发展。

3. 以人的自由联合为基础的真正共同体

马克思认为，"自由人联合体"是人类未来社会的理想形态，是超越虚幻共同体而具有全新变革意义的真正共同体。在虚幻的共同体中，社会关系相对于每个个体来说是一种外部框架，是束缚他们个性发展的力量，是阻碍他们实现真正自由的桎梏。然而，真正的共同体"建立在个人全面发展和他们共同的、社会的生产能力成为从属于他们的社会财富这一基础上的自由个性"①。这也就意味着，人所希望实现的真正自由，不是脱离了与他人的关系实现的，必须建立在与人相互结合的基础上，但是这种结合已经超越了原始共同体以淹没个体为前提的结合，同时这种结合又引入了一种交互关系的维度，个体不再将他人看作自由实现的阻碍，而是看作实现自身自由的前提，认识到自身和他人是一种交互关系式的存在。

从马克思的这种自由观出发，个体利益与共同体利益的矛盾具有了克服的可能性，个体自由与共同体的自由具有了内在统一的可能性。一方面，真正的共同体承认个体的自由，它代替原先的虚幻共同体并取消了阶级和阶级对立，在真正的共同体中，"每个人的自由发展是一切人的自由发展的条件"②。另一方面，个人的自由只有在真正的共同体中才能实现，正如马克思所说，"只有在共同体中，个人才能获得全面发展其才能的手段"③。这两段论述，正是马克思真正共同体思想的深刻之处，他充分揭示了个体自由与共同体自由、个体利益与共同体利益的辩证统一关系，没有超脱共同体的绝对个人自由，同时也没有忽视个体利益而能持续发展的共同体。个体自由与共同体自由在这种交互辩证的关系结构中实现了本质的统一，这种本质统一的状

---

① [德] 马克思, 恩格斯. 马克思恩格斯全集：第 30 卷 [M]. 北京：人民出版社, 1995：107－108.
② [德] 马克思, 恩格斯. 马克思恩格斯文集：第 2 卷 [M]. 北京：人民出版社, 2009：53.
③ [德] 马克思, 恩格斯. 马克思恩格斯文集：第 1 卷 [M]. 北京：人民出版社, 2009：571.

态就是"自由人联合体"的真正实现。在自由人联合体即真正的共同体形态中，个体利益与共同体利益、个人发展与社会发展在本质上是统一的，人真正实现了类生活，是人类社会的理想状态。

要想达到这一理想状态，在马克思看来，首先必须从经济根源上消灭私有制。因为私有制不仅束缚了个人的发展，而且造成了人与人之间关系的异化。马克思指出，生产力作为资本主义的发展成果是可以被利用的，但是这种具有剥削性质的生产关系必须被消灭，应该"在协作和对土地及靠劳动本身生产的生产资料的共同占有的基础上，重新建立个人所有制"。[①] 在这种新型的生产关系中，每个人都是生产资料的所有者，主动按照需要进行生产、分配产品，每个人都把彼此作为目的，而不是仅仅渴求单个人财富的增加。私有制一旦结束，阶级对立也会消失，国家作为一种阶级统治的工具自然也会走向消亡，"真正的共同体"的历史就开始了。但是，私有制的消灭和国家的消亡并不会主动发生，资产阶级作为既得利益的获得者必然会尽最大努力阻止这一历史进程。所以无产阶级必须联合起来，推翻资产阶级的统治，为"自由人联合体"的实现开辟道路。由此可见，马克思"真正的共同体"思想并不是一种纯粹的逻辑推理，而是在深入分析现实问题的基础上得到的关于人类历史的科学认识，并且拥有明确的实践路径。这一理论超越了已有的现代国家理论，描绘了人类发展的美好前景，为人类创造美好生活指明了根本方向。

（三）马克思共同体思想的逻辑理路

马克思从"现实的人"的生存和发展出发，揭示了人的本质，个体为了实现自身本质就是马克思共同体思想的逻辑起点。马克思抓住生产力与生产关系的矛盾运动规律，指出随着生产力发展而发展的社会分工是共同体发展的动力，共同体不断发展意味着人类的不断发展，共同体发展的最终归宿是实现人的自由全面发展。

1. 现实的人：马克思共同体思想的逻辑起点

现实的人是马克思省察人类世界、创造美好生活的出发点，是唯物史观得以创立的思想源泉。马克思指出："全部人类历史的一个前提无疑是有生命的个人的存在。因此，第一个需要确认的事实就是这些个人的肉体组织以及

---

① [德]马克思，恩格斯. 马克思恩格斯文集：第5卷 [M]. 北京：人民出版社，2009：874.

由此产生的个人对其他自然的关系。"① 马克思把人类社会看作一个活的有机体，人类社会的历史就是人的发展的历史。从生存意义层面看，人是社会关系的存在。要生存就必须与他人进行交往实践，结成一定的社会关系，并以共同体的方式与自然界发生联系，在此基础上形成生产力与生产关系，创造社会的物质和精神财富，日益满足人的各种需要。从价值发展维度看，人是社会历史的真正主体。在社会生活中，人既是剧作者，又是剧中人物，人的幸福生活在于人的实践创造。

现实的人不是"孤立的个人"，而是生活在特定历史条件下和特定社会关系中的人。马克思指出："为了进行生产，人们相互之间便发生一定的联系和关系；只有在这些社会联系和社会关系的范围内，才会有他们对自然界的影响，才会有生产。"② 人作为实践主体，在认识与改造自然和社会的同时，也认识与改造着自身，从而成为自然、社会以及自身的主人，人的这种主体性的实现就是人通过交往实践不断追求"真正的共同体"的实现过程。马克思强调指出："人的本质不是单个人所固有的抽象物，在其现实性上，它是一切社会关系的总和。"③ 马克思所说的"一切社会关系"，实际上包括了人与社会之间动态变化的多方面关系，而这些社会关系的"总和"就成为"真正的共同体"形成的实践基础。

探讨马克思"真正的共同体"思想的理论旨趣，在于批判人本主义思潮，正确认识现实历史的社会性质，科学把握现实社会的发展逻辑，深刻揭示人在交往实践中的真实关系。人在交往实践活动中的辩证关系是普遍性与特殊性的统一，离开了他人，就无法指认人自身的价值；离开了社会，就无法确认人真正的本质。人的价值要在为他人的服务中才能体现，在对社会的贡献中得到实现。把握现实的人，最根本的就是要处理好人与社会的关系，在向着"真正的共同体"目标迈进过程中，不断化解人与自然、人与社会、人与人之间的矛盾与冲突，增强社会创造活力，使发展的成果更多更公平地惠及全体人民。

2. 发展社会生产力：马克思共同体思想的发展动力

在人类文明变迁进程中，马克思主义最注重生产力的发展。生产力与生产关系构成一定社会的生产方式，而生产力是人类文明发展的物质条件和根

---

① [德] 马克思, 恩格斯. 马克思恩格斯文集: 第 2 卷 [M]. 北京: 人民出版社, 2009: 519.
② [德] 马克思, 恩格斯. 马克思恩格斯文集: 第 1 卷 [M]. 北京: 人民出版社, 2009: 724.
③ [德] 马克思, 恩格斯. 马克思恩格斯文集: 第 1 卷 [M]. 北京: 人民出版社, 2009: 501.

本动力。由于生产力的发展，出现了社会分工与私有制，也由于社会分工与私有制的发展，导致人类在生产、生活空间不断扩大的同时，愈益受到不断扩大的全球化市场发展的制约。马克思、恩格斯强调指出："每一个单个人的解放的程度是与历史完全转变为世界历史的程度一致的。个人在精神上的现实丰富性完全取决于他的现实关系的丰富性。只有这样，单个人才能摆脱种种民族局限和地域局限而同整个世界的生产（也同精神的生产）发生实际联系，才能获得利用全球的这种全面的生产（人们的创造）的能力。"① 世界市场的开拓、全面的生产需要发达的生产力，又不断推动生产力的发展。离开了高度发达的生产力，人类就不可能拥有建立"真正的共同体"所需要的物质条件。

在"真正的共同体"思想形成过程中，马克思不仅客观评价了资产阶级在人类发展生产力中曾经起过的重要历史作用，而且科学论证了由于资本主义生产方式的发展，生产工具的不断变革，社会生产力的快速提升，物质条件的不断丰裕，"才能为一个更高级的、以每一个个人的全面而自由的发展为基本原则的社会形式建立现实基础"②。可以说，经济发展水平直接决定着社会运行能力，反映着人的自由和解放的程度。"真正的共同体"只能建立在高度发达的生产力水平上，它是一种"使所有社会成员都能够完全自由发展和发挥人的全部力量和才能"③的全新的社会组织与人类的高级活动方式。

3. 人的自由全面发展：马克思共同体思想的价值导向

马克思一生都在为人的解放和发展而奋斗，他的共同体思想最终指向人的自由全面发展。马克思在《1844年经济学哲学手稿》中指出，"人类的特性是自由的自觉的活动"④，他认为人与动物的不同之处在于人是有意识的、完整的、自由的，人能够占有自己的全部本质。马克思在《关于费尔巴哈提纲》中揭示了人的本质，他认为人的本质"在其现实性上，它是一切社会关系的总和"⑤。这意味着人的存在和发展必然处在一定的交往关系和经济关系中，这些关系是人自由全面发展的必要条件。马克思在《德意志意识形态》中明

---

①［德］马克思，恩格斯.马克思恩格斯文集：第1卷［M］.北京：人民出版社，2009：541－542.
②［德］马克思，恩格斯.马克思恩格斯文集：第5卷［M］.北京：人民出版社，2009：683.
③［德］马克思，恩格斯.马克思恩格斯全集：第23卷［M］.北京：人民出版社，1971：649.
④［德］马克思，恩格斯.马克思恩格斯全集：第42卷［M］.北京：人民出版社，1979：96.
⑤［德］马克思，恩格斯.马克思恩格斯文集：第1卷［M］.北京：人民出版社，2009：501.

确提出人的自由全面发展的科学论断，并将个人与社会的发展联系起来，"个人的全面发展，只有到了外部世界对个人才能的实际发展所起的推动作用为个人本身所驾驭的时候，才不再是理想、职责，等等，这也正是共产主义者所向往的"①。在这里，马克思揭示了实现个人的全面发展的客观条件，并科学论证了实现共产主义的可能性。马克思在《共产党宣言》中进一步指出，实现人的自由全面发展必须在自由人的联合体里，即真正共同体。马克思的经典著作透视了他一生都在思考和解答人的自由全面发展问题，共同体的界定和划分体现了人的自由全面发展的程度。在马克思看来，人在自然共同体里谈不上发展，生存是其首要和唯一任务。随着生产力和分工的发展，虚幻共同体应运而生，在虚幻共同体里，人们虽然在一定程度上得到发展，但这种发展是片面的，只有当每一个自由人联合起来，形成"自由人联合体"，即真正共同体，在这个共同体里，每一个人才能得到自由全面的发展。一方面，真正共同体为每一个个体自由发展创造条件，"在真正的共同体的条件下，个人在自己的联合中并通过这种联合获得自己的自由。"②真正共同体是由自由的个体联合而成，个体通过这种联合获得自由。另一方面，真正共同体为个体全面发展提供场域，"只有在共同体中，个人才能获得全面发展才能的手段，也就是说，只有在共同体中才可能有个人自由。"③真正共同体为个体生存发展提供有利空间，个体只有在共同体中才能施展才能，发展兴趣爱好，实现人生理想。个体的发展不会受到主客观条件限制，反而能够充分发挥主观能动性改造客观世界，既不会成为他人发展的绊脚石，也不会受到他人的阻碍。就像马克思所说："代替那存在着阶级和阶级对立的资产阶级旧社会的，将是这样一个联合体，在那里，每个人的自由发展是一切人的自由发展的条件。"④

由此可见，马克思对共同体思想的研究受特定价值目标的指引，共同体与人的发展始终紧密联系，人的自由全面发展的过程就是共同体的扬弃过程，共同体发展的最终形式使人的自由全面发展成为可能。马克思共同体思想在整个马克思主义学说中首屈一指，马克思对共同体的探究并不是为建构共同体理论，其最终目的是实现人的自由全面发展。在马克思看来，人类社会的

---

① [德] 马克思, 恩格斯. 马克思恩格斯全集: 第3卷 [M]. 北京: 人民出版社, 1960: 330.
② [德] 马克思, 恩格斯. 马克思恩格斯选集: 第1卷 [M]. 北京: 人民出版社, 1995: 119.
③ [德] 马克思, 恩格斯. 马克思恩格斯选集: 第1卷 [M]. 北京: 人民出版社, 1995: 119.
④ [德] 马克思, 恩格斯. 马克思恩格斯全集: 第4卷 [M]. 北京: 人民出版社, 1958: 491.

发展与共同体的发展比肩同行，人只有在"真正共同体"中才能获得解放和发展。

马克思的共同体思想不仅深刻地揭示了人类发展的一般规律，绘制了人类美好发展的蓝图，而且也为人的自由而全面发展指明了方向，是铸牢中华民族共同体意识的立论之基，涵盖了中华民族共同体意识的理论之源、历史追因和未来指向。马克思科学地考察了人类社会的历史生成和演变图景，他在致力于批判唯心史观关于错误共同体思想的基础上，以全新的立场和视野构建了贯穿唯物史观主旨和灵魂的共同体思想逻辑。"自然形成的共同体""虚幻的共同体"和"真正的共同体"是马克思的共同体思想的三个历史递进层级。首先，"自然形成的共同体"构成了人类社会共同体的原初阶段，它是以地缘、血缘关系和族群习惯为基础的，主要聚焦解决"现实的人"的生存和发展问题，这就暗含了铸牢中华民族共同体意识要坚持尊重传承民族历史与文化。其次，"虚幻的共同体"构成了人类社会共同体的"异化"阶段。马克思在对"粗陋的共产主义"进行批判时就揭示了"虚幻的共同体"下的"私有财产关系仍然是共同体同物的世界的关系"[①]，而非共同体与人的世界的关系，暴露出"虚幻的共同体"下私有制的虚伪利益和虚幻民主自由，这就要求铸牢中华民族共同体意识要注意破解发展共享的难题。最后，"真正的共同体"构成了人类社会共同体的最高形态。马克思、恩格斯指出："代替那存在着阶级和阶级对立的资产阶级旧社会的，将是这样一个联合体，在那里，每个人的自由发展是一切人的自由发展的条件。"[②] 马克思强调："只有在共同体中，个人才能获得全面发展其才能的手段。"[③]"自由人的联合体"作为马克思主义的根本价值追求，主张消除阻碍人自由全面发展的异化因素，实际上就是"真正的共同体"。诚然，中华民族共同体是一个由不同民族共生、不同阶级共存、不同地域共融、不同文化共情下形成的异质性共同体，它从"共生共存共融共情"维度出发，倡导通过各民族交往交流交融这一长期历史实践运动，消解民族矛盾，维护中华民族整体利益，为走向"自由人的联合体"这一真正的最高形态的共同体提供条件。故此，就要以铸牢中华民族共同体

[①][德]马克思,恩格斯.马克思恩格斯文集（第1卷）[M].北京：人民出版社，2009：183.

[②][德]马克思,恩格斯.马克思恩格斯选集（第1卷）[M].北京：人民出版社，2012：422.

[③][德]马克思,恩格斯.马克思恩格斯选集（第1卷）[M].北京：人民出版社，2012：199.

意识来促进各族人民自由而全面的发展。

二、中华优秀传统文化的共同体思想

中国是世界四大文明古国之一，中华民族是多民族长期交往和不断融合形成的共同体。在深邃宽阔的华夏历史长河里，各族人民在相互交往交流交融的过程中共同创造了中华民族光辉灿烂的文化。在中华传统文化中，各民族文化的"多元"构成了中华文化的"一体"，个人利益与国家利益水乳交融、休戚与共，被看作人的社会性存在和发展的基础，从而铸造出了中华民族共荣共进、多元一体、和谐发展的文化价值理念，并由此指导中华民族实践理性精神的发展。"和为贵"的基本宇宙观和基本价值追求，"大一统"的中华民族政治思想灵魂，"国格"意识铸就的崇高信仰，让中华民族成为当之无愧的最具共同体意识的民族。中华儿女在中华传统文化价值理念的影响下，相互依赖、相互帮助，唇齿相依、荣辱与共，构建起不可分割的中华民族共同体意识。

（一）协同协作、协和万邦，是中华民族的处事之道

中国本身就是一种文明的存在，中华民族形成的历史就是民族共同体意识不断积淀逐渐生成的历史。在世界众多的文明中，中华文明光辉灿烂，独树一帜，决定了中华民族共同体意识值得认真总结、大力弘扬。中华民族历史漫长悠久，在形成与壮大的过程中，协同意识、协作观念作为一种深厚的民族精神与文化基因赓续传承，与时俱进。

当人类进入文明社会以后，原始农业的分散经济，加上不同族群的血缘纽带，形成了众多小邦林立的邦国。在中原大地上，汉族的黄帝、炎帝、尧、舜是最杰出、最有影响力的邦国之长。在他们的领导下，不仅经济有所发展，体制渐趋充实，更为突出的是文化的进步。在此基础上，形成了杰出的治国理念和较为稳定的政策，如《尚书·尧典》所载，尧治理国家时，"允恭克让，光被四表，格于上下。克明俊德，以亲九族。九族既睦，平章百姓。百姓昭明，协和万邦。黎民于变时雍。"这段记载说明尧作为一国之君，注意培养人民恭敬节俭、温和宽容的道德，而且明察四方，以德化育，使家族和睦，进而认真处理各族的政事，使各族友好相处，在取得社会的认同以后再由近及远，由内及外，协调各个邦国的利益，使各个邦国都能和谐合作。虽然《尚书·尧典》并非尧所作，但它提出的对内"以亲九族"，对外"协和万邦"

的治国理念，也突出地反映了古圣先贤的政治智慧和法律智慧。这是告诫为国者要去除一己之偏爱，好恶一同于天下。亲九族、和万邦，不仅把家族、宗族治理好，还要把国家治理好，使各邦团结起来。《左传·哀公七年》记载，大禹当年举行涂山之会时"执玉帛者万国"，众多邦国都认同大禹的统治，这应该就是"协和万邦"的意思了。

事实上，自家庭、私有制和国家产生以来，人们就开始思考社会地位与物质财富的传承问题，由此产生了最早的规则与制度意识。中华文明从远古走来，考古学家发现，至晚在5000多年以前的龙山时代，中国就产生了礼制，夏、商、西周三代递相损益，到周公时代形成了"郁郁乎文哉"的礼乐文明。《孔子家语·论礼》记孔子说："夫礼者，理也。"《礼记·礼器》说："礼也者……理万物者也。"礼乃用以条理社会、整齐人心。既然礼依理制，其功能就在于"济变""弥争""决嫌疑"，以使人"知其所止"。山东曲阜是周代鲁国的国都，周公是鲁国的始封之君，这在历史上就建有纪念周公的鲁太庙（今俗称"周公庙"）。周公庙第一道牌坊东西相对，上分别书"制礼作乐""经天纬地"，这正是周公最大的历史功绩。在总结继承夏、商文化的基础上，周公制定周礼，奠定了中华礼乐文明的基础。到春秋末年，天下无道，礼坏乐崩，孔子和早期儒家"祖述尧舜，宪章文武"，尤其把周代礼乐文明发扬光大，使礼乐文化成为中华民族文化的荦荦大端。

中华文化的特质在于思考人性与人的价值，思考人与人之间如何更好地相处。《荀子·王制》说："（人）力不若牛，走不若马，而牛马为用，何也？曰：人能群，彼不能群也。"荀子明确说出了人与人之间协同协作的重要性。人发挥集体的力量，就需要"群"，就需要合作，形成群体优势。人的特点就在于所具有的社会性，随着社会的进一步发展，社会分工也更加细密，这对彼此之间的团结合作提出了更高的要求。不言而喻，人越能互补互通，互帮互助，交流融合，就越能产生更大的力量，以共生共赢，共同发展。在各民族长期的交流交往和融合发展中，逐渐形成了共同的文化心理。春秋时期，尽管周王室衰微，天子威权下降，但以往王官学的巨大文化影响力，列国之间仍然有许多的基本遵循，有不少高度认同的基本原则，如尊王攘夷，如恤孤、济困、扶危，如兴灭国、继绝世、举逸民，等等。《左传·襄公十一年》说"夫和戎狄，国之福也"，如何"和戎狄"，就是认同应有的价值观念。早在孔子时代，人们就崇古、尚古、信而好古，这与中国上古历史的漫长发展有关。人们向后看恰恰是为了向前看，是希望从历史的过往中寻找解决现实问题的方案。今天我们只有走出疑古时代，认清中华民族文明之树的根扎得很深很牢，才会理解中华民族深沉的本根意识。

实际上，中华民族形成的历史，就是一部相互协作、共同聚合的历史，是互助互惠、合作共赢的历史。中华民族正是因为在长期的生产、生存斗争中，才深刻地认识到：只有团结一心，和睦相处，中华民族才能以合族之力战胜各种天灾人祸。正是因为经历了无数的生存竞争的艰苦磨炼，才养成了亲仁善邻的民族精神。这种民族精神经过贤者智者的总结，上升为优秀的文化基因，并且转化为治国的政策。雄辩地反映了中华民族是一个团结奋进、乐于助人、爱好和平的民族，能够以"天下为一家"。也正是因为有了这种宽广的胸怀和卓越的见识，中华民族才能创造出协和万邦的理念和政策。

（二）中华民族的政治灵魂——尊王攘夷、崇尚一统

英国作家贡布里希著有《写给大家的简明世界史》，他在记述汉代以前的中国历史时，使用的标题是"一个伟大民族的伟大导师"，他所说的"伟大民族"当然是中华民族，他所说的"伟大导师"自然指的是孔子。他说："在孔子学说的影响下，伟大的中华民族比世界上别的民族更和睦和平地共同生活了几千年。"他还说："只是由于有了他的学说，这个有着众多省份的大国最终也没有瓦解。"

中华民族的紧密团结，是因为有强大的向心力、凝聚力。向心力来自共同遵循的"道"，"道"就是王道，就是尊王攘夷；凝聚力来自内心的"统"，这个"统"就是正统，就是崇尚一统。《易经·大传》云："天下一致而百虑，同归而殊途。"而老子主张以"一"为本，"道生一，一生二，二生三，三生万物"。大一统从此有了本体论。在这种背景下，从孔子作《春秋》开始，"大一统"的观念就日渐深入人心。对此，成书于战国的《公羊传·隐公元年》解释称："何言乎王正月，大一统也。"徐彦疏云："王者受命，制正月以统天下，令万物无不一一皆奉之以为始，故言大一统也。"后世学者对此段经文又有进一步的诠释，西汉董仲舒称："《春秋》大一统者，天地之常经，古今之通谊也。"唐代学者颜师古进而解释："一统者，万物之统皆归于一也……此言诸侯皆系天子，不得自专也。"可见，所谓"大一统"就是以一统为大；其中的"大"是重视、尊重。"大一统"就是"尊王"，就是尊王道、抑霸道，就是天下诸侯皆统系于王。当然，从历史深处走来的"大一统"的含义历经发展、演进，已并非单纯指领土的"统一"，而包含有更广泛的内涵，如政治清明、社会安定、经济繁荣，它们分别可以用孔子所说的"天下

有道"、孟子所说的"定于一"、墨子所说的"一同天下",以及荀子所说的"一天下,财万物,长养人民,兼利天下"来表示,所以,《汉书·王吉传》称:"春秋所以大一统者,六合同风,九州共贯也。"

由此可见,诸子百家有着共同的学术来源,同时也有共同的学术旨归,虽"殊途"但必然"同归"。韩德民先生就指出:"华夏政治共同体孕育发生过程中的特殊性,决定了华夏民族根深蒂固之'天下一家'的观念。三代一贯制封建礼乐制度崩解后,华夏文化圈陷入数百年的列国纷争,但'天下一家'的观念,仍然在核心性价值理念的层面,对共同体的运行趋势形成强有力的制约。这种深层的制约从根本上决定了所谓'百家争鸣'的理论品格,那就是各家尽管在其他问题上尖锐对立,但在追求'天下'定于'一'这点上,却完全相同。"① 足见中华民族很早就拥有"大一统"的哲学理念和政治抱负,从孔子倡导的和而不同,天下一家,到历代有识之士的"修身齐家治国平天下"理想,"大一统"在中国之一成不变的一个重要原因是,从古至今一直有许多中国人热爱、推崇"大一统"。唐朝的李白赞叹道:"秦皇扫六合,虎视何雄哉!"明朝的李贽在《藏书》中尊始皇为"千古一帝"。"大一统"的逻辑中派生出来的许多观念使"大一统"在中华民族的心灵中扎下根来,以至于在我们这个东方古国几千年中尽管时常有事实上的分裂与内争,却无人试图去怀疑这种必然的趋势。无论是汉唐盛世,还是元明清三朝,统一的同时也就意味着国力的强盛、政治的稳定、经济的繁荣以及其他各个方面的兴旺,这显然彰显了"大一统"思想的魅力,中华民族对"大一统"形成了精神依赖。

为什么这么说呢?因为历史上中国的"天下国家",传统政治文化主张"修身齐家治国平天下",提供的是一种大思想大智慧。虽未成政治学说体系,但与西方传统政治文化相比,如柏拉图的"哲学家治国"的乌托邦国家思想,中国传统政治文化没能跳出专制政治的领域来研究政治,以及建立一套政治体系,它展示给我们的是源远流长的、自成一体的政治情感和价值选择,尤其是集中于人的行为的道德准则和为政、从政的方法。它要在纷繁多变的世界中寻找一处属于自己的精神家园和心灵港湾,要"修身"。在传统政治文化看来,只有寻找到了安身立命的本,才能实现"治国天下"的宏伟目标。

从历史深处走出来的"大一统"理念,在中国古代政治的发展史上,深

---

① 韩德民. 荀子与儒家的社会理想[J]. 济南:齐鲁书社,2001:427.

刻影响着中国人的"文化心理结构",持久地贯穿于古代政治发展历程并支撑着具有"超稳定结构性"的中国社会。中华民族长期的自在过程,离不开"大一统"思想的长期规约与维系。这个理念,既是一种贯穿于中国王朝历史的政治哲学,也是一个经久不衰的政治实践历程。认知思维和实践行动之间长期互相促进、互相蓄力,将"大一统"形塑、积淀为一种传统,并具有政治思想、政治制度、政治实践等多维意涵。其中的政治思想维度与中华民族共同体意识内在相关,深刻影响着中华民族的政治生态和"文化心理结构"。从中国古代的"华夷一统观",到近代以来的"中华民族观",再到当下予以弘扬的"中华民族共同体意识",都始终如一地跳动着"大一统"的脉搏。这就是处于新时代的中国,铸牢中华民族共同体意识需要大力汲取"大一统"思想养分的原因之所在。作为一种有关国家认同和民族认同的重要思维模式,"大一统"思想观念不仅对各民族群众维护祖国统一、民族团结起着一定的支配和促进作用,同时也是中华民族长久以来同呼吸、共命运的重要精神支柱,是中华民族文化深入骨髓的灵魂所在。

回望中华民族上下五千多年的文明发展史,自"大一统"思想观念运用于中国政治发展实践后,无论经历短暂的还是局部的战乱斗争,天下大势总是遵循"分久必合,合久必分"的基本趋势未有动摇,长久整体的统一成为中国政治的大势所趋。随着历史的发展变迁,"大一统"的形式虽适应社会形态变化有所不同,但其所蕴含的实质却亘古未变:秦始皇统一六国,最早使"大一统"政治灵魂得以在实践中加以运用。汉武帝"罢黜百家,独尊儒术",结束混乱,奠定了思想文化领域"大一统"的局面,发展了统一的国家指导思想。中华人民共和国成立后,"大一统"的政治思想灵魂仍然蕴含其中,保卫疆土,实现统一仍是不懈的政治追求,形式虽然改变,表现有所不同,但"大一统"思想始终伫立不倒。"大一统"思想为建设多民族国家提供认同支撑。随着国家现代化转型进程的发展,我们需要建立的是多元一体的中华民族,而要经营这种历史遗传结构,建设多民族现代化国家,实现多元复合发展,就必须提升和巩固中华民族共同体意识。而作为中华民族政治思想灵魂,其中所蕴含的包容互鉴精神也为中华民族共同体意识的提升提供了路径策略。

(三)崇德尚义,贵和尚中,是中华民族的价值追求

几千年来,历代中华儿女以共有的文化身份认同,讲道德、崇正义、尚和合、求大同,遵循着谦和礼让、求同存异的传统,主张"礼之用,和为贵";与之同时,也强调以礼节和,不离中道。在政治管理中,柔远人、怀诸

侯，宽柔以教。在和谐中发展，在协作中进步，在中华民族这个多民族的文化共同体中，共同奏响美妙的乐章。这样的思想作为民族思想文化的主流，一直发挥着经国济世的作用。

习近平总书记指出："一部中国史，就是一部各民族交融汇聚成多元一体中华民族的历史，就是各民族共同缔造、发展、巩固统一的伟大祖国的历史。各民族之所以团结融合，多元之所以聚为一体，源自各民族文化上的兼收并蓄、经济上的相互依存、情感上的相互亲近，源自中华民族追求团结统一的内生动力。正因为如此，中华文明才具有无与伦比的包容性和吸纳力，才可久可大、根深叶茂。"[1] 而如果把中华文明比喻成一棵生生不息的大树，儒家文化就是这棵大树的主干，各民族的文化就是这棵大树的枝叶。中华文明之树在不同时期吸收了不同的文化养分，各民族优秀文化都是中华文化的组成部分，筑牢了中华民族共同体意识。历史上，儒家思想文化一直是中华民族交流融合的黏合剂。这突出表现在少数民族不断接受儒家文化，逐渐融入中华民族大家庭。儒家思想文化追求和睦、和谐、和合、和平、和美，强调身和、家和、国和、天下和、人与自然和，具有强大的感染力、亲和力、向心力、凝聚力，成为中华民族和睦相处、和衷共济、和谐发展的内生动力。

回望悠久灿烂的中华优秀传统文化，可以说处处充满着贵和、重和的思想。"和"的概念出现很早，在甲骨文和金文中都有"和"字。西周末年的史伯最早阐释了"和"的内涵。《国语·郑语》记载，史伯在为郑桓公分析天下大势时指出："和实生物，同则不继。"史伯举例说，金木水火土相配合，就能生成万事万物；五种滋味相调和，就能满足人的口味；六种音律相协和，就能使人赏心悦目，这就是"和实生物"。如果只有一种声音，就谈不上有动听的音乐；如果只有一种颜色，就构不成五彩缤纷的世界；如果只有一种味道，就谈不上鲜美可口的佳肴；这就是"同则不继"。用现在的语言来表述就是，"和"就是承认任何事物有矛盾有差别，是在承认有矛盾有差别基础上的统一、是多样性的统一。"同"就是否认事物有矛盾有差别，是否认矛盾差别的绝对同一。

把"和"作为一种道德要求则是春秋时期的孔子。孔子用"和"思想来衡量和评判君子和小人，他说："君子和而不同，小人同而不和。"（《论语·子路》）君子在为人处事方面，既坚持原则又不排斥不同意见，不是否认矛

---

[1] 习近平. 在全国民族团结进步表彰大会上的讲话[N]. 人民日报，2019-09-28（2）.

盾差别，而是求同存异；而小人在为人处事方面，则是一味消灭矛盾差别，一团和气，人云亦云，随声附和，对任何意见一律无条件接受和认同。通过前面的梳理，我们可以看出，"和"至少有四个最基本的特征：一是整体中的平衡，二是差异中的协调，三是纷繁中的有序，四是多样性的统一。"和"的精神贯穿于中国文化的始终，渗透到每一个人的思想观念和行为方式中，成为极为重要和宝贵的民族思想遗产。现在人们所说的"和"，包括了和谐、和睦、和平、和善、祥和、中和等含义，蕴含着和以处众、政通人和、内和外顺等深刻的处世哲学和人生理念。"和"的思想不仅闪烁着东方式的哲学智慧，而且在维系社会稳定、促进社会进步、推动社会发展的过程中，具有十分重要的借鉴价值。贵和，其核心就是追求一种和谐完满的状态，它所追求的就是"天人和谐""人我和谐""身心和谐""世界和谐"。

中国社会和谐思想的发展，在春秋战国时期的百家争鸣中得到了充分的体现。例如《礼记·礼运篇》中描绘了一幅"大同世界"的美好图景；孟子提出了"老吾老以及人之老，幼吾幼以及人之幼"（《孟子·梁惠王上》）的理想社会状态；墨子以"兼爱"和"尚同"作为理想的行为准则；老子理想中的社会是人与人之间的"无欲、无为、无争"，彼此和谐相处，宽大为怀，人人"甘其食，美其服，安其居，乐其俗"；庄子徜徉在"天地与我并生，而万物与我为一"天人合一的境界中。作为中华文化最高价值追求，"和"不仅是处理人与人之间关系，看待事物更迭变化的基本出发点，更是成为把中华民族紧紧团结在一起的基本思想理念。受生活地域、气候环境等自然环境的影响，各民族在形成和发展过程中或多或少存在不同，并由此产生不同的风俗习惯、理念观点，但在长期融合发展中中华民族之所以屹立不倒，跟"和"的传统价值理念有着很大关系。和实生物，"和"思想不仅促进了中华民族的相互包容、共同发展，同时也铸就并巩固了中华民族共同体意识，成就了中华民族对抗恶劣自然环境、抵御外侮、实现伟大复兴的重要价值依归。

首先，"以和为贵"是人与人的相处原则。人与人之间相处的"以和为贵"，体现的是一种海纳百川的宽容。马克思说："人的本质不是单个人所固有的抽象物。在其现实性上，它是一切社会关系的总和。"社会是由人组成的，但它不是单个个人的简单相加，而是人和人按照一定社会关系的结合。每个人都处在社会关系中，必然会为了个人利益产生摩擦。而"以和为贵"就是礼的作用，贵在能够和顺。意思是按照礼来处理一切事情，就是要人和人之间的各种关系都能够恰到好处，都能够调解适当，使彼此都能融洽。因此,"以和为贵"正是处理人们关系的最佳方式,是中华优秀传统文化的核心思想之一,能够约束人们向好的方向发展。

其次,"以和为贵"是人与自然的相处准则。人与自然之间相处的"以和为贵",体现的是一种和谐共生的美好。人与自然是生命共同体。生态环境没有替代品,用之不觉,失之难存。"保护环境,人人有责"是在各个公共的地方都能看到的标语。大自然是人类赖以生存的环境,保护自然、保护环境是每个人的责任和义务,这也是为了保护我们自己的家。如果一味地向大自然索取,破坏环境,比如乱砍滥伐、排放污水等,到最后只能是遭到大自然的报复,毁了自己的家园。优美的环境有利于人类的身心健康,大家要像保护自己的眼睛一样保护生态环境,要像对待生命一样对待环境。因此,人与自然"以和为贵",才能和谐共生。

最后,"以和为贵"是民族与民族团结的最高境界。中国是统一的多民族国家,实现中华民族伟大复兴中国梦,必须凝聚中国力量,增强和提升整个民族和国家的向心力。从人与人、人与自然到民族与民族都贵在"和",中华民族共同体意识的培育旨在"以和为贵"思想的渗透,坚持能够同呼吸、共命运、心连心地携手前进。各民族共同把为中国人民谋幸福,为中华民族谋复兴作为初心和使命,矢志不渝地团结在一起,以永不懈怠的精神状态和一往无前的奋斗姿态,努力向着"和"的方向聚在一起,共同为铸牢中华民族共同体意识奋勇前进。

(四)家国同构、大顺大同,是中华民族的理想追求

家是国的基础,国是家的延伸。在传统中国人的思维方式中,"家"与"国"这两个词,构成了一个新词"国家"。无论是强调自然与人文风物的"国土",还是强调法律与政治制度的"国制",抑或强调血脉、文化及政治共同体的"国族",上述种种意象尽收"国家"这个新词之中。但是,中国人传统中理解的"国家",其机理实际上是"家国",两个汉字颠倒位置,意趣大有不同。

从古典政治观之,古希腊城邦与周天子封邦,分别奠定了深刻影响中西政治文明走向的"城国"与"家国"想象。前者假定,"人是城邦('政治')动物";后者主张,"人是家的('伦理')生灵"。周初封建,周天子富有"天下"("四海为家")而建"国",诸侯有其"国"("以国为家")而立"家",卿大夫有其"家"而为次级卿大夫置"侧室",如是者层层"封建",实则构成了基于宗法血缘的一层层的"大家"与"小家"。《大学》首章,被朱晦庵尊奉为"经",被王船山称为"圣经",明确说道:"古之欲明明德于天下者,先治其国;欲治其国者,先齐其家;欲齐其家者,先修其身。"而"自天子以至于庶人,壹是皆以修身为本",唯有"修己"方可渐次"安人"和"安百姓"。《孟子·离娄上》则说:"天下之本在国,国之本在家,家之本在身。"朱苏力教授曾指出,农耕社会的"齐家"是历史中国制度形成的一个重要维度。"家"是儒家学说的逻辑起点,也是传统中国人"修身"的物理与心理的栖息所,人性、伦理和德行的养育场。爱有差等,施自亲始,从"亲亲"亲子利他、亲缘利他,到"尊尊""贤贤"超越亲缘之爱的衍生处,也在"家"。"家"与"国"并非截然两分,小"家"是大"国"的缩影,"国政"是"家政"的扩大化,"家"是"国"的根本,"家国"秩序的维系以"家"为圆心,家与国从来都密不可分。在我国悠久的历史文化长河中,描述家国情怀的千古名句也是数不胜数。有"天下之本在国,国之本在家,家之本在身"的理念,有"修身、齐家、治国、平天下"的理想,有"一寸丹心图报国,两行清泪为思亲"的赤诚。家与国同声相应、同频共振,从孝亲敬老、安居乐业,到济世为民,匡扶天下,家国文化宛若川流不息的江河,滋润着每一个中国人的精神家园。千百年来,人们继承和发扬着这一优秀传统,把爱家人、爱家乡、爱民族、爱国家的情感自然而然地交织融合在一起,从而形成了中华民族所特有的个人与国家民族休戚与共、同频共振的家国文化。作为贯穿于中华优秀传统文化的主脉,家国文化不仅是中国文明长期延续的根底,同时也是维系民族自强不息奋斗精神的纽带。

回望五千多年发展史,正是因为在内心深处蕴藏着家与国密不可分的深情大爱,中华民族才能在历经艰辛曲折、饱尝坎坷苦难后,依然栉风沐雨、砥砺前行;正是因为满怀着对祖国大好河山、骨肉同胞和灿烂文化的眷恋,中华儿女才能在重大时刻和危急关头万众一心、众志成城,持续焕发出更加旺盛的生机和活力。可以说,家国文化积蕴于民族伟大复兴的历史进程中,深植于优秀传统文化的土壤中,流淌在各民族人民的血液中,已成为中华民族强大的内在特质和精神基因。而作为家国文化的重要内核,爱国主义精神在提升中华民族的凝聚力、向心力等方面无疑发挥着十分重要的作用。邓小平曾说:"每个中国人要有自己的民族自尊心和自豪感,以热爱祖国、贡献力量建设社会主义祖国为最大光荣,以损害社会主义祖国利益、尊严和荣誉为最大耻辱。"[①] 他十分强调国家形象观建设,犹如人格是一个人安身立命的基本准则,爱国主义则是一个国家屹立不倒的根本信念,它不仅体现人们对国家的根本认同,包含人们对自己祖国的深沉热爱,同时也是一个独立高尚人格的必需。当今世界,强烈的民族独立意识、民族忧患意识,为国家和民族利益而不惜牺牲个人利益的精神,都是爱国主义的鲜活写照。屈原"亦余心之所善兮,虽九死其犹未悔"的救国壮志;范仲淹"先天下之忧而忧,后天下之乐而乐"的忧国忧民;文天祥"人生自古谁无死,留取丹心照汗青"的浩然风骨;顾炎武"天下兴亡,匹夫有责"的家国担当;林则徐"苟利国家生死以,岂因祸福避趋之"的壮烈情怀;孙中山"亟拯斯民于水火,切扶大厦之将倾"的革命斗志……这些流芳百世的爱国情怀,使家国文化得以传承与升华。在社会主义建设时期,铁人精神、"两弹一星"精神、航天精神、抗洪精神、抗震精神和今天的抗疫精神,又将家国文化推向了一个新的高度。家国文化彰显着中国人民高度的文化自觉和坚定的文化自信,为实现中华民族伟大复兴的中国梦汇聚起强大的凝聚力。

  总之,"家国同构"的政治方式其实是适合我们中国地理环境和农耕经济生产方式的一种政治上的选择,这种同构,有利于中华民族凝聚力和向心力的增强。这是我们民族文明和觉悟的集中表现,是一种维护国家整体利益为标志的精神,这种精神能够催生令人奋进的动力和志气,有助于增强我们家国一体民族自尊心和自信心,增强人民的爱国热情,提高民族的主体意识。在实践中,铸牢中华民族共同体意识,首先,促发展,以提升国家经济实力,巩固国家政治权威,提升国家国际地位。经济基础决定上层建筑,一个国家只有真正富起来、强起来,自身的根基才会更加稳固,国际社会地位才会提高,才能掌握更多的话语权,在国际社会拥有更强烈的国家自豪感和荣誉感,在国家富强、民族团结、人民幸福中凝聚共同体意识。其次,需要调动参与积极性,人民只有真正参与到社会主义现代化强国的建设过程中,才能实现对伟大祖国的责任感和使命感,并将集体利益置于更高的地位,紧密联系,共同协作。因此,树立和提升家国意识,大力弘扬爱国主义精神,能够促进新时代中华民族共同体意识的培养和提升。

---

①邓小平文选:第三卷[J].北京:人民出版社,1994:63.

三、马克思主义中国化的共同体理论

当今世界存在数千个民族单元,在200多个国家和地区生存并发展,必然存在各种各样的民族问题。在和平与发展的时代背景下,不论是国家之间的民族交往交流或矛盾冲突,还是多民族国家内部或移民浪潮下民族国家内不同民族的共生共存或权益争端,都是民族与民族、民族与阶级、民族与国家三大关系中各种复杂的民族问题的现实反映。各民族国家都处在探索解决民族问题的道路上。

中国作为统一的多民族国家,同样也经历了一段艰辛的探索历程。"一部中国史,就是一部各民族交融汇聚成多元一体中华民族的历史,就是各民族共同缔造、发展、巩固统一的伟大祖国的历史。"[1] 中华民族从"共同书写"的"传统性历史文化共同体"走向"共同救国"的"近代民主主义命运共同体",再走向"共同强国"的"现代社会主义共同体",实现中华民族共同体的现代转型。在这一过程中,中华民族共同体呈现了"自在存在""自觉存在"和"自为存在"的阶段特质[2]。

作为中国工人阶级、中国人民和中华民族先锋队的中国共产党,自成立的那一日起,就以马克思主义为理论基础,代表中国先进生产力的发展要求,代表中国先进文化的前进方向,代表中国最广大人民的根本利益,凭借思想组织的先进性和实践行动的务实性,带领全国各族人民共同致力于中华民族共同体建设的伟大事业中,创造性地提出了一系列贯穿于中国革命、建设、改革开放和新时代全过程的统一战线思想,"把党的正确主张化为统一战线广大成员的共识",旗帜鲜明地彰显了党在不同时期为国为民而接续奋斗的共同体理论[3]。重释和考察中国共产党中华民族共同体观念,呈现其内在的丰富图景,把握其巨大的历史贡献,对我们全面理解中国共产党中华民族共同体的建设历程,讲好中华民族共同体建设的故事,全面解释中国共产党中华民族共同体意识自觉与自为的逻辑起点,促进新时代民族工作的全面发展,铸牢各族人民的中华民族共同体意识等方面,无疑具有重要意义。

---

[1] 习近平. 在全国民族团结进步表彰大会上的讲话 [N]. 人民日报,2019—09—28 (2).

[2] 李贽. "中华民族共同体"叙事的逻辑结构和历史意义探析 [J]. 西南民族大学学报(人文社会科学版),2019 (9).

[3] 周婧. 党领导统一战线的历史经验及当代启示 [N]. 辽宁日报,2020—07—09 (007).

(一) 救国：新民主主义革命时期党推动中华民族共同体建设的以国聚族实践

"人们自己创造自己的历史，但是他们并不是随心所欲地创造，并不是在他们自己选定的条件下创造，而是在直接碰到的、既定的、从过去承继下来的条件下创造"①。在唯物史观看来，任何一种现实活动都有其产生和发展的历史背景，都有其特定场域下亟待解决的关键问题，同时也反映出特定群体的任务使命。概言之，背景是不以人的意志和意识为转移的存在状态；问题是既定的历史状态与当下的实践活动在交互过程中凝结而成的会直接影响社会发展的关键点；使命是特定群体基于客观存在和远景目标所要担负的责任。而背景的剖析、问题的关注、使命的界定，这三者的"合力"最终体现为有鲜明指向性的行为选择。从这一框架维度透视中华民族共同体的建设过程，便可窥见中国共产党肩负起推动中华民族共同体建设的历史重任，是在既定历史前提下的必然结果。

费孝通先生曾深刻指出："民族是具有共同生活方式的人们共同体，必须和'非我族类'的外人接触才发生民族的认同。"② 鸦片战争前，中华民族在千百年的历史过程中一直处于一种"存在而不自知"的自在状态，固守着"华夷之辨"和"天朝上国"的传统观念。鸦片战争使古老、传统的中国在冷兵器对抗坚船利炮的较量中，被强行纳入以西方资本主义为中心的世界体系中。这种"任何诗人想也不敢想的一种奇异的对联式悲歌"③ 构成了近代中国社会的客观实际，也激起了中国内部反对外来侵略、拯救民族危亡的强烈回应。但是，无论是晚清的洋务派、立宪派，还是中国的资产阶级，都没有促成中华民族共同体意识的彻底觉醒，因为这些探索者所代表的各阶级的利益与中华民族的共同利益没能完全契合。半殖民地半封建的社会性质使改良之路举步维艰，国家政权的式微使完成反帝反封建的任务异常困难。而绝大多数国民只有传统的臣民观念和对自我生存共同体的依赖与眷恋，缺乏国家观念和自觉精神。对少数民族而言，更是处于族际区隔与备受多重剥削的状态中。面对亘古未有的国情危机，如何积聚力量，以国聚族，实现民族独立、国家统一，成为关乎中国生死存亡的时代课题。

---

① [德] 马克思，恩格斯. 马克思恩格斯文集：第2卷 [M]. 北京：人民出版社，2009：470—471.
② 费孝通. 中华民族多元一体格局 [M]. 北京：中央民族大学出版社，2018：22.
③ [德] 马克思，恩格斯. 马克思恩格斯文集：第2卷 [M]. 北京：人民出版社，2009：632.

孙中山先生领导的辛亥革命迈出了中国政治现代化尝试的关键一步，传统中央集权官僚体制被推翻，中华民国成立。1912年元旦，孙中山先生以中华民国临时大总统的身份在政治宣示中对中华民国的民族统一作出了明确表述。虽然"五族共和"未能客观反映中国多民族的历史与现实，却对中华民国领土和国民的界定已超越"十八省"汉族建国的狭隘与局限，对包容中国各民族共同建国、激发各民族成员的国家认同具有积极意义。不容置疑的是，辛亥革命将民族国家建构与民族一体化建设结合起来，开启了中国由"家天下"世袭王朝体系向现代民族国家体系转变的历史闸门，构成了中华民族共同体与民族国家建构的新开端。但阶级局限性的制约以及科学理论指导的缺乏导致其终未能实现民族独立、人民解放的目标。于是，从辛亥革命"未竟之事业"接过历史接力棒，支撑中华民族实现民族自觉的重任就责无旁贷地落在了中国共产党这个以"实现社会主义和共产主义为奋斗目标，不仅代表工人阶级的利益，而且代表着整个中国人民和中华民族利益"[①]的政党肩上，自中国共产党出现后，中华民族共同体意识才从真正意义上上升为影响国家和民族命运的政治概念。

早在中国共产党创始阶段，李大钊、陈独秀在对中国命运问题进行思考的同时，也对中国的民族问题进行了深刻的思考，甚至在李大钊还是民主主义者时就已经提出了"民族共同体"的思想："吾国历史相沿最久，积亚洲由来之数多民族冶融而成此中华民族，畛域不分、血统全泯也久矣，此实吾民族高远博大之精神有以铸成之也。"[②] 李大钊认为，中华民族是由"多民族冶融而成"，中国境内各个民族之间是"畛域不分""血统全泯"的，这在今天的话语语境中其实便是"民族共同体"之意。不但如此，李大钊还对这一"民族共同体"的思想判断进行了详细的解读："五族之文化已渐趋于一致，而又隶于一自由平等共和国体之下，则前之满云、汉云、蒙云、回云、藏云，乃至苗云、瑶云，举为历史上残留之名辞，今已早无是界，凡籍隶于中华民国之人，皆为新中华民族矣。"[③] 他提出了其著名的"新中华民族"的理念，该理念认为历史上所谓的满族、汉族、蒙族、回族、藏族、苗族、瑶族等各个民族之别已经消失，各个民族在现实生活中早已经融合为一体，在民族主

---

① 中国共产党简史编写组. 中国共产党简史 [M]. 北京：人民出版社，中共党史出版社，2021：15.

② 李大钊. 李大钊全集（第1卷）[M]. 北京：人民出版社，2006：285.

③ 李大钊. 李大钊全集（第1卷）[M]. 北京：人民出版社，2006：285.

义意识形态上提出了"共同体"的价值标准。中国共产党创始之初中国共产党人的这种民族共同体的价值取向，并非李大钊一人持有，从现有史料可以管窥，这种民族共同体意识是中国共产党创始人的一种共识，陈独秀也曾从民族进化论的视角表达过这种思想："若单讲国家主义，不讲民族国家主义，这国家倒是谁的国家呢？原来因为民族不同，才分建国家。"① 可见，在陈独秀论阈中，国家是民族的国家，民族不同才有国家的不同，这无疑是在表达中国这个国家之内的各个民族从宏观上而言，是一个大的统一的有着共同的精神追求和价值准则的民族，即是一个民族共同体。

由上可见，在民族问题方面，中国共产党的创建者就是秉承民族共同体原则去创建政党的，即中国共产党创始之初便已经在民族问题中注入了共同体的价值基因，而不是其他什么"五族协和"或"五族共和"之类的狭隘民族观念。这种价值基因对于中国共产党而言，在成为奋斗目标的同时更成为一种政党文化传统，镌刻进每一代中国共产党人的血脉之中，伴随着中国革命与建设事业的胜利推进，这种民族共同体的价值理念凸显得越来越明显。

此后，从第一次"国共合作"中主张在"新三民主义"的民族主义中突出反对帝国主义的内容②，到北伐战争沉重打击割据军阀势力，中国共产党一直强调中华民族作为一个共同体在抵御侵略和维护国家统一方面的重要性。从"九一八"事变后的《中国共产党为日本帝国主义强暴占领东三省事件宣言》到"八一宣言"，再到西安事变和平解决促成第二次国共合作，号召建立抗日民族统一战线，中国共产党始终高举抗日旗帜，力促中华民族共同体意识在民族危亡之际的彻底觉醒。在十四年艰苦卓绝的抗日战争过程中，中国共产党领导的武装力量在正面战场和敌后战场英勇斗争，并引领各界、各民族同胞积极投身抗日救亡运动。各民族同胞共同抗击外来侵略者并最终赢得抗日战争的伟大胜利，从而进一步夯实了中华民族共同体意识形成的基础。抗战胜利后，中国共产党为实现中国人民和中华民族的彻底解放和民族独立，积极与国民党当局进行谈判，商讨抗战胜利后的建国事宜；三年解放战争中，以人民为中心、以民族利益为己任的中国共产党赢得了各族人民的拥护，最终建立了人民当家做主的新中国——中华人民共和国。中华人民共和国的建立，标志着中华民族共同体意识从觉醒到形成的历史飞跃得以实现。在这次

---

①陈独秀.陈独秀著作选（第1卷）[M].上海：上海人民出版社，1993：56.
②中国共产党简史编写组.中国共产党简史[M].北京：人民出版社，中共党史出版社，2021：16.

伟大历史飞跃的过程中，中国共产党的引领对于中华民族共同体意识的彻底觉醒和逐步形成起到了关键作用。

  百年历程中的革命年代，中国共产党积极团结少数民族，各民族在历史的行进中留下共同革命的不朽印记，形成统一的"革命力量"和"革命共同体"。以中国工农红军长征时期为例，1934年10月，中央主力红军为摆脱国民党军队的包围追击，开始了长达两年之久的长征。在伟大而悲壮的长征中，中国共产党领导的红军跨越了10多个省份，历经苗、壮、回等10多个少数民族聚居地。少数民族群众在红军的帮助下，先后建立了冕宁县彝汉抗捐军、中国夷（彝）民红军沽鸡（果基）支队等革命武装。同时，中国共产党在领导工作中尊重少数民族习俗和信仰，坚持各民族一律平等的政治主张，由此得到了少数民族群众的信任和支持，为民族工作奠定了坚实的思想基础和群众基础。在中华民族共同体百年构建的历程中，中国共产党领导全国各族人民在共同革命中"重构"了中华民族共同体，彻底地释放了各族人民的中华民族共同体意识。抗日战争时期，中国共产党强调"发动全民族中的一切生动力量，这是唯一无二的方针"①，号召全国各族人民一同努力抗日。1939年，毛泽东在《中国革命和中国共产党》中指出："中华民族的各族人民都反对外来民族的压迫，都要用反抗的手段解除这种压迫"②，号召全国各族人民以"共同体"的形式反对外来侵略。这一时期"中华民族"概念具有鲜明的、确定的实体指向和内涵意蕴。1941年，中国共产党在实践探索中，创造性地将民族区域自治作为民族地区治理的基本政策，调动了少数民族群众建设共有家园的积极性。1947年，我国首个民族区域自治地方——内蒙古自治区成立，凸显出中国共产党领导各族人民构建中华民族共同体的凝聚力和向心力。中华民族共同体在革命中不断得到洗礼、淬炼，各族人民的交往、交流、交融到达了历史新高度。正如费孝通先生指出："中华民族作为一个自觉的民族实体，是近百年来中国和西方列强对抗中出现的。"③因此，救国图存时期的中华民族共同体显现出"真正共同体"的"应然之态"。而以1949年中华人民共和国成立为标志，久经磨难的中华民族完成了由"自在实体"向"自觉实体"形态转变的历史性飞跃，获得了基本的政治框架，拥有了团结统一的国家政权，成为当代中国各族人民的根本归属。可见，新民主主义革命时期

---

①毛泽东.毛泽东选集：第2卷[M].北京：人民出版社，1991：523.
②毛泽东.毛泽东选集：第2卷[M].北京：人民出版社，1991：623.
③费孝通.中华民族的多元一体格局[J].北京大学学报（哲学社会科学版），1989（4）.

的中华民族共同体建设就是沿着以国聚族的逻辑甬道呈现出联合革命的特征。

（二）兴国：社会主义革命和建设时期党推动中华民族共同体建设的以族建国实践

一个民族的共同体意识从形成到稳固，取决于多种因素的影响，如稳固的政权、安定的国内环境和安全的国际环境，维护民族团结的科学民族理论和有效的民族政策，促进各民族共同发展的有效途径和手段以及发展机遇等，对于中华民族这样的多民族共同体而言更是如此。

1949年，中华人民共和国成立了，这意味着久经磨难的中华民族实现了国家独立、民族解放的历史任务，中华民族从此站起来了。历经战争洗礼的新中国百废待兴，为了实现国家富强、人民幸福的伟大历史任务，逐步巩固多民族组成的中华民族共同体，中国共产党团结带领各族人民开启了社会主义革命和建设的新征程。在这一时期，中华民族共同体意识得到进一步的提升和发展，为社会主义革命和建设的发展奠定了强大思想基础。同时，中国共产党在民族识别、发展民族地区经济、民族平等方面积极探索，取得了诸多建设成果，历史进程中的中华民族共同体实现了"真正的共同体"的现代性转换。

作为建设中华民族共同体的重要原则，也是各民族自觉体认中华民族共同体的现实路径，民族平等意识的强化无疑是这一时期中国共产党解决国内民族问题的基本思路。对此，以毛泽东同志为核心的党的第一代中央领导集体在深刻分析旧中国各民族"不团结""甚至是互相仇视"[①]的主要根源——民族压迫政策的基础上，总结经验、审时度势，明确提出要"改变这样的政策"，建立民族大家庭的思想[②]。此后，"民族大家庭"思想在多个场合被党的第一代中央领导集体强调，成为社会主义革命和建设时期党的民族工作的重要思想之一。

以"民族大家庭"思想为指引，党的第一代中央领导集体在民族工作上形成共识：首先，在这个民族大家庭中，56个民族都是平等成员。为此，党和政府实行民族平等政策[③]，制定颁布相关法规制度，如《关于保障一切散居

[①] 刘先照.中国共产党主要领导人论民族问题[M].北京：民族出版社，1994：65.
[②] 中共中央统战部.民族问题文献汇编（1921.7—1949.9）[M].北京：中共中央党校出版社，1991：1267.
[③] 中共中央统战部.民族问题文献汇编（1921.7—1949.9）[M].北京：中共中央党校出版社，1991：304.

的少数民族成分享有民族平等权利的决定》（1952年）、《关于建立民族乡若干问题的指示》（1955年）等，保障各民族平等权利。其次，在民族平等的基础上，加强各民族团结。这种团结是民族内部、民族之间以及中华民族整体的团结。关于维护民族团结，不仅在《中华人民共和国宪法》中予以了明确规定，而且频频出现在党和国家领导人的讲话稿、书信等文书中，如毛泽东同志在给达赖、班禅的电报、书信中[①]都反复强调各民族要加强团结。在实现各民族共同繁荣方面，毛泽东同志在接见西藏致敬团代表、讨论新疆工作问题等多个场合上都反复强调：面对民族地区经济社会发展落后于汉族地区的状况，共同"繁荣"主要体现在汉族帮助少数民族发展上。而正是对"民族大家庭"思想的坚持，在思想层面，全国各族人民的中华民族共同体意识进一步增强，在实践层面，全国各族人民在中国共产党的领导下取得了社会主义革命和建设的巨大成就。

　　当然，现代中国作为统一多民族国家，要真正实现各民族平等联合，还必须建立起能实现民族平等联合的制度基石，这就是适合中国国情的民族区域自治制度。故此，在中华人民共和国成立之际通过的《共同纲领》中就明确规定了少数民族聚居地区实行民族区域自治的宪法原则。"各少数民族聚居的地区，应实行民族区域自治，按照民族聚居的人口多少和区域大小，分别建立各种民族自治机关。"[②] 但是，中国哪些地区是少数民族聚居地区？中国有多少个少数民族？则成为摆在中国共产党人面前的首要问题。正如民族学家江应樑先生在论及"中华民族"时所强调的："今日之中华民族，绝对不是以一般所谓之汉民族可以概括一切的，也不是如一般所谓之汉满蒙回藏五族可以概括一切的，……能对中国领土中全部民族的各个分子均有一个彻底的明了认识，方能说得到了解我们自己，方能说复兴中华民族之道。"[③] 基于此，自20世纪50年代开始，中央政府在全国范围内开展了前所未有的民族识别工作。中国的民族识别工作，秉持从实际出发的立场，遵循归并整合的逻辑，充分尊重少数民族的意愿，承认和保障少数民族的群体权利，为各个历史民族进行了现代正名，最终确定了中国是由汉族和55个少数民族组成的多民族

---

①刘先照.中国共产党主要领导人论民族问题[M].北京：民族出版社，1994：84—91.
②人民政治协商会议共同纲领[G]//中共中央统战部.民族问题文献汇编（1921.7—1949.9）.北京：中共中央党校出版社，1991：1290.
③江应樑.广东瑶人之今昔观[A]//杨成志.瑶族调查报告文集.北京：民族出版社，2007：222.

国家的国民格局。这场旷日持久、规模浩大的社会工程把维护国家统一和熔铸中华民族一体,实现多元构成一体、一体包容多元的辩证统一作为根本要旨,展现出中国共产党在推动中华民族共同体建设过程中遥遥领先的指导理念和精耕细作的政策实践。

与民族识别工作同步开展的还有民族区域自治制度的全面推行工作。作为统一多民族国家中担负民族事务治理功能的基本制度,民族区域自治是民族自治和区域自治的互为界定。由于我国民族格局是大杂居小聚居,任何一个区域实际上都是多民族杂居,而非某个民族独有。民族自治不是民族独治,这是区域自治对民族自治的界定。相应地,中国是一个大国,必须处理好集中和自治的关系,调动中央和地方的积极性。民族区域自治,是在少数民族聚居区实行的少数民族管理本民族内部事务的制度,不涉及军事、外交等职权,这是民族自治对区域自治的界定。民族区域自治既是新中国民主政治的重要体现,也是维护国家统一的有力武器。多样性和统一性的动态平衡,是民族区域自治长期保持制度活力的关键。

一方面,对各民族多样性的维护,是民族区域自治制度的价值基础。民族区域自治对民族多样性的维护,虽受到中国古代因俗而治的政治传统影响,但根本而言,是现代化发展对人的解放的必然要求。人的解放是世界历史走向现代化的重要主题。然而,人的解放并非指弃绝一切社会关系的个人的原子式生存。这种理论上的假设,在实际生活中并不存在。人无时无刻不处于某种社会关系中。从传统社会组织中解放了的个人,通过阶级、民族等现代组织形式与国家建立起直接联系。民族作为现代国民最重要的集体人格之一,在促进个人解放的同时,也实现着民族自身的解放。在少数民族聚居区,实行少数民族在管理本民族内部事务上的当家做主,就是使各族人民用自己的头脑想事,用自己的腿走路,用自己的双手创造,自己起来建设自己的幸福生活。"在一切管理机关中都是你们的语言和生活习惯的自己人,实行自治的意义就在这里。自治应该使你们学会用自己的腿走路,实行自治的目的就在这里。"[1] 中华人民共和国成立后,党和国家花大力气进行民族识别和少数民族社会历史调查,持之以恒地推进民族区域自治,根本而言,就是为了各民族在现代化发展中的自我解放。"民族区域自治,不仅使聚居的民族能够享受到自治权利,而且使杂居的民族也能够享受到自治权利。从人口多的民族到

---

[1][俄]斯大林.捷列克区域各族人民代表大会[M]//斯大林全集:第四卷.北京:人民出版社,1985:358.

人口少的民族，从大聚居的民族到小聚居的民族，几乎都成了相当的自治单位，充分享受了民族自治权利。这样的制度是史无前例的创举。"① 民族区域自治对民族多样性的维护，是现代化进程中民族自我解放的基本标志。

另一方面，对各民族统一性的引导，是民族区域自治制度的价值归宿。平等民族联合起来的方式有两种：或在各民族独立的基础上实行联邦制；或在单一制国家中实行地方自治制。选择民族区域自治作为中国各民族平等联合的基本形式，是运用马克思主义基本原理指导中国革命和建设实践的生动体现，是由中国历史和现实国情决定的。从理论上讲，无论在中国革命，还是建设时期，中国各民族内部的分离，只能有利于帝国主义，只会损耗中国走向现代化的整体力量。列宁说："马克思主义者是反对联邦制和分权制的，原因很简单，资本主义为了自身的发展要求尽可能集中的国家。在其他条件相同的情况下，觉悟的无产阶级将始终坚持建立更大的国家。"② 被压迫民族对帝国主义统治实行分离，这种分离符合无产阶级的根本利益。而在中国无产阶级已取得革命和建设领导权的情况下，各民族的革命斗争，"就成了无产阶级社会主义世界革命的一部分，就成了无产阶级社会主义世界革命的同盟军"。③ 这时，各民族只能联合，不能分离，合则两利，分则两害。

近代以来，中国各民族的平等联合，并未经历民族分离和各自独立建国，而是从革命统一战线中诞生了统一的中华人民共和国。建立和巩固超大规模的统一国家，始终是中国人民和中华民族的一个根本利益。从中国历史和现实国情看，长期的历史发展使中国民族关系形成了一个基本特点：少数民族人口少，且多与汉族交错杂居；而在少数民族比较集中的地区，也大多是几个以至十几个民族的交错杂居。民族关系的这种特点，使民族区域自治主要采取有利于"合"的方案。例如，在自治区域的划分上，通常建立多民族杂居的较大的自治区域，从而有利于各民族的交往合作和相互亲近。再如，在自治权的设定上，实行少数民族对本民族内部事务的自我管理，但以保证国家集中统一领导为前提。实际上，自治权得以变通国家法律法规，正是为了更好地实现民族地区社会主义建设的共同目标。考察民族区域自治的制定框

---

① 周恩来. 关于我国民族政策的几个问题——一九五七年八月四日在青岛民族工作座谈会上的讲话［J］. 民族研究，1980（1）：1—11.

②［俄］列宁. 关于民族问题的批评意见［M］//列宁全集：第二十四卷. 北京：人民出版社，2017：148.

③ 毛泽东. 新民主主义论［M］//毛泽东选集：第二卷. 北京：人民出版社，2008：671.

架和政策体系，无不在对民族多样性的维护中，蕴含着引导各民族有效统一的价值归宿。1947年内蒙古自治区的建立，开创了中国民族区域自治制度的先河，体现了少数民族和民族地区各族人民对中国共产党的坚决拥护和对中华民族的情感归属，使民族区域自治制度成为中国共产党经过长期探索做出的解决民族问题的成功实践，成为中华民族共同体建设的重要制度优势和经验成果。

但是，如何解决先进的制度安排和落后的经济社会基础之间的张力，成为中共遇到的另一个棘手问题。对此，邓小平、周恩来等领导人都曾敏锐地指出："实行民族区域自治，不把经济搞好，那个自治就是空的。"[①]"我们社会主义国家，是要所有的兄弟民族地区、区域自治的地区都现代化。"[②]也就是说，实行民族区域自治制度不仅要实现各族人民政治地位上的平等，还必须实现经济社会发展水平均等化和生活质量同一性的统一。因为，中国共产党追求的民族平等，不仅是政治法律上的形式平等，更是经济社会文化上的实质平等。中国古代不乏因俗而治的政治传统，但其主要目的是实现王朝统治的安定。现代化是一个永不停息的进步过程，是否具有现代化的视野和格局，是区分古今民族关系的关键。真正的民族平等，尤其是经济社会文化上的实质平等，只能在走向现代化的民族共同繁荣中逐步实现。平等是共同繁荣的前提，共同繁荣是平等的归旨，在现代化进程中解决中国民族问题，必须统筹发展和稳定两个基本面。社会主义建设时期，各民族共同繁荣的经济社会文化基础全面奠定。中国各民族从氏族社会、奴隶社会、封建社会、半封建半殖民地社会等不同的历史起点，共同走向了社会主义社会；民族区域自治和各级人民政权代替了土司、土官、部落、氏族等传统政治组织；社会主义的公有制代替了前现代的各种私有制；宗教信仰自由的确立，关键是明确了不信教的自由，废除了宗教寺院的封建特权；各民族的风俗习惯、思想观念等也持续发生着很大变化。总的来说，社会主义建设时期还远不是民族消亡的阶段。民族共同性在不断增长；与此同时，民族多样性仍将长期存在，并在新的历史条件下呈现出新的特点。就此而言，社会主义建设时期的中华民族共同体建设，不是一味强调差异，也不是单纯主张融合，而是要求亲近和团结，夯实各民族共同繁荣的经济、社会和文化基础。

---

①邓小平.邓小平文选：第1卷[M].北京：人民出版社，1994：167.
②中共中央文献研究室，中共新疆维吾尔自治区委员会.新疆工作文献选编（1949—2010）[M].北京：中央文献出版社，2010：197.

基于此，自20世纪50年代初起，中国共产党在实施民主改革和社会主义改造的进程中，就把扶持少数民族经济社会建设列入重要议事日程。在国家制订第一个五年计划时，就专门提出了指导少数民族地区实施五年计划的意见，确定了以农业、牧业、贸易、交通为重点的发展目标。农业上，减免税赋、改良技术、加强基础设施建设等，不断提高生产力；牧业上，通过贷款、贷放工具饲料等方式，以促进牧区生产和贸易发展；工业上，系统推进东部产业向西部转移，以先进技术和设备带动当地工业发展。"社会主义制度把各民族组成统一的经济机体，社会主义建设的发展使各民族之间的交通日益方便和频繁，各民族之间经济、文化交流和各民族人员交错杂居的情况日益扩大，民族闭塞性日益消失。随着时间的推移，各民族之间的差别性，势必逐渐减少。"① 新疆克拉玛依油田、内蒙古包头钢铁联合企业、兰新铁路、宝成铁路、青藏公路、康藏公路等一系列工矿企业和基础设施的建设，不但结束了少数民族地区"手无寸铁"的历史，改善了其经济结构和发展能力，而且增进了各民族间的往来交流，为各族人民团结合作、共同发展创造了有利条件，各民族实现了经济共同发展和经济平等。可见，在"底子薄、人口多"的情形下，我们在改革开放前30年波澜壮阔的初创探索中打下了较为坚实的工业化基础。可以说，民族区域自治制度的成功实践，不仅充分尊重了少数民族的自主发展权，扩大了自治机关的自治权，同时也有效维护了国家统一和民族团结，成为中华民族共同体建设的重要制度优势和经验成果，为世界多民族国家解决国内民族问题贡献了中国智慧。而纵观整个社会主义革命和建设时期的中华民族共同体建设史进程，不难发现，就是沿着以族建国的逻辑甬道表现出发展建设的特征。

（三）富国：改革开放开启了党推动中华民族共同体建设的以族兴邦实践

改革开放以来，社会主义建设进入了新征程，中华民族共同体建设也在不断深入，由"多元"建设转变为"一体"建设，是民族建设变化的主要特征。推动"一体化"进程的不断加深是中华民族共同体建设稳中求进的关键方法②。在这一时期，由于冷战后国际局势发生了重大变革，国际敌对势力加紧在我国边疆民族地区的分离和颠覆活动，中国共产党通过召开新疆工作座谈会、中央民族工作会议，进一步部署民族领域的各项工作，不断强调要

---

① 李维汉. 关于民族工作中的几个问题（续）[J]. 民族研究，1980（2）.
② 费孝通. 中华民族多元一体格局[M]. 北京：中央民族大学出版社，1999：15.

旗帜鲜明地反对民族分裂主义，把维护祖国统一、反对民族分裂作为长期的政治任务，全力防范国际反华势力对我国的渗透破坏，使各族干部群众深刻认识各民族都是中华民族大家庭的重要成员。

为更好地引导各族群众坚决同违反国家法律、破坏民族团结、制造民族分裂的行为作斗争，不断筑牢中华民族共同体意识的心理防线和国家安全底线，1984年，第六届全国人大二次会议正式颁布了《中华人民共和国民族区域自治法》，随后又正式颁布了《反分裂国家法》，目的在于通过法律形式实现对我国民族政策和国家统一政策的社会治理法制化。民族地区的发展因地制宜，针对当前我国一些多民族、散居的复杂民族现状，中国共产党创造性地提出了有效的民族管理模式。民族区域自制制度在根本上确保了少数民族人民的权利得以保障，在平等的前提下推动了社会主义的发展。其取得的可观的成效证明，少数民族聚居的地方实行区域自治符合我国的实际，有利于促进少数民族地区的经济社会发展和民族团结，以及促进中华民族共同体的有效建设。

除了以法律的形式推动中华民族共同体建设以外，推动经济发展也是重要的方式。20世纪50年代后期"反右"运动的发生，以及随之而来的"大跃进"和人民公社化运动，形成举国脱离实际、急于求成的盲目冲动，让处于起步阶段的国民经济发展受到了强烈冲击。之后历时10年的"文化大革命"更是将中国经济置于濒临崩溃的边缘。而在"民族问题的实质是阶级问题"这一错误命题的指导下，民族区域自治地方和全国一样，在经济、社会各个领域都遭遇了重大挫折，且呈现出发展差距持续扩大的趋势。这一时期，经济生态脆弱和各族人民的物质文化需求保障不足成为核心问题。于是，缩小地区间、民族间的发展差距，实现各族人民的共同富裕成为中国共产党在新时期肩负的艰巨任务。

中共十一届三中全会揭开了中国社会主义建设事业的新篇章，党和国家把工作重心转移到以经济建设为中心的对物质文化需要的回应中，一系列自觉的实践活动相继出现，历史叙事逐渐被现代化建设、共同富裕等话语替代。在全面恢复和落实民族政策，继续推动中华民族共同体建设的实践中，扶持少数民族地区的经济发展也进入一个新阶段。邓小平说："贫穷不是社会主义，社会主义要消灭贫穷。"① 生产力的不断解放和发展，经济社会结构的加

---

① 邓小平. 政治上发展民主，经济上实行改革[M]//邓小平文选：第三卷. 北京：人民出版社，2008：116.

速变迁，成为这一时期中华民族共同体建设的最大影响因素。一方面，中国是社会主义国家，摆脱贫穷，不能搞两极分化，必须走共同富裕的道路。"社会主义最大的优越性就是共同富裕，这是体现社会主义本质的一个东西。如果搞两极分化，情况就不同了，民族矛盾、区域间矛盾、阶级矛盾都会发展。"① 社会主义现代化建设不断取得的现实成就，实现共同富裕的政治承诺和未来愿景，这是多元一体民族格局中的合力稳步增长的主要基础。另一方面，中国是一个大国，人口多、底子薄，如何摆脱贫穷，不能不讲求策略。"让一部分人、一部分地区先富起来。一部分地区发展快一点，带动大部分地区，这是加速发展、达到共同富裕的捷径。"② 在当时的历史条件下，这表现为效率优先，兼顾公平。

随着社会主义市场经济的确立和发展，区域发展不平衡的结构性问题逐渐显现。经济基础较好的沿海和东部地区发展很快，而西部地区，尤其是民族聚居地区的发展则相对较慢。由此，注重少数民族地区的经济建设成为这一时期的中华民族共同体建设重中之重。1979—1988年，中国共产党先后在重要会议上将民族工作确定为新时期党和国家重要工作、重要任务，从政治的高度阐明了民族工作的重要性、复杂性。同时，党和国家在实践中确立了极具创新性、实效性的少数民族对口支援政策，并设立了经济不发达地区发展基金来扶持少数民族地区的经济发展；除了五个少数民族自治区，国家还对少数民族聚居人口较多的省份实行定额补助制度。除此之外，国家在资源配置上开始对边疆民族地区倾斜，实行大量的少数民族地区帮扶和优惠政策。进入21世纪以来，党和国家还制定了"西部大开发"政策、"兴边富民行动"等专项计划，从而有力地推动了少数民族地区的经济发展。而西部大开发战略所划定的"西部"，几乎涵盖了全国的民族区域自治地。这便意味着西部大开发战略和民族事务存在着紧密联系。鉴于西部各个省市及自治区的情况迥异，党和国家在制定具体政策和措施时遵循了因地制宜、因族制宜的差别化原则，既提出了解决西部地区普遍性问题的统一政策，又确立了针对特定区位、特定民族的专项政策。其中，"兴边富民行动""扶持人口较少民族发展"等专项规划就构成了西部大开发政策的组合效应。这些政策措施都是以激发、培植和提升西部地区的自我发展能力为根本旨向，是中华民族大家庭"一个

---

①邓小平. 善于利用时机解决发展问题[M]//邓小平文选：第三卷. 北京：人民出版社，2008：364.

②邓小平. 视察天津时的谈话[M]//邓小平文选：第三卷. 北京：人民出版社，2008：116.

都不能掉队"的坚实保障。在西部大开发战略的推进下,西部地区的经济社会发展取得了明显进步。五个自治区和四川、贵州、青海、云南等少数民族人口聚居比重高的省份,都呈现出高于全国平均水平的经济增长。而西部地区也并非只是单向获得扶持和接受援助,为了全国"一盘棋"的合作,西部地区也在利用和发挥自身资源优势反哺于东部地区。"西电东送""西气东输"等一系列重大工程的实施对东部地区能源消费结构的调整,生态环境的保护和人民生活条件的改善,都具有推动作用。这种相扶相持的族际生态,就把全国各族人民拧成一股绳,在中华民族大家庭中互帮互助,平衡发展。

事实上,早在主政大西南时,邓小平同志就提出了"两个团结"——中华民族的团结和全国各民族的团结的重要思想。邓小平同志指出,中华民族是一个"大家庭"[①],要使这一大家庭"真正形成",就需要"各族人民的共同努力"[②]。党的十一届三中全会后,面对我国民族工作出现的新情况,以邓小平同志为主要代表的中国共产党人,在继承党的第一代中央领导集体关于民族工作重要论述的基础上,将马克思主义民族理论进一步中国化,提出了"两个离不开"——汉族离不开少数民族、少数民族离不开汉族的思想。这一思想不仅进一步强调铸牢各民族中华民族共同体意识,还成了改革开放和社会主义现代化建设新时期党的民族工作的重要指导思想之一。对于"两个离不开"思想,邓小平同志没有停留在理论阐释层面,而是从实践出发,把加快民族地区经济社会发展作为加强民族团结、促进共同繁荣、提升各民族中华民族共同体意识的重点或中心课题。

党的十三届四中全会后,以江泽民同志为主要代表的中国共产党人和党的十六大后以胡锦涛同志为主要代表的中国共产党人,在继承、借鉴党的第一代中央领导集体和以邓小平同志为主要代表的中国共产党人关于民族工作重要论述与相关经验的基础上,将"两个离不开"思想发展为"三个离不开"思想,增加了各少数民族之间也互相离不开的内容。对于这一思想,在江泽民同志首次提出并反复强调后,胡锦涛同志在中央民族工作会议(2005年)、对新疆进行考察(2006年)等多个场合都再次进行了强调。在这一思想基础上,胡锦涛同志对中国民族问题做出了四个"交织在一起"[③]的现实判断,同

---

① 李瑞环.看法与说法:第2册[M].北京:中国人民大学出版社,2013:402.
② 邓小平.邓小平文选:第一卷[M].北京:人民出版社,1994:162.
③ 金炳镐.民族纲领文献政策选编(一九二一年七月—二〇〇五年五月):第二编[M].北京:中央民族大学出版社,2006:928.

时在马克思主义的民族定义基础上对民族概念提出了新的定义和阐释,并将"共同团结奋斗、共同繁荣发展"即"两个共同"的重要思想作为新世纪新阶段党的民族工作的主题①。对于"两个共同",胡锦涛同志进一步阐述了二者之间的辩证关系:各民族只有做到了前者,后者才能具有强大动力;而各民族只有实现了后者,前者才能具有坚实基础。胡锦涛同志强调说,抓住这个主题,即是抓住了民族工作的根本②。无论是"三个离不开"思想,还是"两个共同"思想,它们所体现的都是各民族间相互依存、相互联结、相互促进的关系,所包含的都是全国各族人民同呼吸、共命运,团结一致、群策群力,共享改革开放成果、共创繁荣未来的意蕴。

为了进一步贯彻落实"三个离不开""两个共同"等重要思想,中央和地方都采取了诸多积极措施。仅就国家层面而言,一方面,中华人民共和国成立以来,党关于民族工作的第一个决定《关于进一步加强民族工作,加快少数民族和民族地区经济社会发展的决定》于2005年颁布,随后,三个国家级专项规划相继编写完成;另一方面,对民族地区财政转移支付如预算内投资、国债资金投入等力度进一步加大,同时,民族地区的税收政策与金融政策更加优惠。诸多积极措施在促进民族地区经济社会发展的同时,进一步增强了各民族共同奋斗的热情与激情,强化了各民族的中华民族共同体意识。

总之,我们在改革开放后大刀阔斧的改革探索中带领全国各族人民创造了举世瞩目的发展奇迹。因此,这一时期的中华民族共同体建设就是沿着以族兴邦的逻辑甬道展现出繁荣发展的特征。而改革开放以来,中国共产党带领全国各族人民在开放富国的历史发展中取得的巨大的物质财富和文化成就,也有力地夯实了中华民族共同体建设的现实基础。

(四)强国:党的十八大以来党推动中华民族共同体建设的聚族兴邦实践

党的十八大以来,以习近平同志为核心的党中央始终坚持继承和发扬马克思主义有关民族的基本理论,全面归纳和总结了中国共产党民族工作的成功经验,从实现两个百年奋斗目标和中华民族伟大复兴的战略高度出发,围绕如何坚持和完善中国特色解决民族问题的正确道路提出了一系列新思想和新论断,形成了民族工作领域的理论分析和政策指导。其中,对于中华民族

---

① 金炳镐.民族纲领文献政策选编(一九二一年七月—二〇〇五年五月):第二编[M].北京:中央民族大学出版社,2006:931.
② 中央民族工作会议精神学习辅导读本[M].北京:民族出版社,2005:29—31.

的属性、发展规律、发展目标等相关内容的阐释和总结达到了前所未有的深度，强调中华民族的共同体属性是这一时期党的民族工作的显著特征。

就中华民族的属性而言，从中国共产党以中华民族作为民族共同体的划分本质出发，提出"中华民族共同体"的全新概念，并在2021年召开的中央民族工作会议上提出要"牢固树立休戚与共、荣辱与共、生死与共、命运与共的共同体理念"[①]，突出共同体的存在是中华民族的本质属性；就中华民族的结构而言，中国共产党高度肯定了费孝通先生于1988年提出的"中华民族多元一体"格局理论，多元组成一体，一体包含多元，多元与一体之间具有相互离不开的辩证统一关系；就中华民族的关系而言，提出"石榴籽"论、"大家庭"论，强调中华民族内部各民族血脉相连、手足相亲的主流特征；就中华民族的发展目标而言，提出"推动中华民族成为认同度更高、凝聚力更强的命运共同体"[②]，实现"中华民族一家亲，同心共筑中国梦"[③]的美好愿景。

民族工作方面，习近平总书记明确提出，要把铸牢中华民族共同体意识作为新时代党的民族工作的主线，并进一步强调，作为在历史与现实、理论与实践、使命与任务等各种因素综合考量的基础上提出来的"铸牢中华民族共同体意识"，是新时代党的民族工作的"纲"，所有工作要向此聚焦[④]。因为它既是对中华各民族五千年交互融合、近代一百八十多年砥砺奋进、中华人民共和国成立七十多年携手共建、改革开放四十多年勤力前行这些历史征程的整合，又是对新时代实现中华民族伟大复兴历史使命的担当；既是对马克思主义民族理论在新时代的创新、发展，又是新时代开展民族工作的重要遵循；既是民族团结进步得以推动的精神动力、得以维系的精神纽带，又是人民富裕、国家强盛、中国美丽得以推进的精神动力与精神凝聚。对此，以这项主线为指引，习近平总书记进一步对党的民族工作方法提出了一系列指导性意见。强调指出，做好民族工作，首先要了解统一的多民族国家的"家底"，充分发挥多民族的特色和有利因素，为中华民族伟大复兴汇聚磅礴力

[①] 习近平在中央民族工作会议上强调 以铸牢中华民族共同体意识为主线 推动新时代党的民族工作高质量发展［N］. 人民日报，2021－08－29（1）.

[②] 习近平在中央民族工作会议上强调 以铸牢中华民族共同体意识为主线 推动新时代党的民族工作高质量发展［N］. 人民日报，2021－08－29（1）.

[③] 习近平在会见基层民族团结优秀代表时强调 中华民族一家亲 同心共筑中国梦［N］. 人民日报，2015－10－01（1）.

[④] 习近平在中央民族工作会议上强调 以铸牢中华民族共同体意识为主线 推动新时代党的民族工作高质量发展［N］. 人民日报，2021－08－29（1）.

量。工作方法方面，要按照增进共同性的方向改进民族工作，同时要正确把握共同性和差异性的关系、中华民族共同体意识和各民族意识的关系、中华文化和各民族文化的关系、物质和精神的关系，全面提升解决民族问题、做好民族工作的能力和水平。对各领域的民族工作，习近平总书记提出了一系列有针对性的意见和部署，使各级干部群众深刻认识和了解了新时代民族问题怎么看和民族工作怎么办的问题，促进全国上下一盘棋，将中华民族共同体意识牢记于心，嵌入灵魂。

这一时期，中国共产党带领全国各族人民全面建成了小康社会，实现了第一个百年奋斗目标，历史性地解决了绝对贫困问题。习近平总书记指出"这是中华民族的伟大光荣"。在决胜全面建成小康社会的过程中，习近平总书记多次到民族地区考察，并提出"全面建成小康社会，一个民族都不能少"的重要指示。面对少数民族地区的脱贫难度大、问题多的现实境况，中国共产党确定了将民族地区脱贫工作作为国家扶贫攻坚主战场的战略，有针对性地实施"精准扶贫"。中国的脱贫攻坚取得的全面胜利，让各族人民深刻认识到只有将自己的前途命运与中华民族的前途命运联系在一起才有希望和未来，深刻彰显了中华民族手足相亲、守望相助的"石榴籽"精神，是中华民族发展史上的一大壮举，为全球的减贫事业作出了巨大贡献，是中国共产党铸牢中华民族共同体意识的伟大功绩和时代见证。

同时，在我党创造性地将马克思主义民族理论与中国民族工作实际相结合的过程中，坚持中国化方向成功走出了一条中国特色解决民族问题的正确道路；精准把握了统一多民族国家的基本国情和社会主要矛盾的运动变化规律，将各族群众对美好生活的向往作为新时代党的奋斗目标；强化了"五个认同"，同时将文化认同作为最持久、最深层的认同，提出以社会主义核心价值观为引领，逐步构建各民族共有精神家园；坚持用法律制度来保障民族团结，不断完善和发展民族区域自治制度，等等。以上一系列举措，使中华民族的面貌发生了历史性的巨变，迎来了历史上最好的时代，中华民族的安全感、获得感、幸福感、民族自信心和凝聚力以及共同体意识得到了前所未有的增强。

这些辉煌成就和宝贵经验的取得，是党团结带领各族人民不懈奋斗的结果，不仅为深刻阐释铸牢中华民族共同体意识提供了价值指引，也为维系和铸牢中华民族共同体意识奠定了雄厚的社会基础。与此同时，党中央善于从把握和揭示中华民族共同体形成发展的基本规律中启迪历史自觉。习近平总书记在中央民族工作会议上强调:"我国各民族共同开拓了祖国广阔疆域、共同创造了中华灿烂文化、共同培育了伟大民族精神、共同书写了祖国悠久历史。"这深刻阐明了中华民族共同体形成发展的客观规律,为铸牢中华民族共同体意识的思想自觉提供了历史渊源和方法指导。四个"共同"既是中华民族共同体形成和发展的根本动因,也是维系和铸牢中华民族共同体意识的历史文化纽带,充分彰显了中华民族作为血肉相连命运共同体的价值意涵。总之,在新时代,中华民族共同体的建设贯穿在诸多层面的工作中,沿着聚族兴邦的逻辑甬道彰显出全面发展的特征。目前,我们仍处于"中华民族复合性实体已经建立但单一性实体尚未建成的历史时期"[①]。待中华民族伟大复兴目标实现之日,亦将是中华民族共同体实体建成之时。因此,如何凝聚全民力量朝着国家富强、民族复兴、人民幸福的目标奋斗仍是当下及未来的重大课题。

综上所述,由于背景、问题、使命以及三者整合后的行为选择的原因,辛亥革命成为争取民族独立、国家统一道路上"未竟之事业",中国共产党之所以能够支撑中华民族从一个传统的自在民族转型成为一个具有现代国家意义的自觉民族,"使中华民族来一个大翻身,使中国人民来一个大解放"[②],关键就在于中国共产党一经成立,就坚持以马克思主义的宏大视野和科学方法来剖析所处的时代背景,审视存在的现实问题,明确肩负的历史使命,在推动中华民族共同体建设的实践中完成了一次又一次突破与创新。而梳理新中国成立以来中国共产党关于民族工作的重要论述,从社会主义革命和建设时期所提出的"民族大家庭"思想,到改革开放和社会主义现代化建设新时期提出的"两个离不开""三个离不开""两个共同"等思想,再到中国特色社会主义新时代"铸牢中华民族共同体意识"思想的明确提出,可以看到中国共产党在民族工作中始终强调对各民族中华民族共同体意识的铸牢。这些思想既一脉相承,又与时俱进。"民族大家庭"思想是在社会主义革命和建设时期各民族共同拼搏奋进、共同锐意前行、共同建设新中国的背景下提出的,故而强调更多的是中华民族的"一体";"两个离不开""三个离开""两个共同"等思想是在改革开放和社会主义现代化建设新时期,各民族共同摆脱贫困、共同努力前进、共同繁荣发展的背景下提出的,故而强调更多的是各民

[①] 李贽,金炳镐. 理解和把握新时代中华民族共同体观的三个基本维度探析[J]. 广西民族研究,2020(2):7.

[②] 毛泽东. 毛泽东选集:第4卷[M]. 北京:人民出版社,1991:1375.

族间相互依存、共同进取而形成的紧密相连的关系；而"铸牢中华民族共同体意识"这一思想的明确提出，既与"民族大家庭""两个离不开""三个离不开"以及"两个共同"等思想一脉相承，又体现了新时代党的民族工作的创新发展。"铸牢中华民族共同体意识"这一思想是在中国特色社会主义进入新时代，各民族众志成城、砥砺前行、共担共享全面建设社会主义现代化国家的新征程中提出的，故而强调更多的是中华民族的整体性与共同性，强调构成"中华民族"的各个民族处于不可分离的凝聚状态。因此，要进一步巩固这种"凝聚状态"，需要在坚持"民族大家庭""两个离不开""三个离不开"以及"两个共同"等重要论述的基础上，"以铸牢中华民族共同体意识为新时代党的民族工作的主线"。

回望中国共产党领导全国各族人民培养和铸牢中华民族共同体意识的百年探索史，不难发现，百年的历史探求实际上反映为救国、兴国、富国、强国的历史演变逻辑，表现为向"真正的共同体"的历史演进逻辑。正是在这样的历史逻辑转换中，中华民族共同体从历史深处不断走向"现实场域"。实现了从"自在"的"传统性历史文化共同体"走向"自觉"的"近代民主主义命运共同体"，再走向"自为"的"现代社会主义共同体"的伟大飞跃。

第二节　新时代铸牢中华民族共同体意识的时代诉求

中华民族的历史源远流长而又命运多舛，汉族和其他各民族在遭受耻辱的历史中感同身受，患难与共，唇亡齿寒，生死相依，在共同的经历中一路走来，在共同的奋斗中一起品尝着酸甜苦辣。中国共产党成立后，义无反顾地肩负起为中国人民谋幸福、为中华民族谋复兴的初心和使命，团结带领中国人民进行了艰苦卓绝的斗争，实现了中华民族由不断衰落到根本扭转命运、持续走向繁荣富强的伟大飞跃，全国各族人民共同享受了国家强大、社会进步、人民幸福的喜悦。今天，一个14亿多人口、56个民族组成的大家庭站在了新的历史方位上，以更强的自信和能力向着实现中华民族伟大复兴的中国梦砥砺奋进，铸牢中华民族共同体意识更为新时代坚持和发展中国特色社会主义伟大实践所必须。习近平总书记就曾反复指出，"我国56个民族共同构成了你中有我、我中有你、谁也离不开谁的中华民族命运共同体"，要"让各民族在中华民族大家庭中手足相亲、守望相助、团结和睦、共同发展"。为此，在新时代背景下，要根据习近平总书记的重要指示，全面贯彻党的民族理论政策，深化民族团结进步教育，铸牢中华民族共同体意识，加强各民族交往交流交融，促进各民族像石榴籽一样紧紧抱在一起，共同团结奋斗、共同繁荣发展。

一、实现中华民族伟大复兴中国梦的精神动力

中国是一个统一的多民族国家。回溯历史，中国在两千多年的历史演进过程中，始终秉承着建立统一多民族国家的理念，无论是由汉族建基立业，抑或是由少数民族执掌政权，尽管期间不乏战乱与民族纠纷，但是寻求多民族国家的统一、构筑"大一统"局面始终是中国历史发展的主流和必然趋势，也是各族人民的共同期盼与心之所向。寻求民族和谐、维护国家统一、谋求和平发展、实现伟大复兴是全国各族人民的坚定信念与理想追求，中华民族各族人民都是携手共筑中国梦的核心主体和重要力量。正如习近平总书记所指出的那样，"各民族多元一体，是老祖宗留给我们的一笔重要财富，也是我们国家的重要优势"。可以说，一部中国史，就是一部各民族共同开拓缔造、巩固发展伟大祖国的历史。中华民族共同体是各民族在长期交融汇聚的历史实践中铸就的你中有我、我中有你的命运共同体，是各民族在多元一体格局下逐步形成共同历史记忆、共同物质条件、共同身份认同、共有精神家园的历史演进图景。

自 1840 年鸦片战争爆发，100 多年来，中华民族在屈辱和磨难中度过了黑暗的近代历史，辉煌的中华文明几度被殖民列强洗劫，中华民族也曾数次遭遇亡国灭种的严重危机。面对侵略者肆意践踏我们的国土，践踏我们的尊严，不愿做亡国奴的中华儿女为捍卫中华民族的自尊心，他们擦干眼泪，在血与火的战斗中，走上了一条探索救国救民的道路。以林则徐、魏源为代表的第一批"睁眼看世界"的人士，意识到东方器物的落后，主张"师夷长技以制夷"，激发了中华民族强烈的民族自尊心。以"中学为体、西学为用"为指导思想的地主阶级洋务派，聘请洋技师、引进洋设备，发展近代军事工业、民用企业、近代化的海陆军和向欧美派遣了留学生。以康有为、梁启超为代表的资产阶级维新派在甲午海战之后，呼吁中国变法。以孙中山为代表的资产阶级革命派建立了中国历史上第一个资产阶级共和国，从此，民主共和的观念深入人心。尽管探索之路最终都失败了，但这一奋斗历程在中华儿女心

中早已播撒下了奋起和觉醒的种子。

1921年，中国共产党从成立之初就把为中国人民谋幸福、为中华民族谋复兴作为自己的初心和使命，带领各族人民共同击败了侵略者，推翻了反动统治，把中国人民从苦难的旧中国解放出来。带领全国各族人民走上了由"站起来"到"富起来"再到"强起来"的伟大复兴之路，为实现中华民族的伟大复兴而"共同团结奋斗"。当前，中国发展已经迈入彰显更高发展要求的中国特色社会主义新时代，实现全体人民共同富裕，不仅要囊括所有民族地区，更要涵盖所有人群，真正做到"一个都不能少"。这既是中国共产党领导广大人民为之奋斗的坚定信心，也是切实做好民族工作的内核实质，更是实现中华民族伟大复兴中国梦的基本前提所在。而这些目标的实现不仅离不开平等团结互助和谐的社会主义民族关系作为支撑，而且亦需要以中华民族共同体意识作为坚实的精神根基与思想动力。

作为集民族关系、民族共识、民族认同于一体的指向性意识，中华民族共同体意识是中华民族作为凝聚整体的价值肯认和情感规约，与实现中华民族伟大复兴的中国梦具有逻辑统一性。切实铸牢中华民族共同体意识，不仅能够深化各族人民"五个认同"意识，继而提升中华儿女的民族自信心与民族自豪感，而且是对中华民族共同体理想意涵与价值追求的充分昭彰，能够为实现中华民族伟大复兴中国梦奠定重要基础和基本前提。铸牢中华民族共同体意识与寻求中华民族伟大复兴中国梦的实现，共同归旨于全面建设社会主义现代化国家的价值目标系统中，统一于全国各族人民的共同体视域与民族整体发展维度中，表征着民族共同体意识与民族复兴梦的理念契合与价值共意，体现在全体社会成员的国家富强、民族振兴、人民幸福的中国梦本质内涵与价值体系中，是实现中华民族伟大复兴的精神指引与基础前提。依托于中华民族共同体意识的培育与铸牢，可以将统一多民族国家的优势更为集中地转化为共筑中华民族伟大复兴中国梦的内在动力，进一步激发中华各族儿女的民族自豪感与民族自信心，为新时代实现中华民族伟大复兴的中国梦提供强大精神动力与坚实思想指引。"只有铸牢中华民族共同体意识，统一多民族的优势才会转化成共筑中国梦的动能，成为新时代实现中国梦的强大内生力。"[①] 因此，铸牢中华民族共同体意识就成了国家统一之基、民族团结之本、精神力量之魂。通过铸牢中华民族共同体意识，构筑中华民族共有精神

---

① 邓磊，罗欣. 习近平铸牢中华民族共同体意识理路探析 [J]. 社会主义研究，2018（6）: 24—30.

家园，能够为实现中华民族伟大复兴的中国梦厚植精神文化根基。积极参与中华民族伟大复兴中国梦的实践过程，既是全国各族人民的重要使命与共同责任，也是深化中华儿女民族认同与国家认同的坚实信念导向。

二、构建新时代和谐民族关系的必然要求

"五十六个星座，五十六枝花，五十六个兄弟姐妹是一家。"作为一个统一的多民族国家，民族团结是各族人民的生命线。构建和谐的民族关系不仅是实现各民族繁荣发展的重要保证，也是确保国家长治久安与共筑伟大复兴中国梦的必要条件。习近平总书记强调："各民族要相互了解、相互尊重、相互包容、相互欣赏、相互学习、相互帮助，像石榴籽那样紧紧抱在一起。"回顾中国共产党成立100多年的发展历史，无论在革命时期还是建设时期，推动民族团结进步发展，构建和谐的民族关系始终是党的民族工作的基本目标。特别是中华人民共和国成立以来，我国在消解民族地区冲突、消除各族人民心理疏离与心理落差、稳定民族地区安定与团结等方面更是给予了大量的政策支撑与力量支持。

1949年9月，中国人民政治协商会议第一届全体会议广泛征求各阶层人士、各少数民族代表、各党派团体的意见和建议，通过了起临时宪法作用的《中国人民政治协商会议共同纲领》（以下简称《共同纲领》）。《共同纲领》第六章第五十条明确规定："中华人民共和国境内各民族一律平等，实行团结互助，反对帝国主义和各民族内部的人民公敌，使中华人民共和国成为各民族友爱合作的大家庭。"由此开启了我国民族关系发展的新篇章。随后，我国少数民族和民族地区也和其他民族、其他地区一样，经过20世纪50年代的民主改革、社会主义改造、社会主义建设时期，走上了社会主义发展道路，各民族平等团结互助的社会主义民族关系得以建立。1954年9月，第一届全国人民代表大会第一次会议通过的《中华人民共和国宪法》再次明确："我国各民族已经团结成为一个自由平等的民族大家庭。"1979年，邓小平同志在中国人民政治协商会议第五届全国委员会第二次会议上强调，"我国各兄弟民族经过民主改革和社会主义改造，早已陆续走上社会主义道路，结成了社会主义的团结友爱、互助合作的新型民族关系"，并指出，"在实现四个现代化进程中，各民族的社会主义一致性将更加发展，各民族的大团结将更加巩固"，为改革开放时期我国民族工作的开展和新型民族关系的巩固指明了正确方向。

1982年12月第五届全国人民代表大会第五次会议通过的《中华人民共和

国宪法》指出："平等、团结、互助的社会主义民族关系已经确立,并将继续加强。"2005年召开的中央民族工作会议指出,"坚持巩固和发展平等、团结、互助、和谐的社会主义民族关系",这是中国共产党第一次正式在社会主义民族关系视野里阐述"和谐"理念。这一重要阐述,是基于现实民族问题的特点和规律对我国民族关系认识的重要发展,是对长期以来民族研究领域关于社会主义民族关系形成广泛共识的充分肯定,也充分表明在进入21世纪后的中国,共同团结奋斗、共同繁荣发展、共同建设伟大祖国、共同创造幸福生活、共同发展和谐民族关系是凝聚中华民族力量的源泉,是和谐社会建设的必然要求。

党的十八大以来,以习近平同志为核心的党中央反复强调要巩固和发展平等团结互助和谐的社会主义民族关系。自2013年11月,《中共中央关于全面深化改革若干重大问题的决定》提出"贯彻和发展党的民族政策,保障少数民族合法权益,巩固和发展平等团结互助和谐的社会主义民族关系"之后,巩固和发展平等团结互助和谐的社会主义民族关系就成为中国特色解决民族问题的根本原则。2018年3月11日,党的十三届全国人大一次会议第三次全体会议通过的《中华人民共和国宪法修正案》,更是将《宪法》序言第十一自然段中"平等、团结、互助的社会主义民族关系已经确立,并将继续加强"修改为"平等团结互助和谐的社会主义民族关系已经确立,并将继续加强";同时将《宪法》第四条第一款中"国家保障各少数民族的合法权利和利益,维护和发展各民族的平等、团结、互助关系"修改为"国家保障各少数民族的合法权利和利益,维护和发展各民族的平等团结互助和谐关系"等。可以说,将"和谐"作为社会主义民族关系的特征载入我国《宪法》,实际上充分彰显了对中华人民共和国成立以来我国民族政策、民族工作取得成效的充分肯定,不仅是我国各族人民追求美好生活的内在要求,是提高我国民族事务治理体系和治理能力现代化水平的重要目标,同时也是实现"中华民族一家亲,同心共筑中国梦"的重要标志。在长期的探索与实践过程中,不仅书写了基于统一多民族国家的框架体系,同时也展示了一幅各民族政治地位平等、经济水平提升、文化认同深化、社会交往频繁紧密的和谐美好图景。

当前,中国特色社会主义进入新时代,社会主义民族关系进一步巩固发展。各民族间政治、经济、文化、社会联系的广度深度前所未有,少数民族和民族地区地域分布和社会结构正在经历深刻变化,各民族广泛交往、全面交流、深度交融的新格局逐渐形成;民族团结进步创建工作机制更加完善、载体更加丰富、覆盖更加全面、基础更加牢固，全社会参与创建的氛围越发浓厚。同时也要看到，随着改革开放不断深入，我国经济社会结构发生的深刻变化，在中国和谐民族关系的构筑与维系过程中也面临诸多不确定性因素与挑战。从经济发展层面来看，我国少数民族多位居地理位置偏远、气候环境恶劣的边疆地区，长久以来生产力发展的限制性因素导致少数民族地区的经济发展水平远远滞后于东部沿海地区，贫困县、贫困村的数量与严峻程度更是使边疆地区成为中国脱贫攻坚战的主要战场和重点地区。久而久之，这种区域经济发展的不均衡性难免会导致各族人民的中华民族认同感与中华民族共同体意识弱化。就国内民族关系维系层面而言，由于国内与国外、历史与现实诸多因素的制约，加之国内外某些分裂势力、宗教极端主义的大肆蛊惑与煽动，一些试图解构中华民族发展历史的民族理论在社会上甚嚣尘上，历史虚无主义、民粹主义、极端民族主义思潮和模糊认识以互联网、新媒体为媒介滋生传播等，都使我国和谐民族关系的建构与维系面临一系列严峻挑战，如果任其发展下去，不仅不利于边疆地区的人民保持爱国情怀与团结意识，还会影响我国平等团结互助和谐的社会主义民族关系的打造，而且更会严重制约中国特色社会主义现代化建设和中华民族伟大复兴的历史进程。因此，铸牢中华民族共同体意识就具有了极大的理论意义和实践意义。

"民族团结是各族人民的生命线……在各民族中牢固树立国家意识、公民意识、中华民族共同体意识，最大限度团结依靠各族群众。"[①] 铸牢中华民族共同体意识可以深化各族儿女对积极投身全面建设社会主义现代化国家建设事业的信心与信念。中国人曾对"弱国无外交"体会至深。近代以来忍受的屈辱，让每个中国人心中都充满了对国富民强的渴望。从"站起来"到"富起来"再到"强起来"，并不是一件容易的事情。党的十九大报告根据国内外形势和我国的发展条件，提出两个阶段的安排，即"从2020年到2035年，基本实现社会主义现代化。从2035年到本世纪中叶，把我国建成富强民主文明和谐美丽的社会主义现代化强国"。中国是个多民族国家，社会主义现代化强国的实现，一个民族都不能少，一个地区也不能少，国家的强盛应惠及每一个民族，每一个中国人。同样，社会主义现代化强国的实现也离不开每一个民族、离不开每一个人的努力。这意味着强国之路既是共建的，也是共享的，只有在共建中才能实现共享。通过铸牢中华民族共同体意识，才能够在

---

① 中共中央文献研究室. 习近平关于社会主义政治建设论述摘编[M]. 北京：中央文献出版社，2017：148.

汇聚各族群众智慧与力量的基础上,将各民族利益与国家利益紧密联结起来,激发各族群众的民族认同感与国家自豪感,激发各族人民为美好生活不懈奋斗的勇气与动力,进而进一步增强对各民族之间团结互助友爱的认同度,全面提升中华民族整体凝聚力和向心力,共同致力于新时代和谐民族关系的维护与构筑。

三、维护国家和平统一的重要基础

中国是统一的多民族国家,各民族共同开发锦绣河山广袤疆域,共同创造悠久的中国历史,在发展中造就了我国"各民族在分布上的交错杂居、文化上的兼收并蓄、经济上的相互依存、情感上的相互亲近"[①]。几千年的历史,尽管朝代更迭,但我国各族人民始终秉承捍卫国家统一、维系民族团结、共谋和平发展的共同体的意识始终是如一的,这种意识的直接体现就是近代以来各民族共同抵御外来侵略,争取中华民族独立的历史。

回望中国共产党诞生以来的历史,其实就是一部努力实现国家统一、彻底废除民族压迫制度,实行各民族一律平等,确立平等、团结、互助、和谐的新型社会主义民族关系,最终实现中华民族伟大复兴的历史。中华人民共和国的成立,是千百年来民族关系史上的伟大事件,标志着中国各民族从此结束了帝国主义侵略势力同少数民族分裂主义势力相勾结图谋分化中华民族的阴谋,标志着我国旧制度下的民族剥削与民族压迫成为历史。从此,我国各族人民掌握了自己的命运,翻身得解放,成为国家的主人,中华民族共同的荣辱观和反对民族分裂的思想不断深入人心,民族关系跨入了崭新的时代。各族人民以平等的地位和主人翁的姿态携手并肩建设新国家,开始新生活。进入新时代,中国依旧面临一些不利于国家统一的问题。如民族工作呈现"五个并存"的阶段性特征,其中之一是反对民族分裂、宗教极端、暴力恐怖斗争成效显著和局部地区暴力恐怖活动活跃多发并存。西方敌对势力利用民族和宗教问题对我国进行渗透和破坏的活动日益频繁等长期性没有根本改变。正是基于此,党的十九大报告发出了维护国家统一、反对分裂的最强音:"我们坚决维护国家主权和领土完整,绝不容忍国家分裂的历史悲剧重演。一切分裂祖国的活动都必将遭到全体中国人的坚决反对。我们有坚定的意志、充

[①] 国家民委民族理论政策研究室. 中央民族工作会议创新观点面对面[M]. 北京:民族出版社,2015:11.

分的信心、足够的能力挫败任何形式的'台独'分裂图谋。我们绝不允许任何人、任何组织、任何政党、在任何时候、以任何形式,把任何一块中国领土从中国分裂出去!"①中华民族伟大复兴的实现,其应有之意是有能力解决历史遗留问题,有能力应对各种破坏民族团结及从事民族分裂的活动。而这一切,除了需要国家具备军事、经济等强大的硬实力之外,还需要一种强大的思想凝聚力作为精神基础和灵魂支撑。而作为中华文化和合一家、和爱天下、团结统一等核心价值理念的集中表达与内含诠释,内含着对我们的历史、文化、民族和统一国家的认同感,内含着对中华民族这样一个命运共同体的深厚情感,是对我国的国情、历史发展的主流意识、国家统一和民族团结意识、共同发展共同享有意识进行整合而形成的牢固的中华民族共同体意识,毫无疑问,作为"大一统"理想、爱国主义精神和伟大的中华民族精神在新时代的一种表达,不仅是新时代维系国家统一与和平发展的情感价值纽带,也是维护祖国和平统一的坚实文化基底,是民族团结之根、民族和睦之魂。

"中国梦的实现是一个通过中国发展维护世界和平、借助世界和平促进中国发展的双向过程。"②铸牢中华民族共同体意识,既可以充分彰显中华文化的民族整体凝聚作用与国家认同引领价值,又可以有效维系和凝聚全体中国人民积极参与国家和平统一大业与中华民族伟大复兴梦想实践的坚定信念与坚强信心,引导各族人民群众牢固树立正确的民族观和国家观,切实认识到维护国家和平统一对于国家发展和民族团结的重要价值,进而有利于铸牢全体中华儿女共同维护国家和平统一和参与国家和平统一大业的政治认同根基,携手推动国家和平统一大业的完成和中华民族伟大复兴中国梦的早日实现。

四、协同推进两个"共同体"建设的逻辑中介

铸牢中华民族共同体意识、建设中华民族共同体是习近平总书记关于"共同体"的重要论述在民族维度上的充分体现,而秉持人类命运共同体的理念、携手构建人类命运共同体则是其关于"共同体"的重要论述在大国外交和世界维度的重要理念体现;是以习近平同志为核心的党中央为促进世界人民和平发展与合作共赢所提供的公共产品,两者作为习近平"共同体"理念

---

① 习近平. 决胜全面建成小康社会 夺取新时代中国特色社会主义伟大胜利——在中国共产党第十九次全国代表大会上的报告[R]. 中国共产党第十九次代表大会,2017-10-18.
② 罗连祥. 习近平新时代中国特色社会主义思想对传统和平文化的继承与超越[J]. 重庆理工大学学报(社会科学版),2019(4):121-128.

的有机组成内容，具有相互贯通、层层递进、相互制约的内在逻辑关系，某种程度上反映了个别与一般的关系，体现出世界发展的多样性和统一性的对立统一。如果说铸牢中华民族共同体意识是习近平总书记关于中国梦具体表达的重要组成部分，那么构建人类命运共同体则是其关于世界梦的理想图景的实践路径，铸牢中华民族共同体意识在其中起到联结中华民族共同体建设和人类命运共同体构建的逻辑中介作用。

回望百年近代中国历史，自1840年鸦片战争爆发后，中国从古代"家天下"的历史被动进入了近现代世界社会。这个西方主导的世界基本格局以民族国家为单位，且往往以单一民族国家为本位，越来越趋向碎片化、民粹化。其奉行的社会规则，是自由、平等、博爱的"普世价值"以及生存竞争、弱肉强食的"丛林法则"，二者互为表里、差别对待。这种资本主义社会制度在创造巨大的劳动生产率和社会文明进步的同时，也带来了血腥的掠夺侵略、残酷的殖民统治以及两次世界大战、无数次局部战争。

中华民族是一个多民族的共同体，尊奉和而不同、求同存异、共存共荣的价值理念。千百年来，历经风雨战争、苦难曲折，创造了灿烂的中华文明。近代百余年来，在不断抗争列强的侵略、压迫和侮辱的历史进程中，中华民族在中国共产党的领导下结成民族统一战线，实现了新民主主义革命胜利、社会主义制度建立，找到了中国特色社会主义道路，党领导人民创造了经济快速发展奇迹和社会长期稳定奇迹，中华民族迎来了从站起来、富起来到强起来的伟大飞跃。立于当下，回顾过去，中国特色社会主义制度和国家治理体系具有显著优势。其中，在国内政治层面，具有"坚持各民族一律平等，铸牢中华民族共同体意识，实现共同团结奋斗、共同繁荣发展的显著优势"；在对外事务层面，中国人爱好和平、崇尚文明，主张修身齐家治国平天下，提倡己所不欲，勿施于人，具有"坚持独立自主和对外开放相统一，积极参与全球治理，为构建人类命运共同体不断作出贡献的显著优势"。但无论是中华民族命运共同体的构建还是人类命运共同体的构建，都是从人与人、人与人类关系的角度出发，妥善化解民族国家利益关系矛盾、重新塑造世界秩序新格局的中国方案、中国智慧。两个共同体的建立不仅是实现中华民族伟大复兴中国梦所必须具备的内外部环境与条件，也是实现国家长治久安的大格局、大情怀之所在。

作为新时代中国共产党人的重大理论建构与理论创新，铸牢中华民族共同体意识已成为指导我国民族问题和推进民族工作的逻辑中线、主题主线、实践原则与价值追求目标。正如中共中央办公厅、国务院办公厅2019年印发的《关于全面深入持久开展民族团结进步创建工作铸牢中华民族共同体意识的意见》中所明确指出："新时代民族团结进步创建工作要坚持以铸牢中华民族共同体意识为根本方向,坚持以加强各民族交往交流交融为根本途径,坚持以'中华民族一家亲,同心共筑中国梦'为总目标……坚持齐抓共管、形成合力。"[1] 而这种理论建构、理论创新与实践进程的深入推进,对世界携手共建人类命运共同体,既奠定了丰富的理论底蕴和文化根基,又起到了先行先试的实践探索作用,对于构建起共商共建共享人类命运共同体的实验平台和实践样板具有十分重要的意义。因为,通过铸牢中华民族共同体意识,就国内民族维度而言,可以为新时代我国民族工作的顺利开展提供理论指导和精神指引,有利于推动中华民族共有精神家园的建立和中华民族共同体的构建;而就民族与世界的视域而言,铸牢中华民族共同体意识,对世界其他国家认识和处理民族关系也具有重要昭示和启迪作用,能够为在世界维度引导世界各国不同民族的人民树立人类命运共同体理念、积极参与携手构建人类命运共同体的实践进程提供成功经验和借鉴智慧。有利于在人类命运共同体的构建过程中,有效避免和消解来自不同民族和不同国度人民对于人类命运共同体建设的认同性分歧和关于普适性价值理念的误解,进一步提升各国人民对于共同构建人类命运共同体的情感认同度和共同责任感,充分彰显着中国共产党人和中华民族对人类文明进步作出贡献的强烈使命感和责任担当。在中华民族共同体的框架内实现自身长足进步与发展,在构建起新时代社会主义和谐民族关系的基础上,能够为构建人类命运共同体和在国际社会领域承担更多中国责任和履行更多大国义务作出积极贡献,以确保人类命运共同体构建过程得以保持崇高的价值目标、正确的前进方向和可行的架构路径,从而在实现中华民族共同体和人类命运共同体的良性互动与和谐发展的基础上,积极打造人类文明发展全新范式,在实现和平发展与互利共赢中推动人类文明发展进步。

---

[1] 中办国办印发关于全面深入持久开展民族团结进步创建工作 铸牢中华民族共同体意识的意见[N].人民日报,2019-10-24(1).

五、应对日益复杂的国际局势的必然要求

近几十年来,中国的综合国力和国际影响力都日渐增强,同时,所面临的内外冲击因素也不断增多,反华势力试图消解、弱化中华民族共同体凝聚的挑战从未停止。在国内,当前处于社会转型期,是社会问题的高发期,社会面临发展、公平和秩序三大问题。由于历史和自然条件的原因,区域经济发展不平衡、贫富差距拉大,不少少数民族地区仍然处于贫困状态,一些少数民族产生心理不平衡感。这个时期很多问题和矛盾容易凸显和放大。作为多民族国家,国民个体的民族认同和国家认同之间很容易出现不协调状态,如果处理不好,便势必影响到民族团结和社会安定。

在国际上,随着全球化进程的不断深入,由此带来的各种风险包括认同风险不断滋生和扩展。习近平总书记以深邃的历史眼光和宽广的国际视野,深刻揭示世界新的时代特征:我们面对的是百年未有之大变局。全球化与逆全球化力量之间形成某种僵持局面,地缘政治复苏并成为大国博弈的重要议题;世界民族问题呈现出多样性,各类高发的民族纠纷仍然存在,民粹主义对各国内部的民族问题也有所影响。在此种趋势下,"民族"议题成为影响国家稳定乃至国际关系尤其是大国外交的重要因素。西方反华势力妄图利用人权、民族、宗教等问题瓦解分化中国,阻碍中国发展的图谋没有变。在其支持下,"三股势力"向我国民族和边疆地区不断渗透;在此影响下,近年来,我国不止一次发生暴力恐怖事件,大多与民族分裂势力有关系,对民族团结、人民的生命财产安全造成极大威胁。

中华民族是高层次的民族概念,中华民族共同体意识能够兼容民族与国家两种认同。中华民族共同体所面临的这些国内外影响因素和挑战,使我们更加清醒地意识到了,中国唯有不断增强自身的"硬实力"和"软实力",努力提高应对国际风险的能力,才能以更为"开放、包容、自信"的姿态面向世界、迎接未来。

为此,我们应在深刻认识百年未有之大变局的基础上,立足中国是一个统一多民族国家的基本国情,牢牢把握56个民族缺一不可的理念,尽快积极培养和铸牢中华民族共同体意识,共建精神家园,积极增强应变各种危机变局的能力,找寻解决民族问题的良策,以巩固我国的社会稳定与国家安全。因为,"铸牢中华民族共同体意识、加强中华民族大团结、实现中华民族的伟

大复兴",是我们应对云谲波诡、日益复杂的国际局势的底气。在内在逻辑层面,"表现在民族层面的推动民族团结进步事业发展、表现在国家层面的实现中华民族伟大复兴、表现在国际层面的应对日益复杂的国际局势",这三者关系是内在统一的。只有在民族团结的基础上才能够实现中华民族的伟大复兴,只有中华民族的伟大复兴才能够从容地应对日益复杂的国际形势。

  概言之,中华民族共同体意识蕴含着中华民族长久深远的文化基因和精神追求,而铸牢中华民族共同体意识则是当代中华民族兴旺发达的思想基础和力量源泉。铸牢中华民族共同体意识是一项长久复杂的伟大事业,也是当代华夏儿女共同的文化使命和历史责任。"以实现中华民族伟大复兴目标为指引,促进新时期民族工作的全面发展,不断铸牢中华各族儿女的中华民族共同体意识,才能完成中华民族共同体实体建设工程的历程任务。"[①] 这不仅关系到 56 个民族的团结友爱、和睦共处、繁荣发展,更关系到中华民族伟大复兴中国梦的顺利实现,当然也会对促进世界人民和平发展与合作共赢之世界梦产生重大而积极的影响。探索培育与铸牢中华民族共同体意识的价值意蕴与可行路径,打造各民族友爱共处、互帮互助、尊重差异、包容多样的新时代和谐民族关系,真正契合费孝通先生倡导的"各美其美,美人之美,美美与共,天下大同"[②] 的美好理念,能够为中华民族伟大复兴中国梦的实现提供有力思想指引和坚实基础,为共同构建人类命运共同体贡献中国智慧、中国精神和中国力量,从而开创"为天地立心,为生民立命,为往圣继绝学,为万世开太平"的人类最伟大事业。

[①] 李贽,王冬丽. 从中华民族共同体到中华民族实体建设——兼论习近平中华民族共同体观的理论创新与实践要求 [J]. 广西民族研究,2019(2):1—9.
[②] 费孝通. 文化与文化自觉 [M]. 北京:群言出版社,2010:448.

第三章
新时代铸牢中华民族共同体意识的
提出过程和科学内涵

  党的十八大吹响了迎接中华民族伟大复兴的冲锋号。随着国家经济的快速发展与综合国力的稳步提升，中华民族伟大复兴的梦想与国家的前途命运更加紧密地结合在了一起。伟大复兴的中国梦不仅寄托着各族人民的价值期盼和美好夙愿，也依托于各族人民的勠力同心和团结奋进。而中华民族共同体建设无疑就是凝聚价值共识和汇聚发展力量的最为有效的手段和方式。

  然而，从现实来看，进入新时代，我们所面临的国际、国内环境依然复杂多变。从国际上看，随着全球化的深入发展，传统安全与非传统安全问题相互交织，多元主义价值观持续渗透，民粹主义思潮逆流涌动。同时，一些西方敌对势力利用民族问题、宗教问题以及中国内部转型发展关键期中的社会问题干涉中国内政的行为从未停止。从国内上看，改革开放使我们获得了经济增量上的显著成就，各族人民的温饱问题基本解决。然而"旧的问题解决了，新的问题又会产生"[①]，国内改革依旧处在爬坡过坎的阶段。在推动中华民族共同体建设的征程中，由于民族地区自然条件较差、市场经济起步晚、竞争能力弱、公共服务半径大、历史欠账多，这就导致民族地区与东部地区绝对差距拉大的问题突出。而这种由自然地理、历史发展等诸多因素导致的发展不平衡不充分，绝非短时期内可以消除和缩小，这样就极易诱发一些民族群体"心理相对剥夺感"的萌生。此外，随着城镇化进程的深入和市场机制的日渐完善，各族人民不再囿于以自然禀赋差异为基础的血缘、地缘限制，实现了跨地域、跨行业、跨文化的社会流动。越来越多的少数民族到东部和内地城市务工、经商、求学，追求美好生活，形成所谓"流动的民族"，而来自东部和内地城市的信息、物资和人员也在源源不断地流入少数民族地区。这种双向流动在推动民族互嵌——共生关系发展的同时，也带来了社会治理

[①] 中共中央文献研究室.十八大以来重要文献选编（上）[M].北京：中央文献出版社，2014：497.

的无序化、族际交往的原子化以及公共精神的阙如等一系列碎片化难题。因此，进入新时代，在拥有一定经济规模和辉煌成果后，作为一个讲责任敢担当的大国，则将更加注重各族人民的全面发展，满足各族人民对美好生活的期待作为自己的政治使命。

第一节　新时代铸牢中华民族共同体意识的提出过程

中华民族是一个历经几千年风雨锻造而形成的血脉相通、命运相连的共同体。早在秦汉时期，生活在中华大地的各民族就已经共同奠定了统一多民族国家的基础。为了维护封建统治，历朝历代都十分注重维护多民族的"大一统"，并把它看作"天地之常经，古今之通义"。尤其是许多朝代主张汉族和各少数民族的通婚、通商等行为，在某种程度上促进了各民族相互依存的格局。近代以来，中华民族的自我意识在对抗西方列强的过程中开始觉醒，并逐渐形成为自觉的民族共同体。清朝末年，以梁启超和孙中山为主要代表的先进分子和社会精英在借鉴西方民族理论的基础上提出饱含政治意图的民族概念。梁启超率先提出"中华民族"的概念，并指出中华民族自始并非一族，实由多数民族混合而成，以此反映中华民族的形成与发展历史。出于把民族认同和国家认同结合起来的目的，孙中山也曾提出"五族共和"的主张。抗日战争时期，为应对亡国灭种危机而组成的抗日统一战线，进一步强化了"中华民族"这一整体概念，并成为普遍意义上的中国境内各民族的统称。可以说，这一时期的中华民族共同体意识是和救亡图存结合在一起的，因而带有强烈的政治色彩。1949年以后的很长一段时间内，学术界对"中华民族"这一概念的阐释相对有限。20世纪80年代末，基于我国疆域与中华民族范围大体一致的事实，费孝通先生将中华民族定义为"中华疆域内的十多亿人民"，并进一步提出"中华民族多元一体"的观点，即56个不同民族是多元，中华民族政体是一体，更加强调中华民族所具有的多元一体特性。由此开始，中华民族认同得到学者们的关注，多元一体的理论格局逐渐成为凝聚全体中国人的重要政治标志，直至延伸到国家意识形态话语系统。

党的十八大以来，以习近平同志为核心的党中央站在新时代的历史高度，将中华民族共同体的建设与经济、民生、文化、外交等多领域相互融通，体现出"民族工作涉及方方面面，方方面面都有民族工作"①的新时代特征，开拓了党推动中华民族共同体建设的新境界。从第二次中央新疆工作座谈会中的"牢固树立中华民族共同体意识"到中央民族工作会议中的"积极培养中华民族共同体意识"再到中央第六次西藏工作座谈会中的"大力培育中华民族共同体意识"，反映出以习近平为核心的党的新一届中央领导集体对精神力量在中华民族共同体建设过程中的重要性的关注和强调。党的十九大报告中明确提出"铸牢中华民族共同体意识"，并写入新修改的《党章》中，成为全党全国各族人民的共同意志和根本遵循。在党的十九届四中全会上，"铸牢中华民族共同体意识"又被总结为我国国家制度和国家治理体系的显著优势之一。此后召开的中央第七次西藏工作座谈会、第三次中央新疆工作座谈会以及党的二十大报告都在反复重申"铸牢中华民族共同体意识"。这是新时代党和国家推动中华民族共同体建设的新理念新战略，彰显了党和国家站在中华民族伟大复兴的战略高度对中华民族整体和各个民族个体的共同发展的重视，体现了党对加强中华民族共同体建设的政治智慧和卓越远见。

一、"牢固树立"中华民族共同体意识

"铸牢中华民族共同体意识"是习近平新时代中国特色社会主义思想的重要组成部分。早在20世纪80年代习近平同志在福建工作期间，便十分注重民族工作。1989年6月，他在担任中共宁德地委书记时曾撰写《巩固民族大团结的基础——关于促进少数民族共同繁荣富裕问题的思考》一文，从历史与现实的角度鞭辟入里地分析了搞好民族工作、促进民族大团结的重要意义。习近平在该文中指出："民族问题有相当的敏感性和复杂性。"②"无论是过去、现在还是将来，民族大团结都是我们进行社会主义建设必不可少的保证。"③他强调："搞好民族工作是我们应尽的义务。为了帮助少数民族和民族地区发展经济与文化事业，党和国家一直从各方面扶持、帮助少数民族和少数民族地区，这不是恩赐，也不是单方面的帮助。辩证地说，这是一种互相帮助。汉族帮助了少数民族，少数民族也帮助了汉族；国家扶持了民族地区，民族

---

①国家民族事务委员会.中央民族工作会议精神学习辅导读本（增订版）[M].北京：民族出版社，2019：237.

②习近平.摆脱贫困[N].福州：福建人民出版社，1992：87.

③习近平.摆脱贫困[N].福州：福建人民出版社，1992：88.

地区也支援了国家建设。"① 这篇文章收录于1992年出版的《摆脱贫困》一书中。党的十八大以来，习近平持续关注民族问题，曾多次到民族地区考察调研，深入了解民族问题，并曾多次走进民族地区实地考察，了解少数民族群众的需求，关心民族群众的冷暖，就妥善解决民族问题、促进民族地区发展发表重要讲话。为实现民族地区的发展以及让各族人民树立中华民族共同体意识奠定了牢不可破的实践基础。

2013年10月，全国唯一一所面向各少数民族地区招生的民族中学——中央民族大学附属中学迎来百周年校庆，一百年的办学历史凝结着各民族团结奋斗的历程，彰显了各民族团结友爱的美好画卷，习近平总书记在给全校学生的回信中，对学校的贡献深感自豪与欣慰，同时强调："我国是统一的多民族国家，各族人民同呼吸、共命运、心连心的奋斗历程是中华民族强大凝聚力和非凡创造力的重要源泉。"② 这一论述为青少年精神世界塑造定型，为推进民族团结事业以及中国特色社会主义建设的人才储备都具有重大意义。2014年1月26日至28日，习近平总书记来到内蒙古，深入牧户、社区、牧场、企业进行考察调研，送去党中央的慰问与关怀，在充分肯定内蒙古地区在经济发展、民族团结进步方面所取得的成绩之外，对各民族干部群众提出了"守望相助"的殷切希望，强调各民族只有共同奋斗、互帮互助、携手同行，才能实现各民族繁荣进步。2014年3月4日，习近平在看望少数民族界委员时指出："团结稳定是福，分裂动乱是祸。"③ 要珍惜当下这来之不易的政治局面，继续深入贯彻党中央的民族政策，加快促进民族地区发展，让各族人民群众体会到看得见、摸得着的实惠，深刻认识到只有团结反对一切分裂势力与分裂行为才能有各民族之间的共同发展与繁荣。2014年4月27日至30日，习近平在新疆考察时强调牢固树立"三个离不开"思想，即"牢记汉族离不开少数民族、少数民族离不开汉族、各少数民族之间也相互离不开"的思想，要求要在促进民族团结方面把工作做细做实，强调指出这是民族发展进步的基石。2014年5月28日，第二次中央新疆工作座谈会在北京举行，这次会议系统总结了新疆的发展形势，围绕实现新疆地区民族团结与发展提

---

① 习近平. 摆脱贫困［N］. 福州：福建人民出版社，1992：88.
② 习近平. 习近平总书记给中央民族大学附属中学全校学生的回信［J］. 中国民族，2013（11）：4.
③ 习近平. 习近平看望出席全国政协十二届二次会议的少数民族界委员［J］. 当代兵团，2014（5）：2.

出了极其具有针对性的举措，在明确"民族团结是各族人民的生命线"之后，习近平在会议中强调指出："要高举各民族大团结的旗帜，在各民族中牢固树立国家意识、公民意识、中华民族共同体意识。"① 牢固树立中华民族共同体意识不仅是处理新疆地区发展的基本要求，更是作为加强民族团结的主攻方向首次提出。在会上，习近平总书记还具体描绘了"各民族要相互了解、相互尊重、相互包容、相互欣赏、相互学习、相互帮助，像石榴籽那样紧紧抱在一起"的状态；并在重申要加强"各民族交往交流交融"的同时，首次提出"推动建立各民族相互嵌入式的社会结构和社区环境"②。

二、"积极培养"中华民族共同体意识

2014年9月28日至29日，我国召开了第四次中央民族工作会议，这是进入21世纪以来，我国召开的第二次中央民族会议。当时的国内外环境与2005年召开的民族会议相比发生了历史性的变化，中国与世界各国的交流与合作空前紧密，中国对世界的依靠与影响不断加大，世界的繁荣与稳定也更加离不开中国，在全球化与信息化飞速发展的时代，国际问题国内化，国内问题国际化的趋势更加凸显，尤其是世界范围内各种思潮不断涌现，各国之间的思想交锋更加频繁与尖锐，不同意识形态的斗争将长期存在，西方发达国家为了捍卫自己的主导地位，不断加紧对外进行意识形态的渗透，企图将他们的价值观念推销到世界各个角落。在这样的时代背景下召开中央民族工作会议，对解决民族发展的突出问题、维护国家安定与统一都至关重要。

习近平在会议上指出："加强中华民族大团结，长远和根本的是增强文化认同，建设各民族共有精神家园，积极培养中华民族共同体意识。"③ 这是官方文件中首次明确使用"中华民族共同体意识"这一概念，通过"中华民族＋共同体"凸显了中国各民族是一个有着共同的历史记忆、共同的精神文化、共同的责任、共同的命运和共同的价值目标的整体，为新时代开展民族工作，应对各类风险和挑战指明了方向，推动我国民族工作事业踏上新征程。

做好民族工作，除了物质方面之外，民族群众的思想观念也至关重要，

---

①习近平在第二次中央新疆工作座谈会上发表重要讲话 [N]. 人民日报，2014－05－30.
②坚持依法治疆团结稳疆长期建疆 团结各族人民建设社会主义新疆 [N]. 人民日报，2014－05－30（1）.
③中央民族工作会议暨国务院第六次全国民族团结进步表彰大会在北京举行 [N]. 人民日报，2014－09－30.

在2017年3月10日，习近平在参加新疆代表团审议时指出各民族要维护"五个团结"、做到"三个像"，即维护民族、军政、军民、警民、兵地的团结，像爱护自己的眼睛一样爱护民族团结，像珍视自己的生命一样珍视民族团结，像石榴籽那样紧紧抱在一起。这些论述用最贴切、最质朴的表达传递出各领域、各地区都要将民族团结放在第一位。推进民族团结的首要工作就是让中华民族共同体意识在14亿中华儿女心中扎根发芽。

三、"铸牢"中华民族共同体意识

伴随着党中央民族工作政策的贯彻落实以及民族工作实践的深入开展，各族人民在党的带领下，中华民族共同体意识不断增强，民族地区都相继取得了飞跃式的发展。在党的十九大报告中，习近平同志站在中华民族伟大复兴的时代高度提出："全面贯彻党的民族政策，深化民族团结进步教育，铸牢中华民族共同体意识，加强各民族交往交流交融，促进各民族像石榴籽一样紧紧抱在一起，共同团结奋斗，共同繁荣发展。"①

中国共产党第十九次全国代表大会上修订了《中国共产党章程》，"铸牢中华民族共同体意识"这一理念被写入"总纲"部分——"积极培养、选拔少数民族干部，帮助少数民族和民族地区发展经济、文化和社会事业，铸牢中华民族共同体意识，实现各民族共同团结奋斗、共同繁荣发展"。②将铸牢中华民族共同体意识作为维护国家统一，加强民族团结的一项重大举措正式提出并纳入党章，为我国今后一个时期的民族工作提供了纲领指南。

2018年3月5日，十三届全国人大一次会议召开，习近平总书记在参加内蒙古代表团审议时指出："要深入践行守望相助理念，深化民族团结进步教育，铸牢中华民族共同体意识，促进各民族像石榴籽一样紧紧抱在一起，共同守卫祖国边疆、共同创造美好生活。"③

2019年7月，习近平总书记到内蒙古自治区考察并指导开展"不忘初心、牢记使命"主题教育，他在考察期间再次强调："全面贯彻党的民族政策，深化民族团结进步教育，践行守望相助理念，铸牢中华民族共同体意识，把各

---

①中央民族工作会议暨国务院第六次全国民族团结进步表彰大会在北京举行［N］.人民日报，2014－09－30.
②中国共产党章程［Z］.北京：人民出版社，2017：15－16.
③扎实推动经济高质量发展扎实推进脱贫攻坚［N］.人民日报，2018－03－06（1）.

族人民紧紧团结在党的周围。"①

在庆祝中华人民共和国成立70周年前夕，2019年9月27日，全国民族团结进步表彰大会上习近平的讲话中先后共五次强调了"铸牢中华民族共同体意识"，并指出要以铸牢中华民族共同体意识为主线做好各项工作，使这一理念得到了新的提升。在党的二十大报告中，习近平总书记更是再次明确指出："以铸牢中华民族共同体意识为主线，坚定不移走中国特色解决民族问题的正确道路，坚持和完善民族区域自治制度，加强和改进党的民族工作，全面推进民族团结进步事业。"②

综上所述，习近平总书记的历次讲话中，"铸牢中华民族共同体意识"这一理念有其逐步形成和发展的过程。从"牢固树立"和"积极培养"中华民族共同体意识，到"铸牢"中华民族共同体意识，再到以其为"主线"做好各项工作，从提法表述上的变化过程可以清晰地看到，习近平总书记自党的十八大以来对"中华民族共同体意识"的重视程度日益提高。随着铸牢中华民族共同体意识的不断推进，民族地区经济发展迈入了新台阶，全国各族人民国家认同意识不断增强，56个民族手拉手、肩并肩，为实现"两个一百年"奋斗目标贡献自己应有的力量。

第二节 新时代铸牢中华民族共同体意识的科学内涵

2019年9月27日，习近平总书记在全国民族团结进步表彰大会上的讲话指出："一部中国史，就是一部各民族交融汇聚成多元一体中华民族的历史，就是各民族共同缔造、发展、巩固统一的伟大祖国的历史。各民族之所以团结融合，多元之所以聚为一体，源自各民族文化上的兼收并蓄、经济上的相互依存、情感上的相互亲近，源自中华民族追求团结统一的内生动力。正因如此，中华文明才具有无与伦比的包容性和吸纳力，才可久可大、根深叶茂。"习近平总书记的这段讲话，不仅把中国历史概括为各民族交融汇聚成多

---

① 牢记初心使命贯彻以人民为中心发展思想 把祖国北部边疆风景线打造得更加亮丽 [N]. 人民日报，2019—07—17（1）.

② 习近平. 高举中国特色社会主义伟大旗帜 为全面建设社会主义现代化国家而团结奋斗——在中国共产党第二十次全国代表大会上的报告 [N]. 人民日报，2022—10—26.

元一体中华民族的历史,而且把"各民族文化上的兼收并蓄、经济上的相互依存、情感上的相互亲近"解释为中华民族从多元聚为一体的内生动力。这是基于中国历史事实和发展逻辑得出的深刻认识,也是指引我们党以铸牢中华民族共同体意识为主线做好新时代民族工作的科学指南。

费孝通先生指出:"中华民族作为一个自觉的民族实体,是近百年来在中国和西方列强对抗中出现的,但作为一个自在的民族实体则是几千年的历史过程所形成的。"中华民族不是56个民族的简单叠加,在中华民族共同体中具有高于56个民族的国家意识,这就是"共休戚、共存亡、共荣辱、共命运"的一个中国的凝聚力和向心力。

没有56个民族的同心协力,伟大复兴的中国梦是不可能实现的,没有56个民族的共同努力,心往一处想、力往一处汇,实现第二个百年的奋斗目标也是不可能的。只有基于中华民族共同体意识基础上,56个民族齐心协力,实现国家的强盛和民族的兴盛才可能成为事实。这是不断铸牢中华民族共同体意识的根本原因。"社会经济的发展,不单纯是技术的创新以及制度的促进,在很大程度上,还受到精神力量的推动。精神力量的重要性在一定程度上讲丝毫不亚于科学技术以及管理制度,它对于人民行为的影响,以及工作积极性的促进都有着无可代替的作用。"[1] 而中华民族共同体意识最直接的表现就是对于国家的认同,对于集各民族优秀文化大成的中华文化的认同等。不论是个体,还是集体,其认同具有多重性的特点,且其认同形式与内容未必是固定不变的,从来不是完成式,而是不断发展变化的历史过程,始终是进行式。因此,培育中华民族共同体意识必然是一个持续推进的战略性基础工程。只有厘清中华民族共同体意识的基本内涵,中华民族共同体意识的培育才不会成为无米之炊,才能有明确的培育内容、明晰的培育方向,科学的培育规划,从而受到事半功倍的效果。

一、共兴共荣的命运共同体意识

我国是一个历史悠久的统一多民族国家,中华民族不是被建构出来的"想象的共同体",而是在历史演进中形成的"事实上的共同体",是由各民族共同组成、具有清晰历史传承脉络,并被各民族集体认同的命运共同体;是

---

[1] [德] 马克斯·韦伯. 新教伦理与资本主义精神[M]. 上海:生活·读书·新知三联书店,1987:43.

在 5000 多年形成、发展的历程中不断交流融合，由多元到一体，由松散到紧密，最终形成"你中有我、我中有你、谁也离不开谁"的命运共同体。这一命运共同体意识在面对帝国主义对于中国各民族共同的生死威胁时得到空前的加强和升华。"外国侵略和亡国灭种的危机把我国各民族命运空前紧密地连在一起。血与火的共同抗争让各族人民深刻认识到，中华民族是一个命运共同体，一荣俱荣、一损俱损。"各民族只有把自己的命运同中华民族的命运紧紧连接在一起，才有前途，才有希望。这一重要论断深刻揭示了中华民族和各民族是一个大家庭和家庭成员的关系，深刻指出了中华民族多元一体格局中"多"与"一"的辩证统一，为我们准确把握我国是统一的多民族国家的基本国情、做好新时代民族工作，指明了方向、提供了遵循。

中华民族这个概念尽管是近代才出现的，但是作为一个自在的民族实体，几千年来早已存在。在中华大地上繁衍生息的各民族不断交融汇聚，特别是中国自秦汉形成统一的多民族国家以来，"大一统"的理念深入人心，各民族在分布上交错杂居、经济上相互依存、文化上兼收并蓄、情感上相互亲近，最终形成了多元一体的中华民族。"四海之内皆兄弟""五方之民共天下""夷夏一体"等观念，表明中华民族共同体意识千百年以前已经自然萌发。历史上无论哪个民族入主中原，都把自己所建立的王朝视为统一的多民族国家的正统，更说明中华民族共同体意识实际存在。虽然在历史的长河中，中华民族作为一个命运共同体受经济社会条件的制约，常常由于王朝更迭、战争割据而时强时弱，但是团结统一始终是历史的主流和各族人民的共同追求。

近代以来，面对帝国主义侵略带来的亡国灭种的空前危机，中华民族仁人志士提出了"五族共和""合满汉各民族为一大中华民族"等理念，表明数千年来"自在"的中华民族共同体意识悄然觉醒。此后，在那山河破碎、水深火热的苦难岁月，中华民族书写出永不屈服的抗争史；在那一穷二白、百业待兴的起步阶段，中华民族拼搏出改天换地的奋斗史；在那摸索前行、全面改革的发展阶段，中华民族开创出日新月异的发展史。百年共同抗争、百年共同奋斗、百年共同发展的过程中，中华儿女早已心连在一起、血流在一起、力量凝聚在一起，中华民族用血肉筑成的钢铁长城，巍然屹立，坚不可摧。回顾中国共产党带领中国人民站起来、富起来到强起来的伟大飞跃，让人深刻地领悟到中华民族始终是一个命运共同体，并肩作战走过了百年风雨，同甘共苦走进了崭新时代。正如习近平总书记所强调的："中华民族是一个命运共同体，一荣俱荣、一损俱损。各民族只有把自己的命运同中华民族的命运紧紧连接在一起，才有前途，才有希望。"

近年来，特别是2020年以来新冠肺炎疫情肆虐全球，中国采取最全面、最彻底的防控举措，展现了对各族人民生命安全和身体健康极端负责的国家治理理念和担当，"中国之治"与"西方之乱"形成鲜明对比，各民族作为中华民族一员的自豪感和自信心显著增强，以铸牢中华民族共同体意识为标志的解决民族问题的中国智慧和中国方案，得到绝大多数国家的理解和认同。多元一体的中华民族的形成，不仅是共同的地缘和生活环境把我们密不可分地联结在一起，更重要的是共同的历史命运和光明前途把我们亲密无间地凝聚在一起。在向第二个百年奋斗目标迈进的新征程上，我国各民族必将更加紧密地团结在以习近平同志为核心的党中央周围，在中华民族大家庭中手足相亲、守望相助、改革创新、开拓进取，共同推动实现中华民族伟大复兴的中国梦。

二、共建共治的政治共同体意识

作为一个稳定的人们共同体，民族是社会存在的特定形式。一方面，民族服从于社会，民族"生活在一定的生产方式、社会形态中，具有一定的政治结构、经济结构、阶级结构，同时也生活在一定的社会关系之中，这不是超社会的、超生产方式的、超社会形态的、超阶级的"[①]。另一方面，民族的发展依靠社会的发展，尽管民族的发展程度与社会的发展程度并不完全同步，但归根结底，民族的发展程度和成熟程度还是要通过民族社会的发展程度和成熟程度来体现的。

恩格斯曾在《家庭、私有制和国家的起源》一书中详细论述了民族的形成过程。他认为，在最开始，因为生存的需要，众多的氏族组成了部落联盟，由此也形成了民族的最初雏形。随着生产工具和生产方式的更新与发展，原始的"微型共同体"已不能满足人们的生存和发展需求。在这种情况下，人们就开始向往能够建立更大的共同体，超越了以血缘关系为纽带的部落联盟则演变成为这个更大的共同体。这个部落联盟可能是相隔很远的两个部落的联合，因为这种跨地域性，就需要产生一种权力来对这个部落联盟进行管理。部落联盟不断在发展变化过程中，逐渐演变为国家形态，民族随之产生。民族在被创造过程中，被赋予了政治含义和政治属性，因此发展为一个政治共

[①] 金炳镐.民族理论通论修订本[M].北京：中央民族大学出版社，2007：293.

同体。"为了获得和维护自己的利益而必须去争取或构建政治权力，构筑自己的政治权力体系，运用政治权力管理自己的社会生活"①，这就是民族共同体的政治属性。民族是基于一定的文化和历史传统而形成的稳定的共同体，在形成民族共同体之际，民族的政治属性就已相伴产生。

中华民族的形成和发展有自在和自觉两个时期，"中华民族作为一个自觉的民族实体，是近百年来中国和西方列强在对抗中出现的，但作为一个自在的民族实体则是几千年的历史过程所形成的"②。无论是在"自在"的时期，还是在"自觉"的时期，中华民族共同体意识都具有政治性特点。中华民族就是一个在由自在的民族实体转化为自觉的民族实体的过程中所形成的共同体，是建立在各民族平等交流与合作、平等发展与参与国家政治建设的基础上的，是多元一体的政治共同体。所谓多元，一方面是指中华民族是由56个单元民族组成的民族共同体，在民族构成上具有多元性；另一方面是指中华各单元民族在长期交流互鉴、相互融通的历史演进过程中，各自具有文化上的独特性，因而在民族文化整体上呈现多元性和多样性的特点。所谓一体则是指："中华各民族作为一个自觉的民族实体，是近百年来中国和西方列强对抗中出现的，但作为一个自在的民族实体则是几千年的历史过程中所形成的。"③ 中华民族与各单元民族之间的关系就是一个大家庭整体与其成员的关系，而各民族间关系则如同大家庭中和睦相处的兄弟姐妹间的关系。由此可见，中华民族与各单元民族"多元"与"一体"的关系是辩证存在的。习近平总书记曾经指出："中华民族多元一体格局，一体包含多元，多元组成一体，一体离不开多元，多元也离不开一体，一体是主线和方向，多元是要素和动力，两者辩证统一。"④ 过分强调"多元"，忽视中华民族的整体利益，民族凝聚力和向心力就会减弱；过分强调"一体"，忽视各民族的贡献，中华民族就会失去创造力。几千年来，生活在中华大地上的各民族共同开发了祖国的广袤疆域，共同创造灿烂的中华文化，使我国各民族在地域上相互交错、文化上相互借鉴、经济上相互交融、情感上相互联结，由此形成了互融互通、相互依存的多元一体格局。

---

①周平.民族政治学[M].北京：高等教育出版社，2007：32.
②费孝通.中华民族的多元一体格局[EB/OL].2016—08.
③费孝通.中华民族的多元一体格局[M].北京：中央民族学院出版社，1989：1.
④中央民族工作会议暨国务院第六次全国民族团结进步表彰大会在北京举行[N].人民日报，2014—09—30.

中华民族也正是在多元一体的发展历程中，实现了从阶级社会向无阶级对立社会的过渡，在每一个历史阶段，中华民族内部的统治阶级都意图让人们认同其选择的社会发展道路。在古代，统治阶级对"天下主义""君权神授"的宣扬就是如此，到了近代，资产阶级对君主立宪和民主共和的宣传，目的也是让人们认同其所选择的社会发展道路。中国共产党代表中华民族所选择的"两步走"发展道路，领导中华民族取得民族独立，经过社会主义改造进入社会主义社会。这条道路历经新民主主义革命和社会主义革命的伟大实践，证明符合中国的历史与国情，顺应了中华民族意愿，是近代以来中华民族对社会发展道路选择的必然结果。中华民族共同体的社会发展道路认同意识在作为政治共同体的中华民族共同体意识中具有重要地位。这种意识是国家认同意识的表征，是形成平等、团结、互助、和谐族际关系认同意识的基础。因为，只有在认同了国家的社会发展道路基础上，才能认同这个国家，才能使族际关系认同意识具有经济、政治和文化的基础与保障。

历史上各民族虽然偶有分离和纷争，但大多数时期保持了统一的多民族国家的发展模式。在中华民族这个大家庭中，各民族都是其中的重要组成部分，都是其中的一员，是骨肉至亲的关系。各民族都有自己的民族特点和民族特色。各民族共同开创了辽阔的中华大地，共同创造了博大精深的中华文化。各民族在共同抵御外侮、守望相助的过程中形成了中华民族精神，使中华民族命运共同体意识更加强烈。团结统一，福祸与共的民族基因已溶于每个人的血液，内化成为每个人的品格和精神追求。在实现第二个百年奋斗目标的引领下，党和国家应积极贯彻落实民族区域自治制度，更新民族工作理念，制定改革新措施，鼓励各民族人民在坚定对祖国、对中华民族、对中华文化、对中国共产党及中国特色社会主义的高度认同的基础上，自觉维护祖国统一和民族团结，坚决反对分裂，反对民族歧视，同时积极为国家各项政策法规的制定建言献策，积极进行政治参与。积极参与到国家事务管理之中，共建共治，共同为实现中华民族伟大复兴的中国梦而奋斗。

三、共富共享的经济共同体意识

习近平总书记明确指出，只有铸牢中华民族共同体意识，才能不断实现各族人民对美好生活的向往，才能实现好、维护好、发展好各民族根本利益[①]。由于历史发展和地理条件等原因，我国东西南北经济发展不平衡，各民族之间经济发展也不平衡。共富共享的经济共同体意识，就是充分发挥民族大家庭的优势，在发展中国特色社会主义经济、建设现代化强国、向共同富裕迈进的进程中，一个民族也不能少，切实把各族人民对美好生活的向往作为共同奋斗的目标，确保少数民族及民族地区同全国一道向前发展，共富共享，不断增强各族群众的获得感、幸福感、安全感。可以说，增加各族群众利益福祉，夯实中华民族共同体建设的经济基础是中华民族共同体建设基本经验之一。

"不患寡而患不均，不患贫而患不安"[②]，实现社会公平正义、实现共同富裕一直是中华民族几千年来的共同理想。在这一长期的历史发展过程中，各民族之间早已形成了"谁也离不开谁"的经济共同体。例如，古代西南边疆的茶马古道，在唐宋时期兴起，在明清时期达到繁盛；西汉时期张骞出使西域所开辟的丝绸之路等都是各民族进行经济交流的典型事例。而在各民族之间相互交流、相互影响的发展进程中，也逐渐形成了相互依赖的经济关系。例如，自秦统一六国之后，使中原地区的汉族与其他少数民族第一次身处统一的国家，秦始皇派蒙恬率30万大军北征匈奴，并修筑长城，建立起保卫国家西北边疆的万里屏障。秦亡汉兴，面对匈奴不断南下侵略，汉以宗室女为公主嫁于匈奴首领，给匈奴大量物品，约为兄弟，对匈奴实施和亲政策，这一政策客观上极大地促进了汉匈两族之间的经济文化交流。隋唐时期对周边各少数民族基本上实行了"宽和怀柔，恩惠抚和"的开明民族政策，唐太宗友好地接待前来朝贡的周边各族首领和使者，有的将其任为高管，还给予切实的物质利益，他曾多次接见藏族建立的吐鲁番王朝的使者，还应松赞干布的要求，把文成公主远嫁到吐蕃，在加强边疆民族地区的经济发展方面取得了积极的成果。到了明朝，在继承和发展历代统治者加强各民族经济往来的政策基础上，将互市作为一种羁縻政策加以推广，当时所设互市市场有马市、茶市、木市几种。通过设立各类交换市场，加强了各民族地区的交往与联系，在交换的过程中互通有无，形成了少数民族与汉族之间、各少数民族之间一种密不可分的经济联系。在我国各族人民发展历程上，分分合合，在相互学

[①] 习近平在中央民族工作会议上强调 以铸牢中华民族共同体意识为主线 推动新时代党的民族工作高质量发展 [N].人民日报，2021—08—29.

[②] 人民日报评论部.习近平用典（第二辑）[M].北京：人民日报出版社，2018：47.

习中共同为祖国经济的发展繁荣作出了不可磨灭的贡献。可以说，在经济交往中，中原民族和边疆民族之间形成了一种整体性经济关系。这为增进中国各民族之间的凝聚力、增强边疆民族对中原王朝的认同，发挥了重要作用，创造了经济基础。

中华人民共和国成立以后，各族人民共同投身于社会主义新中国的经济建设中。但是由于历史与现实的因素，少数民族地区的经济发展水平和条件整体上较为滞后，各民族地区的经济发展水平仍然存在一定差距。因此，党和国家针对民族地区相继出台了一系列的优惠政策，特别是在中央政府西部大开发政策的推动下，通过各族干部群众的艰苦努力，加快边疆地区和少数民族地区的经济发展，坚持以人为本，民生优先，花大力气把经济发展投入重点用于改善各族群众的生产生活条件，集中力量把各民族看得见、摸得着的民生大事、实事办好，让发展成果惠及于民，以改善民生来凝聚人心，夯实和谐、稳定的经济基础，从而促进了民族地区的经济发展，缩小了民族地区与其他地区的经济发展差距。同时，自中华人民共和国成立以来，对民族地区实施的财政支付转移、税收减免、对口支援、兴边富民行动，以及对民族自治地方实施的资金投入、项目建设、技术转让等民族优惠政策，也充分保障了当地经济快速发展，从而让各民族共同享有经济发展成果，在很大程度上促进了各民族基于经济利益层面的中华民族认同。

改革开放以后，随着我国社会主义市场经济体制的确立和完善，各民族间的经济往来变得更加密切，各民族间的依存度也越来越强，各族人民已经形成了更加密切联系的经济利益共同体。

中国特色社会主义进入新时代，在全面建成小康社会的紧迫任务要求之下，做好民族工作，强化各民族对中华民族的认同尤为重要。为此，习近平总书记曾用"木桶理论"来比喻欠发达地区的发展。他指出，全面建成小康社会，重在"全面"，发展不平衡问题不解决，短板会更加突出，就像一个水桶能装多少水永远是由最短的那块木板所决定。因此，习近平总书记认为，要"补短板，着力解决好发展不平衡问题"[①]。必须在经济上解决好少数民族地区的边缘化发展困境，并且通过优化转移支付、对口支援等措施，协调好民族地区的经济，促使各民族经济的均衡发展。在把经济发展这个"蛋糕"做大的同时，更要把"蛋糕"分好，兼顾公平。民族地区的经济发展情况，

---

① 习近平. 习近平谈治国理政（第二卷）[M]. 北京：外文出版社，2017：78.

直接关系到整个中华民族的凝聚力。如果民族地区经济发展长期失衡，就会影响到精神层面的"认同"，这个"认同"包括对自身身份的认同，亦包括对中华民族这个共同体的认同。基于此，党的十八大以来，党中央围绕民族地区的发展问题，倾注了大量心血：一是针对民族地区的实际情况，结合"兴边富民""精准扶贫""对口援疆""加强造血功能"等重大举措，制定实施了实实在在、力度空前的政策、方针；二是加快民族地区经济社会发展，持续改善民生，加快农村贫困人口脱致富，实现从贫穷落后走向繁荣复兴，深化各民族经济共同体联系；三是深入实施国家发展战略，充分挖掘释放民族地区的优势和潜力，走出一条国家政策扶持与内生潜力相结合的创新发展道路，民族地区经济状况有了明显改善，取得了历史性的成就，全面建成小康社会的第一个百年奋斗目标顺利实现。新形势下，要在准确把握社会主要矛盾转化的基础上，把各族人民对美好生活的向往作为奋斗目标，确保少数民族地区同全国一道实现全面小康和现代化①。坚持问题导向，抓紧解决少数民族地区的各种短板弱项，持续加快发展民族地区的经济。贯彻落实新发展理念，坚持"把发展作为解决民族问题的总钥匙"。根据民族地区民族风貌和特色产业优势，优化产业结构，加快发展服务业，打造支柱产业，增强内生动力。结合少数民族地区发展水平的差异性，制定完善差别化的区域政策，统筹各方积极有利因素，进一步发挥好中央、发达地区、民族地区三个积极性。以"十四五"规划为契机，科学谋划，切实把民族地区经济发展搞上去，提升各族人民的获得感、幸福感、安全感。各民族都是中华民族大家庭中的一员，都为中华文明的发展作出了重要贡献，理应共享经济发展成果，要使各族人民在共建、共享、共富过程中平等发展、互相团结、因地制宜、精准发力，增强各民族对中华民族的认同、对社会主义的认同、对中国共产党的认同，筑牢中华民族的经济命运共同体意识。

可以说，党的十八大以来，面对错综复杂的国际形势、艰巨繁重的国内改革发展稳定任务，特别是新冠肺炎疫情严重冲击，以习近平同志为核心的党中央不忘初心、牢记使命，始终把人民对美好生活的向往作为奋斗目标，团结带领全党全国各族人民砥砺前行、开拓创新，奋发有为推进党和国家各项事业，使我国经济实力、科技实力、综合国力和人民生活水平跃上了新的大台阶，打赢脱贫攻坚战，为人类减贫事业作出历史性贡献，为全球减贫治

---

① 习近平. 在全国民族团结进步表彰大会上的讲话 [N]. 人民日报，2019－09－28（2）.

理提供了中国智慧和中国方案；全面建成小康社会，实现了中华民族千百年来的夙愿。如今，我们党将带领人民乘势而上开启全面建设社会主义现代化国家新征程。在这一进程中，应该大力动员各个层面的力量采取有效手段，进一步巩固和强化各民族经济互补与共存这一共同性要素，在社会实践和生活实践中进一步结成休戚与共的经济利益共同体，由此促成各民族基于经济利益层面的中华民族认同。

四、共甘共苦的生活共同体意识

民族作为一种共同体形式存在，总是以一定的社会生活作为前提性条件。民族中的成员也只有进入社会共同生活，才能成为社会的、现实的人。中华民族在长期的历史发展进程中，总是基于特定的空间领域，并逐渐形成了"大杂居、小聚居"的社会生活共同体。因此，中华民族社会生活共同体意识是指各族人民对交错分布、情感相近的共同社会生活环境的认同。中华民族社会生活共同体意识主要体现在各族人民对地域关联性的认同。特定的地理空间划定了人们社会生活的基本区域，它是各族人民赖以生存和发展的重要场所。在中国，各族人民生存和发展的不同地域空间共同构成了中华人民共和国这一地理空间，并且在这一共同地理空间内，各族人民共同生活在一起，共同接受中华人民共和国国家主权的统一管辖，共同推进各民族交往交流交融的加强，随着时代的推进，各族人民在社会生活领域的联系变得更为密切。

党的十九大报告指出："深化民族团结进步教育，铸牢中华民族共同体意识，加强各民族交往交流交融，促进各民族像石榴籽一样紧紧抱在一起，共同团结奋斗、共同繁荣发展……"[①] 加强各民族交往交流交融，第一次写进党代会报告中，说明党中央高度重视这项工作。这一重要指导思想必将在党的民族工作中长远地发挥指导作用。而回望中华文明发展史，其实也是各民族交往交流交融的历史。交往，可促进民族间相互理解、彼此尊重；交流，有利于缩小民族差距，最终实现共同繁荣；交融，包容了多样性、增强了共同性，拧成了一股绳。

几千年来，各民族经过诞育、分化、交融，最终形成了56个民族，造就了我国各民族在分布上的交错杂居、文化上的兼收并蓄、经济上的相互依存、

---

① 习近平. 决胜全面建成小康社会 夺取新时代中国特色社会主义伟大胜利——在中国共产党第十九次全国代表大会上的报告［M］. 北京：人民出版社，2017：40.

情感上的相互亲近，形成了你中有我、我中有你、谁也离不开谁的多元一体格局。从历史上看，我国各民族有几次大的融合过程，对这几次融合史，有的资料分为春秋战国时期、魏晋南北朝时期、宋辽金元时期和清代，有的划为先秦时期、魏晋南北朝时期、唐五代时期和宋辽金元时期。虽然说法不一，但中华民族多元一体格局经过这些历史性的大融合过程逐步形成。以后一说法为例：先秦时期，是中华民族的孕育时代，也是中华民族历史上第一次大迁徙、大融合的时代。这一时期，从传说中的炎、黄二帝，到夏、商、周，再到汉代，活动在黄河中下游中原地区的华夏族在这里肇兴，中华民族的主体民族——汉族在融合了夏人、殷人、周人的血统及蛮、戎、夷、狄等少数民族成分的基础上，形成了多民族融合的共同体，成为中华民族多元一体格局中强有力的凝聚核心。魏晋南北朝时期，是民族大杂居、大融合的一个比较明显的时期，这一时期，北方匈奴、鲜卑、羯、氐、羌等少数民族纷至沓来，在黄河流域活动，在征服与被征服的过程中，与中原主体民族互相渗透，经济、文化、语言、服饰、姓氏、习俗等的差异逐渐消除，逐步融于汉族之中。其中，最具代表和影响的是南北朝时期北魏孝文帝迁都洛阳，推行政治改革外，实行禁胡语、改汉姓、改易汉俗等一系列改革鲜卑习俗的措施，促进了鲜卑族与中原汉族进一步交流和融合。唐五代时期，又有许多少数民族被中原地区的汉人融合。在五代时期，中原地区先后建立了后梁、后唐、后汉、后晋、后周5个王朝，其中后唐、后汉、后晋3个王朝都是沙陀人（沙陀源于突厥）建立的，使西北和东北大批少数民族进入中原地区。这3个王朝仿照中原地区的传统模式建立，由沙陀人与汉族上层贵族联合统治，又经通婚无禁忌，盛行义养风气等，加速了各民族间的融合。在长达4个多世纪的宋辽金元时期，是中原地区民族融合的又一重要时期，女真、契丹、西夏以及蒙古、维、回等少数民族都是这一时期进入的，至元末明初，经过长期的杂居交往，各少数民族与汉人达到了相忘相化、不易识别的程度。

从近现代看，特别是中华人民共和国成立后，我们党领导的两次社会变革为各民族交往交流交融创造了根本性有利条件，一次是全国性的土地改革和少数民族地区民主改革，另一次是改革开放。第一次改革不仅埋葬了封建制度，还打碎了少数民族地区存在的奴隶制、封建农奴制；第二次改革则是解除了高度集中的计划经济体制对人口流动的不合理束缚，使少数民族有了走出传统聚居区，在全国范围内寻求更大发展空间的可能。当今时代，社会主义市场经济的大潮把地区间的壁垒冲破了，大量少数民族人口走向全国，进入城镇化进程，而全国也有越来越多的人口流向少数民族地区，这使各民族混居、杂居程度迅速提升，交流更加广泛、融合更加深入。可以说，上下五千年的中国史，就是一部各民族不断交往交流交融的历史，就是各民族共同缔造、发展、巩固统一的伟大祖国的历史。在统一和争取统一的几千年中，中国各民族共同生活、相互学习、通商通婚，尽管经历残酷战争和民族歧视，但都没有改变各民族交融、融合的大趋势，同时，也使中华民族的凝聚力和向心力得到了极大增强。

进入新世纪新阶段，我们党和国家更加重视促进各民族交往交流交融，推动各民族共同团结进步、共同繁荣发展。特别是党的十八大以来，以习近平同志为核心的党中央多次召开新疆、西藏工作座谈会，强调促进各民族交往交流交融问题。2014年5月，习近平总书记在第二次中央新疆工作座谈会上提出，"各民族要相互了解、相互尊重、相互包容、相互欣赏、相互学习、相互帮助，像石榴籽那样紧紧抱在一起。要加强民族交往交流交融"，通过构建"各民族相互嵌入式的社会结构和社区环境"，"促进各族群众在共同生产生活和工作学习中加深了解、增进感情"。2014年9月召开的中央民族工作会议上，习近平总书记提出"加强各民族交往交流交融，尊重差异、包容多样，让各民族在中华民族大家庭中手足相亲、守望相助"，从而为"交往交流交融"理论赋予了全局性和战略性的高度。同时，此次工作会议上，习近平总书记还强调指出，应"通过扩大交往交流交融，创造各族群众共居、共学、共事、共乐的社会条件"。其中，"共"代表是在同一空间结构内集体活动指向，包括共同的文化基因、共同的生活习俗、共同的价值观念以及共同的行为准则。党的十九大报告中，习近平总书记以铸牢"中华民族共同体意识"为切入点，强调各民族交往交流交融的重要性，使其思想和理念深入人心。中国共产党第十九届中央委员会第四次全体会议通过的"中共中央关于坚持和完善中国特色社会主义制度，推进国家治理体系和治理能力现代化若干重大问题的决定"明确提出，"全面深入持久开展民族团结进步创建，加强各民族交往交流交融"。2020年8月29日，在中央第七次西藏工作座谈会上，习近平总书记指出，"必须促进各民族交往交流交融"。2020年9月25日，习近平总书记在第三次中央新疆工作座谈会上再次明确指出，要"教育引导各族干部群众树立正确的国家观、历史观、民族观、文化观、宗教观，让中华民族共同体意识根植心灵深处。要促进民族广泛交往、全面交流、深度交融"。2021年中央民族工作会议上，习近平总书记不仅再次强调，"要促进各民族交往交流交融",同时还明确提出"要充分考虑不同民族、不同地区的实际,统筹城乡建设布局规划和公共服务资源配置,完善政策举措,营造环境氛围,逐步实现各民族在空间、文化、经济、社会、心理等方面的全方位嵌入"等民族政策方面的重要指示,从而强调指出了促进各民族交往交流交融不仅是要实现物理意义上的各民族之间的"杂居"或"混居",更是要在社会结构层面打破以民族为单元的社会分层、社会分工和社会分布,以营造各族共有的文化氛围与和谐环境,拉近各族群众的实际距离和人心距离,进而实现民族真正的"生活共同体"。可以说,"加强各民族交往交流交融"这一理论的反复提出,不仅证明其符合中国民族发展的根本规律,符合各民族群众的根本利益,也说明其经得起历史的考验,具有强大的生命力。这些指导思想和重要论述,不仅把握住了中华民族发展的历史大势,同时也为中华民族走向凝聚力更强、向心力更大的共同体指明了方向。其对于各民族在坚持和尊重已经形成的共居共事共甘共苦的生活共同体意识的基础上,鼓励各民族之间团结合作、友好交往,共创中华民族更加美好的未来等具有十分重要的积极作用。

当前,我国已进入各民族跨区域流动的历史活跃期。越来越多的各民族同胞走出传统聚居地,在全国各地流动,越来越多的地方成为多个民族共同居住、共同学习、共同工作、共同生活的地方。现在,全国一半左右的省份56个民族齐聚,沿海许多城市少数民族外来人口已超过世居人口。传统上民族地区的概念已经被打破,传统上民族工作主要在边疆、在西部民族地区的格局也已打破。民族工作进城了、下海了、上网了,从边疆走向内地,从个别部门走向党和国家工作中心。各民族在政治、经济、文化各领域内广泛交往交流交融,大大深化了各民族的命运共同体关系。民族工作要顺应这种形势,既尊重差异、包容多样,也要把加强各民族交往交流交融作为实现各民族大团结的金钥匙。我们既不能忽视民族差异,用行政手段去推进各民族交往交流交融,也不能无视民族共性,不加引导。尊重差异,不是强化差异,保持民族特性而不强化特性,充分认识交往交流交融是各民族休戚与共的历史主脉,是促进各民族和睦相处、和衷共济、和谐发展的根本方法。通过扩大各民族间的交往交流交融,努力创造各族同胞共居、共学、共事、共乐的社会条件,让各民族同胞在中华民族大家庭中手足相亲、守望相助。

五、共创共传的文化共同体意识

2019年春天,《流浪地球》以近50亿元票房、超1亿观影人次,成就了中国科幻影片的"高光时刻"。这部电影能取得巨大成功，很重要的一个原因就是，以世界大同、天下一家的博大胸怀，倡导全人类携手并进、共渡难关，诠释了中华文化"讲仁爱、重民本、守诚信、崇正义、尚和合、求大同"的价值理念和精神境界，彰显了中华文化的自信和担当。创作者们以电影艺术形式为人们呈现了中华文化的特征和中华民族的形象，极大提升了各族人民的中华民族自豪感。

"文以载道，文以化人。""文化是一个国家、一个民族的灵魂"[1]，是一个国家和民族最深层次的精神追求和历史积淀，"一个国家、一个民族的强盛，总是以文化兴盛为支撑的"。没有文化做支撑，就没有民族之间的情感依托，也就不可能实现一个国家长远稳定的发展。我国是一个有着五千多年辉煌灿烂文明史，各民族"多元一体"的文化认同型国家。在中华文明的历史长河中，各民族文化之间相互交流、相互借鉴、相互融合。每一个民族的文化都传承着本民族的历史、代表着本民族的价值追求、凝聚着本民族的精神力量。这些民族特性成为本民族与其他民族相区别的重要标志和符号。因文化巨大的包容性，各民族在长期的交流交往过程中，民族文化得到进一步融合和发展。在中华民族的文化百花园中，不仅有代表中华民族文化纵深的以汉族为主体创造的五千年中华文明，也有各少数民族所创造的代表中华民族文化多元的少数民族传统特色文化。而正是在几千年的历史长河中，各民族文化的相互传播，才形成了中华文化为主干，各民族文化为枝叶，各民族共创共传、根深干壮、枝繁叶茂、既多元又统一的博大精深的中华文化。

作为人口最多、区域分布最广、文化体系发达的汉族来说，其形成时间应该是秦汉时期。其他民族的形成时间要更晚一些，有不少是在中华人民共和国成立之后才确认为单一民族的。秦汉以降，通过不断民族融合像滚雪球一样发展壮大的汉族，其文化体系已经超越了民族文化的范畴。汉朝之后，儒家文化成为国家的主流文化和官方意识形态。中国本土的儒、道文化与外来的佛教文化、伊斯兰文化等逐步融合，形成了传统中华文化的基本内容，并成为凝聚各民族成为统一王朝国家的文化纽带。伴随大一统国家的建立与发展，"中原"文化（或者说汉文化）在很长时间内，成为"中国"文化（或中华文化）的代名词，具备了民族文化与国家文化相结合的特点。其不仅是包括56个民族的民族文化，同时又是位居各民族文化之上的整体文化和与国

---

[1] 习近平. 决胜全面建成小康社会夺取新时代中国特色社会主义伟大胜利——在中国共产党第十九次全国代表大会上的报告[M]. 北京：人民出版社，2017：33.

家主权、政权以及制度相关联的国家文化。

　　作为整体的中华文化,是各民族共建共有共享的文化。各民族文化支流都为中华文化的形成与发展作出了自己的贡献。各民族都是中华文化的创作者和贡献者,每个民族的文化都是对中华文化的独特贡献和必要组成。例如,语言文字方面,有些民族语言文字的形成过程本身就是民族文化交流的过程。历史上的西夏文、女真文就是以汉字为基础生成的文字,前者是汉字的繁化,后者是汉字的简化,都是仿借汉字形成的。元世祖忽必烈即位后,命国师八思巴创制的"蒙古新字",则是根据当时的吐蕃文字产生的。公元1599年,努尔哈赤命人参照蒙古文字母对满文进行改进。更为重要的是,语言文字作为各民族日常生活、经济交往和文化交流的重要手段,不仅有助于增进各民族相互了解、相互尊重和相互欣赏,还可以进一步促进各民族文化交流不断加深。文学方面,汉族有《诗经》、楚辞、汉赋、唐诗、宋词、元曲、明清小说的灿烂;《格萨尔王》《江格尔传》《玛纳斯》《阿凡提的故事》《阿诗玛》等都是少数民族文学的杰作。农业方面,北朝北魏时期的《齐民要术》一书,所记述的粮食作物、经济作物、园艺作物,多半或出产于少数民族地区。可见少数民族对中华农耕文明产生了巨大影响。歌舞方面,先秦时期下里巴歌唱响楚地,唐代"洛阳家家学胡乐",宋代"万里羌人尽汉歌",鲜活地反映了中华民族民间文艺活动的开放性和包容性。武陵山区的苗族、土家族和汉族聚居杂居在大致相同的文化场域,歌舞文化上兼收并蓄,既跨民族存在傩戏、阳戏等民间文艺形式,也无法简单地界定黄杨扁担等民歌为哪个具体民族的文化遗产。在医学方面,汉族医术渊深博大,藏医、蒙医也独具特色。服饰方面,有赵武灵王倡兴胡服骑射,边疆民族习用"上衣下裳"和"雅歌儒服",中原盛行"上衣下裤"与胡衣胡帽。在建筑方面,万里长城、都江堰、大运河、故宫、布达拉宫、坎儿井等伟大工程,同样凝聚了各民族的聪明才智,体现了各民族文化上兼收并蓄的包容性。且伴随佛教、伊斯兰教传入中国,各类宗教寺院的建筑风格融合了中国当地的建筑式样,成为中外文化相互融合的典范。各少数民族传承至今的文化遗产,是中华民族贡献给全人类的宝贵财富,其聚居分布区域成为中西方文化交流的桥接地带,我国种桑养蚕技术和四大发明与西方葡萄、黄瓜等作物和琵琶、杂技等艺术借此实现交流。今天常见的舞狮、胡琴、旗袍等,直接呈现各民族文化的互鉴融通。以非物质文化遗产为例,截至目前,我国入选联合国教科文组织非遗名录的项目达40个,堪称世界第一。其中,少数民族非遗有新疆维吾尔族木卡姆艺术、蒙古族长调民歌、贵州侗族大歌、藏族《格萨尔》史诗、青海热贡艺术、朝鲜族农乐舞、黎族传统纺染织绣技艺、赫哲族伊玛堪说唱等17种，占总数的40%以上。对此，习近平总书记在2014年的中央民族工作会议上，曾指出："要正确把握中华文化和各民族文化的关系，各民族优秀传统文化都是中华文化的组成部分，中华文化是主干，各民族文化是枝叶，根深干壮才能枝繁叶茂。"范文澜曾用黄河之水从星宿海一路吸纳无数溪流而成浩荡之势，形容汉族血统构成的复杂性，"谁也不能取一杯黄河水说这是星宿之水"。汉族如此，其他民族也是如此。这是由中华各民族自古至今共同的生存空间、共同的自然地理和文化地理决定的，是由中华民族共同体的向心力和凝聚力决定的。中华文化也是因为植根于交相辉映的各民族文化，由于兼收并蓄而历久弥新。

各民族文化间的相互吸收，不仅促进了民族文化的繁荣发展，同时在此基础上诞育、成长、发展、兴盛的中华文化，在全球不同文化类型和文明体系中，也独树一帜。兼收并蓄、开放包容、融会贯通、与时俱进，既保障了中华文化的连绵不绝，又形成了不断更新发展的内在机制，成为中华民族文化自信的强大根源。各民族认同本民族文化，共同认同中华文化，认同中华文化和认同本民族文化并育而不相悖，因而奠定了中华民族共同体意识的根基。在全球化和信息化高度发展的今天，我们更需要各个民族秉其所长，提升中华民族的凝聚力及其在国际舞台的竞争力。将民族文化本质化、刻板化只会使其丧失发展的活力。

第四章
新时代铸牢中华民族共同体意识的有利条件和现实挑战

人类历史经验表明，民族团结与繁荣始终是国家稳定发展的前提和基础。"实现中华民族伟大复兴的中国梦，就要以铸牢中华民族共同体意识为主线，把民族团结进步事业作为基础性事业抓紧抓好。"① 党的十八大以来，习近平总书记审古今之变、察时代之势，直面民族工作领域新情况新问题，在继承我们党民族理论政策的基础上，鲜明提出"中华民族大家庭""中华民族共同体"等概念，逐步形成以"铸牢中华民族共同体意识"为核心内容的马克思主义民族理论中国化最新成果。这一重大理论创新源自中华民族互鉴融通、兼容并蓄的优秀文化传统，源自近代以来中国各族人民同仇敌忾、共御外侮的历史发展进程，源自中国共产党领导人民进行革命、建设、改革的长期实践，源自中华人民共和国成立以来在基本政治制度和民族理论政策上的伟大创造，具有深厚的文化基础、理论基础、实践基础、制度基础。这一重大理论一经提出，就得到全国各族人民的热烈反响和广泛认同，成为民族工作领域统一思想、凝聚共识的定海神针，指引着我国民族团结进步事业劈波斩浪、创新发展。中华民族共同体意识不断增强，平等团结互助和谐的社会主义民族关系巩固发展，民族地区面貌日新月异、各族群众生活蒸蒸日上，成为"中国之治"中一道亮丽的风景线。由此可见，在多民族国情和多变世情的复杂背景下，铸牢中华民族共同体意识事实上已经成为我国推进国家治理、实现中华民族伟大复兴、参与全球治理的重要内容。

2021年3月5日，习近平总书记在参加内蒙古代表团审议时就曾强调，在开启全面建设社会主义现代化国家新征程的伟大实践中，各民族要"完整准确全面贯彻新发展理念，铸牢中华民族共同体意识"。在2021年8月召开的中央民族工作会议上，习近平总书记再次强调："必须以铸牢中华民族共同

---

① 习近平. 习近平谈治国理政：第3卷 [M]. 北京：外文出版社，2020：299.

体意识为新时代党的民族工作的主线,推动各民族坚定对伟大祖国、中华民族、中华文化、中国共产党、中国特色社会主义的高度认同,不断推进中华民族共同体建设"[①]。在党的二十大报告中,习近平总书记进一步明确指出,"以铸牢中华民族共同体意识为主线,全面推进民族团结进步事业",以上这一系列重要论述,充分彰显了铸牢中华民族共同体意识在新时代民族工作中的重要性。

与此同时,我们也应该看到,我们正面临着全球化与现代化进程中更加复杂的风险与挑战,各种不稳定性因素的加剧,全球化与逆全球化力量之间形成的某种僵持局面,世界民族问题呈现出的多样性,各类高发的民族纠纷以及民粹主义问题依然存在等都深刻影响着各国的内外政策,世界格局面临大调整时期。为此,习近平总书记以深邃的历史眼光和宽广的国际视野,深刻揭示世界新的时代特征:我们面对的是百年未有之大变局。在此种趋势下,"民族"议题成为影响国家稳定乃至国际关系尤其是大国外交的重要因素。基于此,深入分析铸牢中华民族共同体意识面临的问题挑战及其产生原因和应对方略,对于扎实推进铸牢中华民族共同体意识工作,助力全面建设社会主义现代化国家新征程的稳步起航,并以中国经验和中国智慧变革全球治理、构建人类命运共同体等均具有十分重要的理论价值和现实意义,是我们需要探讨的重要现实问题。

第一节 新时代铸牢中华民族共同体意识的有利条件

任何理论、思想都是在特定的历史条件、社会发展需要和现实基础下应运而生的,并随着时代发展和社会进步得到不断的发展和丰富。因此,理论也需要随着社会发展的需要和适用条件的变化而不断地更新和发展,以符合不断变化的客观实际的需要。同样,作为中华大地上各民族公认的、具有共同心理素质的、稳定的中华民族共同体意识思想也不是凭空产生、一成不变的,而是与当前世界风云变化和我国客观的实际需要分不开。它形成的社会历史条件不仅包括共同的历史渊源、共同的政治伦理价值、差别多样的中华

[①] 以铸牢中华民族共同体意识为主线 推动新时代党的民族工作高质量发展[N]. 人民日报, 2021-08-29(1).

文化，同时还包括相依互补的经济关系和救亡图存的民族精神等几个方面。

一、马克思主义民族理论是铸牢中华民族共同体意识的思想基础

民族是人类社会最基本的一种共同体形式，民族关系是人类最基本的社会关系之一。自人类社会进入阶级社会以来，人剥削人、人压迫人的社会制度长期居于统治地位，由此导致了民族对民族的压迫和剥削关系，民族不平等成为一种社会的普遍现象，民族之间的对立和冲突制造了许多悲剧。为此，实现民族平等，并在此基础上实现民族团结与合作是人类不断追求的美好理想。

例如，18世纪的法国启蒙思想家就相继提出了许多宝贵的民族思想。百科全书派代表孟德斯鸠提出，地理环境对于一个民族的性格、风俗、道德和精神面貌及其法律性质和政治制度具有决定性作用。他还特别强调气候、土壤等自然环境同民族的性格之间，尤其是同民族的政治制度之间也有非常密切的关系。他公开反对资本主义的殖民政策，反对民族压迫。法国另一位启蒙思想家伏尔泰强调民族语言是民族形成的重要构成要素，也是民族区别的重要特征。这一思想对马克思民族思想的形成有着直接影响。法国机械唯物主义者爱尔维修认识到了国家政体形式对民族文化的影响。他认为，政体形式不仅规定一个人的发展，而且决定一个民族文化的风格，甚至一个民族的兴衰也是由政体形式决定的。爱尔维修还指出，一个民族的幸福应该掌握在自己手里，民族幸福与否关键看能否协调人们的利益关系。马克思对爱尔维修、边沁和欧文的思想给予了中肯评价。他说："边沁根据爱尔维修的道德论构建了他那正确理解的利益体系，而欧文则从边沁的体系出发论证了英国的共产主义。"[1] 法国另一位思想家霍尔巴哈则着重论述了宗教与民族的深刻关系。他认为宗教对一个民族是有害的。宗教不仅不能增进道德，而且还会破坏人们的道德境界。宗教导致人们失去思考能力，陷入轻信无知状态，使一个民族失去进步动力，只有正义才能使民族产生前进的力量。他认为正义是世界上一切团体的基石，没有正义就不可能有社会，一切民族都离不开正义。德国古典哲学的开创者康德在《永久和平》中提出了世界上各民族建立永久和平的思想。所谓永久和平就是彻底地没有战争，各民族之间和平共存。在

---

[1][德]马克思,恩格斯. 马克思恩格斯文集（第1卷）[M]. 北京：人民出版社，2009：335.

建立永久和平之前，世界各民族国家几乎处于一种自然状态，各国之间没有法律约束。他还开列出国家之间建立永久和平的先决条款与正式条款，如废除军备竞争、不得武力干涉他国、各国建立共和制、建立自由国家联盟以保障国际权利等。德国古典哲学另一位哲学家费希特深受康德影响。康德在哲学史上发起了一场哥白尼式的革命，主张"人为自然立法"，强调人的自由与能动性，认为任何时候都应该把人看成目的，而不是手段。受此影响，费希特认为："人类之最终目标是建立一个王国，在那里，依据理性，人类将获得自由。"[1] 但它的实现需要各民族共同努力。在此基础上，他对民族的概念进行了详细阐释，指出"民族是一个自然的集合体，因此是一种神圣的、永恒的、根本的东西，比起人类的创造更为合理"[2]。在他看来，1789年爆发的法国革命最终变成理性王国的反面。这场革命使从康德那里萌发出来的民族意识到费希特那里演变成了一种强烈的民族意识和民族情感。费希特认为，一个民族要想摆脱他族统治，就必须争取民族独立。只有民族独立，个人才能有自由。德国古典哲学集大成者黑格尔则从本体与历史观角度论述民族精神。他认为，世界历史就是绝对精神的舞台，但它从理念到现实化不是一蹴而就，而是有一个过程，需要自我中介化的过程。民族精神是绝对精神在人类历史上展现自身的重要环节，是在民族与历史的时空限度内体现出的绝对精神的有限原则，是绝对精神的民族化和历史化表达。民族精神就是每个历史阶段中的理性精神代表，后者在每一个民族现实历史中"现身"，而绝对精神借此实现自身。于此，民族精神现实化的历史就是一个民族的发展史，也是世界历史发展的内在环节，是世界历史发展的内在逻辑，体现了历史发展的必然性。黑格尔还对民族独立等问题做了深刻阐述。他认为，一个民族最基本的自由和最高的荣誉就是民族独立与自主，但讽刺的是，他赞美战争，并为资本主义的民族压迫和民族侵略辩护。他认为，战争可使"各民族保持伦理上的健康。就像刮风会使海洋不至于腐烂发臭一样；长期的静止是会使海洋腐败发臭的，长期的乃至'永久和平'也会使各民族腐败发臭"[3]。

马克思恩格斯正是在批判地继承法国空想社会主义者和启蒙思想家等旧

---

[1] Ignas K. Skrupskelis. Some Oversights in Dewey's Cosmopolitanism Transactions of the charles S. peircesociety, Vol. 45, No. 3, 2009: 337.

[2]〔印〕帕尔塔·查特吉.民族主义思想与殖民地世界：一种衍生的话语[M].范慕尤,杨曦,译.南京：译林出版社,2007:27.

[3]〔苏联〕阿尔泰·吉留加.黑格尔传[M].刘半九,伯幼,等译.北京：商务印书馆,1993:41.

唯物主义以及德国古典哲学家的民族学说并赋予其崭新内容的基础上形成的。作为19世纪创立的民族和民族问题的科学理论，马克思主义民族理论产生于欧美资本主义快速发展、各国无产阶级斗争蓬勃兴起、人民争取民族独立和进行民族解放运动的浪潮日益高涨的时代背景下，在领导无产阶级反对资产阶级的剥削和压迫的斗争中，在对民族及民族问题进行了深入的研究和分析的基础上，马克思恩格斯从历史唯物主义的基本立场和观点出发，第一次正确深刻阐明了民族团结理论，提出了"全世界无产者联合起来"①，"团结联合的行动，是无产阶级获得解放的首要条件之一"②，"没有团结联合，就没有无产阶级革命事业的胜利"③等众多经典论断。马克思和恩格斯认为，民族团结首先是无产阶级的团结和被压迫民族的联合，这使关于民族团结的理论更具阶级性、广泛性。为之后的社会主义国家解决民族问题提供了基本遵循和理论依据，而民族团结理论正是构成马克思主义民族观的重要内容。马克思、恩格斯就曾深刻指出，在阶级社会里，民族内部的利益并不是完全一致的，因此，在无产阶级革命时代，主张"各民族的工人兄弟联盟来对抗各民族的资产阶级联盟"④，以消灭民族剥削和民族压迫为目标，实现世界范围内的各民族无产阶级和劳动人民的平等团结；在社会主义革命和建设时期，主张遵循"民族内部的阶级对立一消失，民族之间的敌对关系就会随之消失"⑤的客观规律来实现各族人民真正的团结，进而使他们心无芥蒂地投身于社会主义国家建设当中，直到共产主义的实现，这是马克思主义政党处理民族问题的一项基本原则。

此外，马克思、恩格斯在强调民族解放时也非常肯定地强调各民族一律平等，承认各民族在推动人类社会发展和进步过程中所发挥的作用，并将其作为马克思主义民族理论的核心。资产阶级民族观是建立在历史唯心主义基础上的。资产阶级认为：人世间的一切都与上帝有着千丝万缕的联系，上帝

---

①[德]马克思，恩格斯.共产党宣言[M].北京：人民出版社，2014：66.
②[德]马克思，恩格斯.马克思恩格斯选集（第1卷）[M].北京：人民出版社，1972：270.
③[德]马克思，恩格斯.马克思恩格斯选集（第2卷）[M].北京：人民出版社，1972：134.
④[德]马克思，恩格斯.马克思恩格斯全集（第4卷）[M].北京：人民出版社，1958：412.
⑤[德]马克思，恩格斯.马克思恩格斯全集（第1卷）[M].北京：人民出版社，1995：291.

的意志不可违背；民族有优劣之分，"优等""劣等"民族的划分是固定不变的，各民族的命运要由代表上帝的教皇来决定安排，任何民族不得违抗；优等民族和劣等民族生来就是不平等的，只有优等民族才是人类文明的创造者，优等民族奴役、压迫、剥削劣等民族是天经地义的事情。资产阶级甚至主张要保存、发展和繁荣优等民族，淘汰、消灭劣等民族。资产阶级的"民族优越论"在理论上是荒谬的，在政治上是反动的，它在一定程度上为资产阶级推行民族剥削、民族侵略提供了理论支撑。与资产阶级民族观相反，马克思民族思想牢牢建立在历史唯物主义的基础上。马克思认为各民族都是历史的创造者，都是人类文明的缔造者，都对人类历史文化作出了应有的贡献，因此各民族都一律平等。在《德意志意识形态》中，马克思、恩格斯第一次提出："全部人类历史的第一个前提无疑是有生命的个人的存在。"[1] 在1844年合著的《神圣家族，或对批判的批判所作的批判》中指出："古往今来每个民族都在某些方面优越于其他民族，……那么任何一个民族都永远不会优越于其他民族。"[2] 阐明了民族平等的一个重要依据。恩格斯指出："平等应当不仅仅是表面的，不仅仅在国家的领域中实行，它还应当是实际的，还应当在社会的、经济的领域中实行。"[3] 马克思恩格斯的这些言论充分表明了他们的民族无优劣之分和各民族一律平等的思想，是科学的民族观。其不仅要追求原则和形式上的平等，更要追求事实上的平等和实质上的平等。

马克思主义认为，如果一个民族没有争取到民族平等，那么它和其他民族的关系只能是剥削与被剥削、压迫与被压迫的关系。在不平等者之间根本不可能实现真正的国际合作，恩格斯就曾指出："不恢复每个民族的独立和统一，那就既不可能有无产阶级的国际联合，也不可能有各民族为达到共同的目的必须实行的和睦的与自觉的合作。"这就指明了民族独立与诚恳的国际合作的密切联系。只有获得民族独立的民族，才能进行各民族间的国际合作与交往，否则是不可能的。此外，恩格斯还强调"国际合作只有在平等者之间才有可能"[4]，因为各民族和国家不分大小一律平等，只有这样才能开展真正

---

[1] [德]马克思，恩格斯. 马克思恩格斯选集（第1卷）[M]. 北京：人民出版社，2012：146.
[2] [德]马克思，恩格斯. 马克思恩格斯全集（第2卷）[M]. 北京：人民出版社，1957：194.
[3] [德]马克思，恩格斯. 马克思恩格斯全集：第20卷[M]. 中共中央马克思恩格斯列宁斯大林著作编译局译. 北京：人民出版社，1971：116.
[4] 王炳煜. 马克思主义民族思想史[M]. 北京：中央民族大学出版社，1998：460.

的、正常的国际合作。随着资本主义逐渐向帝国主义过渡，恩格斯更加认识到国际合作的重要性。他认为无产阶级革命的胜利，需要各先进民族和国家的无产阶级的共同行为，离开各民族和谐的国际合作与团结，仅仅靠一个民族或国家的无产阶级革命是不能胜利的，而且各民族和谐的国际合作对于更好地争取、维护和巩固民族独立与平等，促进各民族的发展与繁荣起着积极的作用。也正是因为坚持了历史唯物主义，马克思恩格斯才科学地分析了民族的形成与发展、民族矛盾的产生、民族解放的途径和实现民族和谐等一系列民族问题。在此基础上，马克思恩格斯对解决民族问题的路径以及民族发展的未来趋势等进行了科学的分析和实践指导。

最后，马克思恩格斯还针对生产力对民族工作的影响问题，强调了各民族间的关系和发展还受到生产力发展的制约，强调了经济发展对于民族团结的重要性。在《德意志意识形态》一文中，马克思、恩格斯第一次提出民族关系的问题，他们说："各民族之间的相互关系取决于每一个民族的生产力、分工和内部交往的发展程度。这个原理是公认的。然而不仅以各民族与其他民族的关系，而且一个民族本身的整个内部结构都取决于它的生产力以及内部和外部交往的发展程度。"① 这表明随着社会经济的发展与进步，生产力水平的进一步提高，各民族间的关系日益密切，各民族的团结也日益紧密。

马克思和恩格斯认为，从原始氏族到部落社会转型到文明社会过程中，共存一个地域的人们逐渐形成了共同语言、共同心理素质以及共同经济生活。民族就在这样的过程中逐渐演变而成。其中，生产力发展起到了决定性作用。从青铜工具的出现所引发的农业与畜牧业的分离，再到铁器工具的出现所导致农业与手工业的分离，最后到两次社会大分工所导致的联结生产者与消费者的商业形成独立的生产方式。三次先后相继的社会大分工解构了原始的血缘关系，进而加速了氏族社会的解体，催生了私有制和阶级的诞生。特别是第三次社会大分工加速了商品的生产与交换，促进了社会生产力发展。与此同时，产品交换、人员流动和杂居现象变得普遍起来。以血缘关系为纽带的社会组织逐渐过渡到以地缘关系为纽带的社会组织——部落。为了在战争和财富占有上取得有利地位，部落之间又不断形成联盟，形成了与"民族最近似的东西"②——部落联盟。"当结合在一个政府之下的部落联盟融合为一个

---

①[德]马克思，恩格斯.马克思恩格斯选集（第1卷）[M].北京：人民出版社，1972：25.
②[德]马克思，恩格斯.马克思恩格斯全集（第45卷）[M].北京：人民出版社，1985：426.

统一的整体时……民族方始产生。"① 作为人类社会历史现象，正如民族不是一开始就有的一样，民族也不可能永远存在，而从现实的人—原始群—血缘家族—氏族—部落—部落联盟—民族形成—民族发展—民族消亡这一整个过程中，生产力的发展始终起着决定性的作用。正如恩格斯在《在马克思墓前的讲话》一文中指出的那样："正像达尔文发现有机界的发展规律一样，马克思发现了人类历史的发展规律，即历来为繁芜丛杂的意识形态所掩盖着的一个简单事实：人们先必须吃、喝、住、穿，然后才能从事政治、科学、艺术、宗教等，所以，直接的物质的生活资料的生产，从而一个民族或一个时代的一定的经济发展阶段，便构成基础，人们的国家设施、法的观点、艺术以至宗教观念，就是从这个基础上发展起来的，因而，也必须由这个基础来解释，而不是像过去那样做得相反。"② 为此，要有效地解决民族问题，就需要大力发展社会生产力，提高地区经济发展，进而促进民族团结和民族繁荣发展。

马克思恩格斯的民族理论，不仅为世界各民族的自由和解放凝聚力量，为全世界各民族解放运动指明方向，同时也为中国民族团结进步事业的发展提供重要理论指导。其不仅是对 19 世纪上半期欧洲尤其是德国民族国家的民族、阶级、社会、革命等问题综合思考的结晶，同时也具有随着时代发展而进步的理论品质。正如恩格斯所指出的："马克思的整个世界观不是教义，而是方法。它提供的不是现成的教条，而是进一步研究的出发点和供这种研究使用的方法。"③ 20 世纪以来，以俄国十月革命为先导的无产阶级革命运动在一些多民族国家相继取得胜利，其中都包含了马克思主义民族思想的正确指导。"20 世纪 90 年代以苏联解体、东欧剧变为代表的社会主义国家的解体，其中也包含了背离马克思主义民族理论的错误实践。实践证明，马克思民族思想是人类历史上最科学的民族思想，过去和将来都是我们处理好民族问题的理论武器。"④ 我们应该吸取苏联处理民族问题时的经验、教训，加强各民族之间的团结互助，支持各民族之间友好交流，坚决反对那些利用民族问题

---

①［德］马克思.摩尔根《古代社会》一书摘要［M］.中国科学院史研究所翻评组，译.北京：人民出版社，1965：138.
②［德］马克思，恩格斯.马克思恩格斯选集（第1卷）［M］.北京：人民出版社，1995：776.
③［德］马克思，恩格斯.马克思恩格斯文集：第10卷［M］.北京：人民出版社，2009：691.
④邹贵波.习近平新时代中国特色社会主义思想的四维图景［J］.贵州师范大学学报（人文社会科学版），2018（2）.

挑拨破坏民族团结，制造民族矛盾，妄图颠覆我国政权的阴谋企图。我们要加强爱国主义教育、民族团结教育，讲好各民族之间友好交往的故事。要把民族问题放在社会发展的重要位置，时刻绷紧民族团结这根弦，促进各族人民在社会发展中守望相助，共同繁荣与进步。

二、党对民族团结的领导是铸牢中华民族共同体意识的根本保证

马克思恩格斯认为他们阐述的一般原理是正确的，但是他们同时强调了一般原理的实际应用应该随时随地以当时的历史条件为转移。因此，马克思主义民族理论在中国的实际应用应该以当时的历史条件、国情及其实践为转移，即马克思主义民族理论要与中国具体实际相结合。

党从成立之日起，就高度重视民族团结和民族工作。在将马克思主义民族理论与中国多民族的基本国情相结合的过程中，围绕"民族团结"这一主题，逐步探索出了处理我国民族问题的正确道路。

以毛泽东为核心的中国共产党的第一代领导集体，在领导中国各族人民进行新民主主义革命、社会主义革命和社会主义建设的过程中，从中国的实际出发，把马克思主义普遍原理与中国实际情况相结合，创立了在中国这样一个半殖民地半封建的国家里，如何解决国内民族问题的理论和政策，创造性地丰富和发展了马克思主义民族理论。

在关于民族基本理论问题上，毛泽东依据马克思主义民族理论中的有关论述，通过对中国和世界民族问题的考察分析，深刻地阐述了民族问题及其与阶级问题、社会革命问题的关系，进一步深化和发展了马克思主义关于民族问题的理论。1934年1月，他在《中华苏维埃共和国中央执行委员会与人民委员会第二次全国代表大会的报告》中指出："民族的压迫基于民族的剥削，推翻了这个民族的剥削制度，民族的自由联合就代替民族的压迫。"[1] 这一论述精辟地概括和揭示了民族压迫产生的根源，消除民族压迫的途径，取代民族压迫的新的理想目标以及民族社会政治压迫与社会经济剥削的关系，为中国各少数民族的解放事业指明了道路。他的这一论断与马克思、恩格斯在《共产党宣言》中的论述是完全一致的，即阶级社会民族问题的实质是阶级问题。1940年，他在《新民主主义论》中指出："无产阶级世界革命以资本

---

[1] 中共中央统战部. 民族问题文献汇编 [M]. 北京：中共中央党校出版社，1991：211.

主义国家的无产阶级为生力军,以殖民地的被压迫民族为同盟军。"① 在此基础上他阐述了中国革命的性质是属于世界无产阶级革命一部分。

在关于民族平等和民族团结的理论上,毛泽东同志主张民族平等和民族团结,主张各民族不分大小强弱一律平等,反对大汉族主义和地方民族主义,强调要消除民族隔阂,反对民族歧视和民族压迫。他指出:"国家的统一,人民的团结,国内各民族的团结,这是我们的事业必定要胜利的基本保证。"②要团结所有民族,特别是要积极发挥少数民族在国家社会事业建设上的作用,为实现国家统一大业贡献力量。早在1927年大革命失败后,人民革命斗争进入最艰苦的土地革命时期,在开辟农村革命根据地、红军长征的艰苦斗争中,党的民族平等思想就得到广泛宣传,《中华苏维埃共和国国家基本法(宪法)大纲草案》中就已明确"不分种族……都是一律平等的看待"③。在长征期间,特别是红军在西南民族地区进行革命斗争实践期间,为了最大限度地团结一切可以团结的力量投身革命,毛泽东积极发动当地少数民族群众、团结最广大少数民族群众,为国家事业凝聚了一支最广大的同盟军力量。这次革命斗争更加坚定了党对民族团结重要性地位的认识,同时也体现了毛泽东的民族工作智慧和远见卓识。抗日战争时期,中华民族到了最危险的时刻,全民族动员并团结起来反抗日本帝国主义的侵略,民族平等成为团结凝聚各民族结成统一战线、共同抗日的重要原则之一,无论是正面战场、敌后游击区,还是抗战大后方,各族人民真正实现了全民族抗战。解放战争时期以及在完成新民主主义革命并开始全面建设社会主义过程中,马克思主义民族平等思想得到深入实践。按照《共同纲领》,我国在每个少数民族聚居地组建民主联合、民族自治政府。1951年,毛泽东同志就曾深刻指出:帝国主义过去敢于欺负中国的原因之一,是中国各民族不团结,但是这个时代已经永远过去了,从中华人民共和国成立的那一天起,中国各民族就开始团结成为友爱合作的大家庭,以战胜任何帝国主义的侵略,并且把我们的祖国建设成为繁荣强盛的国家。因此,他强调:"汉族和少数民族的关系一定要搞好。"④ 我们要"对内求国内各民族之间的平等"⑤。"无论是大汉族主义或者地方民族主义,这些

---

① 毛泽东. 毛泽东选集:第2卷[M]. 北京:人民出版社,1991:667—668.
② 毛泽东. 毛泽东文集:第7卷[M]. 北京:人民出版社,1999:204.
③ 中共中央统战部. 民族问题文献汇编[M]. 北京:中共中央党校出版社,1991:122.
④ 毛泽东. 毛泽东选集:第5卷[M]. 北京:人民出版社,1991:386.
⑤ 毛泽东. 毛泽东选集:第2卷[M]. 北京:人民出版社,1991:752.

都不利于各族人民的团结,这是应当克服的人民内部矛盾。"① "共产党实行民族平等不要压迫"。"中华民族的各族人民都反对外来民族的压迫,都要用反抗的手段解除这种压迫,他们赞成平等的联合,而不赞成互相压迫。"② 因此,"我们必须搞好汉族和少数民族的关系,巩固各民族的团结,来共同努力建设伟大的社会主义祖国"③。坚持民族平等,反对民族压迫,这是毛泽东民族思想的一项主要内容,也是我们党解决民族问题的根本原则。

在关于民族区域自治的理论问题上,早在1945年,他就提出:要"改善国内少数民族的待遇,允许各少数民族有民族的自治的权利"④;强调"在少数民族区域,应承认各民族的平等地位及其自治权"⑤;要"承认中国境内各少数民族有平等自治的权利"。民族区域自治是民族平等和民族团结在国家制度上的体现,是我国的一项重要政治制度,是我们党根据马克思主义民族理论,结合中国的历史现状和民族关系的具体特点制定的解决我国民族问题的基本政策。民族区域自治,就是在党和国家的集中统一领导下,在统一而不可分割的人民共和国大家庭内,各少数民族充分享有平等和自治的权利,有权在本民族聚居区建立民族自治地方当家做主,管理本民族地方性事务,充分发挥少数民族参加政治生活和社会主义建设的积极性,这样既能保障各少数民族的合法权利和利益,实行民族平等,加速少数民族地区经济和文化的发展,又能共同抵御外来侵略和颠覆,维护国家统一,达到共同繁荣富强。毛泽东主张实行民族区域自治,强调各少数民族与汉族有平等权利,有管理自己内部事务之权。实行民族区域自治不仅有利于实行统一和自治,即集中制和分权制的恰当结合,同时也有利于国家整体利益和民族区域具体利益的恰当结合。

在关于民族发展繁荣的理论问题上,毛泽东主张帮助少数民族发展经济文化,促进各民族共同发展和繁荣。1954年,毛泽东分析了中国少数民族的特点和发展落后的原因后,指出:"少数民族在政治、经济、文化上都有自己的特点。少数民族经济特点是什么?……现在是不是还有原始公社所有制呢?在有些少数民族中恐怕是有的。我国也还有奴隶主所有制,也还有封建主所

---

① 毛泽东. 毛泽东选集:第5卷 [M]. 北京:人民出版社,1991:386.
② 毛泽东. 毛泽东选集:第2卷 [M]. 北京:人民出版社,1991:623.
③ 毛泽东. 毛泽东文集:第7卷 [M]. 北京:人民出版社,1999:34.
④ 民族问题文献汇编 [M]. 北京:中共中央党校出版社,1991:742.
⑤ 民族问题文献汇编 [M]. 北京:中共中央党校出版社,1991:991.

有制。"① 正是落后的经济和政治制度，严重阻碍了少数民族的发展。毛泽东认为：我们新中国就是要帮助各民族发展，这就必须实行一个根本性的措施，进行社会改革，不断促进各民族共同发展和繁荣。1955年，在中国共产党全国代表会议上的讲话中，毛泽东谈到了关于汉族、少数民族和中华民族的关系，他强调指出："不要以为只是汉族帮助了少数民族，而少数民族也很大地帮助了汉族。""所以，少数民族在政治上、经济上、国防上，都对整个国家、整个中华民族有很大的帮助。"他多次强调："我们要诚心诚意地积极帮助少数民族发展经济建设和文化建设"，加速少数民族地区经济文化建设的发展，积极帮助少数民族发展经济文化，不断促进各民族共同发展，共同繁荣。

20世纪70年代以后，世界形势发生了急剧变化，世界进入多极化时期，和平与发展成为时代主题，但世界范围内的霸权主义和强权政治仍然存在，在某种程度上还有新的发展，地区性冲突此起彼伏，世界政治事务中的民族因素和社会生活中的民族因素都呈日益增多的趋势，国内发展进入新的历史时期，中国民族问题的主要矛盾也转变为各少数民族迫切要求发展与自我发展能力不足的矛盾。

以邓小平为核心的党的第二代中央领导集体审时度势，以敏锐的政治眼光在察觉和深刻分析世界形势和国内民族状况已发生改变的基础上，确立了我国民族关系基本上是劳动人民之间关系的观点，澄清了社会主义时期民族问题的实质，阐明了争取较长时间和平环境进行国内建设的必要性和可能性，果断地提出以经济建设为中心，大力发展生产力，加大民族地区改革开放力度，加速和扶持民族地区发展，尽快改变民族地区贫穷落后状况。这一理论是对马列主义、毛泽东思想民族理论的继承和发展，是在解决我国民族问题的长期实践中逐步形成的。早在20世纪50年代邓小平就从国防建设、边疆稳定、民族区域自治、民族关系、经济文化建设、工作方法等方面对民族问题和民族工作进行了全面的论述。针对历史上遗留下来的民族歧视、民族隔阂等不团结现象，强调指出："在少数民族地区做工作，一个重要原则就是不准出乱子，不能把事情搞坏。"在西南工作期间，他在《关于西南少数民族问题》的重要讲话中强调指出："少数民族问题，在西南来说是很重要的……西南的国境线从西藏到云南、广西，有几千公里，在这么长的边境线上，居住的绝大多数是少数民族。少数民族问题解决得不好，国防问题就不可能解决

---

① 毛泽东文集：第6卷[M]. 北京：人民出版社，1999：327.

好。因此从西南的情况来说，单就国防问题考虑，也应该把少数民族工作摆在很高位置。"① 这篇重要讲话把民族工作提到经济建设和国防建设的战略高度，是把马列主义民族理论和我党的民族政策与西南少数民族地区具体实际相结合的体现。

针对民族关系，发展少数民族地区经济，邓小平同志指出："现在我们民族工作的中心任务是搞好团结，消除隔阂。"② "我们中华人民共和国是一个多民族的国家，只有在消除民族隔阂的基础上，经过各族人民的共同努力，才能真正形成中华民族的美好的大家庭。"③ "实行民族区域自治，不把经济搞好，那个自治就是空的，一系列的经济问题不解决，就会出乱子。"那么，怎样达到发展社会主义民族关系，增强民族团结，发展民族经济的目的呢？邓小平同志强调指出："在世界上，马列主义是能够解决民族问题的。在中国，马列主义与中国革命实践相结合的毛泽东思想，也是能够解决这个问题的。只要我们真正按照共同纲领去做，只要我们从政治上、经济上、文化上诚心诚意地帮助他们，就会把事情办好，只要一抛弃大民族主义，就可以换得少数民族抛弃险隘的民族主义。"④ 邓小平不仅用马克思主义民族理论全面分析了当时少数民族问题，而且以求是务实的思维方法提出了解决民族问题的具体原则和方法，对解决当时中国的民族问题具有普遍的指导意义，奠定了邓小平民族理论的基石。但是，由于"左"倾错误，在长时期里"以阶级斗争为纲"，邓小平几次受到不公正的待遇，他的一些正确的主张未能真正得到贯彻，影响了他的民族理论的发展和完善。

1978年底召开党的十一届三中全会，是中国共产党民族理论探索的一个新的光辉起点。以邓小平为核心的党中央第二代领导集体彻底否定了在无产阶级专政和社会主义条件下"民族问题的实质是阶级问题"的错误观点；平反了在反右、反地方民族主义斗争扩大化和"文化大革命"中的冤假错案，开启了改革开放和现代化建设新时期以及有中国特色民族理论探索的新长征。1979年6月，邓小平在全国政协五届二次会议上明确阐述了我国民族关系的性质，指出："我国各兄弟民族经过民主改革和社会主义改造，早已陆续走上社会主义道路，结成了社会主义的团结友爱、互助合作的新型民族关系。各

---

① 邓小平. 邓小平文选：第1卷 [M]. 北京：人民出版社，1994：164.
② 邓小平. 邓小平文选：第1卷 [M]. 北京：人民出版社，1994：162.
③ 邓小平. 邓小平文选：第1卷 [M]. 北京：人民出版社，1994：167.
④ 邓小平. 邓小平文选：第1卷 [M]. 北京：人民出版社，1994：163.

民族的不同宗教的爱国人士有了很大的进步。在实现四个现代化进程中，各民族的社会主义一致性将更加巩固。"① 1981年6月29日，党的十一届六中全会通过的《关于建国以来党的若干历史问题的决议》指出："必须明确认识，现在我国的民族关系基本上是各劳动人民之间的关系。""改善和发展社会主义的民族关系，加强民族团结，这对于我们这个多民族国家具有重大意义。"②对过去在民族工作中的一些错误做法和言论进行了澄清，从根本上实现了民族工作在指导思想上的拨乱反正。党的十二大又提道："我们一定要提高全党对民族问题的认识"，因为"这是一个关系到国家命运的重大问题"。20世纪80年代以来，鉴于国际上民族矛盾、民族冲突的加剧，进一步确立了对民族问题长期性、复杂性、重要性的正确认识。1987年4月，中共中央、国务院以文件形式批转了《关于民族工作几个重要问题的报告》，肯定了坚持四项基本原则，坚持改革开放、搞活的基本国策，紧密结合少数民族地区和少数民族的实际，从民族平等、民族团结、民族进步、相互学习、共同致富出发，以经济建设为中心，全面发展少数民族的政治、经济和文化，不断巩固社会主义的新型民族关系，实现各民族的共同繁荣的等这一新时期民族工作的指导思想和根本任务。党的十三大进一步提出："我国是一个多民族的国家。维护祖国统一，坚持民族平等、民族团结和促进各民族的共同繁荣，是关系到国家命运的重大问题。要进一步完善民族区域自治制度，大力培养少数民族干部，要继续巩固和加强各民族的大团结，发展平等、团结互助的社会主义民族关系，教育全党认真执行党的民族政策，努力做好民族工作。"③从而为民族工作重心的转移指明了方向。

邓小平不仅从理论上构建民族理论体系，在思想认识上重视民族问题，而且在实践中着力解决民族问题。从80年代到90年代初，我党在邓小平的倡导或直接领导下，取得了新的实践成果：一是颁布了《中华人民共和国民族区域自治法》，对中华人民共和国成立以来的民族工作进行了认真总结，对民族工作的重要性，少数民族的权利和义务，民族自治地方的自治权都作了法律上的规定，使我国的民族区域自治制度走上了法治化轨道。二是召开了全国民族团结进步表彰大会，对进一步巩固和发展平等、团结、互助的社会主义新型民族关系、推动少数民族地区的改革开放、加快经济发展，产生了

---

①邓小平.邓小平文选：第2卷［M］.北京：人民出版社，1993：186.
②新时期民族工作文献选编［G］.北京：中共中央文献出版社，1990：109.
③十三大以来重要文献选编（上）［M］.北京：人民出版社，1991：46.

深远影响。三是在处理国际国内民族问题上做了许多富有成效的工作，加强了国际友好合作，巩固了安定团结的政治局面和各民族的大团结。四是召开了中央民族工作会议，确立了新时期民族工作的方针政策和任务。这些伟大实践的成功，既是邓小平民族理论指导的结果，又丰富了邓小平民族理论的内容。其意义不仅体现在它全面继承和发展了马克思列宁主义民族理论和毛泽东民族理论的基本原则，把马克思主义民族理论在中国的发展全面推进到建设有中国特色的社会主义的新阶段，而且体现在它以开放、发展的理论体系，为新时期党的有中国特色的社会主义民族理论能够不断与时俱进、开拓创新奠定了坚实的理论基础并提供了基本的体系框架和方针战略等基本的理论要素。

党的十三届四中全会以来，以江泽民同志为核心的党的第三代领导集体，面对复杂多变的国际形势，针对我国改革开放和建设有中国特色社会主义市场经济的国内新形势，提出了一系列新概括、新论断，开创了马克思主义民族理论在中国发展的新阶段，实现了理论上的重大突破和创新。

20世纪90年代，国际上发生了许多重大的政治事件。特别是苏联易帜解体，东欧各国民族矛盾骤然爆发，国家分裂，战争此起彼伏。党中央沉着应对外界的变化，对统战和民族工作格外重视，江泽民同志直接抓统战工作，将国家统一和民族团结视为有中国特色社会主义建设事业的重要前提和力量源泉，强调要继续巩固和发展社会主义的民族关系。早在1989年，江泽民就指出："我国是一个各民族和睦相处、亲密团结的大家庭，对于任何民族分裂现象，各民族都是绝对不能容许的。"① 针对国内极少数民族分裂主义分子以及国外的一些反华势力蠢蠢欲动，互相勾结的情况，他强调"对民族分裂主义分子的活动要密切加以注视，丝毫不能放松警惕"；提出"我们一定要旗帜鲜明地维护祖国统一和中华民族的大团结，坚决反对动乱和分裂"②。为切实加强民族团结，1990年9月江泽民在视察新疆时，提出了"三个离不开"的重要思想。他说："我们伟大的中华民族，是由56个民族构成的，在我们祖国的大家庭里，各民族之间的关系是社会主义的新型民族关系，汉族离不开少数民族，少数民族离不开汉族，少数民族之间也相互离不开。"③ 这是在新的历史条件下对我国民族团结和民族关系特点的高度概括，也是对中国民族

---

① 新时期民族工作文献选编 [M]. 北京：民族出版社，1990：433.
② 新时期民族工作文献选编 [M]. 北京：民族出版社，1990：433.
③ 中国共产党主要领导人论民族问题 [M]. 北京：民族出版社，1994：238.

关系健康发展的科学说明。在分析我国民族团结的现状和重要性时,江泽民同志还指出:"中国各民族的大团结是稳固的,这是我国社会进步、经济发展、政治稳定的重要保证。"① 1993年11月,在全国统战工作会议上,江泽民进一步指出:"在民族平等的基础上,加强民族团结和祖国统一,是各族人民根本利益之所在。"② 民族团结是社会稳定的前提,是国家统一的基础,"如果国家不统一,民族不团结,就没有社会的稳定,就无法集中力量进行经济建设,各民族也就不可能实现共同发展。"③ 因此,江泽民强调:"为了加强各民族大团结,既要反对大民族主义,也要反对地方民族主义。"④ "在全国,要处理好汉族与少数民族的关系。在民族自治的地方,还要注意处理好自治民族与其他民族的关系。""要继续在全国开展表彰民族团结进步先进集体和先进人物的活动。在多民族居住区,尤其是在边疆民族地区,还要注意加强军队与地方政府和少数民族的团结。"⑤ 同时,"为了维护祖国统一,我们必须同极少数分裂主义分子进行坚决斗争"。⑥ "我们要更高地举起爱国主义和民族平等团结的旗帜,反对一切破坏团结,分裂祖国的阴谋活动"。⑦ 中央强调必须旗帜鲜明地反对民族分裂主义,最大限度地团结和依靠各族干部和群众,最大限度地孤立和依法打击极少数分裂主义分子,防范和抵御国外敌对势力的渗透和破坏。

此外,面对国际形势风云变幻,我国改革开放进一步深入和扩大,以江泽民同志为核心的党中央还进一步对解决好我国社会主义初级阶段的民族问题和做好民族工作提出了一系列重大决策,紧紧围绕"以经济建设为中心",通过实施西部大开发战略、科教兴国战略、兴边富民行动等一系列重大举措着力解决改革开放后东西部地区发展不平衡问题,从而极大地推动了民族地区、边疆地区经济的发展。1992年1月14日,江泽民在中央民族工作会议上,发表了《加强各民族大团结,为建设有中国特色的社会主义携手前进》的重要讲话,强调"民族区域自治制度是完全适合我国国情的基本制度,是

---

① 新时期民族工作文献选编[M].北京:民族出版社,1990:384.
② 新时期统一战线文献选编(续编)[M].北京:中共中央党校出版社,1997:610.
③ 新时期统一战线文献选编(续编)[M].北京:中共中央党校出版社,1997:612.
④ 新时期统一战线文献选编(续编)[M].北京:中共中央党校出版社,1997:393.
⑤ 江泽民.在中央民族工作会议暨国务院第三次全国民族团结进步表彰大会上的讲话[N].人民日报,1999-09-30.
⑥ 新时期统一战线文献选编(续编)[M].北京:中共中央党校出版社,1997:394.
⑦ 中国共产党主要领导人论民族问题[M].北京:民族出版社,1994:226.

党和各族人民的伟大创举"①。党的十五大将民族区域自治进一步明确为一种民主制度，并将其作为处理民族问题的政策依据，也是我国基本政治制度的重要组成部分。而党的十六大提出的"坚持和完善民族区域自治制度"②，则进一步丰富和发展了中国化民族理论。

　　进入新世纪新阶段，我国少数民族和民族地区在经济和社会发展上取得了前所未有的进步。但是，这一发展过程很不平衡，地区之间、民族之间的发展差距依然明显，而且有不断扩大的态势。这突出表现在少数民族和民族地区强烈的发展愿望与自身发展能力不足之间的问题，以及如何加快少数民族和民族地区经济社会发展的问题。这就表明，实现民族地区经济社会发展问题仍然是那一时期建设中国特色社会主义面临的重大课题。民族地区又好又快地发展，是各族群众的迫切要求，也是这一时期解决民族问题的关键。为此，以胡锦涛同志为总书记的党中央在准确地把握新时期民族问题的复杂性、重要性的特点的基础上，将"两个共同"作为新时期民族工作的主题，以"三个不容"表明继续坚持和完善民族区域自治制度的坚强决心，并不断充实我国社会主义民族关系的基本特征，在"平等、团结、互助"的基础上加入"和谐"要素，同时制订了相关行政法规和专项规划，深入开展民族团结宣传教育，以确保国家社会稳定大局。这既是对马克思主义民族理论的深化和发展，又对建设中国特色社会主义具有深远意义。

　　早在2003年3月，胡锦涛总书记在全国政协十届一次会议少数民族委员联组讨论会上的讲话中就第一次提出了"共同团结奋斗、共同繁荣发展"的理论。2005年5月在中央民族工作会议的重要讲话中，他进一步对"两个共同"的科学内涵做了阐述。指出："共同团结奋斗，就是要把全国各族人民的智慧和力量凝聚到全面建设小康社会上来，凝聚到建设中国特色社会主义上来，凝聚到实现中华民族的伟大复兴上来。共同繁荣发展，就是要牢固树立和全面落实科学发展观，切实抓好发展这个党执政兴国的第一要务，千方百计加快少数民族和民族地区经济社会发展，不断提高各族群众的生活水平。只有各民族共同团结奋斗，各民族共同繁荣发展才能具有强大动力。只有各民族共同繁荣发展，各民族团结奋斗才能有坚实基础。"③"两个共同"是相辅相成、互为条件的，共同团结奋斗是共同繁荣发展的前提，共同繁荣发展是

---

① 江泽民. 江泽民文选：第1卷[M]. 北京：人民出版社，2006：178.
② 江泽民. 江泽民文选：第3卷[M]. 北京：人民出版社，2006：554.
③ 中央民族工作会议精神学习辅导读本[M]. 北京：民族出版社，2005：33—34.

共同团结奋斗的结果。只有各民族团结起来,增强凝聚力,共同致力于民族地区经济社会发展,才能为各民族的共同繁荣发展提供强大的动力。同时,也只有实现各民族的共同繁荣发展,才能为发展平等、团结、互助、和谐的民族关系提供必要的条件。中国共产党第一代领导人为实现各民族共同繁荣发展,采取了适合于当时我国民族地区实际的一系列措施,在实践中取得了巨大的成就。第二代中央领导集体的核心邓小平指出:"实行民族区域自治,不把经济搞好,那个自治就是空的。"党的第三代领导集体强调指出:"加快发展少数民族和民族地区的经济文化等各项事业,促进各民族的共同繁荣,这既是少数民族和民族地区人民群众的迫切要求,也是我们社会主义民族政策的根本原则。"[①] 新世纪新阶段,新的中央领导集体概括出了"两个共同"的理论,不仅是对马克思主义民族理论的继承与创新,而且明确了现阶段我国民族工作的主题。而贯彻"两个共同"的主题,关键要抓好发展这个党执政兴国的第一要务,树立和全面落实科学发展观,这不仅是实现"两个共同"的基本条件,同时也是我党提出的解决民族问题、推进中国特色社会主义建设的重大举措。

除了将"两个共同"作为新时期民族工作的主题之外,同时,以胡锦涛为中心的党中央还进一步提出了巩固和完善民族区域自治制度的工作任务和要求。早在2005年,胡锦涛在中央民族工作会议上强调指出:"民族区域自治作为党解决我们民族问题的一条基本经验不容置疑,作为我国的一项基本政治制度不容动摇,作为我国社会主义一大政治优势不容削弱。""三个不容"的理论内涵丰富,首先,强调民族区域自治作为党解决我们民族问题的一条基本经验不容置疑,肯定了我国自实行民族区域自治制度以来所取得的重大成就。实践证明,这是我们党解决我国民族问题的一条成功经验。其次,作为我国的一项基本政治制度不容动摇,强调的是民族区域自治制度的地位和作用。中国共产党第十五次代表大会把民族区域自治制度作为我国社会主义民主制度的一大形式,充分表明了这项制度在我国的历史地位,是解决我国民族问题的重要政治制度。新的中央领导集体指出,正确处理民族问题,是建设中国特色社会主义的重要内容。民族问题的解决依赖于少数民族和民族地区经济文化水平的不断提高,依赖于民族自治权利的切实实现,这就需要在新阶段进一步坚定不移地坚持和完善民族区域自治制度。最后,民族区域

---

① 国家民族事务委员会政策研究室编. 中国共产党主要领导人论民族问题[M]. 北京:民族出版社,1994:251.

自治制度作为我国社会主义一大政治优势不容削弱，旨在肯定我国实行这项制度所具有的优越性。我国少数民族居住格局的特点，决定了各民族平等权利的实现要求实行民族自治与区域自治相结合的制度。民族区域自治制度所具有的灵活性有利于保障各民族平等享有各项权利。实践证明，这是一项符合中国各族人民根本利益的政治制度，具有不可比拟的优越性。我国大部分少数民族居住在边疆，边疆的稳定关系到国家的安定和统一。民族区域自治制度符合各族人民的根本利益，从而有利于调动边疆各族人民的爱国情感，加强各民族的团结，抵制分裂分子的活动和外来的侵略与颠覆。新的中央领导集体总结历史，以全局的眼光提出了"三个不容"的理论，指出了必须坚持与完善民族区域自治制度，这是对马克思主义民族理论的进一步充实。正是在一系列新政策新方针的引领下，我国民族关系不断得到巩固和发展，全国各族人民的创造力与凝聚力日益得到增强，与世界上其他民族地区因民族关系处理不当而造成的民族事端与战乱的局面相比，我国民族关系经受住了各类风险与挑战，强有力地维护了民族团结和社会稳定。

党的十八大以来，以习近平总书记为核心的党中央立足新时代，多次到民族地区考察、调研，关心少数民族人民的生活，提出了许多新论断、新要求。党的新一代领导集体围绕实现两个一百年的奋斗目标，明确提出了新时期民族工作发展的一系列重要方针、重大举措，从而为新时期做好民族工作提供了新的部署与顶层设计。"五位一体"的总体布局和"四个全面"的战略布局为民族地区、边疆地区和贫困地区的经济社会发展指明了方向；作为中国特色社会主义政治发展道路的重要内容，民族区域自治制度的持续坚持和完善，巩固与健全民族自治的要求与具体任务的提出，既保障了民族地区人民的利益，也规范了国家对民族地区的管理，可以说是用中国方式解决了中国问题的制度，堪称中国共产党的一大创举。"中国梦"是国家的梦、民族的梦，要以中国梦为奋斗目标，引领民族团结等新要求的提出，不仅肯定了中华民族的伟大复兴与各民族人民之间的关系，同时也指出民族工作的发展方向以及实践重点，培育了民族情感、民族自信心，形成了中华民族凝聚力，促进了中国特色社会主义民族理论不断丰富和发展。此外，习近平总书记还多次到民族地区调研考察，提出了"精准脱贫扶贫""实施乡村振兴战略""高举民族团结旗帜""培养少数民族地区干部"等民族工作举措；对各民族关系提出了"六个相互"，进一步促进了民族平等、民族团结和各民族的共同繁荣，科学地实现了马克思主义与中国民族问题的实际相结合，调动了各族人民实现国家富强、民族振兴"中国梦"的积极性。党的十九大报告中,习近平总书记更是以71个字高度凝练了新时期党的民族工作方针,明确指出其落脚点是在民族团结教育上,以民族政策为具体方式,要求积极培育民族共同体意识,提高民族交流的感召力,加深民族融合的黏合力。为兑现"让贫困人口和贫困地区同全国一道进入全面小康社会"的庄严承诺,党和政府通过制定实施扶贫和扶志相结合的民族地区富裕政策,加快民族地区、边疆地区发展,化解了重大风险,为全面建设社会主义现代化国家新征程铺平了道路;通过巩固和发展最广泛的爱国统一战线,促进了民族关系、宗教关系的和谐,增强了各族群众对中华人民共和国、中华民族优秀文化和中国特色社会主义的认同,促进了民族团结,巩固了民族向心力。

综上所述,党的历代中央领导集体处理民族问题的思想是一脉相承、与时俱进的。依据民族问题领域出现的新情况,党的历代中央领导集体不断创新民族工作总基调,在此基础上不断丰富中国化的马克思主义民族理论,并进一步升华为新时代铸牢中华民族共同体意识。在党的团结带领下,各民族关系变得更加紧密,爱国主义意识和中华民族共同体意识更加强烈,各民族呈现出团结互助、和谐共生的画面。历史和实践证明,中国共产党是中国特色社会主义事业的领导核心,党的领导是维护民族团结、促进各民族共同繁荣发展的根本保证。

三、相互依赖的经济关系是铸牢中华民族共同体意识的物质保障

马克思主义认为,经济基础决定上层建筑。经济活动是人类社会最普遍和最基础的活动,也是促进社会成员和群体间交流交往、相互协作甚至相互竞争的内在动力。在东亚大地上,各民族在长期交流交往过程中,由于经济上的互补性,不断提升民族间、区域间经济联系的广度与深度,把地理上相连的生存空间变成了经济上互补的经济空间,成为中华民族共同经济生活的基础。费孝通先生提出:"民族格局似乎总是反映着地理的生态结构。中华民族生存所处的是一个在地理上自成单元但又生态环境多样丰富的生存空间。"共同生存空间内部生态环境的多样性使各民族的经济互补成为可能,也构成了各民族形成经济上相互依存格局的发展逻辑。

各民族经济上相互依存的程度也经历了从相对独立到经济联系不断密切的发展过程。在自然经济时代,各地区、各民族尽管相互联系没有今天这样频繁和密切,但都无法做到完全的自给自足。在中国广袤的土地上,不同区

域生活的不同人群和不同民族，都需要从自己的经济活动范围之外获取物质资源、生产技术和生活用品，以满足生存发展需要。由于中国各地地理环境与生态系统差异巨大，由此，在较大的区域之间形成了不同的经济类型和不同民族各不相同的生产生活方式，从而确定了相互之间必然的经济上的依存关系。这种各族群间经济上的互补、依赖关系，是中华"一体"文化形成的经济基础。考古发现，早在距今3000多年的铁器时代就已开始使用的当时中国新疆南部居民的生产生活用品（包括使用的铁器、铜器和石器等）和丧葬习俗多与陕西、甘肃地区呈现出一致性，出土的彩陶造型、纹饰、制法与中原、甘肃、青海等地的彩陶具有共性。在陕西仰韶文化遗址中就出土有来自新疆和阗的玉石。和阗玉在原始社会向东已沿着罗布庄、罗布淖尔和库车等南北两路经河西走廊进入关中地区，又向东南推进到河南安阳地区。所有这些都说明了，由于天然的地理条件、气候特点，不同地区之间的经济存在巨大的差异和互补，从而确定了相互之间必然的经济上的依存关系。

我国南方是肥沃的平原地区，适合农业耕种，我国北方有广阔的草原，适合于畜牧业发展，西南民族地区多高山、多丘陵且长期处于刀耕火种的原始农业阶段。汉族的祖先主要聚居在适宜耕种的黄河、长江流域；少数民族则多散居在草原、高原、山区和森林等不适宜农业发展的地区。公元前221年，秦始皇统一了中原地区，公元前209年，冒顿单于统一了北方草原地区。此时中华大地上的两个统一的国家，正是由以农业为主的中原地区和以游牧业为主的少数民族地区组成。由于游牧民族身处不宜耕种的广大草原，生活必需品和粮食经常短缺，因此，游牧民族抢劫财物、破坏农业生产等事件时有发生。春秋战国时期就开始修筑的万里长城，起初就是为了抵御北方游牧民族的侵扰。我国历史上汉族和游牧民族的战争相当频繁，可以说生产结构上的某些不合理，是汉族和游牧民族之间发生争战的原因之一。农业社会的生产生活需要牲畜、动物的皮张等产品；游牧社会也需要各种工具、丝绸、粮食等生活必需品。农业社会与游牧社会之间经济上的互补关系，促进了各民族经济和文化上的交往和交流，为中华民族共同体意识的逐步形成提供坚实的经济基础。

汉武帝时张骞出使西域，张骞开辟的这条通道到唐代时形成了举世闻名的"丝绸之路"。古代的西域也就是现在新疆地区，是丝绸之路上一个联动东西方国家经济、文化交流的必经之地。许多从西方来的商人从事商业活动，都是先传入新疆再传入内地，从内地传出的丝绸、纺织品、火药、造纸术、印刷术等也是先传到新疆再传出国外。通过丝绸之路，中原地区的产品不断流入西域地区，促进了西域地区经济和文化的发展，西域的各种产品也丰富了中原地区的物质生活。中原地区和西域地区的经济呈现互相依存和互为补充的特点。历史上，汉族与各少数民族间进行经济交往的方式主要有互市、贡赐、和亲等形式。唐代时，中原王朝主要用绢帛、粮食等来交换少数民族的牲畜、马匹、动物毛皮、畜产品，等等，这种经济交往称为"绢马贸易"。宋代与吐蕃等少数民族开通了茶马互市贸易。茶马互市不只有茶和马，还包括很多其他商品的贸易。游牧地区需要大量茶叶，农业地区需要大量的马匹和牲畜，从茶马互市可以看出汉族和少数民族之间的经济关系是既联系又互补的。通过设立各类交换市场，加强了各民族地区的交往与联系，在交换的过程中互通有无，形成了少数民族与汉族之间、各少数民族之间一种密不可分的经济联系。"贡赐"是一种官方的贸易往来，是带有政治因素的经济行为。少数民族所在的地方政权向中央王朝进献自己地区特产的行为叫作"朝贡"，中央王朝会进行回赏，回赏的行为被称为"赏赐"。"朝贡"是中央王朝与少数民族地区在政治上形成隶属关系的经济纽带。据记载，明朝的正统、景泰 20 年间，蒙古族瓦次首领向明廷进贡达 43 次，其中"11 次供马驼 68396 匹；5 次贡貂鼠、银鼠等各种皮货达 186332 张"[①]。明廷则赏赐衣帽靴袜、金银首饰、纸张、书籍、药材等。"贡赐"不仅在政治上维系了隶属关系，也使各民族之间在经济上互通有无，促进了各民族在经济上的共同发展。

"和亲"是指中原王朝和边疆少数民族地区之间缔结的婚姻关系。如秦亡汉兴，面对匈奴不断南下侵略，汉以宗室女为公主嫁于匈奴首领，给匈奴大量物品，约为兄弟，对匈奴实施和亲政策，这一政策客观上极大地促进了汉匈两族之间的经济文化交流。隋唐时期，应松赞干布的要求，唐太宗把文成公主远嫁到吐蕃，在加强边疆民族地区的经济发展方面取得了积极的成果等。虽然"和亲"是出于政治目的，但是和亲的同时，中原王朝都会赠予少数民族首领大量的嫁妆和赏赐，出嫁的公主也会在和亲时带走中原王朝的生产技术、生产工匠、生产工具及一些农作物等。"和亲"使中原大量的财富和生产技术等进入边疆地区，促进了边疆少数民族经济的发展。政治性的"和亲"不仅换取了边疆的安宁，更加强了各民族之间经济和文化上的交流。

近代以来，特别是鸦片战争之后，中国被迫纳入西方主导的资本主义经

---

① 潘龙海. 中华民族学初探 [M]. 吉林：延边大学出版社，1992：125.

济体系，并逐步沦为半殖民地半封建国家。在国外资本主义坚船利炮的侵略和先进生产方式的冲击下，传统经济模式难以为继。国家主权和经济利益大量丧失，各族人民被迫承担不平等条约强加的赔款责任，人民群众生活水平急剧下降。在与外国列强的抗争中，经济上相互依存的各民族人民意识到，中华民族的成员是休戚与共、利益共享、风险共担的命运共同体和利益共同体。正如费孝通先生所言："近百年来，中华民族在与近代帝国主义列强的对抗中，由一个自在的实体变成了自觉的民族实体。"各民族经济上的相互依存和利益上的共享，为中华民族形成近代意义上的共同经济生活提供了外在动力。

中华人民共和国成立以来，我国地区间和民族间的经济联系更加密切，国内统一市场不断发展，大大提升了各民族共同经济生活的广度、深度和一体化程度。大规模的工业化建设和人口流动，比如国家在边疆地区的兵团屯垦戍边、知识青年上山下乡、三线建设，尤其是改革开放以来商品经济的发展，交通、通信技术的进步和基础设施的极大改善，使全国各地区成为相互联系、互相离不开的现代国民经济体系的有机组成部分。地区之间、民族之间的资源、能源、资金、技术、人才流动更加频繁，经济交往更加密切，相互依存程度进一步提高。在中国共产党统一领导和社会主义制度的大家庭中，"全国一盘棋"、财政转移支付乃至"统收统支"、民族地区开发支持援助政策，进一步增强了各地区经济上的互补性和全国经济体系的一体性，各民族作为中华民族大家庭的成员角色更加显著，各民族成员越来越成为"一个锅里吃饭"的"一家人"[①]。由国家主导区域发展规划，通过市场和政府合理配置地区资源要素，发展现代产业、建设现代经济体系，实现城乡之间、地区之间的协调发展，发展改革成果实现全民共享。在社会主义大家庭中，各民族经济上的相互依存关系发生了质的变化，经济上的相互依存使各民族形成了相互离不开的经济共同体，为建立平等、团结、互助、和谐的社会主义民族关系和中华民族共同体奠定了坚实的物质基础。总之，不论是地理上的自然分工，还是历史上形成的各民族之间的经济关系，都表现为相互依存、互为补充的特点。各民族这种在经济关系上的相依互补关系是中华民族共同体意识形成的经济基础。

---

① 全国政协民族和宗教委员会. 铸牢中华民族共同体意识学习与思考［M］. 北京：民族出版社，2021：82.

四、崇尚统一的治理传统是铸牢中华民族共同体意识的政治支撑

中国作为一个文明古国，拥有数千年一脉相承的独特文化秩序和治理体系，而这支文脉在历代王朝政治和更迭中不断融合发展，从未断裂消失。"大一统"观念可视为中华文明中的重要根基，维系着这样一个广疆域、多民族国家历经"分久必合，合久必分"的周期性更变后，仍在疆域上、政治上和思想上保持整体上的统一。

作为一个正式的政治概念，"大一统"虽然始出于《春秋公羊传·隐公元年》"何言乎王正月，大一统也"的记载，并经西汉时期董仲舒结合王权政治和儒家伦理阐述而成特定的政治流行语，但"大一统"作为一种思想理念和理想探寻，却可以追溯到中华文明形成之初的夏商周甚至远古时代、追溯到古代先哲关于宇宙和世界的原始探讨中。作为中华文明思想基础的中国哲学，发轫于先秦时期，这一时期对宇宙、世界、生命的探讨是主要的文化语言。从《尚书》《礼记》《诗经》《左传》《国语》《周易》《春秋》等典籍关于"天命循环、阴阳互动、五行相生、天人合一、万物生生"的宇宙论和世界观的讨论中，我们可以发现，古人已经开始以一种"整体直观"的智慧从宇宙万物自身的矛盾运动中探寻物质世界的统一性和精神世界的完整性，这种"统一性"和"完整性"支撑起了中华文明的整个框架。故"大一统"的最初含义在于：使万事万物归依于一个形而上的本体，其中最著名的概括即为"道"："道生一，一生二，二生三，三生万物。"（《老子》第42章）董仲舒《举贤良对策》中曰："春秋大一统者，天地之常经，古今之通谊也。"唐朝诗人颜师古对此解释："一统者，万物之统皆归于一也。""大一统"以超越理念的形式涵盖了宇宙、自然、社会、生命等各个层级，这是本体论上的高度统一，这种统于"一"的哲学逻辑为之后特定语境下政治社会的"一统"提供了超验性的价值依据。

及至"大一统"作为政治概念被普遍使用于政治社会，我们便可以轻易地在儒道墨法各家思想中提炼出"王权一统"的政治共识。《诗经》云："普天之下，莫非王土；率土之滨，莫非王臣。"由此隐示了"礼乐征伐自天子出"的"一统天下"的政治意识。《春秋》开篇"元年春王正月"的时间记载，经公羊学家阐释而成"大一统"的明确概念："元年者何？君之始年也。春者何？岁之始也。王者孰谓？谓文王也。曷为先言王而后言正月？王正月也。何言乎王正月？大一统也。"（《公羊传》）再经董仲舒融合众家思想的发

挥,"大一统"成为王权一统的根基性理论。《汉书·王吉传》中又称:"春秋所以大一统者,六合同风,九州共贯也。"由此,"大一统"被赋予"王权一统"基础上地域、民族、臣民、文字、饮食、服饰等各方面高度集中、整齐划一的综合性意义,而文字、语言、饮食、服饰、度量衡等具象行为方式的统一是国家一统、民族融合的基本路径。故而,中国民族融合与文明整合的进程是一致的,或者说民族融合的整个过程都贯穿于"大一统"文化的发展序列中。

侯外庐先生曾经说:"思想史系以社会史为基础而递变其形态。因此,思想史上的疑难,就不能由思想本身运动得到解决,而只有从社会的历史发展来剔抉其秘密。"① 自公元前230年至公元前221年,秦国分别灭亡韩、赵、魏、楚、燕、齐六国,建立了秦朝,这是中国历史上首个中央集权的大一统王朝,在历史上第一次把中国推向大一统时代,废分封、设郡县,书同文、车同轨,不仅为"大一统"确立了新的政治基础——官僚制与郡县制,更奠定了中国2000多年中央集权的政治格局。秦朝灭亡后,西汉王朝建立,这使中国再次进入一个统一的多民族的大一统时代。这样一个幅员辽阔、人口众多的大国,所遇到的首要问题,就是如何确立统一的国家意识。大一统理论便是在这样一个时代背景下总结历史经验得出的。春秋无义战,战国时期更是杀人盈城、杀人盈野,楚汉战争也是惨烈异常。社会失序,战争频仍,民不聊生。汉朝建立之初奉行"黄老之学",以使百姓得以休养生息,这是非常有必要的。但"黄老之学"尊崇"无为而治",这就带来了中央集权的软弱,造成了藩王实力逐渐强大,严重威胁到国家治理的稳定。董仲舒指出:"今汉继秦之后,如朽木、粪墙矣,虽欲善治之,亡可奈何。法出而奸生,令下而诈起,如以汤止沸,抱薪救火,愈甚亡益也。窃譬之琴瑟不调,甚者必解而更张之,乃可鼓也;为政而不行,甚者必变而更化之,乃可理也。当更张而不更张,虽有良工不能善调也;当更化而不更化,虽有大贤不能善治也。故汉得天下以来,常欲善治而至今不可善治者,失之于当更化而不更化也。"② 因"无为而治",固守旧法而不知"更化",内外之乱得不到有效治理。经历汉初的七国之乱,使饱尝战争痛苦的人民倍加珍惜和平、秩序的可贵。正是在这样的形势下,汉武帝决定改弦更张,调整治国理政的指导思想。一代伟大的政治家、思想家董仲舒经过深入的研究和深刻的思考,继承和发展先圣

---

① 侯外庐. 中国思想史:第一卷[M]. 北京:人民出版社,1957:28.
② 〔东汉〕班固. 汉书[M]. 颜师古,注. 北京:中华书局,1962:2504—2505.

先贤思想以及经典论述，形成了顺应历史发展潮流并高度契合中华民族心理特征的大一统理论体系。后来成功地通过向汉武帝献策把儒家思想变成国家意识形态，从而为多元一体的中华民族能够自在地存在并良性地发展奠定了理论基础。

此后，"大一统"思想不断修正着历朝历代的"大一统"政治，统一国家成为历史常态，而分裂只是暂时的。即使在"文化争鸣、民族征伐"较为激烈的春秋战国、三国两晋南北朝、五代十国辽宋夏金三大分裂时期，仍然在分裂中孕育着秦汉、西晋、隋唐及元明清帝国文化"一统"、政权集中、民族交融等统一要素。而历代中央王朝所实行的一系列民族政策，也无不体现出了国家统一的"大一统"政治理念。例如，秦朝是中国历史上的第一个大一统国家，秦始皇统一了度量衡和货币，同时施行书同文、车同轨并创立了郡县制；汉朝董仲舒提出了"大一统"理念，汉朝统治者在新疆设置西域都护府管辖新疆等民族地区，并设十七郡管辖四周各民族；唐朝在民族地区推行羁縻制度，设立了安西和北庭都护府等；元朝在南方少数民族地区设土官，设宣政院管理西藏及少数民族事务；清朝在西域设伊犁将军、在西藏设驻藏大臣等前瞻性措施，并设金瓶掣签制度确定活佛转世所体现的中央权力，在西南民族地区施行"改土归流"等。以上所有这些历代王朝的民族政策都无不深刻地反映了历朝历代的君王以"大一统"的政治理念来处理民族问题，从而不断巩固大一统的多民族国家的政治取向。而这一系列民族政策所内蕴着的诸多理念，如"天下一家、家国天下、和而不同、和谐共生"等，也以一种不可触摸的精神形态辐射于中华民族的心灵根底，成为影响中国几千年发展进程的文化底质。但鸦片战争之后，由于遭逢"数千年未有之大变局"，中国几度面临亡国灭种的危机。"大一统"的政治社会格局同时受到前所未有的挑战，"大一统"思想开始转型发力，由王朝政治时期的中央集权、天下意识，向现代国家的民主集中、民族国家转型——专断的王权开始演化为民主的民权，模糊边陲也开始清晰化为边疆。在被动的转型过程中，中国在极具"扩张性"的西方文明冲击下依然保持着国家和民族的统一，其中崇尚统一的思想对多民族国家的建构无不发挥了关键性作用[①]。正是这一思想的传承、接续、丰富和完善，才使各族人民能够同仇敌忾，共同抵御外敌，不让侵略者把任何一寸领土分割出去。诚然，从阶级分析的角度看，历史上的大一统政

---

① 李元晖，李大龙．"大一统"思想的形成与实践——多民族国家中国疆域的形成和发展[J]．西北民族大学学报（哲学社会科学版），2016（1）．

权性质是封建专制的，权力垄断于统治阶级。但从政治理念、政治技术的角度看，它成熟地内聚起复杂多元的社会，保全了相对辽阔的疆域，并成为新国体转型之后国家持续发展的家底与财富。

如今，经过几千年的实践，这种政治取向逐渐渗透到民族文化深层结构中，并转化为普遍的社会心理，成为我们民族的政治思维定式，推动了我们民族的整体发展和文化进步。每个民族单位都把自己视为中华民族的组成部分，中华各民族交错杂居，相互影响，相互交融。中华人民共和国成立以后，民族区域自治政策的推行，国家对少数民族权益的充分保护以及对少数民族的习俗的充分尊重，并且对一些相对贫困落后的民族地区，在经济、文化等各方面予以扶持等，则更是进一步增强了中华民族的凝聚力、向心力。而为解决历史遗留问题，中国共产党创造性提出的一国两制的方针，则更是极大地推进了祖国和平统一的进程。

由此不难发现，纵览古今大势，祖国统一的趋向虽经千回百折，但其势终不可当。而贯穿于中华文明发展历程的崇尚统一的理念，在这一历史进程中则发挥着十分重要的作用，其与当下的铸牢中华民族共同体意识不仅具有源与流的联系，同时也是中华民族共同体意识形成的政治前提。

五、多元一体的中华文化是铸牢中华民族共同体意识的精神动力

文化是一个国家、一个民族的灵魂。坚定文化自信，是事关国运兴衰、事关文化安全、事关民族精神独立性的大问题。从党的十九大报告提出"坚定文化自信，推动社会主义文化繁荣兴盛"，到党的二十大报告提出"推进文化自信自强，铸就社会主义文化新辉煌"，我国文化建设的内涵不断丰富，要求不断深化。回望中华五千多年的文明史，我们不难发现，中华文明之所以成为历史上唯一延续至今并具有强大生命力的文明，靠的就是中华文化的源远流长，这是中华民族的"根"和"魂"。可以说，作为中华民族繁衍生息的根基，中华文化不仅滋润着中华民族五千多年的文明史的灿烂辉煌，而且作为中华儿女共同缔造的精神家园，也是中华民族凝聚力、生命力、创造力的重要源泉，而各民族文化作为中华文化的有机组成部分，在各民族的交往交流交融的过程中，也与中华文化一起共同成就了中华民族百花园的枝繁叶茂、花团锦簇。由此形成的"多元一体"中华民族格局和中华文化指向，不仅是新时代增进民族团结、加强民族交往交流交融的历史选择，也是弘扬中华优秀传统文化，增强中华民族凝聚力和向心力的时代要求。

"多元一体"既强调中华民族是一个整体，也指出中华文化是一个整体，这是中华民族在历史长河发展中的共识。多元是指各民族文化既具有中华文化的共性，同时也具有本民族的特性，正是多民族文化的多元特性，才使在中华文化这个百花园中姹紫嫣红，但其前提是各民族文化从未离开过中华民族这个母体。作为集汉族文化、蒙古族文化、回族文化、藏族文化、维吾尔族文化、壮族文化以及其他少数民族文化于一体的统一的文化体系，中华文化是各民族文化的集大成，少数民族文化是中华文化不可分割的重要组成部分，各少数民族都创造出了灿烂的文化，对中国文化的繁荣与传承作出了自己的贡献。

例如，经济文化方面，秦汉以来在中原地区种植的许多农作物以及瓜果蔬菜，都是由少数民族地区传入的，如葡萄、芝麻、蚕豆、黄瓜（胡瓜）、胡萝卜、胡椒、菠菜（波斯菜）、大蒜、石榴等。宋代以后才开始在中原种植的高粱，也是来自西南少数民族地区，后来才推广到全国各地；棉花在内地的种植和推广归功于云南的哀牢人和西北的高昌人；契丹破回鹘而得此（西瓜）种，又将西瓜种植法传给了汉族；擅长畜牧的少数民族培育的马、羊、驴、骡等牲畜输入中原后，大大推动了农业生产的发展，方便了人民的生活。服饰文化方面，古代汉族上衣下裳，行动不便。战国时赵武灵王下令实行"胡服骑射"，改为上衣下绔、行动方便的胡服，以后的几千年中，"胡服"逐渐演化成中国服饰的一个组成部分。元代松江人黄道婆学习了黎族的纺织技术并加以改革，使海南黎族的棉织技术得以向内地传播；苗、瑶、布依等少数民族的"蜡染"工艺是现代印染工艺传入我国之前华南地区的独特手工印染技艺。满族的马褂、旗袍服装，在近代以来流行于全国各地，旗袍至今仍是流行服饰之一。日常起居及饮食方面，汉代以前的中原汉族人并不使用桌椅，而是常常席地而坐，在正式会客的场合，实际上要跪坐，很不方便。汉末，西域坐具胡床（马扎子）传入，坐在马扎子上两腿可以下垂，称为"胡坐"。此后汉族人才逐渐改变席地而坐的习惯，凭桌坐椅作为一种生活方式被普遍接受并确定下来。古代汉族以稻、粱、黍等为主食，没有麦面食物，后来磨面及制作面食的方法由西域的民族传入中原，出现了面饼、煮饼等面食，这是对中国膳食的重大贡献。文学和史学方面，用蒙古文创作的《蒙古秘史》《蒙古黄金史》《蒙古源流》是蒙古三大历史文学名著。藏族思想家创作的《西藏王臣记》《贤者喜筵》《青史》，北方民族中的《辽史》《金史》《满文老档》《满洲源流考》等都是我国少数民族重要的历史文献，为后世全面研究我国政治、经济、历史和文化的发展状况提了重要的资料。藏族的《格萨尔王传)、蒙古族的《江格尔》和柯尔克孜族的《玛纳斯》被誉为"中国三大英雄史诗",在世界享有很高的声誉;维吾尔族的《福乐智慧》是我国古代的文化巨著;彝族的民间长诗《阿诗玛》、傣族的叙事诗《召树屯》、纳西族的《创世纪》、白族的《望夫云》等,在各族人民中广为流传。音乐舞蹈和戏曲方面,云南一些少数民族在春秋战国时期就开始制造使用铜鼓,现存铜鼓的花纹极为精致,造型非常优美,铸造水平令人赞叹。笛、琵琶、筚篥、胡琴、羯鼓、腰鼓等原是少数民族的乐器,后来汇入中原音乐潮流。少数民族热情奔放,舞蹈艺术具有广泛的群众性,如藏族的"锅庄"舞、蒙古族的"盅碗舞"、哈萨克族的"鹰舞"、壮族的"铜鼓舞"、傣族的"孔雀舞"、土家族的"摆手舞"等,特色鲜明。藏戏、壮戏、布依族的花灯剧、侗戏、苗戏、毛南戏等少数民族的传统戏剧;满族的八角鼓、朝鲜族的延边鼓书、蒙古族的好来宝、哈萨克族的冬不拉弹唱等少数民族曲艺,它们都丰富和发展了我国的戏剧艺术。医学和科学方面,清代蒙古族数学家明安图著的《割圆密度捷法》,运用解析法研究圆周率,开创了我国数学史上微积分学研究的先声。满族学者博启对于"勾股和弦"数学定理的研究颇有成就。元朝政府主持编纂的《大元一统志》,较详细地记载了当时中国的地理状况等。在医药学方面,历史悠久的藏医学、蒙医学等,都是我国传统医学的重要组成部分。各族的医学经典,诸如藏族的《四部医典》《医学大全》,蒙古族的《蒙医学大全》《蒙藏合璧医学》,满族的《百一三方解》《厚德堂集验方萃编》,维吾尔族的《饮膳正要》,白族的《奇险方书》等,对发展我国医学事业皆具有重大价值。

各民族传统文化对我国生态环境的保护也起了重要作用。少数民族传统文化中有万物一体、崇敬自然、尊重生命的价值观念;创造了与自然环境高度和谐相处的生产方式,在一定程度上保护了我国西部和边疆地区的自然环境。我国目前公认的生物多样性分布区多处于云南、贵州等少数民族地区。藏族聚居的青藏高原东南边缘的森林和广袤的高原高寒草甸草原是藏族人民世世代代生存之地,藏族人民还保护了高寒地区珍贵的生物物种。蒙古、达斡尔、鄂伦春、鄂温克等民族保护了大兴安岭山地森林的环境,维护了蒙古草原中生物的多样化。

此外,在中华文化发展的历史长河中,各民族共休戚、共存亡、共荣辱、共命运,逐步发展成为"多元一体"的民族共同体和文化共同体,各民族虽然认同和传承本民族文化,使中华文化呈现各具特色的多元特征,但也培育出许多共同的价值追求和道德理想,成为各民族共同的文化认同。如道法自然、天人合一的价值追求，讲仁爱、守诚信、崇正义、尚和合、求大同的道德理想，天下兴亡、匹夫有责的担当意识，精忠报国、振兴中华的家国情怀，崇德向善、礼义廉耻的荣辱观念，自强不息、扶危济困、见义勇为、孝老爱亲的传统美德。共同的价值追求和道德理想是中华传统文化的内核，也是各民族共同的文化认同，高于对各具体民族的文化认同。它的凝聚整合作用使各民族文化成为一个有机的文化共同体。正是这些共同的文化认同，使中华文化成为中华儿女共同的精神家园，成为中华民族凝聚力、生命力、创造力的重要源泉。

由此可见，中华民族在漫长的历史发展进程中已形成了各民族谁也离不开谁的多元一体格局。从多元角度看，56个民族文化异彩纷呈，从一体化进程来看，各民族有着共同的历史发展脉络、相同的历史经历，形成了共同的民族气质。中华优秀传统文化的丰富内涵是整个中华民族的精神起点，已经融进了整个中华民族的血液。加强民族团结需要充分考虑中华文化多元一体格局，尊重文化差异、发展文化多元、结合时代特点、实现一体交融，为民族团结筑牢文化根基。只有通过民心所向、文化所驱，构筑各民族共有精神家园，培育中华民族命运共同体意识，民族团结才能坚不可摧，越筑越牢。多元一体的中华文化不仅是铸牢中华民族共同体意识的基础性要素和本质性力量，同时也是铸牢中华民族共同体意识的精神动力。

六、救亡图存的历史记忆是铸牢中华民族共同体意识的命运纽带

16—18世纪，正值中国封建时代的末端与顶峰，但盛世之下已经潜藏汹涌的危机。建立在个体小农业和家庭手工业基础上的专制政权，依靠经济上的苛捐杂税、摊派徭役，政治上的高度中央集权，思想上的严厉管控，极力维护旧有的统治秩序，服务于皇帝、贵族、官僚与一般地主的利益。

这样一个僵化停滞的封建王朝，正在被世界的另一端迎头赶上。工业与资产阶级政治革命拉开了西方资本主义国家征服世界的序幕。英国、美国、法国资产阶级通过革命走上各国政治舞台，建立了资产阶级政权。发源于英国的工业革命仅用了半个世纪就传至欧美，带领人类从工场手工业步入"机器时代"。政治与技术上的保障，使西方资本主义经济得到迅速发展，"资产阶级在它不到一百年的阶级统治中所创造的生产力，比过去一切世代创造的

全部生产力还要多，还要大"①。

　　崛起的西方国家动用各种侵略手段使落后国家变为它们的殖民地、半殖民地或附属国，借"自由贸易"的大旗把这些国家地区变作商品市场与原料产地。当殖民主义遭遇闭关锁国，两个世界的碰撞就难以避免。1840年鸦片战争爆发，国际资本主义、帝国主义的势力侵入中国，标志着中国的社会结构由封建社会转向半殖民地半封建社会。此后的一百多年，在面临国家被列强瓜分、民族危亡的生死关头，救亡图存的民族精神把各族人民紧密联结在一起，救亡图存的民族精神形成了强大的整合力量和民族共识。中华各族人民为维护国家主权与领土而不断探求新路径，从器物层面到制度层面，再到文化层面，痛苦而深刻。中华各族人民在反省的过程中，也深刻地体会到了我国各族人民是一个统一的整体，是有着共同命运的民族整体。只有国家领土完整和主权统一，才有各民族的民族平等和自由。帝国侵略者不仅给中国人民带来了深重的灾难，也自掘坟墓，使中华民族各族人民的民族精神逐渐觉醒。1877年，新疆各族人民支持左宗棠率领的清军消灭了"中亚屠夫"阿古柏的侵略势力，挫败了英国、沙俄分裂中国的不轨图谋。英勇的西藏爱国军民在隆吐山战役和江孜战役中，重创英军，表现出了极强的救亡图存的民族精神，为保卫祖国的疆土作出了贡献。"九一八"事变以后，中国各族人民同仇敌忾，共同抵御日本帝国主义的侵略。蒙汉人民共同建立了大青山抗日革命根据地，有效阻止了日本侵略者进攻我国西北地区的企图。回族领袖马本斋领导的冀中军区回民支队被毛主席称为"百战百胜的回民支队"。东北抗日联军中有满族、蒙古族、朝鲜族等少数民族人士，东北抗日联军的各民族爱国志士同日本侵略者进行了长达14年的艰苦斗争，表现出了中华民族英勇不屈的牺牲精神，是中华民族救亡图存的民族精神的集中体现②。

　　抗战时流行的《流亡三部曲》中唱道："分什么你的我的，敌人打来，炮毁枪伤，到头来都是一样。"③ 在山河破碎、国土沦丧的中华民族的共同命运面前各族人民的命运同祖国的命运紧紧联系在了一起，各族人民在共同的侵略者面前，同仇敌忾，共御外敌。正如毛泽东所说："中华民族的各族人民都反对外来民族的压迫，都要用反抗的手段解除这种压迫。"④"七七"卢沟桥事变之后，一直消极抗日的蒋介石也发表庐山抗战声明："如果战端一开，那就

---

①[德]马克思，恩格斯. 共产党宣言[M]. 北京：人民出版社，2018：32.
②刘佳. 新时代铸牢中华民族共同体意识研究[D]. 内蒙古科技大学，2020.
③金冲及. 中华民族是怎样形成的？[J]. 红旗文稿，2009（2）.
④毛泽东. 毛泽东选集：第2卷[M]. 北京：人民出版社，1991：586.

是地无分南北，年无分老幼，无论何人，皆有守土抗战之责任，皆应抱定牺牲一切之决心。"[1] 试想如果祖国沦陷，各族同胞就都将沦为亡国奴，这时候还"分什么你的我的"。中华民族的共同命运把各民族同胞更紧密地联结在一起，救亡图存的民族精神将各族人民的爱国热情凝聚成为共同的民族情感与整体意识追求。"中华民族"这一概念，也成为抗日战争时期最响亮的号召和最鲜明的旗帜。经过各族人民紧紧团结在一起，一致抗敌，最终缔造了新中国，彻底结束了旧中国被剥削被压迫的局面，捍卫了国家的尊严，开辟了历史的新纪元。站在历史的新起点上，共同的历史记忆为铸牢中华民族共同体意识打下牢不可破的精神根基。

第二节 新时代铸牢中华民族共同体意识面临的现实挑战

改革开放特别是党的十八大以来，党和政府在民族工作和铸牢中华民族共同体意识方面取得了巨大成就，走出了一条中国特色解决民族问题的正确道路，提出了铸牢中华民族共同体意识、加强各民族交往交流交融、打牢中华民族共同体思想基础、促进各民族像石榴籽一样紧紧抱在一起等理念和主张，为做好新时代民族工作积累了宝贵经验。铸牢中华民族共同体意识已经成为新时代民族工作的主线，与此同时伴随着全球化时代的到来，"国家间的相互依赖、全球经济问题以及大国关系的日益复杂化"[2]，以战争、冲突为代表的传统风险和以"恐怖主义、网络安全、重大传染性疾病、气候变化"[3] 为代表的新风险复杂交织，全球经济乏力、政局动荡、冲突不断，给共同生活于地球家园的各民族带来了诸多挑战。国际与国内的双重考验也给中华民族共同体意识的铸牢带来了严峻的挑战。

---

[1] 金冲及. 七十后治史丛稿 [M]. 北京：人民出版社，2010：184.
[2] 陈伟光，刘彬. 全球经济治理的困境与出路：基于构建人类命运共同体的分析视阈 [M]. 天津社会科学，2019（2）.
[3] 习近平. 习近平谈治国理政：第3卷 [M]. 北京：外文出版社，2020：45.

一、多变的国际局势与交锋博弈的多元价值对铸牢中华民族共同体意识产生冲击

民族问题作为社会总问题的一部分，始终受社会总问题的影响和制约。当前我国民族关系、民族工作总的时代背景是世界与中国同步交织、相互激荡。从国际形势看，世界百年未有之大变局进入加速演变期。和平与发展仍然是时代主题，新一轮科技革命和产业变革深入发展，国际力量对比深刻调整，经济全球化深度调整，全球治理体系和国际秩序深度重塑，人类命运共同体理念深入人心。但与此同时，不稳定性、不确定性更加突出，全球动荡源和风险点明显增多，逆全球化潮流蔓延，新型国际秩序和新型大国关系的构建遭受阻碍。作为全球化的积极参与者和重要推动者，中华民族在享受全球化发展红利的同时，也遭受到强权政治、经济危机、文明冲突等危机与挑战。

此外，交锋博弈的西方多元价值及其冲击，也影响着中华民族共同体意识的铸牢。随着全球化的深入发展，民族间的世界交往更加频繁，西方多元价值不断涌入，制约着社会主义核心价值观的推行与实施。价值的本质是文化，西方多元价值的核心是各类文化思潮，包括所谓的普世价值论、新自由主义、功利主义等。这些西方文化思潮的涌入、渗透、博弈，使中华民族的价值认同和共有价值观遭受了一定程度的冲击。深悉这种价值冲击，可以发现其本质是西方发达资本主义国家以更深层、更隐蔽的形式对民族团结和国家繁荣的扰乱。其以一贯推崇的多样性，对我国国家凝聚力的塑造产生了极大的冲击。

首先，西方多元主义强化了族群认同，注重强调差异性而忽略统一性。在西方多元主义价值观的影响下，我国个体民族的认同显著增强，少数民族高度聚居并认同自己的领土，强化了个体民族的分界意识和自我意识，使各族群众更加注重民族身份，形成狭隘的民族认同，在认同意识上架空和虚化了"中华民族"的概念，这对铸牢中华民族共同体意识非常不利。

其次，西方多元主义对践行社会主义核心价值观提出了挑战。西方多元主义主张，每一个族群都有自己的特色，各民族都是独一无二的，各个民族之所以会有不同的文化价值是它们世代传习的结果，根本不会存在属于人类社会发展统一的普遍规律，这就更加滋长了基于共同语言，共同风俗习惯、宗教信仰的狭隘民族意识的膨胀，使对民族文化认同高于对社会主义核心价

值观的认同。

最后，西方多元主义主张在承认少数族裔享有同等地位的同时，更加强调在平等对待少数族裔的基础上给予特殊权利。我国的政策规定和制度安排，对少数民族实行了各种优惠政策，其目的在于帮助少数民族地区的发展，实现事实上的平等，但是权利与资源上对民族地区的优惠分配机制实际上强化了民族差异，影响和削弱了中华民族认同。总之，西方多元主义倡导多元并存的价值理念与我国在强化国家认同、铸牢中华民族共同体意识之间有着深刻矛盾和冲击。

二、西方敌对势力意识形态的渗透对铸牢中华民族共同体意识产生威胁

"意识形态工作是党的一项极端重要的工作，是为国家立心、为民族立魂的工作。""一个政权的瓦解往往是从思想领域开始的，政治动荡、政权更迭可能在一夜之间发生，但思想演化是个长期过程。思想防线被攻破了，其他防线就很难守住。我们必须把意识形态工作的领导权、管理权、话语权牢牢掌握在手中，任何时候都不能旁落，否则就要犯无可挽回的历史性错误。"党的十八大以来，以习近平同志为核心的党中央立足世界百年未有之大变局、统揽中华民族伟大复兴全局，针对新形势下意识形态领域的复杂情况，就一系列方向性、根本性、全局性问题阐明立场，做出论述，不仅丰富和发展了马克思主义关于社会存在和社会意识、经济基础和上层建筑辩证关系的原理，同时也是在深刻地总结我国正反两个方面的经验和国际共产主义运动历史经验的基础上所做的新概括，是新时代党的意识形态工作的指导纲领。

意识形态渗透始终是西方敌对势力对社会主义国家实行"和平演变"的一个主战场，也是西方敌对势力的一贯手段。美国第一任总统华盛顿说过："政治上的繁荣，最重要的支柱是道德和宗教。"美国已故总统尼克松公开宣称："意识形态是我们争夺的根源"，"如果我们在意识形态斗争打了败仗，我们所有的武器、条约、贸易、外援和文化关系都将毫无意义"。我国是在改革开放中迅速崛起的社会主义国家，那些处心积虑要遏制中国和平崛起的西方敌对势力，面对综合国力竞争中彼消我长、彼降我升的新格局，认识到单纯依靠硬实力遏制中国的发展越来越困难，就加大了意识形态渗透的力度。

自从第一个社会主义国家建立以后，如何把社会主义国家从地球上抹去，就成为西方发达资本主义国家的痴心梦想。当武力达不到他们的目的后，他

们就转变了策略,在不放弃武力颠覆的手段同时,更多地把希望寄予社会主义国家内部势力的和平演变,加强思想文化的渗透。1953年1月,美国国务卿杜勒斯强调了对社会主义国家实行"和平演变"的战略,明确提出应该使社会主义国家"被奴役的人民"得到"解放",成为"自由的人民",而"解放可以用战争以外的方法达到","它必须而且可能是和平的方法"。他攻击"中国共产主义是一致命的危险","是一种要消失的现象",宣扬美国及其同盟国的责任就是要"尽一切可能使这种现象消失","用和平的方法使中国得到自由"。

西方对中国实行"和平演变"战略的一个重要方面,就是强化西方意识形态的渗透,宣传西方的"民主、自由、人权"的价值观,传播资本主义的政治观、人生观、道德观、价值观。"造成对共产党统治的反抗,以至最终推翻这种统治。"尼克松在《1999:不战而胜》一书中曾说:"最终对历史起决定作用的是思想,而不是武器",应该制定一个在铁幕里面同社会主义国家进行"和平竞赛的战略",开展"意识形态竞争",打"攻心战",扩散"自由和民主价值观",打开社会主义国家的"和平变革"之门。

20世纪80年代中期以后,"和平演变"成为西方敌对势力对社会主义进攻的主要手段。邓小平曾指出:"西方国家正在打一场没有硝烟的第三次世界大战。所谓没有硝烟,就是要社会主义国家'和平演变'。"西方敌对势力对我国"和平演变"的图谋和手段,着眼点集中在意识形态领域。美国已故总统里根提出,在两种不同的社会制度斗争中,"最终的决定性因素不是核弹和火箭,而是意志和思想的较量",为了在"本世纪的其余时间里看到自由和民主的理想逐渐发扬光大,我们必须采取行动,帮助民主运动"。1986年,里根在对外政策咨文中表示,美国的目标是"促进世界的民主革命","按照美国的理想去影响事态的发展"。他提出要"通过电子媒介、文字材料,增加接触和接触中的思想交流","使我们的政治和宣传力量达到被剥夺了自由的地区……以鼓励他们产生变革的希望和了解自由之都的好处。"美国一家战略机构明确提出,打好一场"无硝烟的'新的世界大战'","最重要的是要搞攻心战",要"将70%的力气用于攻心战"。特别是在在苏东解体后,以美国为首的西方发达国家更是将西化、分化的战略图谋放在了世界上最大的社会主义国家上,他们以各种方式和手段企图颠覆中国共产党的领导与中国的社会主义制度,利用"西藏问题""新疆问题",凭借在经济与科学技术方面的霸权地位,运用"经济问题意识形态化、意识形态问题经济化、宗教问题政治化、政治问题宗教化"等方式,利用广播、电视、报刊、书籍、电影、经济贸易和科技文化交流等手段,对我国实施西化、分化战略图谋和渗透、颠覆、破坏活动。美国公开宣称以我国为主要竞争对手,把中国视为重大挑战,在各方面不遗余力、不择手段、不计后果地对我国围堵打压,利用涉台、涉港、涉疆、南海、民族、宗教、人权等问题挑战我国底线,不断加紧对我国进行意识形态渗透,煽动支持少数民族地区自治,给民族地区的稳定和国家安全带来了压力和挑战。

境外敌对势力影响我国社会稳定主要表现在:借助宗教手段从事以颠覆我国国家政权、破坏我国国家统一和民族团结为目的的犯罪活动。一般来说,境外敌对势力的渗透是渐进的、潜移默化的,既有公开的活动,但更多的是采取秘密手段。其渗透的目的是颠覆中华人民共和国政权和社会主义制度,破坏我国的统一,欲将我国的宗教团体为自己所用,并企图掌控我国的民族地区的主权。且渗透领域也逐步由宗教向教育、文化、卫生、经贸等领域扩展,对象由宗教界向普通群众、学生、知识分子、劳务员工出境人员等各阶层发展。他们主要以宗教为挡箭牌,通过资助出版宗教读物、录音录像带等形式,勾结我国的民族分裂分子,在我国境内实施宗教渗透、颠覆和分裂活动,并企图将这一势力范围延展到教育、行政、卫生等各个方面。他们借助传播媒介,进行蛊惑人心的宣传,插手活佛转世,争取寺院的领导权,捐款捐物,修建寺庙,采取派进来、拉出去等各种方式加大渗透力度。同时他们还与我国宗教极端主义、暴力恐怖主义、民族分裂主义这"三股势力"沆瀣一气,利用边疆地区和民族混杂区的复杂性,以民主、人权、多元文化差异等为借口,制造分裂和破坏活动,以达到干涉中国内政、分裂中国领土的政治目的。而宗教极端主义、暴力恐怖主义、民族分裂主义这"三股势力"在境内外也是余孽尚存并蠢蠢欲动,这些甘当国外敌对势力妄图破坏我国统一、民族团结、社会进步大好局面的"鹰犬"和"工具"们,以宣扬宗教教义之名,行破坏国家统一之实,大肆煽动被蒙蔽而不明就里的各族人民群众制造民族摩擦,组织策划暴力恐怖活动,不仅影响巨大且性质恶劣,成为民族团结进步事业前进过程中难以抹去的创伤。若任由"三股势力"恣意妄为,各民族在"交往交流交融"的进程中团结、和睦、协作的状态将无法保持,社会主义民族事业将毁于一旦,甚至危及国家政权和主权。

因此,我们需要在各族人民群众心目当中树立更加牢固的"促团结、反分裂"的思想屏障,逐渐消除暴力恐怖事件等伤害民族感情、破坏民族团结事业的行径带来的负面影响，彻底清除"三股势力"生存的空间和土壤，打击国外敌对势力的嚣张气焰，满足全国各族人民增强中华民族的内在凝聚力、维护和巩固国家统一的政治诉求，以不断消除影响铸牢中华民族共同体意识的各种不利因素。

三、后现代史学对铸牢中华民族共同体意识的解构

后现代史学解构了以当然的民族国家为基础的历史，他们认为民族国家并不是"一个同一的，在时间中不断演化的民族主体"，而是"偶然的民族建构"，所谓民族国家的历史其实是"虚假的同一性"，这种来自西方后现代史学话语直接否定了中华民族的演化历史，将中华民族构造成一种想象的共同体。在这种语境之下，中华民族变成一个虚构的概念名词，而非实体性的历史存在。这种话语正在影响越来越多的人，被这种观点所影响的中国人开始反诘党和政府，中华民族真的在现实中存在吗？还是党和政府为了政治建设而强行制造的一个名字？这种情况对中华民族共同体意识无疑是一种强力的解构。

但是我们反过来提问，历史学家是否要考虑与欧洲历史不同的中国历史的特殊性？中国尤其是汉族文明的同一性、汉族生活空间与历史王朝空间的一致性、汉族传统的延续与对汉族政权的认同，是"偶然的"和"争议的"吗？中国是一个在近代才逐渐建立的民族国家吗？

后现代历史学关于现代民族国家的思路与论据，一方面是来自被瓦解和被分割的殖民地经验，如亚洲的印度、巴基斯坦、孟加拉、印度尼西亚等国家，如非洲的大湖区的部族与国家，在这种已经被撕裂的族群和国家的重建中，确实有按照新的民族国家重新建构历史的现象，但是，始终延续的中国却并不是在近代才重构的新的民族国家；另一方面来自欧洲的近代历史，我们知道，欧洲近代有民族和国家重构的普遍现象，因此英国历史学家霍布斯鲍姆在《民族与民族主义》中说："民族原本就是人类历史上相当晚近的新现象，而且还是源于特定地域及时空环境下的历史产物。"① 然而这里所说的"人类历史"其实只是欧洲历史，中国古代虽有分裂，但因为一是有覆盖更广的"汉文化"；二是经历了秦汉一统，习惯认同早期的"华夏"；三是中心和

---

① [英] 埃里克·霍布斯鲍姆. 民族与民族主义 [M]. 李金梅, 译. 上海：上海人民出版社，2006：5.

边缘、"汉族"和"异族"有大小之差异。所以，政治、文化、传统却一直延续，既无所谓传统"文艺复兴"，也无所谓"民族国家"的重建。

对于中国民族国家的形成，从历史上看，具有边界即有着明确领土、具有他者即构成了国际关系的民族国家，在中国自从宋代以后，由于逐渐强大的异族国家的挤压，已经渐渐形成，这个民族国家的文化认同和历史传统基础相当坚实，生活伦理的同一性又相当深入与普遍，政治管辖空间又十分明确。因此，中国民族国家的空间性和主体性，并不一定与西方所谓的"近代性"有关。在这样的一个延续性大于断裂性的古老文明笼罩下，中国的空间虽然边缘比较模糊和移动，但中心始终相对清晰和稳定；中国的政治王朝虽然变更盛衰起伏，但历史始终有一个清晰延续的脉络；中国的文化虽然也经受各种外来文明的挑战，但是始终有一个相当稳定、层层积累的传统。而在宋代之后逐渐凸显出来的以汉族区域为中心的国家领土和国家意识，则使民族国家相对早熟地形成了自己认同的基础。不仅如此，从唐宋以来一直由国家、中央精英和士绅三方面合力推动的儒家理学的制度化、世俗化、常识化，使来自儒家伦理的文明意识从城市扩展到乡村、从中心扩展到边缘、从上层扩展到下层，使中国早早就具有了文明的同一性。因此，这个几乎不言而喻的"国家"反过来会成为汉族中国人对历史回忆、论述空间和对民族、国家的认同基础，使他们一提起来就说历史是"三代秦汉唐宋明清"，使他们一想起来就觉得应当遵循"三纲五常"的秩序，使他们习惯地把这些来自汉族文明的风俗当作区分自我和异族的标准。

也正因为如此，中国很"特殊"，或者说，欧洲式的近代民族国家形成途径很"特殊"，在中国，至少从宋代起，这个"中国"既具有安德森说的那种"传统帝国式国家"的特色，又具有一些很接近"近代民族国家"的意味。作为一个中心地域很清晰的国家，汉族中国很早就开始意识到自己空间的边界，它甚至比那些较为单一的民族国家如朝鲜还清楚地认同这个空间作为民族国家的不言而喻，但是，作为一个边缘相对模糊的"中华帝国"，它的身后又拖着漫长的天下中央、无边大国的影子。使它总是觉得自己是一个普遍性的大帝国。因此，对于复杂的中国，后现代历史学关于民族国家的理论，未必就像在其他国家那样有合理性。

四、地区分裂意识和狭隘民族思想的滋长淡化中华民族共同体意识

改革开放以来，各族群众流动和交流交往频繁，活动区域增大，城市少

数民族流动人口增加，引发的民族利益冲突也随之增多，加上西方国家对民族地区分裂势力的渗透支持，导致暴力极端事件的发生，严重损害了民族团结和社会稳定。在我国社会主义现代化建设进程和社会主义市场经济竞争中，由于历史因素和区域因素等，民族地区发展相对滞后，经济发展不平衡导致部分民族群体心理上产生落差或"相对剥夺感"；一些少数民族群众进入城市工作生活后，因文化和信仰差异等诸多原因，一时难以有效融入城市生活，也容易产生心理落差。以上情况在一定程度上消解了中华民族共同体意识，在民族分裂势力和宗教极端思想的渗透和诱导下，容易产生狭隘的民族意识和民族分裂思想倾向，具体表现为一种狭隘的民族认同和宗教认同等。

当前，随着改革开放的深入和国民教育水平的普遍提高，各民族的自我意识已不断增强，从而也引发了地区认同与国家认同之间的张力。认同是某一群体基于"他者"的眼光对自我的确认，以确立该群体及其成员的归属感和情感认同过程。作为群体中的个体认同蕴含着个体的身份认同和地域认同，其价值驱动功能表现在日常生活中会直接或间接引导个体的思想和行为方式，在政治活动中必然影响到其民族认同和国家认同。那么地域认同是如何产生的呢？一般来说，个体或群体的地域认同根源于特定主体在特定区域内（如出生地、生活区域）的集体记忆，这里的"集体"记忆包括个体和群体长时段的共同记忆，记忆内容往往比较复杂，包括共同的历史叙事、语言文字、生活习俗、政治活动、文化符号等。在这样的文化基础上形成的共同体在人类学民族学语境下，被称为族群或民族，或者是带有族群特征的某某人，往往兼有地缘共同体（如出生地、生活地区）和情感共同体（如家族、种族、社会组织、宗教团体等）的综合特征。这样，在一定时空中的这群人便形成了特定的地域身份和地域认同。

尽管各民族是以和睦相处为主，但是由于语言文字、宗教信仰、风俗习惯差异较大，生产方式、经济发展水平较不平衡，因此，各民族在相互交往中，仍有较强的民族分界意识，在互动交往中因缺乏对彼此特点差异的深层次了解，必然会造成一定的民族隔阂以及个体民族意识的增强和强化。汉族的自我认同表现为自信心、自豪感的增强，同时一部分人也增加了对少数民族居高临下的施舍和恩赐的心理；少数民族则表现为部分狭隘的个体民族意识膨胀，基于共同的语言、共同的风俗习惯、共同的宗教信仰、共同的种族等因素，只认同本民族，对本民族的认同高于对中华民族的认同[1]；在一些全民信仰宗教的民族地区，由于宗教支配着几乎所有的精神世界和部分现实世界，服从神的意识是最高的价值取向，致使部分宗教认同也高于中华民族的认同。宗教组织中存在管理不规范等现象，在一定方面滋养了反动派，使受误导的群众自发地、零散地进行抗议活动，骤然变成有组织、有目标、有计划的大规模反政府群体示威活动，大大削弱了政府的控制力。而部分地区的分裂意识和狭隘的民族认同和极端宗教认同等思想的滋长必然会成为铸牢中华民族共同体意识的重大阻力。

五、"多元"与"一体"的关系冲突对中华民族共同体意识的弱化

中国的许多民族都有悠久的历史，从古代时起，他们的祖先就在我国这块广大的土地上劳动、生息，繁殖子子孙孙。在历史的长河中他们不仅各自创造和发展了自己的各具特点的社会文化，而且通过交流、融合、相互依存和相互促进，共同缔造了一个包括各民族在内的整体——中华民族。尽管在这一历史进程中出现的各民族有兴亡、有消长，有些民族消失了，有些民族融合了，又不断有新的民族形成、壮大了，但各民族所凝聚成的这一个整体——中华民族，延绵持续，保持了我国文明的连续性和推陈出新的创造性。它源远流长，在世界上实为仅有。这个由各兄弟民族所结合成的整体，在历史上曾经历过多少次严峻的考验、外来的打击、内在的分裂，但由于各族人民之间的血肉相连，休戚相关，统一始终是中国历史的主流与总趋势，每次分裂之后都形成更巩固的统一。这也是在人类历史上突出的事实。一部厚重的中国史，就是一部中国各民族诞生、发展、交融并共同缔造统一国家的历史，也是中华民族从自在走向自觉并且凝聚力向心力日益增强的历史。正是我国历史演进的这个特点，造就了我国各民族在分布上的交错杂居、文化上的兼收并蓄、经济上的相互依存、情感上的相互亲近，形成了你中有我、我中有你、谁也离不开谁的多元一体格局。可以说，纵观历史，中国统一多民族国家的形成，除了有面对外敌入侵各民族不分族别、不分地域紧密联合起来，一致抗敌的因素之外，更是民族融合、社会发展、国家多元一体化综合作用的结果。在中华大地上，许许多多分散的民族经过长期的交流、融合、

---

[1] 王怀超，靳薇，胡岩，等.新形势下的民族宗教理论与实践[M].北京：中共中央党校出版社，2017：10.

碰撞、分裂、消亡，最终形成了多元一体的中华民族。

"多元一体"是中华民族的特色，"多元"与"一体"是中华民族的两个方面，要辩证地分析两者之间的关系。总的来说，"多元"强调了中华民族是由 56 个民族组成，每个民族都有自己的特点与特色，都有自己形成发展历程与风俗习惯，彰显了中国文化的多样性；"一体"强调的是 56 个民族之间的关系，56 个民族是中华民族不可分割的一部分，各民族是一个荣辱与共、相互依存的整体，体现了中华民族的整体性与完整性。不能脱离"多元"来空谈"一体"，更不能强调"多元"而忽视"一体"，要正确认识两者之间的关系，客观辩证地认识中华民族。

但在具体实践过程中，由于没能辩证理解"多元"与"一体"的关系，致使中华民族存在着分离而不分裂、融而不合的局面。譬如，在民族识别上，我国在民族理论政策的制定上，受到了苏联民族理论尤其是斯大林"民族概念"的影响，没有注重区分民族概念的层次性，而是更加注重个体民族如藏族、回族、维吾尔族等的民族性，忽略了中华民族的整体性，致使过分地关注"多元"而忽略了"一体"，在民族工作的实践中，不是在国家层面上，而是在具体民族的层面上展开，进而强化了民族的共同语言、共同地域意识，放大了各民族之间的差异性，弱化了民族发展过程中的共同性。面对我国民族众多的实际，中华人民共和国成立以来，我国开展了民族识别运动，其目的就是更好地贯彻落实民族政策，使各民族都充分地享有当家做主的权利，彻底改变过去少数民族的地位。"五十六个民族，五十六枝花""五十六个民族是一家"就是民族识别运动在新中国人民脑海中的最为坚固的印记[①]。经过民族识别运动之后，我国在少数民族地区实行民族区域自治制度，对少数民族实施各种优惠政策，其目的是帮助少数民族和地区加快经济的发展，实现事实上的平等。但是，最终的实践结果表明了，国家的优惠政策强化了个体民族分界意识和自我意识，使少数民族群众更关注民族身份，而在认同意识中虚化和架空了"中华民族"的概念，从而淡化了中华民族共同体意识。

---

① 才圣. 民族区域自治制度的困局与出路 [D]. 吉林大学，2016.

第五章
新时代铸牢中华民族共同体意识的价值意蕴与多维进路

中国是一个由56个民族构成的多民族统一国家，民族问题事关国家统一、民族团结、社会稳定和人民幸福，事关我国积极应对当今世界百年未有之大变局。长久以来，中国共产党秉持求真务实的工作态度和坚持不懈持续奋斗的决心，始终高度重视做好各项民族工作。在党的十九大上，习近平总书记站在战略的高度明确指出要"铸牢中华民族共同体意识"，系统科学地回答了近百年来党领导下我国民族工作的"历史之问""时代之问"和"人民之问"，从根本上为解决新时代民族问题提供了"新方案"和"新智慧"。显然，"铸牢中华民族共同体意识"已经成为中华民族一个重要的理论问题、现实问题和时代课题，亟须从理论和思想源头上探溯中华民族共同体意识，并结合当前我国的实际情况揭示中华民族共同体意识的深刻价值，探索铸牢中华民族共同体意识的路径，以更好地助力实现"两个一百年"奋斗目标和中华民族伟大复兴的"中国梦"。

第一节 新时代铸牢中华民族共同体意识的价值意蕴

作为习近平新时代中国特色社会主义思想重要组成部分，铸牢中华民族共同体意识是党的十八大以来习近平总书记审古今之变、察时代之势，做出的重大原创性论断，是新时代党的民族工作的主线，其价值意蕴丰富而深刻。

一、立足四个"共同"：铸牢中华民族共同体意识的前提基础

2019年9月27日，全国民族团结进步第七次表彰大会在北京召开，习近平发表了讲话，讲话以中华民族多元一体格局理论为核心，总结了中华民族

共同体发展9个方面的历史经验,再次强调中华民族要像石榴籽一样紧紧抱在一起,同时还用"四个共同"强调指出中华民族多元一体格局是各民族共同创造的。即"我们辽阔的疆域是各民族共同开拓的,我们悠久的历史是各民族共同书写的,我们灿烂的文化是各民族共同创造的;我们伟大的精神是各民族共同培育的"①。习近平总书记的"四个共同"理念,不仅与中国这个统一多民族国家的历史发展逻辑高度契合,而且从根本上讲清楚了中华民族共同体何以能够在悠久的历史长河中形成发展、绵延不绝且不断凝聚深化的原因。是马克思主义国家理论和民族理论与中华传统文化结合过程中的凝练,是马克思主义中国化的体现,其发展过程也是中国共产党对中华民族和民族问题认识不断深化的体现。

一个民族、一个国家,如果缺乏"身份意识",没有"民族认同",必然四分五裂、一盘散沙。中华民族共同体意识是一种不断积淀而成的文明高地与渐进感知②,表现为各族人民心连心一家人的温暖归属体验、手拉手一起走的共善价值信念、同手足共复兴的责任使命意愿③。铸牢意识是成员间关系交往互动的过程性存在,表现为成员间关系凝聚与巩固的可靠状态。在"四个共同"视域下提倡铸牢中华民族共同体意识关乎国家和民族的精神气质与命运走向,蕴含着丰富而深刻的内涵。总结提炼内含于其中的丰富历史文化信息,充分展现和讲清讲透中华民族共同体历史形成的整体性、中国各民族历史发展的不可分割性、中华文化各民族共同创造的一体性、中华民族伟大精神各民族共同培育熔铸的整体性,这也应是铸牢中华民族共同体意识应有的前提基础。

(一)我们辽阔的疆域是各民族共同开拓的

"我们辽阔的疆域是各民族共同开拓的。'邦畿千里,维民所止。'各族先民胼手胝足、披荆斩棘,共同开发了祖国的锦绣河山。自古以来,中原和边疆人民就是你来我往、频繁互动。特别是自秦代以来,既有汉民屯边,又有边民内迁,历经几次民族大融合,各民族你中有我、我中有你,共同开拓着脚下的土地。秦代设置南海郡、桂林郡管理岭南地区,汉代设立西域都护府

---

①习近平. 坚持共同团结奋斗 共同繁荣发展 各民族共建美好家园 共创美好未来[N]. 人民日报, 2019-09-28(1).

②青觉, 徐欣顺. 中华民族共同体意识:概念内涵、要素分析与实践逻辑[J]. 民族研究, 2018(6).

③青觉. 理解铸牢中华民族共同体意识的基本思路[N]. 中国民族报, 2020-08-25(005).

统辖新疆，唐代创设了800多个羁縻州府经略边疆，元代设宣政院管理西藏，明代清代在西南地区改土归流，历朝历代的各族人民都对今日中国疆域的形成作出了重要贡献。今天，960多万平方公里的国土富饶辽阔，这是各族先民留给我们的神圣故土，也是中华民族赖以生存发展的美丽家园。"[1] 在第一个"共同"中习近平总书记从多民族中国国家发展历史的角度，十分简要地论述了中国"辽阔的疆域"是一个历史遗产，今天的中国疆域是各民族的先民留给我们"神圣故土"，是各民族共同开发、建设的美丽家园。第一个"共同"的讲话虽然简短，但是却把统一多民族中国国家发展历史的发展特点充分概括出来，用长时段历史研究的理论方法归纳了统一多民族中国国家历史与疆域发展的宏观历史过程，不仅精辟概括了中华民族共同体生存空间的形成过程，同时也充分肯定了各民族对我国历史发展的丰功伟绩。

如今，960万平方公里的陆地面积已使中国成为世界上的大国。尽管这一疆域不是世界上最大的，但她一直哺育着世界上最多的人口。放眼世界上的各大国，尽管"你来我往、我来你往"，各领风骚数百年，但中国是世界大国中生生不息的国家，也是唯一连绵至今的文明古国。不少封建王朝在统一时期创造了令人赞叹的辉煌成就，就算是在其衰落甚至分裂的时候，中华民族也依然屹立不倒，并为重新崛起和实现复兴积蓄着力量。这片广袤的国土就是中华民族的生存之本，而这是各民族共同开发开拓的。

早在远古时期，中华各民族先民就在神州大地繁衍生息，在中原的黄河流域、南方的长江和珠江流域、北方的大漠南北以及周边地区，聚居生活着黄帝、炎帝、九黎、三苗、羌、东夷、巴、蜀、氐、山戎等许多氏族部落。历史上，汉、藏、傣、彝、白、布依、傈僳等民族对西南地区的开发，汉、土家、苗、瑶、壮、黎等民族对中南地区的开发，汉、回、维吾尔、哈萨克、柯尔克孜、东乡、土等民族对西北地区的开发，汉、蒙古、满、锡伯等民族对北方和东北地区的开发，都作出了不可磨灭的历史贡献。从白山黑水到西南边陲，从沙漠绿洲到渤海之滨，从蒙古大漠到雪域高原，各民族先民以他们的智慧和辛勤的劳动，为统一多民族国家的建立和发展打下了牢固的基础，祖国的每一寸土地都凝结和铭刻着中华各民族先民的汗水和印记。

更重要的是，自古以来，中原和边疆人民就是你来我往、频繁互动、交融共生。特别是自秦代以来，既有汉民屯边，又有边民内迁，历经几次民族

---

[1] 中央民族工作会议暨国务院第六次全国民族团结进步表彰大会在北京举行[N]. 人民日报，2014-09-30.

大融合，各民族你中有我、我中有你，共同开拓着脚下的土地。秦代移民数十万至岭南、河套地区，汉代屯垦戍边广布西北、东北，唐代西域屯田遍布天山南北，元代军屯与民屯并举，明代"寓兵于农，屯民实边"，清代前期在新疆屯丁十几万，屯垦戍边相袭至今，规模巨大。在长期的历史发展中，各民族在长城内外、"胡焕庸线"东西、"秦岭—淮河"南北创造了富饶的经济生活，农业、牧业、渔业、林业之间贸易不断，互通有无，各族人民形成了一种天然分工、相互依存的紧密经济联系。且各民族在迁徙、贸易、婚嫁以及碰撞、冲突中，交往交流范围也在不断扩大，融合程度也在逐渐加深。从而形成和巩固了中华民族多元一体格局。历朝历代的各族人民都对今日中国疆域的形成作出了重要贡献。一方面，秦代设置南海郡、桂林郡管理岭南地区，将今广西地域划入版图；汉代设立西域都护府统辖新疆，奠定了此后历代中央政权管理新疆的基础；唐代创设了800多个羁縻州府经略边疆，元代设宣政院管理西藏，明代清代在西南地区改土归流，使中华民族生活的疆域不断巩固。另一方面，在一定范围内实现局部统一的少数民族政权，比如，统一北方的前秦、北魏、北周，起于东北的渤海、辽、金，雄踞西南的吐蕃、南诏、大理，立国西北的西夏、西辽，对中国版图的巩固和开发也功不可没。元代就有人说，塞外地方"自辽金崛起，遂为内地"。蒙古族建立的元、满族建立的清，对最终奠定中国版图都起到了极为重要的作用。可以说历代中央王朝和少数民族政权带领各族人民共同开拓了祖国疆域、维护了国家统一，都对今日中国疆域的形成作出了重要贡献。这个贡献，这份功绩，彪炳史册，永不可没[①]。

经过数千年风雨历程，今天我们960多万平方公里国土富饶辽阔，这是各族先民留给我们的神圣故土，也是中华民族共同体赖以生存发展的美丽家园。各族人民在这片土地上团结互助、繁衍生息，中华民族一家亲的理念深入人心，中华民族共同体意识越铸越牢，中华儿女必将用自己的勤劳和智慧，不断书写中华民族新的辉煌。

（二）我们悠久的历史是各民族共同书写的

"我们悠久的历史是各民族共同书写的。早在先秦时期，我国就逐渐形成了以炎黄华夏为凝聚核心、'五方之民'共天下的交融格局。秦国'书同文，

---

① 全国政协民族和宗教委员会. 铸牢中华民族共同体意识学习与思考[M]. 北京：民族出版社，2021：6.

车同轨,量同衡,行同伦',开启了中国统一的多民族国家发展的历程。此后,无论哪个民族入主中原,都以统一天下为己任,都以中华文化的正统自居。分立如南北朝,都自诩中华正统;对峙如宋辽夏金,都被称为'桃花石'①;统一如秦汉、隋唐、元明清,更是'六合同风,九州共贯'。秦汉雄风、大唐气象、康乾盛世,都是各民族共同铸就的历史。今天,我们实现中国梦,就要紧紧依靠各族人民的力量。"②习近平总书记在第二个"共同"中从民族与国家关系的角度特别强调了历史上已经消失的民族和发展为现代民族的先民都具有"大一统"的思想,"华夷"皆是正统,都同属于中华民族共同体,多民族中国的历史是各民族自己书写的。此外,第二个"共同"的核心是强调中华民族共同体虽然在发展的历史过程有过分合,但是各个时代的政治家都把建设大一统国家作为最高的政治理想,正因如此,才可以说多民族中国的历史是各民族书写的,其中就包括中华民族共同体的形成是一种历史的必然,中华民族共同体意识的孕育、形成与发展都是各民族共同创造推动的。

历史文化遗产是历史的回响,是民族的根与魂,是中华民族共同体意识的源头活水。继2019年全国民族团结进步表彰大会上,习近平总书记深刻指出"我们悠久的历史是各民族共同书写的"的重要讲话之后,2020年5月,习近平总书记赴山西考察,在仔细察看大同云冈石窟雕塑、壁画,详细询问石窟开凿历史、艺术风格、文物保护等情况之后,更是进一步强调要深入挖掘云冈石窟蕴含的各民族交往交流交融的历史内涵,增强中华民族共同体意识的重要指示。以上所有这些重要论断和要求,不仅深刻阐明了中华民族的历史是各族人民共同的记忆,强调了对中华民族史整理和研究的重大意义,同时也为我们做好新时代民族工作,促进各民族交往交流交融,不断铸牢中华民族共同体意识,指明了方向③。

中国是一个历史悠久的统一多民族国家,无论哪个民族建鼎称尊,建立的都是多民族国家,越是强盛的王朝吸纳的民族就越多,从而共同推动了中国历史的发展和中华民族的壮大。早在先秦时期,华夏大地上生活着的中华

---

①"桃花石"一词在东罗马、阿拉伯世界及操突厥语各部中广泛使用,中外学者对"桃花石"进行了研究和考证,一致认为"桃花石"一词是古代中亚人对当时中国各民族及其政权的统称。
②中央民族工作会议暨国务院第六次全国民族团结进步表彰大会在北京举行[N].人民日报,2014-09-30.
③国家民族事务委员会.铸牢中华民共同体意识——全国民族团结进步表彰大会精神辅导读本[M].北京:民族出版社,2021:81.

民族先民，就逐渐形成了以炎黄华夏为凝聚核心、"五方之民"共天下的交融格局。在这一格局下，各民族自身的发展和相互间政治、经济、文化的联系不断加深。秦朝"书同文，车同轨，量同衡，行同伦"开启了中国统一的多民族国家发展的历程。从秦汉到隋唐，再到元明清，每一次大统一都比上次的范围更广、力度更强，吸纳进来的民族更多。特别是清朝彻底结束了农耕和游牧两大地带数千年的分分合合，砥定了现代中国的疆域，为中华民族在近代从自在走向自觉奠定了基础。秦汉雄风、大唐气象、康乾盛世等，都是各民族共同铸就的辉煌历史；秦皇汉武、唐宗宋祖、成吉思汗、松赞干布、康雍乾等，都是中华民族历史上的杰出代表；胡服骑射、昭君出塞、北魏孝文帝改革、唐蕃会盟等，都是各民族共有的历史佳话。少数民族和民族地区的历史是中国历史的重要组成部分，各民族共同推动了中国历史发展。在我国五千多年文明发展史上，许多民族登上历史舞台，建立政权，比如，鲜卑人建立的北魏，契丹人建立的辽，女真人建立的金，还有吐蕃、南诏、大理等。这些政权实现的局部统一，为全国的统一奠定了基础。经过各个朝代、各个民族的共同努力，最终写就了源远流长、光辉灿烂、赓续不绝的中华民族史[①]。

通观中国历史发展的脉络，无论哪个民族入主中原，都以统一天下为己任，都把自己建立的王朝视为统一多民族国家的正统，强调"舟车所至，人力所通，天之所覆，地之所载，日月所照，霜露所坠"，都是这个大一统的组成部分。中国历朝历代都十分注重维护多民族的大一统，并把它看作"天地之常经，古今之通义"。先秦人说"四海之内皆兄弟也"，汉朝人说"天下之大义，当混为一"，隋朝人说"协同内外，混一戎华"，元朝人说"天下一家，一视同仁"，这种维系统一、各族一家的思想既一脉相承，又不断发展，在历史的长河中逐渐成为各民族的精神共识。纵观古今，"大一统"思想不仅是汉族政权，也是少数民族政权倡导、追求的理念和目标[②]。比如，汉朝经营西域、开发岭南，唐代边疆地区"一半胡风似汉家"，元世祖忽必烈封八思巴为帝师、设总制院统辖西藏，清代乾隆皇帝在承德兴建庙宇接待班禅、欢迎土尔扈特万里东归，这些都反映出各民族建立的中央政权全把实现国家统一作

[①] 国家民族事务委员会.铸牢中华民共同体意识——全国民族团结进步表彰大会精神辅导读本[M].北京：民族出版社，2021：82.

[②] 国家民族事务委员会.铸牢中华民共同体意识——全国民族团结进步表彰大会精神辅导读本[M].北京：民族出版社，2021：83.

为最高政治目标。皇皇二十四史中，《魏书》《周书》《北齐书》《辽史》《金史》《元史》皆为少数民族政权而写，集中展现了各民族共同的历史认同。"大一统"作为深入中华民族血脉的共同社会理想和政治价值，积淀成中华民族最深层的精神追求，这正是中华民族五千多年文明史一脉相承、源源不断、生生不息的奥秘所在。我们要牢固树立正确的历史观，进一步增强各族人民对中华民族历史的了解和认同，不断铸牢中华民族共同体意识，为实现中华民族伟大复兴的中国梦团结奋斗。

（三）我们灿烂的文化是各民族共同创造的

"我们灿烂的文化是各民族共同创造的。中华文化是各民族文化的集大成。我国各民族创作了《诗经》、楚辞、汉赋、唐诗、宋词、元曲、明清小说等伟大作品，传承了《格萨尔王》《玛纳斯》《江格尔》等震撼人心的伟大史诗，建设了万里长城、都江堰、大运河、故宫、布达拉宫、坎儿井等伟大工程。中华文化之所以如此精彩纷呈、博大精深，就在于它兼收并蓄的包容特性。展开历史长卷，从赵武灵王胡服骑射，到北魏孝文帝汉化改革；从'洛阳家家学胡乐'到'万里羌人尽汉歌'；从边疆民族习用'上衣下裳''雅歌儒服'，到中原盛行'上衣下裤'、胡衣胡帽，以及今天随处可见的舞狮、胡琴、旗袍等，展现了各民族文化的互鉴融通。各族文化交相辉映，中华文化历久弥新，这是今天我们强大文化自信的根源。"[①] 在第三个"共同"中，习近平总书记从文化的角度列举了各民族是如何创造中华文化，从文学、服饰、歌舞等不同方面的具体事例，回顾了几千年来各民族的交往、交流、交融，不仅深刻揭示了中华文化形成发展的内生动力，同时也鲜明点出了中华民族共同体永续发展、历久弥新的历史文化"密码"；不仅深刻表达了在中华民族发展中文化的巨大力量，同时也深刻地阐明了中华民族共同体所具有的共同历史记忆和中华民族共同体发展中的文化自觉。

自古至今，我国的自然地理整体呈西高东低态势，多样化的地形地貌，形成了多样化的气候环境和动植物生态群落，也形成了多样化的人文环境。例如黄河和长江等大河流域的农耕文化区域，东南沿海的稻作文化区域，南方山地民族的游耕农业文化区域，以及北方和西部丛林草原地带狩猎、游牧文化区域等。这些民族文化区域，似一汪汪清泉，累世不竭喷涌，在历史长

[①] 全国政协民族和宗教委员会. 铸牢中华民族共同体意识学习与思考[M]. 北京：民族出版社，2021：6.

河中不断汇聚，最终形成了悠久灿烂的中华文化。而在各民族不断的交往交流中所共同发展了的多姿多彩的中华文化宝库中，既有大量反映少数民族生产生活的作品，也有大量少数民族作者的创造。《诗经》是各地区各民族民歌的总汇；《楚辞》中相当一部分是记录或整理的少数民族仪式歌、民歌；元曲的繁荣有着少数民族多方面的贡献；满族作家曹雪芹的《红楼梦》是我国文学史上的不朽名著。少数民族用自己的语言文字，为祖国文化宝库贡献了灿烂的瑰宝。藏族的《格萨尔》、蒙古族的《江格尔》、柯尔克孜族的《玛纳斯》被并称为中国少数民族的"三大英雄史诗"，填补了中国文学史的空白。万里长城、都江堰、大运河、故宫、布达拉宫、坎儿井等，都是我国各族人民建造的伟大工程，是各族文化和中华文化的象征，凝结着中华优秀传统文化的精神基因①。哈尼梯田、花山岩画等14项少数民族和民族地区历史古迹被列入世界文化遗产名录，维吾尔木卡姆艺术、蒙古族长调民歌、侗族大歌等15项少数民族文化艺术遗产被列入世界非物质文化遗产名录，占全国总数的比例均超过1/3。而在漫长的历史长河中，各民族相互学习借鉴，相互交融发展并最终形成的悠久灿烂的中华文化这一历史进程中，我国各民族人民可以说都为此作出了重要贡献。这种情况也形成了你中有我、我中有你的紧密联系②。此外，在促进中西文化交流方面，少数民族文化也发挥了特殊重要作用。我国种桑养蚕技术和四大发明主要经由少数民族地区传到西方，葡萄、黄瓜等农作物和琵琶、杂技等艺术，主要通过少数民族地区传入中原。张骞的驼队与郑和的宝船，不仅将中华文化传播到世界，也将域外优秀文化引入中国，既为中华文化的发展汲取了营养，也丰富了人类文明宝库。

总之，中华文化是我国各民族共同创造、共同拥有的宝贵财富，各民族共有精神家园与中华民族共同体意识一体两面、互为表里。各民族文化交相辉映，中华文化历久弥新，这是今天中华民族拥有强大文化自信的根源，也是各族人民人心归聚、精神相依的强大纽带。今天，我们要保护好、弘扬好、发展好中华文化，不断提升中华文化在全世界的影响力和竞争力，进一步增强各族人民对中华文化、中华民族的认同，为中华民族伟大复兴提供更加坚实的思想支撑。

---

① 全国政协民族和宗教委员会. 铸牢中华民族共同体意识学习与思考 [M]. 北京：民族出版社，2021：6.

② 国家民族事务委员会. 铸牢中华民共同体意识——全国民族团结进步表彰大会精神辅导读本 [M]. 北京：民族出版社，2021：85.

（四）我们伟大的民族精神是各民族共同培育的

"我们伟大的民族精神是各民族共同培育的。在历史长河中，农耕文明的勤劳质朴、崇礼亲仁，草原文明的热烈奔放、勇猛刚健，海洋文明的海纳百川、敢拼会赢，源源不断注入中华民族的特质和禀赋，共同熔铸了以爱国主义为核心的伟大民族精神。昭君出塞、文成公主进藏、凉州会盟、瓦氏夫人抗倭、土尔扈特万里东归、锡伯族万里戍边等就是这样的历史佳话。近代以后，面对亡国灭种的空前危机，各族人民共御外侮、同赴国难，抛头颅、洒热血，共同书写了中华民族艰苦卓绝、气壮山河的伟大史诗。其中涌现出一大批少数民族的卫国英烈、建党先驱、工农运动领袖、抗日英雄、开国将领，为民族独立和人民解放作了不可磨灭的历史贡献。'人心所归，惟道与义。'在百年抗争中，各族人民血流到了一起、心聚在了一起，共同体意识空前增强，中华民族实现了从自在到自觉的伟大转变。中华民族精神是各族人民共同培育、继承、发展起来的，已深深融进了各族人民的血液和灵魂，成为推动中国发展进步的强大精神动力。"[①] 在第四个"共同"中习近平总书记从更加宏大的历史发展视角，对中华民族共同体发展过程具体的交往交流交融进行了高度概括，强调了中华民族文化是在农耕文明、草原文明、海洋文明的交融中形成的，在文化上具有多元性，是各民族在历史发展中共同创造了中华民族精神，特别是在为了民族解放和民族独立的历史过程中形成的中华民族共同体意识。这一系列重要论述不仅深刻揭示了中华民族精神源远流长、传承发展的内生动力，也精准点明了中华民族共同体生生不息、繁荣发展的"精神基因"，同时也从时间上强调了中华民族共同体意识在近代开始完成了从自在向自觉的历史性转变。

各族人民在长期的奋斗中，发明了造纸术、火药、印刷术、指南针、马镫、织造术等科技成果，传唱着盘古开天、女娲补天、夸父逐日、愚公移山等神话故事，集中彰显了中华民族的伟大创造精神、伟大奋斗精神、伟大团结精神、伟大梦想精神。中华民族精神在几千年历史长河中日渐养成，"亘古亘今、亦新亦旧"，绵延不绝发展至今。回溯历史，团结统一是中华民族精神中最宝贵的特质。几千年来，中华民族之所以生生不息、薪火相传，其根本就在于中华民族这一精神特质，已深深融进了各族人民的血液和灵魂。

[①] 中央民族工作会议暨国务院第六次全国民族团结进步表彰大会在北京举行[N].人民日报，2014-09-30.

近代以来，面对亡国灭种的空前危机，全国各族人民奋起抗争，书写了共御外侮、保卫祖国的壮丽史诗。从隆吐山战役、江孜战役接连挫败侵略图谋，到左宗棠收复新疆、冯子材出击镇南关捍卫祖国疆土，中华民族的英雄们为维护国家统一和领土完整，前仆后继、浴血奋战。中国共产党成立以来，在以毛泽东同志为主要代表的中国共产党人团结带领下，全国各族人民为中华民族的独立、自由和解放舍生忘死、奋勇抗争，涌现出一大批彪炳史册的各民族功勋人物。我们永远铭记邓恩铭（水族）、施滉（白族）、马骏（回族）、荣耀先（蒙古族）等建党先驱，韦拔群（壮族）、关向应（满族）、向警予（土家族）、龙大道（侗族）等工农运动领袖，陈翰章（满族）、李红光（朝鲜族）、马本斋（回族）、肋巴佛（藏族）等抗日英雄，粟裕（侗族）、韦国清（壮族）、乌兰夫（蒙古族）、廖汉生（土家族）、赛福鼎·艾则孜（维吾尔族）、朵噶·彭措饶杰（藏族）等开国将领[①]……少数民族英烈名垂青史，同灿若星辰的汉族英烈一起，在全体中华儿女心中矗立起一座座不朽的丰碑。特别是抗日战争中，在外来侵略寇急祸重的严峻形势下，各民族仁人志士抛头颅、洒热血，进行了共赴国难、浴血奋战的伟大斗争。从最早举起抗战反侵略旗帜的东北义勇军，到把抗战烽火燃遍内蒙古大草原的大青山抗日游击队；从驰骋华北平原的回民支队，到血染贺兰山的回民骑兵团；从五指山间椰林抗敌的海南黎民，到誓与祖国共存亡的高山族同胞……各族人民都为抗日战争的全面胜利作出了重要贡献、付出了巨大牺牲。"殷忧启圣，多难兴邦。"在百年抗争中，全国各族人民手挽着手、肩并着肩，不畏死、不惧难，打败了穷凶极恶的侵略者，用"血肉长城"托起了新中国，结束了"人民五亿不团圆"的历史，开启了中华民族伟大复兴的新纪元[②]。经历了血与火的考验，各族人民的血流到了一起、心聚在了一起，中华儿女血肉相连、生死相依、荣辱与共，中华民族共同体意识空前增强，中华民族实现了从自在到自觉的伟大转变，以爱国主义为核心的中华民族精神不断得到结晶升华，焕发出自强不息、厚德载物的磅礴伟力。

"为有牺牲多壮志，敢教日月换新天。"在革命、建设、改革各个历史时期，中华民族的伟大精神不断丰富完善，发挥了凝聚人心、引领进步的重要

[①] 国家民族事务委员会.铸牢中华民共同体意识——全国民族团结进步表彰大会精神辅导读本［M］.北京：民族出版社，2021：90.

[②] 国家民族事务委员会.铸牢中华民共同体意识——全国民族团结进步表彰大会精神辅导读本［M］.北京：民族出版社，2021：90.

作用。从创业到不断再创业，中国共产党人始终如一地践行着初心、履行着使命，孕育和形成了独特的精神基因、精神气质。红船精神、井冈山精神、长征精神、延安精神、西柏坡精神、大庆精神、"两弹一星"精神、改革精神、抗洪精神、抗震救灾精神、载人航天精神、塞罕坝精神……形成了中国共产党人勇于革命、不懈奋斗的红色精神谱系。今天，我国取得的令世人瞩目的成就，是全国各族人民在党的领导下共同团结奋斗、共同繁荣发展的结果，是以爱国主义为核心的民族精神和以改革创新为核心的时代精神相结合的体现。中华人民共和国成立以来，各族同胞对伟大祖国的热爱和各族兄弟手足间团结一心、守望相助的深情厚谊，也如涓涓细流般源源不断地融汇到中华民族精神的浩瀚大海之中[①]。这份情谊中，有草原母亲认养三千孤儿的刻骨恩情，有塔吉克族护边员拉齐尼·巴依卡一家三代守护帕米尔高原的无怨无悔，有阿里好书记孔繁森"青山埋忠骨、热血洒高原"的无私奉献，有宁夏"王兰花热心小组"为社区群众排忧解难的热心友善，有汉族女孩王燕娜为维吾尔族少年捐肾的舍己为人……祖国大地每时每刻都上演着感人肺腑的民族团结互助故事，传唱着中华民族伟大精神的时代赞歌，激荡着为中华民族发展进步不懈奋斗的时代最强音。

"人心所归，惟道与义。"在百年抗争中，各族人民血流到了一起、心聚在了一起、情合在了一起，共同体意识空前增强，中华民族实现了从自在到自觉的伟大转变，形成了多元一体的中华民族大家庭。"历尽千难成伟业，人间万事出艰辛。"中华民族精神从数千年文明发展的苦难辉煌中生发淬炼，在新时代迸发出了巨大的凝聚力、吸引力、感召力，为中华民族共同体的发展进步提供了强大的精神动力。展望未来，我们坚信，在中华民族伟大精神的鼓舞下，我们定能形成勇往直前、无坚不摧的强大力量，在实现中华民族伟大复兴的征程上披荆斩棘、奋勇前进！

二、树立四个"与共"理念：铸牢中华民族共同体意识的精神纽带

历史潮流浩浩荡荡，摧枯拉朽，形塑了由各族人民共同组成的中华民族，这是一个有容乃大的共同体，是一个兼和相济的共同体，是一个向往美好的共同体。构成这一共同体的各族人民共同拥有伟大的奋斗精神、伟大的创造

[①] 国家民族事务委员会. 铸牢中华民共同体意识——全国民族团结进步表彰大会精神辅导读本 [M]. 北京：民族出版社，2021：91.

精神、伟大的团结精神、伟大的梦想精神，他们"共同开拓辽阔疆域、共同书写悠久历史、共同创造灿烂文化、共同培育伟大精神"。自2019年，习近平总书记在全国民族团结进步表彰大会上提出了"四个共同"这一中华民族共同体之所以"共同"的历史根基，并明确强调以铸牢中华民族共同体意识为主线做好各项工作的重要论述之后，2021年，在中央民族工作会议上，习近平总书记进一步明确指出，铸牢中华民族共同体意识是新时代党的民族工作的"纲"，所有工作要向此聚焦；要引导各族人民牢固树立休戚与共、荣辱与共、生死与共、命运与共（以下简称"四个与共"）的共同体理念。

如果说"四个共同"的历史传统和思维定式为中华民族实体化提供了强大的凝聚力，那么，"四个与共"共同体理念作为历史实践和反映在人们心理的思想观念，其所蕴含的守望相助、共御外侮、风雨同舟、患难与共、甘苦与共、共克时艰、团结友爱、同心同德、携手奋斗、捍卫民族独立自由的内涵，则为铸牢中华民族共同体意识提供了稳定的心理保障，为在"两个大局"中开展民族工作、引导各族人民在交往交流交融中"像石榴籽一样紧紧抱在一起"提供了理论指导和实践抓手。作为一个重大的原创性论断，其不仅深刻反映了各民族利益上相互依存、情感上相互亲近、精神上相互支撑、文化上相互兼容等共同的价值诉求，蕴含着丰富的价值意蕴，同时也进一步丰富了铸牢中华民族共同体意识的内涵和意义，是新时代民族理论创新发展的具体体现。

（一）休戚与共：共同体理念的价值驱动

"休戚与共"集中表达的是共同体的利益交融、利益互惠、利益共享，共同的利益是树立共同体理念的价值驱动。我国是统一的多民族国家，中华民族多元一体是我国的一个显著特征。自古以来，中华各族人民筚路蓝缕、披荆斩棘，你中有我、我中有你，谁也离不开谁，共同开发了祖国的锦绣河山、广袤疆域，共同创造了悠久的中国历史、灿烂的中华文化。史书万卷皆"家国"。

在几千年的历史发展进程中，我国各民族人民唇齿相依、相互依存、团结友爱，中华民族共同体意识成为中华民族战胜苦难、解决危机、实现复兴的强大内生动力。尤其是近百年来，各族人民在反对共同敌人的斗争中迸发出的强烈的民族情怀、家国情怀以及所激发出来的强大的民族凝聚力、创造力和战斗力等，更是谱写了各民族休戚与共的绚丽篇章。"汉族离不开少数民族，少数民族离不开汉族，各少数民族之间也相互离不开"的理念已经成为各族人民的自觉行动。

自中国共产党成为国家的领导力量后,更是始终把争取、保障和发展中华民族整体利益放在首位。经过28年争取民族解放和独立的革命斗争运动,我们党不仅使中华民族浴火重生,并且为实现中华民族整体利益及各民族具体利益找到了一条中国特色解决民族问题的正确道路。在这条道路上,我们党创造性地运用马克思主义民族理论指导党的民族工作,形成了党的民族工作方针政策,创设了民族区域自治制度,采取了"和平改革""和平协商""直接过渡"等方式,废除了各种剥削制度,进行了社会主义改造,在民族地区确立了社会主义制度,建立起新型的社会主义民族关系。进入改革开放历史新时期后,党中央实施"兴边富边"行动计划,帮扶民族地区加快经济社会建设。经过全国脱贫攻坚伟大实践,民族地区历史性地告别贫困、摆脱闭塞、远离落后,与全国一道迈向实现共同富裕的社会主义现代化强国建设新征程。我们党团结带领各族人民进行的社会生产和社会生活实践,极大地创造了有利于各民族生存发展的经济基础和物质条件,并通过推进社会主义民主政治建设,实现了各民族的平等、团结、互助、和谐,保障了各民族当家做主的权益,增进了各民族的民生福祉。各民族的经济利益、政治利益、社会利益得到前所未有的实现,充分体现了中华民族共同体在整体利益上的休戚与共。推动新时代中华民族共同体理念的运用和升华,就要以中华民族的根本利益、整体利益、长远利益为导向,永葆休戚与共的"家国情怀",进一步做好民族地区的经济社会建设,聚焦各民族的"急难愁盼"问题,坐实民生保障工作,持续提升民族地区对外开放水平,不断满足各民族的正当利益诉求,共享利益发展成果,让民族团结进步之花结出社会稳定和国家繁荣之果。

(二)荣辱与共:共同体理念的价值基础

"荣辱与共"集中反映的是共同体的情感依赖、情感共鸣、情感力量,共同的情感是树立共同体理念的价值基础。多少风云激荡,多少血火淬炼,国难当头之时,各族儿女同仇敌忾、共御外侮,56个兄弟民族紧密相连、团结奋战,让中华民族屡经磨难而不倒,始终昂首屹立于世界民族之林。经历血与火的考验,各族人民更加深切地认识到民族团结是我国各族人民的生命线,每个民族、每个人的前途命运都与国家的前途命运息息相关,一荣俱荣、一损俱损。中华民族之所以能够"像石榴籽一样紧紧拥抱在一起",关键就在于各民族手足相亲、守望相助,已成为一个血脉相通、温暖和谐的大家庭。而在中华民族的情感体系中，爱国主义可谓各民族的最强烈的情感共识和情感归宿。

作为承接千年传统、贯穿历朝历代的价值追求和思想主题，爱国主义使各个民族成员逐步认识和理解到中华民族是个多元统一体，中国是个不可分割的主权国家，将人们对较小民族单位的情感和认同提升到对中华民族的整体性情感和认同，将各民族对区域土地的自发责任扩展为对国家领土的自觉意识，培养全体中华民族成员高度一致的使命感以及忠于民族国家利益的根本价值取向。在不同文化元素的交流与碰撞过程中，爱国主义以民族国家的整体发展为价值标准，吸收有益于中华民族和中国整体性发展的优秀文化，淘汰阻碍中华民族和中国整体性发展的文化观念，并逐步形成一套完整而持久的选择和生成机制，使中华民族精神从产生开始就具有极大包容性，与异质文化精神求同存异、优势互补，不断丰富和完善自身，保持中华民族精神绵延不衰。有了爱国主义的整合，虽然中华民族在历史进程中经历无数动荡和分裂，中华民族文化多次遭受打击和破坏，但最终都能在以爱国主义为核心的民族精神指引下重整旗鼓继续向前发展。而作为中华民族爱国主义基因的坚定传承者，中国共产党团结带领全国各族人民，从"彝海结盟"到"牦牛革命"，从"三千孤儿入内蒙"到"一家三代卫国戍边"，从"最好牧场为航天"再到西气东输、西电东送、北煤南运……共同创造了新民主主义革命、社会主义革命和建设、改革开放和社会主义现代化建设、新时代中国特色社会主义四个"伟大成就"，创造了经济快速发展和社会长期稳定"两大奇迹"。中华民族迎来了从站起来、富起来到强起来的伟大飞跃，实现中华民族伟大复兴进入了不可逆转的历史进程。各民族的爱国主义情怀前所未有地高涨，充分体现了中华民族共同体在情谊、情感、情怀上的荣辱与共。

推动新时代中华民族共同体理念的运用和升华，就要让爱国主义基因薪火相传、爱国主义情怀生生不息，以团结统一为各民族的最高准则，坚持不懈开展马克思主义国家观、民族观、历史观、文化观宣传教育，不断增强各族群众对伟大祖国、中华民族、中华文化、中国共产党、中国特色社会主义的认同，促使各民族血脉相连、手足相亲、守望相助。才能构建起维护国家统一和民族团结的坚固思想长城，共同维护好国家安全和社会稳定，才能让民族团结进步之花常开长盛。

（三）生死与共：共同体理念的价值追求

"生死与共"集中凸显的是共同体的精神力量、精神归依、精神谱系，共同的精神是树立共同体理念的价值追求。精神是一个民族的风骨，由深层次的精气神凝结起来的民族共同体，才具备超越个体生死随时为共同体牺牲奉献的价值追求。在中华民族创造的精神谱系中，风雨同舟、牺牲奉献、共克时艰成为民族兴旺的精神密码。

在古代中国，中华民族历经王朝更迭，在政权战乱中却把"位卑未敢忘忧国""只解沙场为国死""先天下之忧而忧，后天下之乐而乐""春蚕到死丝方尽"的精神境界化为流血牺牲、无私奉献、舍生忘死的无畏行动。在近代中国，中国共产党领导肩负起民族复兴的历史重任，团结带领各民族共同历经风云激荡和血火淬炼，涌现出一大批民族英雄，在战胜苦难中赢得了民族解放，在解决危机中保持了民族独立。中华人民共和国成立后，中国共产党持续团结带领各民族闯关过坎，改变了一穷二白的面貌；同甘共苦，为社会主义现代化建设打下了物质基础，提供了制度保障、积蓄了精神能量。改革开放以来，面对经济全球化、政治多极化、文化多元化、信息网络化的国内外复杂形势，以及金融危机、生态危机、意识形态危机、公共安全危机、自然灾害等严峻考验，中华民族从未惧怕、从未退缩、从未卸责，而是团结一心、众志成城、共克时艰，构筑起坚不可摧的精神长城，彰显了民族精神的凝聚力、向心力、感染力。以抗击新冠肺炎疫情为例，各族人民不分男女老幼，不论岗位分工，自觉投入抗击疫情的人民战争，从而谱写了中华民族一曲曲同心同德、共克时艰的英雄壮歌。"白衣天使"用生命践行誓言，充分彰显了救死扶伤、医者仁心的大爱精神；人民军队闻令而动、敢打硬仗，以英勇和忠诚筑起了坚不可摧的"抗疫长城"；党员干部、社区工作者、志愿者们成为最美逆行者，充分展现了守土有责、守土尽责的担当精神……在大灾大难、生死考验面前，各民族紧紧地凝聚在一起，构筑起中华民族共有的精神家园，使各民族人心归聚、精神相依，为众志成城攻坚克难汇聚了更加强大的精气神。

回望过去的奋斗路，一百多年来，全国各族人民在中国共产党的领导下，紧紧围绕实现中华民族伟大复兴这一目标，风雨同舟、生死与共、始终保持血肉联系。从长征的血战、抗日的烽烟，到发展的探索、改革的攻坚，从打赢脱贫攻坚战到全民战"疫"共克时艰，中国共产党和中国人民始终心连心、同呼吸、共命运。各民族的精气神前所未有地高涨，充分体现了中华民族共同体在危难时分、重要关头、考验面前的生死与共。

如今，面对新的赶考之路，推动新时代中华民族共同体理念的运用和升华,就要在民族教育、干部教育、党员教育、国民教育、社会教育中深化中华民族共同体意识的宣传教育,不断增强做中国人的志气、骨气、底气,把民族精神与时代精神结合起来,丰富和发展中华民族精神谱系,更好建设中华民族共有的精神家园,使各民族人心归聚、精神相依,不断提振实现中华民族伟大复兴的精气神,形成人心凝聚、团结奋进的强大精神纽带。

(四)命运与共:共同体理念的价值旨归

"命运与共"集中传递的是共同体的历史联结、现实联系、未来关联,共同的发展主题和发展潮流是树立共同体理念的价值旨归。习近平总书记曾强调,中华民族是一个命运共同体,一荣俱荣、一损俱损。各民族只有把自己的命运同中华民族的命运紧紧连接在一起,才有前途,才有希望。这一重要论断深刻揭示了中华民族和各民族是一个大家庭和家庭成员的关系,深刻指出了中华民族多元一体格局中"多"与"一"的辩证统一,为我们准确把握我国是统一的多民族国家的基本国情,做好新时代民族工作,指明了方向、提供了遵循。

中华民族这个概念尽管是近代才出现的,但是作为一个自在的民族实体,几千年来早已存在。"六合同风,九州同贯",在中华大地上繁衍生息的各民族不断交融汇聚,特别是中国自秦汉形成统一多民族国家以来,大一统的理念深入人心,各民族在分布上交错杂居、经济上相互依存、文化上兼收并蓄、情感上相互亲近,最终形成了多元一体的中华民族。"四海之内皆兄弟""五方之民共天下""夷夏一体"等观念,表明中华民族共同体意识千百年以前已经自然萌发。历史上无论哪个民族入主中原,都把自己所建立的王朝视为统一的多民族国家的正统,更说明中华民族共同体意识实际存在。虽然在历史的长河中,中华民族作为一个命运共同体受经济社会条件的制约,常常由于王朝更迭、战争割据而时强时弱,但是团结统一始终是历史的主流和各族人民的共同追求。

在近代以来救亡图存的共同抗争中,中华民族成为我国各民族普遍认同的道义和归属,实现从自在到自觉的转变。面对帝国主义侵略带来的亡国灭种的空前危机,中华民族仁人志士提出了"五族共和""合满汉各民族为一大中华民族"等理念,表明数千年来"自在"的中华民族共同体意识悄然觉醒。我们党登上历史舞台后,就高度重视解决民族问题,在将马克思主义民族理论和中国具体实际相结合的基础上,对中华民族这一概念作出了正确阐释。毛泽东同志深刻指出,"中国是一个由多数民族结合而成的拥有广大人口的国家"，"中华民族的各族人民都反对外来民族的压迫，都要用反抗的手段解除这种压迫。他们赞成平等的联合，而不赞成相互压迫"。正是在这一理论的指引下，我们党把各民族解放纳入中华民族解放全局中，团结带领全国各族人民推翻"三座大山"，建立了崭新的中华人民共和国，开辟了中华民族发展的历史新纪元。在这一历史进程中，中华民族共同体意识得到了极大增强。

中华人民共和国成立以来，我国各民族在中国共产党的领导下，共同推动中华民族日益走向包容性更强、凝聚力更大的命运共同体。中华人民共和国成立后，经过民主改革和社会主义改造，我国各族人民共同走上社会主义道路，彻底消除了民族歧视和压迫的总根源，前所未有地激发了各民族的中华民族共同体意识。在毛泽东同志"中华人民共和国各民族团结起来"的号召下，党和国家先后派出访问团、民族贸易队、医疗卫生队等，到民族地区进行慰问，还组织由边疆少数民族人士组成的参观团、国庆观礼团，到北京和内地参观。通过"派下去、请上来"，一来一往，赢得了少数民族群众对党的衷心拥戴，丰植了边疆少数民族的爱国主义情感，增进了各民族间的团结和友谊。改革开放以来，邓小平同志强调要"争取整个中华民族的大团结""振兴中华民族"；江泽民同志指出，"我国各民族维系于一个统一的大家庭"，强调"汉族离不开少数民族，少数民族离不开汉族，各少数民族之间也相互离不开"；胡锦涛同志指出，"在漫长的历史进程中，我国各族人民密切交往、相互依存、休戚与共，形成了中华民族多元一体的格局"，并强调各民族要"共同团结奋斗、共同繁荣发展"。在这些重要思想的指引和感召下，各民族政治、经济、社会、文化等各方面联系越来越紧密，民族地区发展越来越融入国家发展全局，中华民族共同体的现实根基不断夯实。

特别是党的十八大以来，以习近平同志为核心的党中央，站在实现中华民族伟大复兴中国梦的战略高度，提出"中华民族大家庭""中华民族共同体"等新理念，把"铸牢中华民族共同体意识"写入党章，把"中华民族"概念写入《宪法》，推动"中华民族一家亲、同心共筑中国梦"成为新时代我国民族团结进步事业的生动写照和新时代民族工作创新推进的鲜明特征。近年来，面对新冠肺炎疫情肆虐全球，中国采取最全面、最彻底的防控举措，展现了对各族人民生命安全和身体健康极端负责的国家治理理念和担当，"中国之治"与"西方之乱"形成鲜明对比，各民族作为中华民族一员的自豪感和自信心显著增强，以铸牢中华民族共同体意识为标志的解决民族问题的中国智慧和中国方案，得到越来越多国家的理解和认同。多元一体的中华民族的形成，不仅是共同的地缘和生活环境把我们密不可分地联结在一起，更重要的是共同的历史命运和光明前途把我们亲密无间地凝聚在一起①。

此外，中华民族所始终秉承的"天下一家"的理念和"世界大同"的情怀，也为弘扬和平、发展、公平、正义、民主、自由的全人类共同价值赋予了中国智慧、贡献了中国力量，把世界各民族的前途命运紧紧联系在一起，谋求世界各族人民人同此心、心同此理，力推全球各国合作共赢、共同发展。特别是面对新冠肺炎疫情的全球蔓延，我们发起了中华人民共和国成立以来援助时间最集中、涉及范围最广、力度空前的人道主义行动，充分展示了讲信义、重情义、扬正义、守道义的大国形象，生动诠释了为世界谋大同、推动构建人类命运共同体的大国担当。展望未来，以铸牢中华民族共同体推动构建人类命运共同体，顺应了世界历史发展趋势的必然要求。随着全球生产要素的充分流动和社会交往的日臻紧密，历史朝着世界历史的发展潮流日趋明显，世界民族的彼此依存比过去任何时候更频繁、更紧密，无法封闭独立、无法人为割裂。在世界百年未有之大变局和中华民族伟大复兴战略全局的历史交会期，各民族的共同价值诉求前所未有地高涨，充分体现了中华民族和世界民族共同发展、持续发展、全面发展的命运与共。推动新时代中华民族共同体理念的运用和升华，就要一如既往地以铸牢中华民族共同体深入推动构建人类命运共同体，为世界的和平安宁、共同发展、交流互鉴作贡献，在命运与共的人间正道上携手并肩、和衷共济、共享繁荣。

总之，"四个与共"共同体理念作为历史实践和反映在人们心理的思想观念，以意识存在贯穿于中华民族的思想意识中，成为中华民族共同体的文化基因，具有超越时空、民族、个体的意义，成为中华民族共同体存续的思想意识基础。充分体现出新时代民族工作中历史与现实的照应、方向和道路的把握、制度和实践的重点。把握"四个与共"理念所指向的价值目标。引导各族人民树立"休戚与共"理念，铸牢中华民族共同体的情感认同根基，能够有效抵御各类极端、分裂思想的渗透颠覆，维护国家安全和社会稳定，更牢固地构建国家统一和民族团结的思想长城。引导各族人民树立"荣辱与共"理念，铸牢中华民族共同体的理性认同根基，能够有效应对实现复兴伟业进程中可能发生的风险和挑战，为党和国家的兴旺发达、长治久安提供更为坚实的思想保证。引导各族人民树立"生死与共"理念，铸牢中华民族共同体

---

① 国家民族事务委员会. 铸牢中华民族共同体意识——全国民族团结进步表彰大会精神辅导读本 [M]. 北京：民族出版社，2021：101.

的历史认同根基,能够增进各民族对中华民族的自觉认同,推动中华民族发展为认同度更高、凝聚力更强的共同体。引导各族人民树立"命运与共"理念,铸牢中华民族共同体的愿景认同根基,能够增进和凸显民族工作实践的共同性,推动新时代党的民族工作做得更好、更细、更扎实。"休戚与共、荣辱与共、生死与共、命运与共"的共同体理念是中华民族共同历史的命运纽带,是中华民族团结统一的精神纽带、赖以生存和发展的理念支撑。中国特色社会主义进入新时代,中华民族迎来历史上最好发展时期。同时,面对复杂多变的国内外形势,中华民族更应团结一致,凝聚力量,确保中国发展的巨轮胜利前进,推动中华民族伟大复兴走向更加光明的未来。

三、把握"四大关系":铸牢中华民族共同体意识的价值遵循

习近平总书记在中央民族工作会议上指出,党的民族工作创新发展,就是要坚持正确的,调整过时的,更好地保障各民族群众合法权益。要正确把握好共同性和差异性的关系、中华民族共同体意识和各民族意识的关系、中华文化和各民族文化的关系、物质和精神的关系。这些重要论述,是对我国基本国情和历史传统的准确把握,是对中华民族团结进步规律的深刻揭示,充满了唯物辩证法的智慧,为进一步做好党的民族工作提供了科学方法和指导原则。正确把握"四个关系",有助于纠正和厘清当前存在的一些错误观念和模糊认识,以更加坚定的历史自信和历史主动性,以铸牢中华民族共同体意识为主线,推进新时代党的民族工作高质量发展,引领中华民族在更高层次上实现大团结大进步。

(一)要正确把握共同性和差异性的关系

习近平总书记指出,中华民族多元一体是先人们留给我们的丰厚遗产,也是我国发展的巨大优势。我们辽阔的疆域是各民族共同开拓的,我们悠久的历史是各民族共同书写的,我们灿烂的文化是各民族共同创造的,我们伟大的精神是各民族共同培育的。我国各族人民同呼吸、共命运、心连心的奋斗历程是中华民族强大凝聚力和非凡创造力的重要源泉。一部中国史,就是一部各民族交融汇聚成多元一体的中华民族的历史,就是各民族共同缔造、发展、巩固统一的伟大祖国的历史。增进共同性、尊重和包容差异性是民族工作的重要原则。有同无异,没必要强调共同体;有异无同,形成不了共同体。离开了共同性,铸牢中华民族共同体意识无从谈起;忽略了差异性,铸

牢中华民族共同体意识难以做起。各民族的差异性将长期存在，尊重、包容差异性是铸牢中华民族共同体意识的题中应有之义。同时也要认识到，共同性是主导，是方向、前提和根本，差异性不能削弱和危害共同性。保护差异是需要的，差异性丰富多彩，共同体才能展示出包容性和活力。但不能固化强化差异性中落后的、影响民族进步的因素。为此，必须立足我国是统一的多民族国家的基本国情，牢记民族团结是我国各族人民的生命线，顺应时代变化，按照增进共同性的方向改进民族工作，做到共同性和差异性的辩证统一、民族因素和区域因素的有机结合，把新时代党的民族工作做好做细做扎实。

首先，要深刻认识和把握增进共同性是新时代民族工作的方向和重要原则。中华民族是一个大家庭，有56个民族，每个民族都有自己的特点。但要看到，随着各民族交往交流交融的不断深入，民族间的共同性因素不断增多，社会一体化和整合性程度不断提高，这是历史发展的必然趋势。要坚定各族人民对伟大祖国、中华民族、中华文化、中国共产党、中国特色社会主义的高度认同，增强国情家底意识、历史主流意识、政治法治意识、团结合作意识、共同发展意识、共建共享意识，推动中华民族成为认同度更高、凝聚力更强的命运共同体。

其次，要深刻认识和把握民族差异是客观存在的社会历史现象。民族作为一个历史范畴，是人类社会发展到一定阶段的产物，民族的产生、发展和消亡是一个漫长的历史过程，有其特定的规律，是不以人的意志为转移的。多民族是我国的一大特色，也是我国发展的一大有利因素。为此，要在准确把握我国是一个统一的多民族国家的基本国情的基础上，注意对各民族在饮食服饰、风俗习惯、文化艺术、建筑风格等方面的保护和传承，在中华文化百花园里绽放光彩。根据不同地域、不同民族、不同群体对中华民族共同体意识的认知差异，既面向少数民族和民族地区，又面向汉族和东中部地区，有针对性地做好工作，纠正大汉族主义和地方民族主义，全面提升铸牢中华民族共同体意识的水平。

最后，要深刻认识和把握共同性和差异性的辩证统一。中华民族的多元一体格局，一体包含多元，多元组成一体，一体离不开多元，多元也离不开一体，一体是主线和方向，多元是要素和动力，两者辩证统一。强调共同性和差异性的辩证统一，就是既要尊重差异性、包容多样性，又要着力增进共同性、促进一体，推动中华民族走向包容性更强、凝聚力更大的命运共同体。

党的十八大以来，在以习近平同志为核心的党中央坚强领导下，各族儿女在中华民族大家庭中手足相亲、守望相助，在脱贫攻坚和全面建成小康社会进程中，打造了东西部对口扶贫协作帮扶的"闽宁模式"，演绎了广东珠海与云南怒江对口帮扶、守望相助的"江海情深"，对口援疆、对口援藏中更是结成数不清的"亲戚"、留下无数感人的故事，促进各族群众广泛交往、全面交流、深度交融。在抗击新冠肺炎疫情中，各族人民相互支援、亲如一家，充分展示了中华民族大团结的强大力量。实践充分证明，增进共同性、尊重和包容差异性，这是做好民族工作的重要原则。只有各民族相亲相爱、彼此尊重、团结奋斗，才能共同创造伟大祖国的辉煌成就，才能形成各民族你中有我、我中有你，谁也离不开谁，共同繁荣、共享成果的生动局面。

（二）要正确把握中华民族共同体意识和各民族意识的关系

中华民族共同体的形成和发展，是各民族交往交流交融的产物，经历了漫长的历史过程。近代以来，各族人民在共御外侮、同赴国难的过程中，共同体意识空前增强，中华民族实现了从自在到自觉的伟大转变。正确把握中华民族共同体意识和各民族意识的关系，就应厘清好二者的层次关系。

首先，要深刻认识和把握本民族意识要服从和服务于中华民族共同体意识。民族是人类社会发展过程中的客观存在，有民族存在就会有民族意识。中华民族共同体意识是国家层面最高的社会归属感、面向世界的政治归属感，是在对各民族意识有效规制基础上形成的更高层次的、更大范围的身份认同意识，是公民个体对国家认同意识的具体体现。铸牢中华民族共同体意识，既要反对大汉族主义，也要反对地方民族主义，要引导各族人民牢固树立休戚与共、荣辱与共、生死与共、命运与共的共同体理念。

其次，要深刻认识和把握中华民族共同体整体利益与各民族具体利益的一致性。中华民族共同体整体利益与各民族具体利益是整体与局部的关系，两者辩证统一。一方面，各民族始终要把中华民族共同体整体利益放在首位。历史充分证明，国家统一、民族团结，则政通人和、百业兴旺；国家分裂、民族纷争，则百业凋敝、人民遭殃。祖国统一是各族人民最高利益，民族团结是各族人民的生命线。各民族始终要把维护祖国统一和民族团结作为实现自身利益的前提和基础。另一方面，要在实现好中华民族共同体整体利益进程中实现好各民族具体利益。中华民族是一个命运共同体，各民族一荣俱荣、一损俱损。在实现中华民族伟大复兴的中国梦和推进各民族共同走向社会主义现代化进程中，要切实实现好、维护好、发展好各民族具体利益。从就业、就学、安居等方面入手，与时俱进调整完善有关政策举措，引导鼓励人口双向迁移流动，推进各民族人口流动融居，不断拓展各民族间交往交流交融的广度和深度。加强政策引导，优化公共服务管理，积极创造各民族共居共学、共事共乐、共建共享的社会结构和社会条件。完善促进各民族群众融入城市的政策导向和制度保障，将少数民族流动人口纳入城市流动人口服务体系，合理照顾少数民族风俗习惯，坚决纠正针对任何特定民族身份的歧视性行为。坚定不移推广国家通用语言文字，夯实交往交流基础，同时根据实际情况需要，采取措施保障少数民族语言文字的学习使用等。

（三）要正确把握中华文化和各民族文化的关系

纵观中华民族几千年文明史不难发现，中华文化经历了各民族文化的相互积累、递进、融合，建构起中华文明的参天大树，正如习近平总书记概括中华民族的"四个共同"特征之一。我们灿烂的文化是各民族共同创造的，民族创造出文化，文化又融凝此民族。中国各民族共创、共享中华文化，中华文化又将各民族"融凝"为中华民族共同体，而对中华文化的认同则融入中华民族的血液，成为这一共同体的精神之源、团结之根、和睦之魂。尽管中华文化由各民族共创，但显然不是各民族文化的简单相加，而是各民族文化的"集大成"。在这个"集大成"的中华文化体系中，各民族文化不存在相互取代的关系，而是交相辉映、兼收并蓄、互鉴融通。中华文化和各民族文化的关系，正如习近平总书记在2021年中央民族工作会议上的形象的比喻："要正确把握中华文化和各民族文化的关系，各民族优秀传统文化都是中华文化的组成部分，中华文化是主干，各民族文化是枝叶，根深干壮才能枝繁叶茂。"这一形象的比喻生动阐释了中华文化和各民族文化的深层次逻辑关系。中华文化之所以如此精彩纷呈、博大精深，就在于它兼收并蓄的包容特性。各族文化交相辉映，中华文化历久弥新，这是今天我们强大文化自信的根源。传承和弘扬包括各民族优秀传统文化在内的中华优秀传统文化，有助于构筑经得起历史检验、各族人民认可、具有强大感召力和凝聚力的中华民族共有精神家园。

正确认识和把握中华文化和各民族文化的关系，首先，要深刻地认识到各民族优秀传统文化都是中华文化的组成部分。中华文化是各民族文化的集大成，各民族都对中华文化的形成和发展作出了贡献，各民族要相互欣赏，相互学习。把汉族文化等同于中华文化、忽略少数民族文化，把本民族文化自外于中华文化、对中华文化缺乏认同，都是不对的。促进各民族文化包容互鉴和创新发展，要在增强中华文化认同基础上去做，不能本末倒置。

其次，要深刻认识和把握中华文化与各民族文化是"主干"与"枝叶"的关系。一方面，认同中华文化和认同本民族文化是并育不悖的，正所谓根深干壮才能枝繁叶茂。在五千多年发展历程中，受社会政治结构、经济结构、地理环境等因素的影响，中华文化已形成了自己鲜明的特点。中国是56个民族组成的大家庭，中华各民族文化既各具特色，又多元一体，具有深刻的联系和共通性。中华文化绵延数千年，随着社会的不断演化，随着各民族文化的发展日渐丰富。它以海纳百川、有容乃大的胸怀，不断完善、不断积累、不断发展，形成了强大的根系，根植于中华大地。中华文化根深干壮，才有了各民族文化枝繁叶茂。另一方面，繁荣和发展各民族文化，要在增强对中华文化认同的基础上来推进。加强中华民族大团结，长远和根本的是增强文化认同；文化认同是最深层次的认同，是民族团结之根、民族和睦之魂。文化认同解决了，对伟大祖国、对中华民族、对中国共产党、对中国特色社会主义的认同才能巩固。这里强调的"文化认同"是指对中华文化的认同，不能片面地把某一民族或某一地域文化等同于中华文化，不能用"枝叶"代替"主干"，不能本末倒置。在推动各民族共同走向社会主义现代化的过程中，要以社会主义核心价值观为引领，以中国特色社会主义先进文化和时代精神激活各民族文化活力，推动各民族优秀传统文化创造性转化、创新性发展，促进各民族文化创新交融，丰富中华文化内涵，增强中华文化软实力。

（四）正确把握物质和精神的关系

习近平总书记指出，一个民族的复兴需要强大的物质力量，也需要强大的精神力量。只有物质文明建设和精神文明建设都搞好，国家物质力量和精神力量都增强，全国各族人民物质生活和精神生活都改善，中国特色社会主义事业才能顺利向前推进。

自改革开放以来，我们的物质条件得到了极大的改善。从温饱到小康，各族人民的获得感、幸福感、安全感不断增强。2021年，"民族地区3121万贫困人口全部脱贫，民族自治地方420个贫困县全部摘帽"，中国实现了第一个百年奋斗目标，在中华大地上全面建成了小康社会，历史性地解决了绝对贫困的问题，中华民族自信心和自豪感被空前激发。在2021年中央民族工作会议上，习近平总书记进一步提出"必须把推动各民族为全面建设社会主义现代化国家共同奋斗作为新时代党的民族工作的重要任务，促进各民族紧跟时代步伐，共同团结奋斗、共同繁荣发展"，是将新时代党的民族工作与第二个百年奋斗目标紧密相连，更是把民族发展问题置于全面建设社会主义现代化强国的格局中加以统筹，是"一种跳出民族地区谈民族地区经济社会发展的工作思路"，体现了中华民族共同体建设的智慧与大局观。

毫无疑问，精神培育须有相应的物质基础作为支撑，但物质基础的夯实并不会自然而然带来精神层面的提升。在如何正确把握物质和精神的关系上，在2021年召开的中央民族工作会议上，习近平总书记强调强调，"要正确把握物质和精神的关系，要赋予所有改革发展以彰显中华民族共同体意识的意义，以维护统一、反对分裂的意义，以改善民生、凝聚人心的意义，让中华民族共同体牢不可破"。这一精神赋予提醒我们，民族发展问题不仅是改革发展的单向度问题，更要从政治意义、精神层面上把握民族地区经济社会发展的重要性。解决好这一问题，既饱含着在全面建设社会主义现代化国家的新征程上"一个民族也不能少"的共同体政治意涵，也蕴藏着维护统一、凝聚人心、铸牢中华民族共同体意识的情感浓度与精神寄予。同时，万万不能忽视民族领域的思想阵地。正确的思想不去占领这一阵地，错误的思想就会占领。

基于此，在新时代党的民族工作实践中，一方面，要重视物质的作用，将发展作为解决民族地区各种问题的"总钥匙"，把各族人民对美好生活的向往作为奋斗目标，推动民族地区加快现代化建设步伐，推动各民族共同走向社会主义现代化，逐步缩小发展差距，促进全体人民共同富裕取得更为明显的实质性进展；要加快少数民族和民族地区的发展，推进基本公共服务均等化，提高把"绿水青山"转变为"金山银山"的能力，让改革发展成果更多更公平惠及各族人民，不断增强各族人民的获得感、幸福感、安全感。另一方面，也要深刻认识到，经济社会发展并不自然而然带来民族团结，并不自然而然带来中华民族共同体意识。为此，要重视精神的作用，构筑好中华民族共有精神家园，要弘扬社会主义核心价值观，弘扬以爱国主义为核心的民族精神和以改革创新为核心的时代精神，不断增强各族人民的精神力量，让"五个认同"深入人心。要从总体国家安全观的角度看待民族问题的风险和挑战，既要积极化解有预兆却被忽略的"灰犀牛"事件，也要随时防范不可预知的"黑天鹅"事件。要从"两个大局"出发，锻炼和增强各族干部群众识别大是大非的能力、抵御国内外敌对势力思想渗透的能力。也只有"把思想教育这把钥匙用得更好"，不断夯实精神之基，构筑起中华民族共有精神家园，才能使"休戚与共、荣辱与共、生死与共、命运与共的共同体理念"深嵌各民族内心，才能"使各民族人心归聚、精神相依，形成人心凝聚、团结奋进的强大精神纽带"，让中华民族共同体牢不可破。

四、树牢马克思主义"五观"：铸牢中华民族共同体意识的价值内核

党的十八大以来，以习近平同志为核心的党中央关于民族工作的重要论述，创造性地丰富和发展了马克思主义民族学说，为全国各族人民共同团结奋斗、不断创造美好生活、逐步实现全面发展和共同富裕指明了前进方向。特别是习近平总书记关于铸牢中华民族共同体意识，树牢马克思主义"五观"，即正确的国家观、历史观、民族观、文化观、宗教观的论述，对于做好新时代我国民族工作，构筑各民族共有精神家园，推动中华民族走向包容性更强、凝聚力更大的命运共同体无疑提供了理论指导和根本遵循。其既是读懂历史中国、理解当下中国的思想起点，同时更是引领各族人民众志成城、奋力开创新时代的精神力量。

自2014年5月第二次中央新疆工作座谈会提出要在各族群众中"牢固树立正确的祖国观、民族观"，到同年9月中央民族工作会议习近平总书记进一步强调，要引导各族群众"牢固树立正确的祖国观、历史观、民族观"；再到2019年全国民族团结表彰大会提出"在各族群众中牢固树立正确的祖国观、民族观、文化观、历史观"，并在党的十九届四中全会公报中鲜明指出，"坚持不懈开展马克思主义祖国观、民族观、文化观、历史观宣传教育，打牢中华民族共同体思想基础"。2020年9月，在第三次中央新疆工作座谈会上，习近平总书记更是再次强调，"要加强中华民族共同体历史、中华民族多元一体格局的研究，将中华民族共同体意识教育纳入新疆干部教育、青少年教育、社会教育，教育引导各族干部群众树立正确的国家观、历史观、民族观、文化观、宗教观，让中华民族共同体意识根植心灵深处"等重要论述，则进一步强调指出了树牢马克思主义"五观"对于铸牢中华民族共同体意识所发挥的重要作用。习近平总书记坚持以史带论、论从史出，深刻说明了"五观"之间的紧密联系、辩证统一关系。这就要求我们必须用辩证的、联系的、发展的观点来准确把握"五观"，用科学的、全面的、系统的方法来协调推进"五观"教育，紧扣"中华民族一家亲，同心共筑中国梦"的总目标，加强各民族交往交流交融，教育和引导各族群众不断增强"五个认同"，以巩固和强化中华民族共同体的价值引领。

（一）树牢马克思主义国家观

"只有了解一个国家从哪里来，才能弄懂这个国家今天怎么会是这样而不是那样，也才能搞清楚这个国家未来会往哪里去和不会往哪里去。"[①] 对于中国从何而来，习近平总书记有着深刻阐述：我们广袤辽阔的疆域是由各民族共同开拓的，波澜壮阔的历史是由各民族共同书写的，博大精深的中华文化是由各民族共同创造的，历久弥新的伟大精神是由各民族共同培育的，举世瞩目的中国奇迹是由各民族共同奋斗出来的。各民族一起创造历史，一起书写辉煌。今天，站在各民族共同开拓的中华大地上，吸吮着各民族共同创造的中华文化养分，共同建设、共同见证、共同享有着伟大祖国繁荣发展的丰硕成果，我们的成就感、民族自信心、自豪感不断增强。他还进一步指出：国家好，民族好，大家才会好。祖国统一、民族团结则各族人民安康；祖国分裂、民族纷争则各族人民遭殃。因此，要坚持以马克思主义祖国观为指导，高举爱国主义旗帜，牢固树立国家意识、国民意识，厚植家国情怀，始终牢记"我们的祖国是中国""我是一个中国人"，不断增强对国家的归属感、认同感和振兴中华的责任感、使命感，坚持国家利益和人民利益至上，统筹国家改革发展稳定、治党治国治军工作大局，坚持和完善中国特色社会主义制度、推进国家治理体系和治理能力现代化，把我国建设成为富强、民主、文明、和谐、美丽的社会主义现代化强国。

（二）树牢马克思主义历史观

一个国家、一个民族的历史是这个国家、这个民族安身立命之根本。"一个不记得来路的民族，是没有出路的民族。"[②] 因此，要重视历史，将历史作为老师，善于从纷繁复杂的历史现象中洞悉人类社会发展规律，从历史的兴衰成败中汲取智慧力量。要全面了解历史，力避陷入少知而迷、不知而盲、无知而乱的困境。习近平总书记多次强调，要全面加强党史、新中国史、改革开放史、社会主义发展史以及中华民族发展史的学习教育，明白"我是谁""从哪里来""现在处于什么位置""要到哪里去"；要加强中华民族共同体历史、中华民族多元一体格局的研究，准确把握中华民族的过去、现在和未来。要尊重历史，分清主次，避免以支流代替主流、以片面代替全面、以部分代

[①] 习近平在布鲁日欧洲学院的演讲 [EB/OL]. 2014—04—01.
[②] 习近平. 在纪念红军长征胜利80周年大会上的讲话 [M]. 北京：人民出版社，2016.

替整体，深刻认识多民族、大一统是我国历史发展的两大显著特征，也是我国的基本国情。"一个抛弃了或者背叛了自己历史文化的民族，不仅不可能发展起来，而且很可能上演一幕幕历史悲剧"①，这就需要我们必须旗帜鲜明地反对历史虚无主义等各种错误思潮，把维护民族团结和国家统一作为神圣使命，切实增强"民族分裂势力越是企图破坏民族团结，我们越要加强民族团结，筑牢各族人民共同维护祖国统一、维护民族团结、维护社会稳定的钢铁长城"②的思想自觉和政治自觉，以实际行动坚定坚决捍卫国家统一、维护民族团结，保持强大前进定力，坚定不移地推进社会主义现代化建设。

（三）树牢马克思主义民族观

中华民族的形成是我国五千年历史承续中各民族不断诞育、分化、聚合以及各民族间全面持续交流融合的历史必然。而在这一长期的历史发展演进中，各民族也早已形成了水乳交融、休戚与共的中华民族命运共同体。在这个命运共同体中，中华各民族在根本利益上具有高度一致性和共同性，"中华民族和各民族的关系，是一个大家庭和家庭成员的关系，各民族的关系，是一个大家庭里不同成员的关系。"③ 这个"大家庭"是 56 个民族你中有我、我中有你、相互离不开的一个有机整体，各民族虽各具特色但血脉相通、骨肉相连。在此基础上，习近平总书记还进一步指出："中华民族是一个命运共同体，一荣俱荣、一损俱损。各民族只有把自己的命运同中华民族的命运紧紧连接在一起，才有前途，才有希望。"④ 而对于各民族为何会由多元融为一体，形成这种水乳交融、休戚相关、命运与共的关系？他则深刻指出"源自各民族文化上的兼收并蓄、经济上的相互依存、情感上的相互亲近，源自中华民族追求团结统一的内生动力"。换言之，这种"多元一体"格局的形成是我国区域地理环境各异又自成一体、各地经济条件不同而互惠互补等客观因素与中华民族"大一统"的内在秉性和价值追求综合施力的结果。"中华民族多元一体是先人们留给我们的丰厚遗产，也是我国发展的巨大优势。"⑤

---

① 习近平. 坚定文化自信，建设社会主义文化强国 [J]. 求是，2019（12）.
② 习近平在第二次中央新疆工作座谈会上强调 坚持依法治疆团结稳疆长期建疆 团结各族人民建设社会主义新疆 [N]. 人民日报，2014－05－30 (1).
③ 国家民族事务委员会. 中央民族工作会议精神学习辅导读本 [M]. 北京：民族出版社，2015：252.
④ 国家民族事务委员会. 中央民族工作会议精神学习辅导读本 [M]. 北京：民族出版社，2015：26.
⑤ 习近平. 习近平谈治国理政（第二卷）[M]. 北京：外文出版社，2017：299.

对此，处于新时代的中国共产党要带领中国人民顺利实现第二个百年奋斗目标，就应倍加珍惜这一丰厚"家产"，坚持以马克思主义民族观为指导，坚持中国特色解决民族问题的正确道路，坚持民族区域自治制度，不断增强各族群众对中华民族的认同，推动形成各民族共同团结奋斗、共同繁荣发展的强大合力，从而把各族人民的智慧和力量最大限度地凝聚到实现"两个一百年"奋斗目标、实现中华民族伟大复兴上来。

(四) 树牢马克思主义文化观

"文化是一个国家、一个民族的灵魂。文化兴国运兴，文化强民族强。"①习近平总书记从马克思主义哲学层面审视文化本质、从国家战略高度看待文化地位为我们树立正确文化观指明了方向。中华文化是中华民族虽历经沧桑但永葆生机的基因，也是实现中华民族伟大复兴的精神力量。"中华文化是各民族文化的集大成"②，是由古至今活动在中华大地上的各民族及其先民共同创造的，其形成发展过程内植于民族间互动交融，与中华民族的形成发展具有历史同一性。几千年来，随着各民族间交往交流交融的不断加深，各民族文化相互碰撞、对话、交流、融合，并逐渐呈现出一体化趋势，最终铸就了源远流长、海纳百川的中华文化。一言以蔽之，中华文化博大精深、历久弥新，就在于它兼收并蓄的包容特性和多元一体的文化特质。中华文化是各民族共有的精神家园，各民族文化孕育于中华文化母体，根植于中华文化沃土，是中华文化不可分割的重要组成部分。中华文化既凸显了各民族文化在长期交流交融中所形成的文化共性，也体现着各民族多姿多彩的文化特色。对此，我们要准确理解和把握。"把汉文化等同于中华文化、忽略少数民族文化，把本民族文化自外于中华文化、对中华文化缺乏认同，都是不对的，都要坚决克服。"③

为此，铸牢中华民族共同体意识，就是要坚持以马克思主义文化观为指导，以社会主义核心价值观为引领，既尊重差异、包容多样，也正视共性、增进一体，树立和突出各民族共享的中华文化符号和中华民族形象，加强各民族文化交往交流交融，在交流中取长补短，在交融中相互认同，在借鉴中

---

① 习近平. 决胜全面建成小康社会，夺取新时代中国特色社会主义伟大胜利——在中国共产党第十九次全国代表大会上的报告 [M]. 北京：人民出版社，2017.
② 习近平. 在全国民族团结进步表彰大会上的讲话 [N]. 人民日报，2019-09-28 (1).
③ 国家民族事务委员会. 中央民族工作会议精神学习辅导读本 [M]. 北京：民族出版社，2015：25.

实现创造性转化创新性发展，铸牢各民族共创共享共传中华文化的意识，增强各民族群众对中华文化的认同，不断筑牢中华民族共同体意识的思想基础。

（五）树牢马克思主义宗教观

利莫大于治，害莫大于乱。民族团结是发展进步的基石，宗教和顺是和谐稳定的保证。纵观古今中外，无论任何时候，民族之间团结一致，就能凝聚起众志成城、奋勇前行的力量；宗教领域和顺平静，就能迎来经济社会的兴旺发达、和谐共进。宗教问题处理不好，就难有安定团结大局，这是历史的结论，也是现实的召唤。回望中国共产党自成立以来的一段历史发展进程，在革命、建设、改革开放以及中国特色社会主义进入新时代等各个不同历史时期，由于中国共产党始终把民族宗教问题作为社会总问题的一部分加以解决，在保持自身的政治理念和理想信仰的同时，坚持以马克思主义宗教观指导我国宗教工作实践，形成了系统的关于宗教工作的理论和方针政策，从而牢牢把握了大团结大联合的主题，找到了最大公约数，画出了最大同心圆。而党的十八大以来，习近平总书记关于宗教工作的重要论述，更是进一步丰富和发展了中国特色社会主义宗教理论，开拓了马克思主义宗教观中国化的新境界，从而为我们做好宗教工作指明了方向、注入了动力，是新时代做好宗教工作的科学指南和根本遵循。

基于此，铸牢中华民族共同体意识，就是要清醒地认识到，宗教是一种复杂的社会现象，具有长期性、国际性、复杂性的特征。做好宗教工作，需要牢固树立马克思主义宗教观，坚持问题导向，突出重点问题，全面准确贯彻党的民族宗教政策及其基本方针，用法律保障和巩固民族团结，依法管理宗教事务，做到"导"之有方、"导"之有力、"导"之有效，并大力打击利用宗教进行的违法犯罪活动，以积极引导信教群众为实现中华民族伟大复兴的中国梦贡献力量，积极引导宗教与社会主义社会相适应。

总之，中华民族共同体意识是建立在马克思主义"五观"基础上的科学民族共同体意识，是指导新时代我国民族工作的主题主线。各族人民要以"共同团结奋斗，共同繁荣发展"为主题，要牢固树立正确的"五观"，更加坚定走中国特色解决民族问题正确道路的信心决心，推动中华民族走向包容性更强、凝聚力更大的命运共同体，共同为实现"中华民族一家亲，同心共筑中国梦"的美丽图景凝聚磅礴力量。

五、坚定五个"认同"：铸牢中华民族共同体意识的价值旨归

人类的行为和活动总是在一定思想观念的指导下进行和展开的。在人类社会共同体中，只有形成了某种认同，人们才会为了共同的利益而奋斗，才能考虑和照顾彼此不同的利益，才能在交往中尊重差异、包容多样。认同的本质是同一性或凝聚力。认同的过程实际上就是人们逐步统一思想认识的过程。所以说，认同是团结的前提和根基。就一个民族和国家而言，没有认同，就难以形成这个民族或者国家的向心力和凝聚力。

自 2014 年 5 月在第二次中央新疆工作座谈会等会议上，习近平总书记多次强调要不断增进各族群众对伟大祖国的认同，对中华民族的认同，对中华文化的认同，对中国特色社会主义的认同之后，2019 年 9 月在全国民族团结进步表彰大会上，习近平总书记再次强调要"不断增强各族群众对伟大祖国、中华民族、中华文化、中国共产党、中国特色社会主义的认同"，以上所有这些重要论述充分体现了我们党对我国民族问题发展规律认识的不断深化以及对民族团结工作的高度重视。

"五个认同"是当代中国共产党人运用马克思主义基本原理，结合中国民族问题实际，创造性地提出的解决民族问题的科学、实际的战略思想；是中国各民族在不断地融合、交流、发展中形成的公认、一致、统一的文化概念；同时也是马克思主义国家观、民族观、历史观、文化观、宗教观同中华优秀传统文化深度融合的具体、现实的体现。新时代，从思想上强化"五个认同"，不仅对我们正确认识世界、社会和人生有重要意义，而且对我们正确认识分析各种复杂的社会现象，维护国家统一，加强民族团结，深入开展意识形态领域反分裂斗争具有重要意义。深刻理解和领会"五个认同"的价值与意义，有助于全社会从民族团结、国家安全与发展的战略高度认识党中央的这一战略部署，从而有助于全社会高度重视、积极践行"五个认同"，不断增强中华民族的向心力和凝聚力。

（一）要不断强化对伟大祖国的认同

邓小平深情地讲过："我荣幸地以中华民族一员的资格，而成为世界公民。我是中国人民的儿子，我深情地爱着我的祖国和人民。"抗日民族英雄杨靖宇，被捕前对劝降的伪"保安村"农民赵廷喜讲了一句朴素但又震撼的话，"要是我们国人都投降了，哪里还有中国呢？"梁启超《少年中国说》认为，

"夫国也者，何物也？有土地，有人民，以居于其土地之人民，而治其所居之土地之事，自制法律而自守之；有主权，有服从，人人皆主权者，人人皆服从者。夫如是，斯谓之完全成立之国。"今日之中国，是工人大众所领导的、以工农联盟为基础的人民民主专政的社会主义国家，是人民群众的国家；今日之中国人民，都是国家的主人。今日之中国，是昨日无数仁人志士热切向往，甘愿为之抛头颅、洒热血的未圆的中国梦；今日之中国梦，是要使我们这个国家变得富饶强大、各民族都得到振兴发展、所有的中国人的需求度得到满足。对伟大祖国的认同，就是认同自己的国家归属，认同自己是中国人，认同自己作为中华人民共和国的公民对于我们这个国家的义务和责任。

对伟大祖国的认同则主要表现为爱国。作为千百年来巩固起来的每一个公民对自己祖国的一种深厚的感情，爱国是中华民族的优秀品格和优良传统，是每个人都应当自觉履行的责任或义务。爱国主义是我们凝聚民族精神、鼓舞人民斗志的鲜艳旗帜，是一个国家的核心价值观。1840年以来的中国近代苦难史中，无数仁人志士对伟大祖国和中华民族的认同展现出的爱国情怀和自我牺牲精神，曾经唤醒了无数国人对伟大祖国和民族的情感认同。一代又一代的中华儿女也正是在对伟大祖国和民族的情感认同中寻觅到团结的力量。当各民族群众意识到"我是中国人，我是中华民族的一分子"后，随之而来的是对这种所属关系的强烈认同，并从中找到归属感和自豪感，产生"热爱祖国，热爱民族"的强烈情感和历史责任感。各族人民只有把自己的命运同祖国的命运紧密地联系在一起，要像爱护自己眼睛一样爱护民族团结，像珍视自己生命一样珍视民族团结，像石榴籽那样紧紧抱在一起[①]。各族人民只有不断强化自己的国民意识和公民意识，自觉把祖国摆在心里最高位置，把维护祖国统一、民族团结作为自己的神圣职责，旗帜鲜明地维护国家利益和祖国尊严，国家才能繁荣富强，个人也才能得到全面的发展。

（二）要不断强化对中华民族的认同

中华民族是生活在960万平方公里中华大地的所有民族以及海外华侨华人的统称，包括汉族在内的56个民族。它是一个由多民族血缘融通、流动交汇构成的命运共同体。每一个民族都是中华民族的组成部分，都是中华民族大家庭的一员，都和这个大家庭血肉相连、休戚与共。一部中国史，就是一部各民族交融汇聚成多元一体中华民族的历史，就是各民族共同缔造、发展、

---

① 习近平. 在参加新疆代表团审议时的讲话 [N]. 人民日报，2017-03-10.

巩固统一的伟大祖国的历史。在面对外敌入侵时，各民族同仇敌忾、万众一心；在面对艰难险阻时，大家相互帮助、相互理解、相互支持。以抗日战争为例，在艰苦卓绝的伟大全民族抗日战争中，全国人民地无分南北、人无分老幼、族无分大小，在中国共产党倡导建立的抗日民族统一战线的旗帜下，"四万万人齐蹈厉，同心同德一戎衣"，中国人民以血肉之躯筑起拯救民族危亡、捍卫民族尊严的钢铁长城，用生命和鲜血谱写了中华民族历史上抵御外侮的伟大篇章[①]。中国共产党在抗日前线和敌后组织了东北抗日联军、内蒙古大青山抗日武装力量、陕甘宁回民抗日骑兵团、冀中和渤海回民支队以及海南抗日根据地的琼崖纵队等各民族武装，为全面抗战的胜利作出了不可磨灭的贡献，中华民族的民族意识完全觉醒，中华民族的概念从此完全深入人心。

如今，进入新时代的中华民族，已从一个自在的民族，变成了一个自觉、自强、自新的民族，变成了一个团结、统一、强大的民族，拥有了全新的意义，成为中国各民族的普遍认同和根本归属。因此，铸牢中华民族共同体意识离不开对中华民族本身的理解和认同。对中华民族的认同，就是对中华民族是由56个民族组成的民族共同体这一基本史实的认同。各民族政治上平等相处，经济上互助共生，文化上彼此尊重和学习，地域分布上交错杂居，血缘上相互吸纳，形成了汉族离不开少数民族、少数民族离不开汉族、各少数民族之间也相互离不开的紧密关系。要深刻认识各民族共同缔造了中华民族，中华民族大家庭是利益的共同体、命运的共同体、理想的共同体，各民族都是中华民族大家庭中不可或缺的一员。对中华民族的认同就是认同自己的民族归属，认同自己和自己所属的族群都属于中华民族这个更大的共同体。各民族都要增强中华民族共同体意识，强化自身是中华民族一员的意识，始终把中华民族的共同利益摆在首位，深刻理解中华民族是一个命运共同体，一荣俱荣、一损俱损。各民族只有把自己的命运同中华民族的命运紧密联系在一起，同呼吸、共命运、心连心，不断铸牢中华民族共同体意识，才有前途，才有希望，各民族共同团结奋斗、共同繁荣发展的思想基础才能打得更牢。

（三）要不断强化对中华文化的认同

习近平总书记在2014年9月29日的中央民族工作会议上就曾强调："增强各族干部群众识别大是大非、抵御国内外敌对势力思想渗透的能力。加强

---

① 习近平. 在纪念中国人民抗日战争暨世界反法西斯战争胜利70周年大会上的讲话[N]. 人民日报，2015—09—04.

中华民族大团结,长远和根本的是增强文化认同,建设各民族共有精神家园,积极培养中华民族共同体意识。中华文化源远流长,积淀着中华民族最深层的精神追求,代表着中华民族独特的精神标识,为中华民族生生不息、发展壮大提供了丰厚滋养,是凝聚中华民族的精神纽带。"文化是一个国家、一个民族的灵魂。文化兴国运兴,文化强民族强。没有高度的文化自信,没有文化的繁荣兴盛,就没有中华民族伟大复兴。中华文化是各民族文化的集大成,积淀着中华民族最深层的精神追求,代表着中华民族独特的精神标识,为中华民族生生不息、发展壮大提供了丰厚滋养。文化认同是最深层次的认同,是民族团结之根、民族和睦之魂。文化认同问题解决了,对伟大祖国、对中华民族、对中国特色社会主义道路的认同就会巩固。中华文化认同是建设各民族共有精神家园的文化纽带,对铸牢中华民族共同体意识具有长远性和根本性作用。

以历时性的思维来看,各族群众所认同的中华文化既包括五千多年文明发展中孕育的中华优秀传统文化,也包括党和人民在伟大斗争中孕育的革命文化和社会主义先进文化,这些文化内容共同积淀着中华民族最深沉的精神追求,代表着中华民族独特的精神标识[1]。首先,是对中华优秀传统文化的认同。中华优秀传统文化是中华文化的本源和底色,是各族人民在长期的历史互动交往实践中培育和形成的智慧结晶。作为人类文明史上唯一一个绵延数千年至今未曾中断的灿烂文明,中华文明所孕育的集各族文化之大成的中华文化,蕴含着深厚的人文关怀、道德情操和家国情怀,有崇仁爱、重民本、尚和合等思想信念,也有扶正扬善、见义勇为、孝老爱亲等传统美德,还有齐家治国、济世经邦、利济苍生等宽广胸怀。这些历久弥新的传统文化蕴藏着无限的生机和活力,成为中华民族的生命力和创造力所在。作为中华民族的一分子,我们既要坚守根本,又要与时俱进,把尊重保护和弘扬各民族优秀文化与传承建设各民族共享的中华文化有机结合起来,传承并发扬光大各族人民传统文化中的优秀精华。其次,是对革命文化的认同。革命文化是中华文化的近代淬炼,是中华民族在反抗压迫、摆脱奴役的革命实践中所呈现出来的精神文化气质,是对中华优秀传统文化的承袭与创新。近代以来,面对内忧外患,各族人民休戚与共、荣辱与共、生死与共、命运与共,患难相恤、爱国一家,共同凝结为团结一心、不可分割的中华民族共同体。党和各

---

[1] 青觉. 以文化认同巩固发展中华民族大团结[J]. 红旗文稿, 2022 (7).

族人民在伟大的革命斗争实践中同甘共苦的经历与体验，饱含了崇高的政治理想和价值信念，孕育了勇于担当、舍生取义等伟大人格品质，承载了艰苦奋斗、奋发图强等伟大精神作风。作为中华民族的一分子，我们要牢记历史、不忘初心，继承弘扬具有凝聚力的伟大革命精神和革命文化。最后，是对社会主义先进文化的认同。社会主义先进文化是中华文化的时代凝练，是在中国特色社会主义现代化建设伟大实践中形成的以社会主义核心价值观为引领的文化内容。中华人民共和国成立以来，中国共产党团结带领全国各族人民探索具有中国特色的社会主义道路，逐渐培育并总结出与中国特色社会主义先进生产力相适应、符合广大人民群众利益并为广大人民群众所认同的先进文化，即以马克思主义为指导的，面向现代化、面向世界、面向未来的，民族的科学的大众的社会主义文化。作为中华民族的一分子，我们应在思想观念、精神情趣、生活方式上努力向现代化迈进，彰显出团结进步、向上向善的精神面貌。

（四）要不断强化对中国共产党的认同

1921年7月，上海，黑夜沉沉。13名刚刚相识的人正在法租界望志路106号的一座石库门房子里举行会议。他们衣着各异、口音不同，有人已经年过四旬，有人才刚满19岁，平均年龄还不到28岁。会议进行得并不顺利，最后一天的会议不得已还转战到了嘉兴南湖的一只游船上进行。但他们最终商讨成了一件大事：创建中国共产党。中国共产党，这个最初只有13名代表、50多名党员的小团队，从此开启了在中国历史上开天辟地的大事业。他们的事业奇迹，让他们被后世誉为"中国近代以来最伟大的创业团队"，这是开天辟地的大事变。

一百多年来，在中国共产党的领导下，一个占世界人口比例近1/5的社会主义大国，从面临各种危险，到走近世界舞台中央；从一个千疮百孔的"烂摊子"，到稳居世界第二大经济体；从"一辆拖拉机都不能造"，到拥有世界上最完备的工业体系；从一穷二白、百废待兴到整体消除绝对贫困、全面建成小康社会……党的面貌、国家的面貌发生了前所未有的变化。回望中国共产党不平凡的艰辛奋斗历程，从一叶扁舟到巍巍巨轮，中国共产党从小到大、由弱到强，是什么让这个党经历腥风血雨，却一次次绝境重生；是什么让这个党走过百年风雨，却长盛不衰、越发枝繁叶茂；是什么让这个党中的无数仁人志士聚集在共产主义的"幽灵"下，成为一个强大的"创业团队"，甚至甘愿为这份事业付出生命代价，原因何在？因为中国共产党人的初心靠谱!

翻开风云激荡的红色篇章,我们便不难发现,从弱小到强大;从九死一生到蓬勃兴旺;从嘉兴南湖红船上寻找光明的掌舵人,到世界第二大经济体的领航者,正是因为始终坚守一颗"为中国人民谋幸福"的初心,才使中国共产党能够始终保持长盛不衰、枝繁叶茂。而透过历史的烟云,从山河破碎到繁荣稳定,从一穷二白到世界第二大经济体,从封闭愚昧到自信开放,从站起来、富起来到强起来……也正是因为中国共产党人始终牢记"为中华民族谋复兴"的这一历史使命,才引领着一路求索、一路奋斗的波澜壮阔的征程。老百姓是天、老百姓是地,是她的坚持和信仰;同呼吸、共命运、心连心,是她的誓言与行动。无论是废除封建剥削的土地制度,还是取消延续2600多年的农业税;无论是建立人民当家做主的政治制度,还是竭尽全力把这样一个人口众多的大国一个不落带入全面小康……事实证明,中国共产党是全心全意为人民谋利益的党,是"自己有一条被子也要剪半条给老百姓"的人,是在困难挑战面前一次次将"不可能"变成"一定能"的人。正因如此,中国共产党在世界舞台上也以其自身独特的魅力吸引着无数目光,成为国际社会关注的焦点。经济学家称赞,这是"人类历史上最伟大的故事";历史学家感叹,这是"一个巨大的组织奇迹";政治学家评价,"中共治国理政智慧独一无二"。中国共产党为什么能?百年大党何以风华正茂?这就是奥妙所在!历史和实践充分证明,坚持中国共产党这一坚强领导核心,是中华民族的命运所系。

万山磅礴有主峰。毛泽东同志就曾说:"一个桃子剖开来有几个核心吗?只有一个核心。"邓小平同志也曾说:"任何一个领导集体都要有一个核心,没有核心的领导是靠不住的。"习近平总书记也强调指出,只要坚定不移坚持党的全面领导、维护党中央权威和集中统一领导,我们就一定能够形成风雨来袭时全体人民最可靠的主心骨。这个"主心骨"就是中国共产党。而对于我国这样一个由多民族组成的国家而言,要处理好这56个民族问题,做好民族工作,同样必须坚持中国共产党的领导。这不仅是民族工作成功的根本保证,也是各民族大团结的根本保证。只要我们牢牢坚持中国共产党的领导,就没有任何人、任何政治势力可以挑拨我们的民族关系,我们的民族团结统一在政治上就有充分保障。

基于此,增强对中国共产党的认同,首先,必须锻造信仰认同。坚定的理想信念是共产党人安身立命的根本,马克思主义和共产主义是共产党人的政治灵魂。只有认同中国共产党人的信仰，以中国共产党人的信仰为信仰，才能增进对中国共产党的认同。其次，要增强理论认同。我们要提高对学习马克思主义理论重要性的认识，自觉用党的创新理论武装头脑、指导实践、推动工作。最后，要树牢"四个意识"，坚定"四个自信"，做到"两个维护"。要切切实实加强党对民族工作的领导，把各族干部群众的思想和行动统一到党中央决策部署上来，强化政治责任，保持政治定力，把准政治方向，提高政治能力，增强斗争精神，把党的领导贯彻落实到加强民族团结的全过程和各方面，确保民族团结进步事业始终沿着正确轨道向前推进。

（五）要不断强化对中国特色社会主义的认同

步履铿锵的队伍，划过长空的机群，璀璨绚丽的烟火，载歌载舞的人们……2019年10月1日的天安门广场，盛大的阅兵仪式、壮观的群众游行、热烈的群众联欢，70周年国庆盛典的画面已经定格在历史之中，令人心潮澎湃，汇聚起亿万人民在复兴之路上继续奋勇前行的力量。"中国的昨天已经写在人类的史册上，中国的今天正在亿万人民手中创造，中国的明天必将更加美好。"习近平总书记在天安门城楼上的庄严宣示，给我们以方向，给我们以力量。

从1949年的那个起点出发，新中国不仅把近代以来中华民族所有的屈辱和苦痛埋藏于记忆深处，而且开启了人类历史上规模最浩大、气势最雄伟的现代化征程，把中国带到了世界第二大经济体的位置。"祖国，我为你骄傲。"这是亿万人民共同的心声。自中华人民共和国成立以来，我们党领导亿万人民以不舍昼夜的奋斗，成就了波澜壮阔的东方传奇。不仅用世界9%的耕地养活了近20%的人口，更将让千百年来困扰中华民族的绝对贫困问题历史性地画上句号。曾经"一辆汽车都不能造"的国家，现在已经跃居世界货物贸易总额第一、外汇储备余额第一、高铁里程第一、银行业规模第一。正是在一穷二白的一张"白纸"上，我们画出了"最新最美的画图"，用960多万平方公里大地上不断涌现的人间奇迹，刷新着世界对中国的认知。

曾记否，为了有朝一日中国自立自强于世界，无数先驱在黑暗中孜孜以求、探索前行，无数先烈抛头颅、洒热血，林觉民在留下《与妻书》后慷慨赴死，赵一曼在写完给儿子的最后一封信后英勇就义……风骨铿然，无怨无悔，只为劳苦大众过上吃饱穿暖的生活，只为了下一代有光明的未来。今天，我们可以自信而豪迈地说：这盛世，如你所愿！今天的中国，信息畅通，公路成网，铁路密布，高坝矗立，西气东输，南水北调，高铁飞驰，巨轮远航，飞机翱翔，天堑变通途。这，不正是孙中山先生所期盼的"富强中国、安乐中国"？今天的中国，已经成为世界第二大经济体。在中国的倡议和推动下，"一带一路"建设风生水起，首届中国进博会各国客商云集，人类命运共同体理念日益深入人心。这，不正是李大钊所向往的"为世界进文明，为人类造幸福"的"青春中国"？今天的中国，建成了包括养老、医疗、低保、住房在内的世界最大社会保障体系。在学校，在公园，在田间，在广场，人们情不自禁地唱起《我和我的祖国》《歌唱祖国》。这，不正是方志敏所渴求的"欢歌代替了悲叹，笑脸代替了哭脸，富裕代替了贫穷，健康代替了疾苦"的"可爱的中国"吗？如今的中国，世界上最大口径球面射电望远镜FAST仰望苍穹，聆听着来自宇宙最深处的声音；"人造太阳"超导装置将我国磁约束核聚变研究带入了世界前沿；"北斗三号"中国自主卫星系统，在4个月内，成功将8颗导航卫星送入预定轨道，发射频率惊艳世界；支付宝、网购、共享单车和中国高铁等奇迹般地崛起；天宫、蛟龙、天眼、悟空、墨子、C919大飞机等重大科技成果相继问世；超级计算机在世界上无国可比……

党的十九大的宣示言犹在耳："今天，我们比历史上任何时期都更接近、更有信心和能力实现中华民族伟大复兴的目标。"习近平总书记的论断掷地有声："当今世界，要说哪个政党、哪个国家、哪个民族能够自信的话，那中国共产党、中华人民共和国、中华民族是最有理由自信的。"而这种自信，来自于我们找到了一条适合中国国情、符合人民根本利益的发展道路，那就是中国特色社会主义道路。

回望历史，在漫长的岁月里，中华民族为人类文明贡献了杰出成果，成为当之无愧的世界伟大民族。然而，在近代以来遭受了侵略与践踏，经历了苦难与黑暗。中国人苦苦寻找适合中国国情的道路，君主立宪制、复辟帝制、议会制、多党制、总统制都想过了、试过了，结果都行不通，最后，中国选择了社会主义道路，并用改革开放40多年的辉煌成就向世人交了一份有说服力的答卷。相比西方资本主义深陷危机难以自拔，照搬华盛顿共识的发展中国家和转型国家为社会失序和经济停滞所困，中国特色社会主义不仅守住了社会主义的强大阵地，而且成为世界社会主义的中流砥柱。创造了世所罕见的一系列伟大成就，这一切都深刻说明了中国离实现中华民族伟大复兴的目标更近了。

习近平总书记曾指出，一个国家实行什么样的主义，关键要看这个主义能否解决这个国家面临的历史性课题。我们实行的中国特色社会主义是科学社会主义，不是别的什么主义。作为世界上最大的社会主义国家，中国特色社会主义建设所取得的世界性、历史性成就和变革都告诉我们，只有社会主义才能救中国，只有中国特色社会主义才能发展中国。中国特色社会主义是凝聚全党全国各族人民团结奋斗的旗帜。改革开放40多年来，正是由于我们坚定不移地走中国特色社会主义道路，才使我国的经济社会发展取得了巨大成就。如今，中国特色社会主义已进入新时代，在习近平新时代中国特色社会主义思想的引领下，一个充满活力的新时代中国正在走向世界。只有让各族人民在"中国之治"与"西方之乱"的鲜明对比中，深刻认识到中国特色社会主义制度所具有的强大生命力和巨大优越性，只有让各族人民在中国特色社会主义伟大征程中感同身受地体悟到中国特色社会主义的伟大，才能进一步铸牢中华民族共同体意识。

基于此，引导各族人民实现对中国特色社会主义的认同应包括三个层面：一是认同中国特色社会主义思想；二是认同中国特色社会主义的基本方略。三是认同中国特色社会主义的奋斗目标。习近平新时代中国特色社会主义思想坚持以人民为中心，具有人民至上的价值取向；指引建成富强民主文明和谐美丽的社会主义现代化强国，具有现实关照的实践指向；推动构建人类命运共同体，具有面向世界的全球趋向。深刻领会习近平新时代中国特色社会主义思想的三个向度，有助于进一步理解其丰富内涵，进而增强政治认同，树立拥护核心的政治自觉。对中国特色社会主义的认同，就是认同我国各民族繁荣发展的共同条件，是强调中华民族近代以来共同抗击帝国主义侵略、共同反对封建主义压迫、共同争取国家独立和民族解放的斗争历史，也是强调中华人民共和国成立特别是改革开放以来中国各族人民在中国共产党的领导下，已经找到了实现中华民族伟大复兴的成功道路，这就是中国特色社会主义道路，它是历史的必然，更是人民的选择。因此，增进各族人民对中国特色社会主义的认同，是当今中国的时代主题，是党和国家思想政治工作的主线。

总之，"五个认同"不仅是一句口号，而且是各族人民必须身体力行的精神信念。增强五个认同是相互联系、相互促进的有机整体，是国家统一、民族团结、社会稳定的基础，是铸牢中华民族共同体意识的关键所在。作为中华民族的一分子，不仅要有家的情怀，更要有国的情怀。作为一名中国公民，更要饮水思源，忆苦思甜。持续用力、久久为功，用各族群众更加喜闻乐见的方式，进一步加强"五个认同"的宣传教育，不断打牢中华民族共同体的思想基础。

第二节　新时代铸牢中华民族共同体意识的多维进路

习近平总书记在党的二十大报告中强调，从现在起，中国共产党的中心任务就是团结带领全国各族人民全面建成社会主义现代化强国、实现第二个百年奋斗目标，以中国式现代化全面推进中华民族伟大复兴。习近平总书记所做的报告总览全局、气势恢宏，体现了百年大党立志复兴的大志向、引领时代的大担当、不负人民的大情怀、兼济天下的大格局，是一个指引全党全国各族人民迈上全面建设社会主义现代化国家新征程、向第二个百年奋斗目标进军的政治宣言和行动纲领。不仅为中华民族未来的发展指明了方向，也为铸牢中华民族共同体意识指明了目标——服务并促进全面建成社会主义现代化强国。"一部中国史，就是一部各民族在交融汇聚成多元一体中华民族的历史，就是各民族共同缔造、发展、巩固统一的伟大祖国的历史"，也是"中华民族共同体"从"自在"走向"自觉"和"自为"的历史，是"中华民族共同体意识"从"自在"走向"自觉"、从"自为"走向"铸牢"的历史。在这一历史进程中，中华儿女时刻以国家大局为重，在差异性中探寻共同性，让本民族意识服从和服务于中华民族意识，让本民族文化在中华文化的主干上枝繁叶茂，在中华民族共同体与"中华民族共同体意识"的互动中书写了璀璨的历史华章。面向新时代，立足新发展阶段，贯彻新发展理念，构建新发展格局，对于由56个民族组成的中华民族来说，民族问题至关重要。作为一个超大规模的、典型的多民族国家，究竟采用怎样的思路进行建设，不仅是来自中国之外的发问，也是中国自身要作答的问题。

习近平总书记2021年在中央民族工作会议上指出，回顾党的百年历程，党的民族工作取得的最大成就，就是走出了一条中国特色解决民族问题的正确道路。这条道路拥有"八个坚持"：坚持党的领导；坚持中国特色社会主义道路；坚持维护祖国统一；坚持各民族一律平等；坚持和完善民族区域自治制度；坚持各民族共同团结奋斗、共同繁荣发展；坚持打牢中华民族共同体的思想基础；坚持依法治国。同时，强调指出，"必须以铸牢中华民族共同体意识为新时代党的民族工作的主线，推动各民族坚定对伟大祖国、中华民族、中华文化、中国共产党、中国特色社会主义的高度认同，不断推进中华民族共同体建设"。毫无疑问，这为我们推动新时代党的民族工作高质量发展指明了方向，为通过铸牢中华民族共同体意识来实现中华民族伟大复兴提供了思想指南。这一重要论断是对党的十九大提出的"铸牢中华民族共同体意识"理念的升华和发展。

在新发展阶段，贯彻新发展理念，构建新发展格局，我们需要在认真梳理、总结、借鉴以往在推动党的民族工作所取得历史性成就、所发生历史性变革的基础上，反思研究现状并总结经验，从夯实经济基础、坚实政治基底、厚植文化根基等方面进行多维度、全方位的探讨和把握，以充分彰显铸牢中华民族共同体意识对于构建新时代和谐民族关系的思路指引与践行路径价值，充分体现对其作为新时代民族工作总纲的特殊定位意义，充分昭示其对推动构筑中华民族共同体和实现中华民族伟大复兴中国梦的重要价值，继而为铸牢中华民族共同体意识和实现中华民族伟大复兴的中国梦提供思想智慧。

一、政治维度：铸牢中华民族共同体意识的政治认同

坚持在中国共产党的领导下坚定不移走中国特色解决民族问题的正确道路，全面贯彻党的民族制度和民族政策，深化各族人民对党和国家的政治认同，是培育与铸牢中华民族共同体意识的政治保障[①]。中国共产党带领广大人民探索和开创了具有深厚历史底蕴与坚定前进定力的中国特色社会主义道路，创立了维护少数民族地区和谐稳定发展的民族区域自治制度，带领中国人民发展到新的历史起点上，迈入中国特色社会主义发展的新时代。新时代发展需要打造全新发展格局，而建立和谐的民族关系是关乎新时代大格局构筑的关键一隅。因此，需要继续坚定不移走中国特色社会主义道路，坚持和完善民族区域自治制度，实现民族事务治理的法治化，进一步提升各族人民的国家认同感与政治认同感，继而稳固铸牢中华民族共同体意识的政治基础。

（一）坚持和加强党的全面领导，夯实铸牢中华民族共同体意识的政治基础

"党政军民学，东西南北中，党是领导一切的。"[②] 中国共产党是中国特色社会主义事业的领导核心。中国共产党领导是中国特色社会主义最本质的特

[①] 李娜. 铸牢中华民族共同体意识的价值逻辑与践行路径 [J]. 重庆理工大学学报（社会科学版），2021（11）.

[②] 中共中央宣传部编. 习近平新时代中国特色社会主义思想三十讲 [M]. 北京：学习出版社，2018：75.

征，是中国特色社会主义制度的最大优势，是民族工作成功的根本保证，也是各民族大团结的根本保证，只有始终坚持党的领导才能把牢新时代民族工作的正确方向。

纵观中国共产党的百年历史，从中国共产党建立之初就提出了"推翻国际帝国主义的压迫，达到中华民族完全独立"的奋斗目标，到1935年电影《风云儿女》主题曲发出了"中华民族到了最危险的时候"的全民抗日吼声，中国共产党为建立抗日民族统一战线振臂高呼"大中华民族抗日救国大团结万岁"的口号，再到今天，中华民族则迎来了从站起来富起来到强起来的历史性飞跃，唱响了新时代中华民族伟大复兴的最强音等，可以说，中国共产党的百年奋斗的历程史，既是一部百年淬炼的过程史，同时也是一部百年成就的工程史。这一百年奋斗历程，是无数中国共产党人用青春与生命谱写的华章；这一百年淬炼过程，是无数中国共产党人用热血与鲜血凝成的丰碑；这一百年成就工程，是历代中国共产党领导集体用智慧与伟大书写的答卷。不仅充分彰显了中国共产党"以人民为中心"的党性宗旨的宏大凝聚力，同时也充分彰显了中国共产党百年历史经验的博大映射力以及中国共产党文化赓续的强大感染力。现如今的我们，"比历史上任何时期都更接近、更有信心和能力实现中华民族伟大复兴的目标"。而要实现这一目标，在地域空间上必然体现为国家的统一、安全与社会稳定；在文化共相上则体现为中华民族共同体展现其强大的影响力；在人民之间关系上则体现为各民族实现平等、团结、互助、和谐的"美美与共"图景。当然，这一切图景的实践与实现必须在马克思主义理论指导之下才能完成，因为马克思主义理论是人类思想史上具有科学性和真理性的理论。习近平总书记指出："在人类思想史上，就科学性、真理性、影响力、传播面而言，没有一种思想理论能达到马克思主义的高度，也没有一种学说能像马克思主义那样对世界产生了如此巨大的影响。"[①]这就在实质上解答了"马克思主义在中国为什么行"的时代之问。当然，伟大的理论需要有伟大的政党去执行，才能显示出理论的巨大威力，而伟大的政党需要有伟大理论的指引，而以马克思主义为指导思想的中国共产党，则正好体现了先进理论指导先进政党的哲学话语场域。我国是一个统一的多民族国家，"一体多元"的政治与文化共相价值实践指向，必然需要一个强大和伟大的政党作为实践者和引领者，中国共产党的先进性、科学性与强大张力

[①] 引自2023年1月31日，季正聚在《有理有力有效有用——关于马克思主义为什么行的思考》一文中所引用的习近平总书记总书记说的一段话。

特征正好符合了这一角色定位。我们党从成立之日起就把各族人民放在心中的最高位置，组织和领导各族人民在革命、建设和改革过程中取得了一系列彪炳史册的伟大成就。

如今，中国特色社会主义已进入新时代，中华民族实现了从站起来、富起来到强起来的伟大飞跃，实现中华民族伟大复兴正处于关键期。面对中华民族前进道路上前所未有的风险挑战，以习近平同志为核心的党中央，以伟大的历史主动精神、巨大的政治勇气、强烈的责任担当，深入谋划民族团结进步事业新发展，出台一系列重大方针政策，推出一系列重大举措，推进一系列重大工作，战胜一系列重大风险挑战，解决了许多长期想解决而没有解决的难题，办成了许多过去想办而没有办成的大事，推动民族工作取得历史性成就、发生历史性变革。形成习近平总书记关于加强和改进民族工作的重要思想，科学回答了新时代党的民族工作举什么旗、走什么路、沿着什么样的方向发展这个新时代党的民族工作最根本、最重大的问题，为新时代党的民族工作指明前进方向，提供了根本遵循；对统一多民族国家基本国情及时代特征的认识实现重大深化，为正确把握民族工作历史方位、科学谋划民族工作新发展奠定基础；各民族共同实现全面小康、中华民族伟大复兴迈出关键一大步；构筑中华民族共有精神家园取得重大成就，各族人民对中华文化的认同感、自豪感、自信心空前增强；解决民族领域深层次问题取得重大成就，平等团结互助和谐的社会主义民族关系全面深化；民族事务治理体系和治理能力现代化水平显著提升，为推动民族工作高质量发展提供了重要保障；党对民族工作的领导全面加强，为广泛动员各族人民共同建设社会主义现代化国家提供了坚强保证。民族工作从理论到实践发生了历史性、全局性、根本性变化。新时代民族工作之所以能够取得历史性成就、发生历史性变革，根本原因就是坚持党的全面领导。无论是从2014年中央民族工作会议关于中国特色解决民族问题正确道路的"八个坚持"论述，还是到2019年全国民族团结进步表彰大会关于中华人民共和国成立70年来民族工作成功经验的"九个坚持"论述，抑或是到2021年中央民族工作会议党关于加强和改进民族工作重要思想的"十二个必须"论述等，都不难发现，坚持和加强党对民族工作全面领导的基本原则得到了一以贯之的强调与阐述。正是因为坚持党的全面领导，才紧紧抓住了推动民族工作新发展的最大优势和强大动力，推动各民族共同繁荣取得历史性成就，推动我国发展思路发生深刻变革、发展质量空前提高。不仅给各族人民带来了前所未有的发展机遇，同时也进一步加深了他们对"中华民族一家亲""各民族的成员都是中国人"的深刻认识。

当前和今后一个时期是民族团结进步创建工作的重要机遇期，也是发挥民族团结优越性的关键时期，更要一以贯之地继续坚持和加强党的领导。2019年全国民族团结进步表彰大会上，习近平总书记就曾深刻指出："实践证明，只有中国共产党才能实现中华民族的大团结，只有中国特色社会主义才能凝聚各民族、发展各民族、繁荣各民族。"习近平总书记围绕铸牢中华民族共同体意识提出五点要求，其中一条就是"坚持党的领导，团结带领各族人民坚定走中国特色社会主义道路"①。在2021年中央民族工作会议上，习近平总书记进一步指出，要"把党的领导贯穿民族工作全过程，形成党委统一领导、政府依法管理、统战部门牵头协调、民族工作部门履职尽责、各部门通力合作、全社会共同参与的新时代党的民族工作格局"②。同时要"努力建设一支维护党的集中统一领导态度特别坚决、明辨大是大非立场特别清醒、铸牢中华民族共同体意识行动特别坚定、热爱各族群众感情特别真挚的民族地区干部队伍"③。坚持和加强党的领导，既符合我国国家性质和民族工作的现实需要，也是我国国家治理的独特优势和重要经验。因此，铸牢中华民族共同体意识，维护国家统一和民族团结，推进中国特色社会主义现代化建设，要始终坚持党的领导，完善党的各项制度，全面加强和改进党的建设，不断提高党的创造力、凝聚力和战斗力。各民族要在思想上、政治上、行动上主动同党中央保持高度一致，在党的科学领导下铸牢中华民族共同体意识。

具体而言，一是坚持党的思想领导。思想的诞生源于特定的实践活动，同时思想是行动的先导，正确的思想从根本上推动着事物的发展。我们党始终以坚定的决心和信心坚持马克思主义民族观，并且不断推进马克思主义民族观的中国化、时代化、大众化，以马克思主义民族观的立场、方法思考和解决我国民族工作中存在的问题，形成了党的一系列科学的民族工作理论、观点和思想。因此，要牢牢坚持党的思想领导。

二是坚持党的政治领导。"中国共产党是中国特色社会主义事业的坚强领

---

① 习近平.在全国民族团结进步表彰大会上的讲话[N].人民日报，2019-09-28（2）.
② 以铸牢中华民族共同体意识为主线 推动新时代党的民族工作高质量发展[N].人民日报，2021-08-29（1）.
③ 以铸牢中华民族共同体意识为主线 推动新时代党的民族工作高质量发展[N].人民日报，2021-08-29（1）.

导核心,是最高政治领导力量"①。基于此,我们党继续坚持和完善一系列维护民族团结与发展的政策,首先,加强党领导下的民族工作协同治理,形成推进中华民族共同体建设的合力。中华民族共同体建设需要在党的坚强领导下形成治理合力,以铸牢中华民族共同体意识为主线,不断提升民族事务治理体系和治理能力的现代化水平,"形成党委统一领导、政府依法管理、统战部门牵头协调、民族工作部门履职尽责、各部门通力合作、全社会共同参与的新时代党的民族工作格局"②。引导各部门将民族工作聚焦到铸牢中华民族共同体意识上,积极推进中华民族共同体建设。其次,通过加强基层民族工作机构和民族工作力量,推动中华民族共同体建设落地生根。要不断加强基层民族工作机构建设和民族工作力量,确保基层民族工作有效运转。不断加强民族地区基层政权建设,夯实基层基础,提升基层民族工作人员对党的民族工作思想的理解力、判断力、执行力,"确保党的民族理论和民族政策到基层有人懂、民族工作在基层有人抓"③,将党关于铸牢中华民族共同体意识、中华民族共同体建设的各项决策部署落地生根。最后,高度重视干部素质对中华民族共同体建设的影响。干部素质高低直接影响党关于加强和改进民族工作的思想能否得到有效贯彻落实,因此要坚持新时代好干部标准,努力建设一支维护党的集中统一领导、态度特别坚决、明辨大是大非立场特别清醒、铸牢中华民族共同体意识行动特别坚定、热爱各族群众感情特别真挚的民族地区干部队伍,确保各级领导权掌握在忠诚干净担当的干部手中,确保党关于加强和改进民族工作的思想得到有效贯彻落实。

总的来说,坚持党的领导,为铸牢中华民族共同体意识提供了稳固可靠的保障,促使各民族像一滴滴水珠那样汇聚成一片汪洋大海。

(二) 坚定不移地走稳中国道路,增强各民族对中国特色社会主义的政治认同

习近平总书记曾深刻地指出:"我们走中国特色社会主义道路,具有无比广阔的时代舞台,具有无比深厚的历史底蕴,具有无比强大的前进定力。"中国特色社会主义道路根植于中华民族广袤的疆域,是党和人民适应时代进步

---

① 中共中央宣传部编. 习近平新时代中国特色社会主义思想三十讲 [M]. 北京:学习出版社,2018:75.
② 以铸牢中华民族共同体意识为主线 推动新时代党的民族工作高质量发展 [N]. 人民日报,2021－08－29 (1).
③ 以铸牢中华民族共同体意识为主线 推动新时代党的民族工作高质量发展 [N]. 人民日报,2021－08－29 (1).

要求，历尽千辛万苦探索和总结出来的正确道路、科学道路。前进方向决定发展道路和国家命运。新时代发展形势下，中国必须始终坚持中国共产党的领导不动摇、坚持正确的政治方向，更要不断增强对中国特色社会主义道路的认同感，坚定不移地走中国特色社会主义道路。坚持中国特色社会主义道路，不仅要在民族工作中牢牢把握的正确政治方向，也要在铸牢中华民族共同体意识中牢牢把握的正确政治方向。在"多元一体"理论的指引下，中华民族作为一个共同体，坚持中国特色社会主义道路就必须坚持走中国特色解决民族问题的正确道路。

习近平总书记在2014年中央民族工作会议上就曾指出，"做好民族工作要坚定不移走中国特色解决民族问题的正确道路"，2019年全国民族团结进步表彰大会进一步把"坚持马克思主义民族理论中国化，坚定走中国特色解决民族问题的正确道路"，作为中华人民共和国成立70年民族工作的宝贵经验之一加以强调。2021年在中央民族工作会议上，习近平总书记更是在全面回顾了我们党民族工作百年光辉历程和历史成就，深入分析了当前党的民族工作面临的新形势的基础上，系统阐释了我们党关于加强和改进民族工作的重要思想，明确了以铸牢中华民族共同体意识为主线推进新时代党的民族工作高质量发展的指导思想、战略目标、重点任务、政策举措，并再次强调指出，"回顾党的百年历程，党的民族工作取得的最大成就，就是走出了一条中国特色解决民族问题的正确道路。"这些重大论断立意高远、思想深邃、内涵丰富，不仅高度凝练地概括了我们党团结带领全国各族人民，走自己解决民族问题之路的艰辛探索和宝贵经验，同时也科学回答了新时代民族工作举什么旗、走什么路等重大问题，具有很强的政治性、思想性、理论性，是党的治国方略在党的民族工作领域的集中体现，是马克思主义民族理论中国化的最新成果。不仅为做好新时代党的民族工作指明了前进方向，提供了根本遵循，同时也进一步坚定了中华各族儿女的理论自信和道路自信，对于新时代民族团结进步事业更好地举旗定向、阔步前行，具有重要意义。

中国共产党早在成立之初就提出了解决民族问题的中心任务：对外摆脱帝国主义的侵略压迫，谋求中华民族的独立与解放；对内消除民族压迫、民族歧视，谋求各民族的平等、团结和进步。围绕这一任务，我们党经历了艰辛探索和实践。以毛泽东同志为主要代表的中国共产党人，坚持把马克思主义基本原理与中国民族问题具体实际相结合，在中共六届六中全会政治报告《论新阶段》和《关于回回民族问题的提纲》《关于抗战中蒙古民族问题提纲》

《陕甘宁边区宪法原则》《中国革命和中国共产党》等文件中，对解决国内民族问题的纲领和政策进行了深刻阐释，开辟了一条符合中国国情、真正能解决中国民族问题的正确道路。中华人民共和国成立前夕，中国人民政治协商会议第一届全体会议制定的《共同纲领》，决定按照中国国情和历史文化传统建立单一制的统一的多民族国家。中华人民共和国成立之后，我们党将民族平等作为立国的根本原则之一，开展民族识别，建立各级民族自治地方，在民族地区开展民主改革和社会主义改造，逐步确立了以民族平等、民族团结、民族区域自治、各民族共同繁荣发展为核心内容的民族理论政策框架。

改革开放后，我们党坚持把马克思主义民族理论与改革开放的时代特征相结合，实现了民族工作领域的拨乱反正，民族团结进步事业重新焕发出勃勃生机。以邓小平同志为主要代表的中国共产党人，立足于我国改革开放和现代化建设的实践，重申了马克思主义民族理论的指导地位，强调"在我国各民族都已实行了社会主义改造的今天，各民族间的关系都是劳动人民之间的关系"，将民族工作重心转移到为社会主义现代化建设服务上来。党的十三届四中全会以后，以江泽民同志为主要代表的中国共产党人，把发展引入民族问题的内涵，制定出台西部大开发战略等加快少数民族和民族地区发展的一系列优惠政策措施；同时提出"汉族离不开少数民族，少数民族离不开汉族，各少数民族之间也相互离不开"等重要思想。党的十六大以后，以胡锦涛同志为主要代表的中国共产党人，提出"共同团结奋斗，共同繁荣发展"的民族工作主题，明确提出平等、团结、互助、和谐是我国社会主义民族关系的基本特征，制订实施了扶持人口较少民族发展、兴边富民行动、少数民族事业等加快民族地区发展的政策规划，实现民族政策与时俱进。

党的十八大以来，中国特色社会主义进入新时代。以习近平同志为核心的党中央，站在中华民族伟大复兴的战略全局和世界百年未有之大变局高度，提出了以铸牢中华民族共同体意识为核心内容的党的民族工作创新理论。这一理论深刻回答了在新时代怎样理解和把握中国特色解决民族问题的正确道路、怎样坚持和完善中国特色解决民族问题的正确道路等根本问题，正本清源、廓清迷雾，开辟了马克思主义民族理论中国化的新境界。

经过全党全国各族人民持续奋斗，我们实现了第一个百年奋斗目标，在中华大地上全面建成了包括少数民族和民族地区在内的小康社会，踏上了向第二个百年奋斗目标进军的新征程。在新的历史起点上，要准确把握和全面贯彻我们党关于加强和改进民族工作的重要思想，以铸牢中华民族共同体意识为主线，坚定不移走中国特色解决民族问题的正确道路，推动新时代党的民族工作高质量发展，动员全党全国各族人民为实现全面建成社会主义现代化强国的第二个百年奋斗目标而团结奋斗。

旗帜引领方向，道路决定命运。在解决民族问题上，我们既不能走封闭僵化的"老路"，也不能走改旗易帜的"邪路"，而是要走出一条植根于中华文化沃土、反映中国人民意愿、适应中国和时代发展进步要求的"新路"。我们应始终坚持马克思主义民族理论中国化的正确方向，推动中国特色解决民族问题的正确道路越走越宽广，为实现中华民族伟大复兴的中国梦凝聚全民族的磅礴伟力。

（三）坚持和完善民族区域自治制度，保障各民族人民当家做主的权利

古今中外，处理民族关系、解决民族问题都是治国理政的重大课题，都有赖于实行一定的制度。制度合适不合适，对民族关系、国家命运影响甚大。观之于历史和现实，这样的事例可谓不胜枚举。

我国是一个统一的多民族国家。中华民族多元一体是先人们留给我们的丰厚遗产，也是我国发展的巨大优势。在我国五千多年文明发展史上，各民族共同开拓了中国的辽阔疆域、共同书写了悠久的中国历史、共同创造了灿烂的中华文化、共同培育了伟大的中华民族精神。中华人民共和国成立后，用什么样的制度来很好地处理民族关系、解决民族问题、凝聚起各民族智慧和力量来实现中华民族伟大复兴，是摆在党和人民面前的一大政治课题。

我们党坚持把马克思主义民族理论同中国民族问题具体实际相结合，创造性地制定出并不断完善民族区域自治制度。这个制度的基本内涵是，在国家统一领导下，各少数民族聚居的地方实行区域自治，设立自治机关，行使自治权。1949年，民族区域自治制度在起临时宪法作用的《中国人民政治协商会议共同纲领》中得到确立，后来被明确载入每一部《中华人民共和国宪法》。我国现行《宪法》第四条明确规定："中华人民共和国各民族一律平等。国家保障各少数民族的合法权利和利益，维护和发展各民族的平等团结互助和谐关系。禁止对任何民族的歧视和压迫，禁止破坏民族团结和制造民族分裂的行为。国家根据各少数民族的特点和需要，帮助各少数民族地区加速经济和文化的发展。各少数民族聚居的地方实行区域自治，设立自治机关，行使自治权。各民族自治地方都是中华人民共和国不可分离的部分。各民族都有使用和发展自己的语言文字的自由，都有保持或者改革自己的风俗习惯的自由。"党的十一届三中全会以来，我们党领导人民拨乱反正，民族区域自治

制度不断走向法治化、规范化、制度化。1981年在听取新疆维吾尔自治区党委负责同志汇报时，邓小平同志强调："要把我国实行的民族区域自治制度用法律形式规定下来，要从法律上解决这个问题，要有民族区域自治法。"1982年修订的《宪法》恢复了1954年《宪法》关于民族区域自治制度的相关规定，并与时俱进做出了新的更为完善的规定。在此基础上，六届全国人大二次会议于1984年5月31日审议通过《民族区域自治法》。党的十五大报告明确将民族区域自治制度与人民代表大会制度、中国共产党领导的多党合作和政治协商制度一道，确立为我国必须长期坚持的政治制度。2001年2月，新修订的《民族区域自治法》进一步以法律的形式明确了民族区域自治制度在国家政治体制中的重要地位和作用。2005年中央民族工作会议强调，"民族区域自治，作为党解决我国民族问题的一条基本经验不容置疑，作为我国的一项基本政治制度不容动摇，作为我国社会主义的一大政治优势不容削弱。"2005年5月，国务院颁布《实施〈中华人民共和国民族区域自治法〉若干规定》，进一步推动建立和完善以《宪法》为核心、以《民族区域自治法》为主干的民族法律法规体系。

进入新时代以来，面对社会上关于民族区域自治制度的模糊认识，习近平总书记旗帜鲜明地指出，民族区域自治是党的民族政策的源头，取消民族区域自治制度这种说法可以休矣，并明确提出，坚持和完善民族区域自治制度，应做到"统一和自治相结合、民族因素和区域因素相结合"。强调指出，不仅要坚决反对以自治为借口否定中央政府对民族自治地方政府的领导，同时也要坚决纠正一些人认为民族自治地方是某一民族的领土、民族区域自治是某一民族的自治的错误认识。要从实际出发，具体问题具体分析，通过坚持和完善民族区域自治制度，激发民族团结的合力，铸牢中华民族共同体意识。这一系列重要论断既重申了民族区域自治制度作为我国一项基本政治制度不可动摇的重要地位，同时也揭示了我国民族区域自治制度的核心要义，为我们更好地坚持和完善民族区域自治制度提供了根本遵循。民族区域自治，离不开团结统一。国家统一是建立民族区域自治的基础，实行民族区域自治政策的前提条件是国家法律和政令的统一。此外，国家法律和政令实施过程中，要确保自治地方依法行使自治权，在特殊问题上要给予特殊支持。团结统一既是国家最高利益，也是各族人民共同利益。维护国家统一和民族团结，维护各民族在"小家"中共同当家做主的权利，需要把国家的整体利益和各民族的具体利益相结合，坚持统一和自治相结合，从而使各民族在祖国大家庭里守望相助、同舟共济、和谐共生。我们在考虑民族区域自治的过程中，要从两部分去思考：一是在分布形势上，从全国来看，民族分布并不整齐划一，而是纷繁复杂，交错杂居，一个所谓的民族地区并不是单纯的一个民族，而是由很多民族构成，随之民族自治地方对某一民族特征也体现得不明显，再加上民族不断融合，这种局面越来越显著；二是民族自治地方的体现上不受区域的限制，一个民族可以在需要的地方建立自己的民族自治地区实行自治，按照行政级别可以划分为自治州、自治县、民族乡。不论是聚居的民族，还是散居的民族，都可以同样享受到民族区域自治权利。按照少数民族的人口数量及所在自治地方的聚居形式，或大或小，都可以平等地享受到民族自治权利。然而不能忽略的是，中国所有民族自治地方都是中国共产党领导下的地方，都是中华人民共和国的地方，都是全国各族人民共同拥有的地方。各民族共同承担建设自治地方各项事业，平等享受建设自治地方发展成果，享有平等的法律地位，主动担负维护国家统一、民族团结的责任重担，不愧对自治区这项民族的"帽子"。

事实上，关于民族区域自治制度的创造性和必要性，我们党的领导人先后都做过精辟论述。毛泽东同志说过："苏联的少数民族人口，占全国人口的一半，他们实行加盟共和国、自治共和国的办法。我们这里少数民族人口占6%，实行民族区域自治的办法。有些人想援引苏联的办法，在中国成立加盟共和国或自治共和国，这是不对的。"邓小平同志说过："解决民族问题，中国采取的不是民族共和国联邦的制度，而是民族区域自治的制度。我们认为这个制度比较好，适合中国的情况。"习近平总书记强调指出："我们党采取民族区域自治这个新办法，既保证了国家团结统一，又实现了各民族共同当家做主。"2021年在中央民族工作会议上，习近平总书记更是强调指出："必须坚持和完善民族区域自治制度，确保党中央政令畅通，确保国家法律法规实施，支持各民族发展经济、改善民生，实现共同发展、共同富裕。"

实践充分证明，作为符合我国国情的一项基本政治制度，我国实行的民族区域自治制度是与人民代表大会制度、中国共产党领导的多党合作和政治协商制度、基层群众自治制度并列的一项政治制度，是中国特色解决民族问题的正确道路的重要内容和制度保障。在维护国家统一、领土完整，在加强民族平等团结、促进民族地区发展、增强中华民族凝聚力等方面都起到了重要作用。在新的历史条件下，我们要加深对民族区域自治制度历史必然性的认识，不断提高坚持和完善民族区域自治制度的思想自觉和行动自觉。把这一基本政治制度的巨大优势转化为激发中华儿女团结奋斗的磅礴伟力，为实现第二个百年奋斗目标和中华民族伟大复兴的中国梦作出新的更大的贡献。

（四）运用法治思维处理民族事务，营造良好法治环境

"法律是治国之重器、法治是国家治理体系和治理能力的重要依托"[①]，习近平总书记高度重视法治在民族事务治理中的作用，在中央新疆工作会议和中央西藏工作会议上均明确提出"依法治疆""依法治藏"的论断。在2014年的中央民族工作会议讲话这一集中体现我国新时期民族工作基本纲领的文件中更是将"坚持依法治国"视为"坚持中国特色坚决民族问题的正确道路"的八大内涵之一。他强调要用法律来保障民族团结，"只有树立对法律的信仰，各族群众自觉按法律办事，民族团结才有保障，民族关系才会牢固"[②]；要"注重保障各民族合法权益，坚决纠正和杜绝歧视或变相歧视少数民族群众、伤害民族感情的言行"[③]。2021年，在中央民族工作会议上，习近平总书记进一步强调指出，"做好新时代的民族工作，必须坚持依法治理民族事务，推进民族事务治理体系和治理能力现代化。"可以说，运用法治思维处理民族事务、推进民族事务工作法治化、提升运用法治思维和法治方式解决民族问题的能力，已成为做好新时期民族工作的一个基本准则。

运用法治思维处理民族事务，可以从法治层面，给予中华民族共同体建设以坚实有力的制度保障。法治，以尊重和保障人权为价值依归，运用法治思维处理民族事务，保障各族群众的合法权益，可以有效增强各族群众对于国家机关的认同度，进而增强其作为中华民族这个大共同体成员的向心力和归属感。法治，强调服从一套普遍适用，可预测、可操作的规则体系的治理，强调依法管理、严格执法、法律面前人人平等，不允许有法外特权；运用法治思维处理民族事务，可以通过引导各族群众自觉遵守国家法律法规，增强各族群众的法律信仰和规则意识、确立作为一个平等的政治共同体成员的公民意识，进而确立其作为中华民族共同体成员这个社会身份的统一性。法治，必须建立和维护一个安定有序、和谐稳定的社会秩序，"秩序的存在是人类生存、生活、生产活动的必要前提和基础。没有秩序，人类的公共性活动就不

---

① 习近平.关于《中共中央关于全面推进依法治国若干重大问题的决定》的说明[N].人民日报，2014-10-29.

② 习近平关于全面依法治国论述摘编[M].北京：中央文献出版社，2015：89.

③ 中央民族工作会议暨国务院第六次全国民族团结进步表彰大会在北京举行[N].人民日报，2014-09-30.

可能正常进行……秩序的存在是人民安居乐业、国家长治久安最基础、最根本的条件"①。因此,法治,还可以为中华民族共同体建设,提供一个安定的秩序环境和制度基础。运用法治思维处理民族事务,需要贯彻民族平等原则,坚持各民族在法律面前一律平等,用法律保障民族团结。

坚持各民族一律平等,是马克思主义民族理论的重要内容,也是我们党在成立之初就确立的一项根本原则。早在革命战争时期,我们党就积极宣传和实践民族平等和民族团结的政策和主张。中华人民共和国成立后,以毛泽东同志为主要代表的中国共产党人,以宪法和法律的形式确立并巩固了各民族平等团结这一新民主主义革命的宝贵成果。无论是1949年《中国人民政治协商会议共同纲领》和1954年的《宪法》,还是1952年的《民族区域自治实施纲要》和《关于保障一切散居的少数民族成分享有民族平等权利的决定》,都对各民族平等权利做了全面规定和保护,明确强调了各民族享有平等权利和义务、建立民族自治地方、保障散居少数民族的选举权和被选举权等重要内容。这些法律法规的制定和施行,使各民族第一次以中华民族平等一员的政治身份登上历史舞台,实现了共同当家做主的千年夙愿。各级民族自治地方基本建立起来,带有歧视或者侮辱少数民族性质的称谓、地名等彻底得到纠正,历史上遗留下来的民族矛盾和民族隔阂逐步消除。通过制定实施党的民族政策和法律法规,社会主义新型民族关系基本确立,实现我国民族关系史上数千年未有之大变局。

改革开放后,我国进入了用法治规范调整民族关系的新时期。邓小平同志指出,为了保障人民民主,必须加强法制,必须使民主制度化、法律化,强调我们的民族政策是正确的,是真正的民族平等,我们十分注意照顾少数民族的利益。在1981年《关于建国以来党的若干历史问题的决议》,1984年《民族区域自治法》和1986年《关于慎重对待少数民族风俗习惯问题的通知》中,对加强民族区域自治的法制建设,依法保障各民族平等权利等方面做了明确要求,依法治理民族事务的制度体系逐步健全。党的十五大提出"依法治国,建设社会主义法治国家"的治国方略,江泽民同志强调,全国所有民族,无论人数多少,历史长短,发展程度高低,都是祖国大家庭平等的一员,都具有平等的政治地位,都享有宪法和法律规定的各项权利。胡锦涛同志强调,全面推进依法治国,坚持法律面前人人平等,多次要求保障少数民族合

---

① 张文显. 法治与国家治理现代化 [J]. 中国法学,2014 (4).

法权益。国家出台了《反分裂国家法》《国务院实施〈中华人民共和国民族区域自治法〉若干规定》《国务院办公厅关于严格执行党和国家民族政策有关问题的通知》等法律和文件。一系列法律法规和政策举措的出台和实施,保障了各民族平等权利,巩固了民族团结大局,为改革开放顺利推进营造了稳定的社会环境。

党的十八大以来,以习近平同志为核心的党中央将全面依法治国纳入"四个全面"战略布局,确立了建设中国特色社会主义法治体系和社会主义法治国家的目标,为民族工作法治化进一步指明了方向。习近平总书记在中央民族工作会议、中央新疆工作座谈会等会议上强调,要增强各族群众法律意识,懂得法律面前人人平等,谁都没有超越法律的特权,要维护宪法法律权威,坚持法律面前人人平等,要高举社会主义法治旗帜。中办、国办印发关于依法治理民族事务促进民族团结的意见、关于加强和改进少数民族流动人口服务管理工作的意见,中央统战部、国家民委、公安部等7部门下发关于开展禁止针对部分地区少数民族群众歧视性做法检查督查的通知并定期开展督促检查。近年来,我国涉民族因素舆情和案事件依法得到妥善处置,"三股势力"的活动依法受到沉重打击,团结稳定的良好局面不断巩固。经过不懈努力,我国民族事务治理法治化取得重大进展,已经站在了新的历史起点。

良法善治,民之所向。后疫情时代,面临世界百年未有之大变局,我国在法治化建设的道路上,更要凝聚起14多亿中华儿女对法治的坚定信仰,大力弘扬法治精神,把依法治国的要求体现在民族工作全过程,着力提升民族事务治理体系和治理能力现代化水平。坚持在法治轨道上治理民族事务,用法治思维和法治方式来防范风险、打击犯罪、处理问题、化解矛盾,依法保障各族群众的合法权益,做到法律面前人人平等。坚决贯彻党的民族理论和民族政策,坚持和发展好民族区域自治制度,在保证国家法制统一和政令畅通的基础上依法正确行使自治权。加强法治宣传教育,引导各族群众尊法、学法、守法、用法,让"看得见"的法治形式内化为根植于内心的法治信仰,逐步养成办事依法、遇事找法、解决问题用法、化解矛盾靠法的习惯,营造良好的法治环境。

根深方可叶茂,本固才能枝荣。只有在法治轨道上治理民族事务,用法治保障民族团结,方能让团结之花永远盛开,为长治久安筑牢根基,让中华民族共同体意识铸得更加牢固。

二、经济维度：铸牢中华民族共同体意识的物质基础

民族地区的经济发展水平是铸牢中华民族共同体意识的物质保障基础。党的十八大以来，习近平总书记一再强调，要让每一个民族的人民都过上小康生活，没有民族地区的小康，总体全面小康也难以真正实现。经过百年来党和人民的接续奋斗和艰苦努力，在2021年庆祝中国共产党成立100周年大会上，习近平总书记庄严宣告，中国实现了第一个百年奋斗目标，在中华大地上全面建成了小康社会。全面小康是涵容所有民族、涵盖所有区域和辐及全体人口的小康，在全面小康的基础上进一步坚持新发展理念，推动各民族共同走向社会主义现代化，是提升中华民族共同体意识反映在经济维度的重要方略。当下我国民族地区经济建设发展规划愈益完善，民族地区经济建设工作开展顺利，各民族地区发展取得了跨越性的历史进步和发展成就。但若要使中华民族共同体意识更加全面地深入人心，仍需秉持推动各民族共同走向社会主义现代化、共同走向共同富裕的经济发展理念，因地制宜地推进少数民族地区经济发展，确保各族群众平等共享国家发展成就，使社会全面进步的获得感和幸福感得以长久持续，从而在不断夯实铸牢中华民族共同体意识的雄厚经济根基上，进一步凝练各族人民的中华民族经济共同体意识。

（一）加快少数民族和民族地区的经济社会发展，促进各民族共同繁荣发展

马克思曾经指出："人们奋斗所争取的一切都同他们的利益有关。"[1] 每一个人、每一个民族都追求美好的生活，但美好的生活都是以物质财富的丰裕为基础的，在物质财富还不能满足每一个人的要求的时候，必然引发利益争夺的冲突。当个人之间利益发生冲突时表现出的是个体之间的矛盾，当群体利益发生冲突时表现出的是群体之间的矛盾，当群体矛盾上升为民族矛盾时就成为民族斗争。一部中华文明史既是中华民族追求美好生活的奋斗史，也是一部由民族斗争逐步走向民族统一的历史。中华民族之所以能走向统一，是因为各族人民有着共同的利益，这个共同的利益只有在中华民族这个共同体内才能得以实现。这个凝聚各民族的共同利益就是各民族共同繁荣进步。在历史的发展中由于各民族所处的区位不一样、拥有的资源不一样、生产力发展水平不一样，导致了各民族经济社会发展的不平衡，甚至产生两极分化。

---

[1] [德] 马克思，恩格斯. 马克思恩格斯全集（第1卷）[M]. 北京：人民出版社，1956：82.

如果任由这种贫富悬殊自然发展,当贫富差距达到一定程度的时候,就会导致民族间的矛盾冲突,致使中华民族共同体破裂。正如邓小平所说:"如果搞两极分化,情况就不同了,民族矛盾、区域间矛盾、阶级矛盾都会发展,相应地中央和地方的矛盾也会发展,就可能出乱子。"① 只有防范两极分化,解决好物质层面的平等共享,才能更好地实现精神层面的认同共识,才能画出民族团结最大的同心圆。因此,铸牢中华民族共同体意识需要充分考虑和兼顾经济落后的民族地区,在推进民族地区社会发展过程中,不仅要给予相应的政策性照顾,还要帮助民族地区与整个社会主义市场经济体系更好地链接在一起,补齐民族地区经济发展的短板,实现各民族共同繁荣和共同分享经济发展的成果。反之,如果民族地区或者各民族之间的经济发展鸿沟过于巨大,各民族之间的生活水平、生活质量的差距过于悬殊,就容易导致民族之间的关系不和谐,从而增加铸牢中华民族共同体意识的难度。因此,大力加快少数民族和民族地区发展,不仅是我们党的根本宗旨和社会主义本质要求在民族工作上的体现,也是维护团结统一、铸牢中华民族共同体意识的必然要求。

中华人民共和国成立以前,民族地区社会生产力水平极度低下,没有现代工业,经济社会发展相当落后,广大山区和荒漠地区的少数民族,普遍缺吃少穿,几乎年年都有几个月断粮。毛泽东同志曾经指出,让各族人民摆脱目前的困境,使他们的生活一天天好起来,是我们共产党人的任务。周恩来同志也说过:"建设社会主义工业化的国家,是任何民族都不能例外的。我们不能设想,只有汉族地区工业高度发展,让维吾尔自治区长期落后下去,让内蒙古牧区长期落后下去,这样就不是社会主义国家了。"中华人民共和国成立之初,党和国家在百废待兴的情况下,优先在民族地区安排资源开发和深加工等重大项目,重点扶持民族地区建设一批对带动当地发展起重大作用的基础设施项目,推出许多优惠政策,支持民族地区建立现代工业体系、保障和改善各族群众生产生活,不断加快发展步伐,许多民族地区封闭落后的面貌得到彻底改变。党的十一届三中全会后,党和国家的工作重心转移到经济建设上,少数民族和民族地区发展也迎来了"春天的故事"。邓小平同志强调,要加速现代化建设,促进各民族共同繁荣。在"两个大局"战略构想下,西部地区发挥资源富集的优势,向东部地区输出大量能源、原材料和劳动力,

---

① 邓小平. 邓小平文选:第3卷[M]. 北京:人民出版社,1993:364.

为中国经济的腾飞作出了不可磨灭的贡献。与此同时，国家开展东中部发达地区对西部民族地区对口支援、中央国家机关定点帮扶，将绝大多数民族地区贫困县纳入国家扶贫攻坚计划，不断加大扶持力度。党的十三届四中全会以后，江泽民同志指出，在新的历史时期，搞好民族工作，增强民族团结的核心问题，就是要积极创造条件，加快发展少数民族和民族地区的经济文化等各项事业，促进各民族的共同繁荣。世纪之交，党中央做出实施西部大开发的重大决策，一个重要任务就是支持民族地区加快发展。党的十六大以后，胡锦涛同志强调，各民族共同团结奋斗、共同繁荣发展是新世纪新阶段民族工作的主题。党和国家制定实施加快少数民族和民族地区经济社会发展、扶持人口较少民族发展、兴边富民行动等中央文件和专项规划，同时还分别为民族八省区量身制定了支持加快发展的政策文件。改革开放以来，民族地区特色优势产业不断壮大，基础设施建设显著加强，城乡居民收入稳步增长，开放合作深入推进，呈现快速发展的良好态势。

进入新时代，我国社会主要矛盾发生历史性变化，对解决好发展不平衡不充分问题提出了新要求，为民族地区加快发展提供了新机遇。习近平总书记多次深入民族地区调研，提出"全面建成小康社会，一个民族都不能少""共同富裕路上，一个不能掉队""切实发挥好中央、发达地区、民族地区的三个积极性"和"精准脱贫"理念等，强调针对特定地区、特殊问题、特别事项制定实施好差别化的区域政策，不断加快民族地区经济社会发展。"加快民族地区经济社会发展是关系民族地区长治久安的战略方针"，"民族地区集资源富集区、水系源头区、生态屏障区、文化特色区以及边疆地区、贫困地区于一身，这是民族工作的'家底'……（民族地区）必须加快发展，实现跨越式发展。要紧扣民生抓发展，重点抓好就业和教育；要发挥资源优势，重点抓好惠及当地和保护生态；要搞好扶贫开发，重点抓好特困地区和特困群体脱贫；要加强边疆建设，重点抓好基础设施建设和对外开放"。[1]"增强团结的核心问题，就是要积极创造条件，千方百计加快少数民族和民族地区的经济社会发展，促进各民族共同繁荣发展。"[2]

党的十八大以来，党中央围绕民族地区的发展问题，倾注了大量心血：

---

[1] 求是评论员.坚定不移走中国特色解决民族问题的正确道路[J].求是，2014（20）：12—13.

[2] 中共中央文献研究室.习近平关于协调推进"四个全面"战略布局论述摘编[M].北京：中央文献出版社，2015：37.

针对民族地区的实际情况，结合"兴边富民""精准扶贫""对口援疆""加强造血功能"等重大举措，制定实施了实实在在、力度空前的政策、方针，如部署东西部对口协作战略、加强交通运输体系建设等；加快民族地区经济社会发展，持续改善民生，加快农村贫困人口脱贫致富，实现从贫穷落后走向繁荣复兴，深化各民族经济共同体联系；深入实施国家发展战略，充分挖掘释放民族地区的优势和潜力，走出一条国家政策扶持与内生潜力相结合的创新发展道路，民族地区经济状况有了明显改善，取得了历史性的成就。

如今中国实现了第一个百年奋斗目标，在中华大地上全面建成了小康社会，民族地区切切实实迎来了空前发展的重大机遇期。新形势下，如何在准确把握社会主要矛盾转化的基础上，进一步坚持新发展理念，推动各民族共同走向社会主义现代化，是提升中华民族共同体意识反映在经济维度的重要方略。为此，应通过准确把握民族地区的地理位置、资源禀赋、发展条件、比较优势、发展劣势等，配合以差别化的区域支持政策和针对性的区域支持举措，从各族发展实际出发，因地制宜地探索适合民族地区实际的高质量发展道路。进一步强化对民族地区基础设施建设和产业结构优化调整的扶持力度，从"五位一体"的全方位角度有效提升群众获得感、幸福感和安全感。此外，还应支持民族地区实现巩固脱贫攻坚成果同乡村振兴有效衔接。要按照习近平总书记关于乡村振兴是脱贫之后重要接续工作的指示，在巩固脱贫攻坚成功成果的基础上，正确引导民族地区发展向全面推进乡村振兴的衔接顺利过渡，打造产业兴旺、生态宜居、乡风文明、治理有效、生活富裕的现代化乡村，加快农业农村现代化和美丽乡村建设。通过继续加大对脱贫地区的产业扶持和资金支持，引导扶贫产业和乡村振兴的密切衔接，打造民族地区特色乡村产业，促进民族地区高质量发展和可持续发展，从而有效巩固中华民族共同体建设的经济基础，从经济层面引导各族人民中华民族共同体意识的切实铸牢。

（二）坚持以人民为中心，实现共同发展、共同富裕

"不患寡而患不均"是社会主义的公平正义思想，也是各族人民共有的社会心理，是对共享的最初理解。带领各族人民走共同富裕之路，让人民群众过上更加幸福的好日子是中国共产党自成立之日起就一直在努力实现的目标和任务，是中国共产党人一以贯之的初心所在，是社会主义特别是中国特色社会主义的题中应有之义和价值取向。

中华人民共和国成立初期，毛泽东同志就指出："现在我们实行这么一种

制度，这么一种计划，是可以一年一年走向更富更强的，一年一年可以看到更富更强。而这个富，是共同的富，这个强，是共同的强，大家都有份。"所以，我们党从中华人民共和国成立初期就强调社会主义制度应该向共同富裕看齐，应该实现共同富裕。改革开放以后，以邓小平同志为主要代表的中国共产党人总结经验教训，强调指出，"社会主义的特点不是穷，而是富，但这种富是人民共同富裕"。明确"社会主义的本质，是解放生产力，发展生产力，消灭剥削，消除两极分化，最终达到共同富裕"，形成了社会主义初级阶段的基本路线。在确立了社会主义市场经济体制改革目标的基础上，以江泽民同志为主要代表的中国共产党人提出："实现共同富裕是社会主义的根本原则和本质特征，绝不能动摇。"党的十六大以后，以胡锦涛同志为主要代表的中国共产党人特别重视共同富裕的问题，多次强调要维护社会的公平正义，明确指出，要"使全体人民共享改革发展的成果，使全体人民朝着共同富裕的方向稳步前进"。

党的十八大以来，以习近平同志为核心的党中央把握发展阶段新变化，把逐步实现全体人民共同富裕摆在更加重要的位置。习近平总书记发表一系列重要论述、提出一系列重要论断、阐明一系列重要观点，对共同富裕理论做出新阐释，对共同富裕战略做出新部署。2012年11月15日，在与中外记者见面会上，习近平总书记郑重宣示"人民对美好生活的向往，就是我们的奋斗目标"，强调要"坚定不移走共同富裕的道路"，充分彰显了团结带领全党全国各族人民走共同富裕道路的决心信心。2012年12月29日至30日，习近平总书记踏雪前往河北省阜平县考察扶贫开发工作，深刻指出："消除贫困、改善民生、实现共同富裕，是社会主义的本质要求。"以此为起点，总书记做出向贫困宣战的战略部署，向全党全国发出了新时代脱贫攻坚的动员令。2015年10月，在党的十八届五中全会上，习近平总书记创造性提出以人民为中心的发展思想和新发展理念，强调必须坚持发展为了人民、发展依靠人民、发展成果由人民共享，做出更有效的制度安排，使全体人民朝着共同富裕方向稳步前进，绝不能出现"富者累巨万，而贫者食糟糠"的现象。2017年10月18日，在党的十九大报告中，习近平总书记明确指出："必须坚持以人民为中心的发展思想，不断促进人的全面发展、全体人民共同富裕。"在实现第二个百年奋斗目标的"两步走"战略安排中，习近平总书记对促进共同富裕提出明确要求：到2035年"全体人民共同富裕迈出坚实步伐"，到21世纪中叶"全体人民共同富裕基本实现"。2020年10月，在党的十九届五中全会上，习近平总书记明确指出:"我们推动经济社会发展,归根结底是要实现全体人民共同富裕","必须把促进全体人民共同富裕摆在更加重要的位置"。全会对促进共同富裕做出重要部署,提出到2035年"全体人民共同富裕取得更为明显的实质性进展",在改善人民生活品质部分突出强调了"扎实推动共同富裕"。2021年1月11日,在省部级主要领导干部学习贯彻党的十九届五中全会精神专题研讨班上,习近平总书记从党的根本宗旨高度强调:"实现共同富裕不仅是经济问题,而且是关系党的执政基础的重大政治问题",要"让人民群众真真切切感受到共同富裕不仅是一个口号,而是看得见、摸得着、真实可感的事实"。2021年1月28日,习近平总书记在主持十九届中央政治局第二十七次集体学习时强调:"进入新发展阶段,完整、准确、全面贯彻新发展理念,必须更加注重共同富裕问题","促进全体人民共同富裕是一项长期任务,也是一项现实任务,急不得,也等不得,必须摆在更加重要的位置,脚踏实地,久久为功,向着这个目标做出更加积极有为的努力"。2021年7月1日,习近平总书记在庆祝中国共产党成立100周年大会上深刻揭示中国共产党过去为什么能够成功、未来怎样才能继续成功的根本所在,强调:"必须团结带领中国人民不断为美好生活而奋斗","着力解决发展不平衡不充分问题和人民群众急难愁盼问题,推动人的全面发展、全体人民共同富裕取得更为明显的实质性进展!"2021年10月9日,习近平总书记在纪念辛亥革命110周年大会上再次强调指出,要"不断满足人民过上美好生活的新期待,不断推进全体人民共同富裕"。2022年10月16日,习近平总书记在党的二十大报告中强调中国式现代化的基本特征时,其中之一就是,中国式现代化,是中国共产党领导的社会主义现代化,是全体人民共同富裕的现代化。

习近平总书记的系列重要论述,不仅将共同富裕与以人民为中心的发展思想有机地结合在一起,强调指出:"坚持共享发展,就是要坚持发展为了人民、发展依靠人民、发展成果由人民共享,使全体人民在共建共享发展中有更多获得感,朝着共同富裕方向稳步前进。"① 而且将共同富裕与新时代的中心任务有机地结合在一起,明确指出,中国特色社会主义新时代是"逐步实现全体人民共同富裕的时代"。不仅进一步丰富和发展了我们党对共同富裕的规律性认识,同时作为习近平新时代中国特色社会主义思想的重要组成部分,也是扎实推动共同富裕的科学遵循。而始终做到发展为了人民、发展依靠人

---

① 2015年11月7日,在新加坡国立大学的演讲。

民、发展成果由人民共享,切实满足各族人民基于共同富裕的美好生活期待,持续增强每一位中华儿女的获得感、幸福感、安全感,不仅是铸牢中华民族共同体意识的物质基础,也是国家治理现代化的基本要求。

在习近平新时代中国特色社会主义思想特别是关于共同富裕重要论述指引下,党团结带领全国人民朝着实现共同富裕的目标不懈努力,打赢脱贫攻坚战,历史性地解决了绝对贫困问题,全面建成小康社会,进入了全面建设社会主义现代化国家、向第二个百年奋斗目标进军的新发展阶段。新阶段新起点,必须深刻认识到,扎实推动共同富裕是坚持党的性质宗旨、初心使命,不断夯实党长期执政基础的必然要求;是在全面建成小康社会基础上,向着全面建成社会主义现代化强国的第二个百年奋斗目标迈进的必然要求;是适应社会主要矛盾变化,着力解决发展不平衡不充分问题的必然要求。

为此,在全面开启建设社会主义现代化国家新征程上,必须把推进全体人民共同富裕摆在更加重要的位置。把促进全体人民共同富裕作为为人民谋幸福的着力点。习近平总书记指出:"实现共同富裕不仅是经济问题,而且是关系党的执政基础的重大政治问题。我们决不能允许贫富差距越来越大、穷者愈穷富者愈富,决不能在富的人和穷的人之间出现一道不可逾越的鸿沟。"这就要求我们必须继续坚持以人民为中心的发展思想,自觉主动解决地区差距、城乡差距、收入分配差距。通过全民共享、全面共享、共建共享、渐进共享,避免出现贫富差距过大和两极分化。要鼓励劳动者勤劳创新致富,同时坚持在发展中加大对困难群众的帮扶力度。促进基本公共服务均等化,促进全体人民共同富裕。建设体现效率、促进公平的收入分配体系,逐步构建起适应共同富裕要求和符合我国实际的分配格局,形成初次分配、再分配、三次分配协调配套的基础性制度安排。加大税收、社保、转移支付等调节力度并提高精准性,加强对高收入的规范和调节,增加低收入者收入,稳步扩大中等收入群体。但与此同时,我们也应该注意到,通过无条件、无差别、无步骤的整齐划一的绝对同步或急于求成或一蹴而就实现共同富裕的想法和做法,既不符合经济社会发展的规律,也不符合我国处于社会主义初级阶段的国情,更不符合当前我国发展不平衡不充分的实际。为此,我们要在充分认识共同富裕的长期性、艰巨性、复杂性的基础上,分阶段进行,尽力而为量力而行,同时统筹需要和可能,坚持循序渐进。我们不能做超越阶段的事情,但也不是说在逐步实现共同富裕方面就无所作为,而是要根据现有条件把能做的事情尽量做起来,积小胜为大胜,不断朝着全体人民共同富裕的目标前进。

（三）不断满足人们日益增长的美好生活需要，推动各民族共同走向社会主义现代化

我们党带领全国各族人民经过持续奋斗，实现了第一个百年奋斗目标，在中华大地上全面建成了包括少数民族和民族地区在内的小康社会。当前，全党全国各族人民正在意气风发向着第二个百年奋斗目标迈进。习近平总书记在中央民族工作会议上明确要求，要推动各民族共同走向社会主义现代化。"全面建设社会主义现代化国家，一个民族也不能少"，这是中国共产党人的庄严承诺。

发展，是解决民族地区各种问题的总钥匙。党的十八大以来，党团结带领各民族人民，千方百计加快民族地区经济社会发展，促进各民族共同繁荣发展。民族地区牢记嘱托、奋力攻坚，经济、政治、文化、社会、生态等各项事业建设取得历史性成就……各族群众的日子越过越红火。但与此同时，我们也应该看到，我国发展不平衡不充分的问题依然存在。在机遇与挑战并存、成就与问题交织的背景下，唯有实现高质量发展才是解决好发展不平衡不充分问题、实现共同富裕的根本途径。为此，我们应在正确认识我国社会主要矛盾已发生变化的基础上，大力提升发展质量和效益，更好地满足人民日益增长的美好生活需要。那么，何谓人民日益增长的美好生活需要？从需求性质来看，人类需要大致可划分为三个层次：第一层次是物质性需要，指的是保暖、饮食、种族繁衍等生存需要，这是人类最基本的需要。第二层次是社会性需要，它是在物质性需要基础上形成的，主要包括社会安全的需要、社会保障的需要、社会公正的需要等。第三层次是心理性需要，指的是由于心理需求而形成的精神文化需要，比如价值观、伦理道德、民族精神、理想信念、艺术审美、获得尊重、自我实现、追求信仰等。

改革开放以来，我国社会生产力水平明显提高，人民生活显著改善，稳定解决了十几亿人的温饱问题。随着中国特色社会主义进入新时代，人们的物质性需要不断得到满足，开始更多追求社会性需要和心理性需要，比如期盼更好的教育、更可靠的社会保障、更高水平的医疗卫生服务、更舒适的居住条件、更优美的环境、更丰富的精神文化生活，等等。这既是我国社会生产力水平显著提高的必然结果，又对我国未来经济社会发展提出了更高要求。为此，我们要在继续推动各民族经济社会发展的基础上，着力解决好发展不平衡不充分问题，更好满足人民日益增长的美好生活需要，更好推动人的全面发展、社会全面进步。

要把不断满足人民日益增长的美好生活需要贯穿于实现第二个百年奋斗目标和实现中华民族伟大复兴的中国梦之中。正如习近平总书记在党的二十大报告中着眼全面建设社会主义现代化国家的目标任务，对增进民生福祉、提高人民生活品质所做出的重要部署，"必须坚持在发展中保障和改善民生，鼓励共同奋斗创造美好生活，不断实现人民对美好生活的向往"。应通过统筹推进"五位一体"总体布局和协调推进"四个全面"战略布局，通过创新发展、协调发展、绿色发展、开放发展和共享发展，大力提升发展质量，不断消除地区差距、收入差距、城乡差距，更好满足广大人民群众在经济、政治、文化、社会、生态等方面日益增长的需要，包括生产更多绿色、健康的食品；提供更多清洁、安全、高效的能源；进一步完善社会保障制度，让所有人的基本生活都能得到保障；加大收入分配改革力度，不断缩小收入差距；完善基层民主制度，保障人民知情权、参与权、表达权、监督权，等等，以逐步推进社会主义现代化建设的发展进程。

三、文化维度：铸牢中华民族共同体意识的思想依托

"国家之魂，文以化之，文以铸之""文运同国运相牵，文脉同国脉相连。"[1] 当今世界，文化越来越成为衡量一个国家综合国力、一个民族凝聚力强弱的重要标志。博大精深、源远流长的中华文化不仅是我国各族人民的集体智慧结晶，同时也是世世代代的中华儿女经过辛勤劳动所共同创造的宝贵精神财富，是中华民族最深沉、最基本、最持久的精神力量，为中华民族团结拼搏、攻坚克难、生生不息提供了源源不断的精神支撑。习近平总书记就曾指出："历史和现实都证明，中华民族有强大的文化创造力。每到重大历史关头，文化都能感国运之变化、立时代之先声，为亿万人民、为伟大祖国鼓与呼"，"一个国家、一个民族的强盛，总是以文化兴盛为支撑的，中华民族伟大复兴需要以中华文化发展繁荣为条件"[2]。

在长期的发展实践中，中华各民族不仅创造了多姿多彩的民族文化，也汇聚熔铸成多元一体的中华文化。作为整体的中华文化，是以马克思主义为指导，符合新时代发展要求，回应中国社会现实需要，融会"马、中、西"

---

[1] 中共中央宣传部编. 习近平新时代中国特色社会主义思想三十讲[M]. 北京：学习出版社，2018：194.

[2] 中共中央文献研究室. 习近平关于社会主义文化建设论述摘编[M]. 北京：中央文献出版社，2017：3—4.

优秀文化资源，能够给予中华各民族人民以科学文化养分、丰富智慧启迪、有力精神支撑的文化，是维系国家和民族生生不息的精神命脉，是团结全国各族人民共同奋斗共同富裕的坚强基石，是巩固中华民族多元一体格局的智力支撑，是铸牢中华民族共同体意识的精神食粮。

党的十九届五中全会明确将建成文化强国确立为到2035年基本实现社会主义现代化的远景目标之一，这充分体现了弘扬中华文化在推进中华民族伟大复兴进程与铸牢中华民族共同体意识中的重要作用。在推进各民族文化交流融合互通的过程中，面对不平衡、不充分发展的矛盾，价值取向的多元化以及民族文化的多样性，大力弘扬中华优秀文化、践行社会主义核心价值观，不仅能够坚定各族人民对中华文化的认同感，而且对于铸牢中华民族共同体意识，打造新时代和谐民族关系等也都具有十分重要的意义。

（一）巩固马克思主义意识形态领导地位是铸牢中华民族共同体意识的根本

"意识形态工作影响着政治稳定、国家的长久统治与安宁、民族之间聚合力和吸引力，是党的极为重要的一项工作。"[①] 作为立党强国之本，其决定着文化前进方向和发展道路。党的十八大以来，以习近平同志为核心的党中央高度重视意识形态工作，坚持立破并举、激浊扬清，"在文化建设上，我国意识形态领域形势发生全局性、根本性转变，全党全国各族人民文化自信明显增强，全社会凝聚力和向心力极大提升，为新时代开创党和国家事业新局面提供了坚强思想保证和强大精神力量。"然而，需要冷静地看到，面对"两个大局"，意识形态领域的斗争依然尖锐复杂。因此，为了应对各种意识形态的风险和挑战，我们必须充分重视思想引领问题。铸牢中华民族共同体意识是当前我国意识形态建设工作的关键环节。因此，在铸牢中华民族共同体意识过程中必须始终掌握意识形态领导权。

"哲学家只是以不同的方式解释世界，而关键在于改造世界。"[②] 作为观察国家命运的科学理论，马克思主义理论不仅是智慧的结晶，更是引导实践得以开展的精神动力。其在一百多年来中国化的进程中，不仅与中国革命、建设、改革的具体实践相结合，而且与中华民族的历史文化传统相融合、与时代精神相契合，充分展现中国作风和中国气派。当下，中国特色社会主义进

---

① 中共中央文献研究室. 十八大以来重要文献选编（上）[M]. 北京：中央文献出版社，2014：464.

② [德] 马克思，恩格斯. 马克思恩格斯文集：第1卷 [M]. 北京：人民出版社，2009：502.

入新时代，社会主要矛盾的新变化、思想文化领域的新特征以及民族工作的新要求都迫切需要用马克思主义理论去观照现实，在整合文化资源的实践中发挥指导作用。习近平总书记就曾指出："我们要坚持用马克思主义观察时代、解读时代、引领时代，用鲜活丰富的当代中国实践来推动马克思主义发展，用宽广视野吸收人类创造的一切优秀文明成果。"① 作为全世界无产阶级智慧的结晶，马克思主义不仅引导中国人开辟出了一条具有民族特色的发展道路，同时也在与中国的具体国情相结合的实际进程中不断论证其科学性。

基于此，在铸牢中华民族共同体意识过程中，必须坚持马克思主义的科学真理，"牢固马克思主义在意识形态范畴内的指导地位，使中国共产党和中国人民具有一致的精神根基"。② 这不仅关乎社会发展以及国家的长治久安，同时也是铸牢意识形态防线，构建各民族共同思想基础，团结各民族为民族复兴而奋斗的必然要求。新时代，做好意识形态工作就是要将马克思主义作为主心骨，将荣辱与共、同舟共济的共同体理念渗入中华民族的血液，拉紧共同的精神纽带，促进各民族在思想上和行动上紧紧团结。要提升新闻媒体舆论传播的影响力、公信力，发挥网络媒介传播共同体意识，弘扬社会主义共同理想，整合和引领多元思想观念和社会思潮的作用，引导共同体成员坚持正确的舆论导向，在潜移默化中营造不同民族之间的和谐氛围，使中华民族共同体意识升华为一种社会共识，努力完成民族复兴的时代目标。

（二）坚定文化自信是铸牢中华民族共同体意识的关键

"文化自信，是更基础、更广泛、更深厚的自信；是更基本、更深沉、更持久的力量。"③ 自古以来，中华文化因环境多样性而呈现丰富多样状态。各族人民在历史发展的长河中创造和传承了各自丰富的民族文化，最终形成气象恢宏的中华文化，共同铸成了中华文化的多姿多彩，亦如诸子百家等闻名于世的伟大思想流派，亦如《诗经》、楚辞、汉赋、唐诗、宋词、元曲、明清小说等传颂千古的伟大文艺作品，亦如《格萨尔王》《玛纳斯》《江格尔》等震撼人心的伟大史诗，亦如万里长城、都江堰、大运河、故宫、布达拉宫、坎儿井等惊艳世界的伟大工程，亦如以理服人、以文服人、以德服人的丰富哲学理念，处处体现着中华文化的博大精深、独具特色、兼容并蓄和灿烂辉

---

① 纪念马克思诞辰200周年大会在京举行 [N]. 人民日报，2018-05-05 (1).

② 习近平. 在全国宣传思想工作会议上强调：胸怀大局把握大势着眼大事 努力把宣传思想工作做得更好 [N]. 人民日报，2013-08-21 (1).

③ 习近平谈治国理政：第2卷 [M]. 北京：外文出版社，2017.

煌。每到重大历史关头，文化都能感国运之变化、立时代之潮头、发时代之先声，为亿万人民、为伟大祖国鼓与呼。中华文化既坚守根本又不断与时俱进，使中华民族保持了坚定的民族自信和强大的修复能力，培育了共同的情感和价值、共同的理想和精神①。作为立足于中国特色社会主义的伟大实践，是巩固党的领导、国家主权完整和民族团结统一的历史根底，中华文化自信不仅是凝聚中华民族共同体的灵魂支柱，同时也深刻揭示了中华民族共同体凝聚力的本质特征，有效助力于各民族的团结统一。

首先，应坚定中华优秀传统文化自信，传承中华民族共同体意识的文化基因。历史和现实反复告诉我们，"一个国家、一个民族只有对自身文化理想、文化价值充满信心，对自身文化生命力、创造力充满信心"②，才能有团结奋斗的勇气、艰苦创业的硬气、创新创造的活力。反之，如果一个国家、一个民族抛弃或者背叛自己历史文化，就会导致四分五裂、一盘散沙的历史悲剧上演，也就不可能获得更大的进步和发展。树立高度的文化自信既是对中华文化的最大认同，又是对各族人民的最高赞赏。在树立高度文化自信的过程中，要将传统精神与现代精神有机结合，继承中华优秀传统文化并赋予其新鲜活力，实现中华优秀文化的创造性转化、创新性发展③。

党的十八大以来，习近平总书记曾多次提出"推动中华优秀传统文化创造性转化、创新性发展"的要求，这是在继承中国共产党传统文化观基础上的进一步发展，是根据时代特点、实践所需及当代中国人思想状况对文化建设做出的新部署。一方面，创造性转化与创新性发展的主体是中华优秀传统文化，但仍要以对传统文化资源的系统总结和整理为前提。"不仅是整理国故、注释经典，也应该是对照历史和现实，看看哪些是对的，哪些是不对的；哪些对我们社会发挥了好的作用，哪些是不好的作用；哪些是原意，哪些是后儒的附加；哪些已成为现实的文化传统，哪些还只是书本上的名言名句。"④文化是时代的产物，只有对传统文化遗产的科学性、实用性、可塑性做一个系统的评估，剔除封建的、片面的、错误的部分，筛选出不合时宜的部分，保留科学的、符合时代发展要求和中华民族特点的内容，文化才能与时俱进。

---

① 坚定文化自信，建设社会主义文化强国 [EB/OL]. 2019-06-15.
② 中共中央宣传部编. 习近平新时代中国特色社会主义思想三十讲 [M]. 北京：学习出版社，2018：195.
③ 代金平，卢成观. 新时代英雄精神的文化底蕴、实践基础和理论价值 [J]. 探索，2020（2）：183-192.
④ 陈先达. 文化自信与中华民族伟大复兴 [M]. 北京：人民出版社，2017：58.

另一方面，中华优秀传统文化的创造性转化与创新性发展是一个相互促进、彼此影响的有机整体。就其本体而言，创造性转化立足于中华优秀传统文化本身，针对那些思想正确却在历史中沉寂、没有与时代发展同步、尚不能充分满足当代中国人文化需要的内容，需要以当代中国文化的基本精神和实践要求为依据进行转化再造，从而赋予其以时代内涵、人文精神和科学底色。创新性发展是对现代性转化的进一步深化，它要解决的问题是如何更好地将经典的魅力与智慧发扬光大，在与现实问题的碰撞交流中进一步创造出新的时代精华，因而创造性发展是以汲取新资源、生成新思想、彰显传统的时代价值以及助力民族文化的未来发展为目标，充分体现了文化建设"不忘本来、吸收外来和面向未来"的基本方针。因此，总结整理、创造性转化与创新性发展这三点构成了发展中华优秀传统文化的"三步走"战略，是真正的"承古不复古更不泥古"。其对于贯彻落实党的民族理论政策、坚守民族团结生命线、推动各民族文化传承保护和创新交融等方面更加有为，推动社会主义文化的繁荣兴盛等都具有十分重要的意义。

其次，应坚定革命文化自信，铸牢中华民族共同体意识的文化之魂。牢记红色历史，传承红色基因，弘扬革命精神，厚植家国情怀，坚定革命文化自信，是新时代走好长征路、铸牢中华民族共同体意识的重要环节。坚定革命文化自信，一是应大力弘扬革命文化中的家国情怀。革命文化中的家国情怀蕴含着各族人民对民族团结、国家富强的责任感和使命感，弘扬家国情怀，引导广大人民将个人的理想抱负同国家的前途命运相链接，有助于增进共同体成员的国家意识，提升民族成员的自豪感和社会责任感，铸牢中华民族共同体意识。新时代，应以革命文化为纽带，充分发挥家国情怀的黏合功能。二是应有效强化革命文化中蕴含的使命自觉。强化民族使命自觉是深化民族团结进步教育，激发中华民族共同体意识的前提条件。中华民族伟大复兴的中国梦是近代以来对争取民族独立、人民解放这一初心进一步升华的大国复兴理想，是不同族群的共同使命。强化民族复兴的使命自觉有利于各族人民在民族语境下协商对话，有利于各族人民在肯定和承认民族复兴伟大理想的基础上塑造共有的精神品格。三是应汲取革命文化中集体主义的精髓。集体主义思想蕴含着同舟共济、共同发展的理想，与中华民族共同体意识蕴含的民族团结、共同进步的理念相一致。民族情感维度的集体主义是革命战争得以胜利的重要因素，在铸牢中华民族共同体意识的过程中，应引导人民群众正确处理好个人与民族、国家之间的利益关系，有效利用集体主义思想规约民族群众的利益取向①。

最后,应坚定社会主义先进文化自信,强化中华民族共同体意识的文化底蕴。坚定社会主义先进文化自信,关键在于进行文化创新,核心在于建设文化强国。在推进文化创新,建设社会主义文化强国,增强文化软实力的过程中,不仅应以代与代之间的文化内容传导和文化脉络的梳理为路径,实现历史文化成果与新时代的文化建设方针的相结合,构建各民族共有的同心文化,同时还应在打破各民族文化交往的壁垒,跨越汉族与少数民族文化的藩篱的基础上,变革不适应多民族文化繁荣发展的体制机制。此外,还应合理吸收借鉴其他民族文化的优秀成分,以此补齐铸牢中华民族共同体意识的文化短板。习近平总书记就曾多次强调:"文明因交流而多彩,文明因互鉴而丰富。文明交流互鉴,是推动人类文明进步和世界和平发展的重要动力。"文化上的兼收并蓄、交流互鉴是中华民族自古以来的传统,是中华文化源远流长并保持生命活力的根本所在。中华传统文化主张"和实生物,同则不继",和而不同是中华文化的内在基因。在世界古老文明中,中华文明是唯一未曾中断的文明,这既是传承传统的结果,也是善于学习和借鉴其他民族文化精华的结果。历史上汉唐、宋明时期"郁郁乎文哉"的繁荣景象离不开对外文化交流的促进作用,今天的中国特色社会主义文化建设中更应注重文化的走出去和引进来,在互补吸收中增强文化的吸引力、影响力与软实力。

(三)培育社会主义核心价值观是铸牢中华民族共同体意识的精神纽带

思想、意识的产生与转变有其自身的规律,表现出非常明显的历史惯性。正如马克思所说"人们自己创造自己的历史,但是他们并不是随心所欲地创造,并不是在他们自己选定的条件下创造,而是在直接碰到的、既定的、从过去承继下来的条件下创造的。"②铸牢中华民族共同体意识同样不是无源之水、无本之木,也需要考虑传统的、历史的、过去的观念,价值观是铸牢中华民族共同体意识的重要支撑。

中华民族作为一个自在的民族实体,是在几千年的历史过程中所形成的,作为一个自觉的民族实体,则是近百年来中国在反抗西方列强侵略中出现的。中华民族是一个大家庭,要铸牢共同体意识,必然要充分考虑它所包含的 56

---

①成冬梅,张连英.新时代铸牢中华民族共同体意识的文化建设路径探析[J].边疆经济与文化,2021(7).

②[德]马克思,恩格斯.马克思恩格斯全集:第1卷[M].北京:人民出版社,1963:603.

个"家庭成员"的传统价值观。铸牢中华民族共同体意识不是哪一个民族的事，而是56个民族共同的责任，在当前改革深入、社会转型、利益多元、矛盾纷繁的背景下，56个民族如何拥有共享的价值、文化和认同，这无疑是铸牢中华民族共同体意识的关键。如果没有一致的趋同性的价值观，铸牢中华民族共同体意识也很难落到实处，而社会主义核心价值观的提出，则为铸牢中华民族共同体意识提供了共同的价值观基础。

从党的十六届六中全会上第一次明确提出构建社会主义核心价值体系的重大命题，并全面阐述了社会主义核心价值体系的基本内容到党的十七大和党的十七届六中全会进一步强调，社会主义核心价值体系是社会主义意识形态的本质体现，是兴国之魂，并对建设社会主义核心价值体系做出了全面部署，再到党的十八大报告不仅继续对下一步建设社会主义核心价值体系做出了部署，而且提出用"三个倡导"，即"倡导富强、民主、文明、和谐；倡导自由、平等、公正、法治；倡导爱国、敬业、诚信、友善"来积极培育和践行社会主义核心价值观等都清晰地表达了中国共产党人对社会主义核心价值体系的理论探索的新成果，生动展现了中国共产党和中华民族高度的价值自信与价值自觉，同时也提出了积极培育与践行社会主义核心价值观这一在新的历史起点上深入推进社会主义核心价值体系建设的新课题，这也正是改革开放以来中国共产党领导中国人民进行中国特色社会主义建设的成功经验之一。

党的十八大以来，习近平总书记更是针对培育和践行社会主义核心价值观多次做出重要论述、提出明确要求，他在参加十三届全国人大一次会议内蒙古代表团审议时指出，社会主义核心价值观决定着各民族共有精神家园的发展方向，必须在各民族中大力培育和践行。作为社会主义文化的本质体现，同时也是中国最广大人民在意识形态上的最大共识，社会主义核心价值观不仅是当代中国特色社会主义文化的集中表达，同时也是各族人民在长期的历史发展过程中形成的宝贵精神财富，是我国各族人民的共同追求，也是各族人民认同的精神纽带，是中华文化认同的最大公约数。其践行过程，就是集聚社会正能量、增强中华民族凝聚力和向心力的过程，是培育中华民族共同文化意识的过程，故已成为铸牢中华民族共同体意识的内在价值遵循。"在尊重多元的基础上强化一体，最根本的就是把社会主义核心价值体系真正内化为各族人民的坚定信念和自觉行为，并在此基础上不断强化国家意识、公民意识和中华民族共同体意识，牢固树立起作为中国人的自豪感、光荣感和履行权利义务的责任感。"

　　作为56个民族价值共识的最大公约数，社会主义核心价值观有着丰富的内容和意义，涵盖了国家、社会、个人三个层面。国家层面，包括富强、民主、文明、和谐；社会层面，包括自由、平等、公正、法治；个人层面，包括爱国、敬业、诚信、友善。社会主义核心价值观在三个层面的展开，彰显了社会主义核心价值观的内在逻辑，即"建设什么样的国家""建设什么样的社会"以及"培养什么样的公民"，最终汇总凝聚在实现中华民族伟大复兴"中国梦"这一总目标上。其中，"富强、民主、文明、和谐"国家层面的价值目标指明了铸牢中华民族共同体意识的根本目的。当前，应以国家层面的价值目标为统领，力图强化各民族同呼吸共命运的情感意识、实现中华民族伟大复兴的使命意识。而"自由、平等、公正、法治"社会层面的价值追求，则强化了共同体成员的社会意识。中华民族共同体意识是渗入民族成员观念并进行内化的过程，是民族成员将自身利益与社会整体利益密切黏合的过程。在个人利益与社会整体利益的协调过程中，各民族成员的社会心理决定了社会意识的样态，中华民族共同体社会意识对共同体整体意识产生重大影响。新时代，应致力于营造"自由、平等、公正、法治"的良好社会氛围，激励各族人民共同投身社会主义和谐社会的建设。此外，"爱国、敬业、诚信、友善"个人层面的价值准则，则强化了共同体成员的美德意识。马克思认为，社会发展的历时性过程与人自由而全面发展的动态过程是一致的。"爱国、敬业、诚信、友善"作为人自由而全面发展的美德规范，能有效地调节和规约着人与人、人与社会之间的关系。新时代，建构美德规范，形塑各民族同呼吸共命运的价值观，在有利于民族成员进行群体实践的同时，铸牢中华民族共同体意识。作为整体性、根本性的国家层面的价值目标，决定着"培养什么样的公民"，即关于我们每一个人的个人层面的价值要求，而国家层面的价值目标，决定着"建设什么样的社会"的社会层面的价值机制，这一中间层面的价值机制又规范我们每一个人或群体行为模式，使个人层面的价值要求通过社会层面的价值机制汇总凝聚在国家层面的价值目标上，即国家富强、民族振兴、人民幸福的"中国梦"这一总目标。在多民族价值文化差异以及西方多元价值的冲击背景下，凝聚各民族的价值共识已成为铸牢中华民族共同体意识的重要内容。社会主义核心价值观作为各民族在共同的历史生活中形成、在社会主义建设中完善发展的民族财富，是新时代背景下中华民族共同体成员的道德规范和价值导向，理应成为铸牢中华民族共同体意识的重要内容。

（四）建设中华民族共有精神家园是铸牢中华民族共同体意识的核心

党的十八大以来，习近平同志在多个场合谈到民族团结、构筑各民族共有精神家园的问题。2014年中央民族工作会议上，他指出，"解决好民族问题，物质方面的问题要解决好，精神方面的问题也要解决好"，"加强中华民族大团结，长远和根本的是增强文化认同，建设各民族共有精神家园，积极培养中华民族共同体意识。"[1] 党的十九大报告中他进一步明确提出，应"全面贯彻党的民族政策，深化民族团结进步教育，铸牢中华民族共同体意识，加强各民族交往交流交融，促进各民族像石榴籽一样紧紧抱在一起，共同团结奋斗、共同繁荣发展。"2021年中央民族工作会议上，习近平总书记更是进一步强调指出："必须构筑中华民族共有精神家园，使各民族人心归聚、精神相依，形成人心凝聚、团结奋进的强大精神纽带。"习近平总书记的这一系列重要讲话为我们构筑中华民族共有精神家园，铸牢中华民族共同体意识指明了方向，提供了遵循。

中华民族是一个大家庭，中华民族共有精神家园是中华各民族的精神支柱、情感寄托和心灵归宿。这个精神家园所反映的是中华儿女在长期共同生活、共同奋斗和共同发展过程中形成的共同价值取向、道德规范、精神气质、情感态度等。作为由不同地域的精神文化所组成的一个精神大系统，中华民族共有精神家园不仅是中华民族赖以生存和发展的精神财富，同时也是中华民族生生不息、团结奋进的精神动力。在这个精神大花园中，各民族都有其与众不同的精神文化特色，它们是古往今来中华民族各族不同地域悠久历史和灿烂文化所积淀起来的，但同时又焕发了推陈出新的时代特色和精神气质，成为当今琳琅满目、璀璨丰富的一道道地域精神风景线。既是中华民族的命运共同体，代表着整个国家的理想与信念，也代表着各个民族的文化价值观念。既是中国56个民族各自的文化底蕴，以及各民族独有的文化特质，更是每一个普通民众的文化生活，它植根于人们生活的方方面面。构筑中华民族共有精神家园，不仅应增强中华文化认同、树立和突出各民族共享的中华文化符号和中华民族形象，同时还应大力弘扬中华民族精神，以筑牢构建中华民族共有精神家园的文化基石。

首先，应增强中华文化认同，系牢共建各民族共有精神家园的文化纽带。

---

[1] 习近平. 在中央民族工作会议暨国务院第六次全国民族团结进步表彰大会上的讲话[N]. 人民日报，2014-09-30.

事实证明，没有全民族精神力量的充分发挥，没有中华民族共有精神家园的建设，中华民族实现伟大复兴的征程仍然遥远。人心相聚的根本在于价值相通，认同相一。文化认同是最深层次的认同，是民族团结之根，是民族和睦之魂。文化认同解决了，对伟大祖国的认同、对中华民族的认同、对中国特色社会主义道路的认同、对中国共产党的认同才能巩固。党的十八大以来，习近平总书记在各个场合曾多次提到对中华文化的认同。把"认同伟大的中华文化"看作"最深层次的认同，是民族团结之根、民族和睦之魂"。他认为，中国是一个多民族、多宗教、多元文化的国家，解决文化认同问题重要而关键。作为共建中华民族共有精神家园的灵魂，文化认同实质上就是指人们对某种文化认可、接受并自觉实践的过程。而中华文化蕴含的核心价值理念，不仅是建构民族团结的价值坐标，同时也是铸牢中华民族共同体意识的方向引领。

几千年来，中华民族始终具有"六合同风、九州共贯、天下大同"的理念，把大一统看作"天地之常经，古今之通义"，都表现出对中国和中华文化的强烈认同。中华文化向来具有整体性智慧，集体主义思维在各民族中普遍存在，"合"文化是中国自古以来"统"的坚实基础。除此之外，中华文化刚柔并济，注重礼乐文明，"乐者，天地之和也；礼者，天地之序也。"中华文化在注重理性、秩序等刚性原则的同时，兼顾柔性的情感与和谐。这就保证了中华文化既能够在中国的辽阔疆域内发挥它的规约作用，又能兼顾到每个民族的心理适应程度并留出一定的调试空间。中华优秀传统文化的这些特质，是增强中华文化认同的基质养分。在中华五千多年的文明史中，各民族文化始终在相互对话和碰撞中交汇、交融、交流，各民族之间文化认同也在不断加深，最终形成了源远流长的"你中有我，我中有你"的文化血脉。中华文化作为各民族文化的集大成，是铸牢中华民族共同体意识的坚实根基。各民族文化在融入和推进中华文化建设中实现升华，既是各民族文化得以保护传承、不断发展的必然要求，也是铸牢中华民族共同体意识的坚实基础。增强中华文化认同是形成各民族团结、维护祖国统一的心理基础和情感纽带，是建设各民族共有精神家园的文化纽带，是连接其他四个认同的精神血脉，对铸牢中华民族共同体意识具有长远性和根本性作用。为此，在新的历史时期，应在继续深刻挖掘中华文化中"美美与共，天下大同"的整体性思想，进一步彰显中华文化多元一体、一体多元的文化特征的基础上，将中华优秀传统文化、革命文化和社会主义先进文化融为有机整体，让中国特色社会主义文化焕发出更强大的生命力、影响力、感召力,提升中华民族共同体的软实力;促进各民族在文化上相互尊重、相互欣赏,相互学习、相互借鉴,进一步铸牢中华民族共同体意识,构筑中华民族共有精神家园,从而更好地为实现中华民族伟大复兴凝心聚力。

其次,应突出各民族共享的中华文化符号和中华民族形象,丰富共建各民族共有精神家园的重要载体。文化认同是最深层次的认同,是民族团结之根、民族和睦之魂,而文化符号和视觉形象是人们文化观形成的重要因素。有关研究表明,人们获取外界信息,80%来自视觉。树立和突出各民族共享的中华文化符号和中华民族形象,就是通过构建完整系统的视觉表达体系,将中华文化特征、中华民族精神、中国国家形象,通过建筑、美术、标示、影视、艺术表演等媒介深刻形象地表达出来,使之成为铸牢中华民族共同体意识的重要载体。习近平总书记在2019年全国民族团结进步表彰大会上强调,要树立和突出各民族共享的中华文化符号和中华民族形象。这一重要论断充分表明了这项工作对促进各民族交往交流交融,铸牢中华民族共同体意识的重要意义[①]。

在当代社会,具有普遍认知价值并能获得各族群众心理共鸣的中华文化符号和形象,可粗略地分为以下几类:一是国家地理符号。比如,长江、黄河、泰山等自然地理,天安门、故宫、长城、布达拉宫等人文工程,大熊猫、银杏等特有动植物。二是思想文化符号。比如,儒家、道家等思想学派,中文汉字及易经、诗经、唐诗宋词等文学作品,水墨画、京剧、书法、武术、民族舞蹈、民族音乐等艺术文化,老子、孔子等文化名人。三是国家象征符号。比如,国旗、国歌、国徽等国家标志。四是文化生活符号。比如,中国菜、筷子、茶叶、丝绸、中医、文房四宝等人文物质文化,春节、中秋节等民族节日,楹联、年画、鞭炮、舞龙舞狮等民间传统,汉服、唐装、旗袍等民族服饰,宫殿、四合院等建筑文化,等等。各族群众共同认可的中华文化符号和形象,是在历史演进中形成的中华儿女普遍认同的文化标识,是中国各族群众的共有记忆和共享映像,是其价值观念、文化风俗和民族情感等的凝练表达,是其凝聚心理认同、增进共识、紧密联系的重要方式和纽带。其之所以能促进心灵相通、凝心聚力,主要在于它所包含的意义、内涵特别是精神价值有着共同的认知基础,而且表达直观、适用广泛。文化符号具体形

[①] 国家民族事务委员会. 铸牢中华民族共同体意识——全国民族团结进步表彰大会精神辅导读本[M]. 民族出版社, 2021: 143.

象，一看就知，可辨识性强，跨越语言隔阂、地域障碍；形式灵活多样，载体丰富广泛，可以无处不在；含义清晰易懂，甚至过目不忘，容易入脑入心；能够简明表达复杂观念，效果远强于说教，体现了文化标识独特的力量。

此外，突出各民族共有共享的中华文化符号和形象，还要立足中国大地，讲好中华文明故事，向世界展现可信、可爱、可敬的中国形象。要讲清楚中华文明是什么样的文明、中国是什么样的国家，讲清楚中国人的宇宙观、天下观、社会观、道德观，促使世界读懂中国、读懂中国人民、读懂中国共产党、读懂中华民族。要坚持共同的价值遵循，以文化兴盛、文化繁荣为前提，把握中华民族的共同心理认知、情感认同、价值取向，要在增强国家认同、彰显人文精神、共建精神家园、共担责任使命、展现国家形象等方面绵绵用力、久久为功，通过以文化人、以文育人，构筑中华民族共有精神家园，不断夯实铸牢中华民族共同体意识的思想基础。

再次，应弘扬中华民族精神，补好共建各民族共有精神家园的精神之钙。民族精神是民族赖以生存、共同生活、共同发展的精神支柱，是民族生命力、凝聚力和创造力的重要体现。历史上，中华民族之所以能够生生不息、不断发展，很重要的原因是我们有以爱国主义为核心的民族精神，有一脉相承的价值追求。农耕文明的勤劳质朴、崇礼亲仁，草原文明的热烈奔放、勇猛刚健，海洋文明的海纳百川、敢拼会赢，源源不断注入并形成中华民族的特质和禀赋。近代以后，在百年抗争中，各族人民血流到了一起、心聚在了一起，中华民族团结意识逐渐实现了从自在到自觉的伟大转变。中华人民共和国成立以来，"中华民族一家亲"越来越深入人心，融入各民族血脉。如今，各族人民共同培育、继承、发展起来的伟大民族精神，已成为推动我国发展进步的强大精神动力。这些，都是构筑中华民族共有精神家园的宝贵财富。习近平总书记就曾提出"伟大创造精神、伟大奋斗精神、伟大团结精神、伟大梦想精神"，不仅全面阐释了伟大民族精神的深刻内涵，而且赋予其新的时代意义，描绘出全党全国各族人民构建共同精神家园的美好图景。

作为中华民族的先锋队，中国共产党是中华民族精神的坚定继承者和弘扬者。中国共产党人的精神谱系具有鲜明的民族性，是中华民族精神的时代成果，升华了中华民族精神。伟大民族精神，既是中华民族在长期奋斗和融合发展中形成的，也是中国共产党领导中国人民在革命、建设、改革的伟大历程中培育、继承、发展起来的。培育和弘扬伟大民族精神，要继承和发扬伟大建党精神等精神谱系，引领民族精神不断创新、丰富和完善，展现出时代性特征，在党的领导下形成中华儿女的最大同心圆、炎黄子孙的最大向心力。

最后，应深化历史学习教育，筑牢共建各民族共有精神家园的思想基石。在庆祝中国共产党成立100周年大会上，习近平总书记曾深刻指出，中国共产党团结带领中国人民进行的一切奋斗、一切牺牲、一切创造，归结起来就是一个主题：实现中华民族伟大复兴；百年取得的一切成就归结为中国共产党人、中国人民、中华民族团结奋斗的结果；以史为鉴，映照现实、开创未来，必须加强中华儿女大团结。2021年8月27日至28日，在中央民族工作会议上习近平总书记再次强调指出，"要全面推进中华民族共有精神家园建设，要在党史、新中国史、改革开放史、社会主义发展史学习教育中，深入总结我们党百年民族工作的成功经验，深化对我们党关于加强和改进民族工作重要思想的研究，加强现代文明教育，深入实施文明创建、公民道德建设、时代新人培育等工程，引导各族群众在思想观念、精神情趣、生活方式上向现代化迈进。"在党的二十大报告中，习近平总书记在阐述过去5年的工作和新时代10年的伟大变革时，则明确指出，新时代10年的伟大变革，在党史、新中国史、改革开放史、社会主义发展史、中华民族发展史上具有里程碑意义。

历史是先辈流血牺牲、艰苦探索的记录与证明，是培植和弘扬中华民族精神气质的沃野，也是中华民族生生不息的土壤。不仅深刻记录了党团结带领各族人民进行新民主主义革命、开展社会主义革命和建设、推进改革开放和社会主义现代化建设、建设新时代中国特色社会主义的伟大实践，同时，在一代又一代人的接续奋斗中，党团结带领人民不仅开辟了伟大道路，建立了伟大功业，同时也铸就了伟大精神，积累了宝贵经验，创造了中华民族发展史、人类社会进步史上令人刮目相看的奇迹。回眸这一段峥嵘岁月，波澜壮阔的奋斗史告诉我们：56个民族只有簇拥在党的旗帜下，才能实现中华民族的大团结；56个民族只有紧紧凝聚为中华民族整体，才能实现国家的统一、崛起，日趋强大，才能实现人民的解放、小康，日趋富强；全体中华儿女只有以中华民族伟大复兴为最大公约数画出最大同心圆，团结一致，才能汇聚起实现民族复兴的磅礴力量；中国共产党只有不断巩固和发展最广泛的爱国统一战线，形成海内外全体中华儿女心往一处想、劲儿往一处使的生动局面，才能实现中华民族伟大复兴的初心和使命。学习历史，尊重历史，领悟历史，铭记历史，是回归初心、检视初心，是珍惜现在、把握当下，更是为了滋养使命、开创未来。深化拓展历史学习教育，我们就能够从中华民族共同体"一起走过""一起生活"的不平凡历程中，就能够从海内外全体中华儿女"一起奋斗""一起建设"的峥嵘岁月中，收获奥秘、启迪、经验和规律，增强信仰、定力、信念和信心。唯此，铸牢中华民族共同体意识才能真正转化为全体中华儿女实现中华民族伟大复兴新征程中新的历史自觉。

基于此，以铸牢中华民族共同体意识为主线，构筑中华民族共有精神家园，推动新时代党的民族工作高质量发展，就要深挖中国共产党带领全国各族人民书写的中华民族抗争史、建设史和发展史，做好民族团结故事的系统梳理工作，把学习历史与做好党的民族工作有机结合起来，为铸牢中华民族共同体意识提供历史根据。通过深化党史学习教育，要在党的奋斗历程与中华民族伟大飞跃的有机统一中，深刻理解中国共产党为中国人民谋幸福、为中华民族谋复兴的不变初心和矢志使命，深刻理解中国共产党之所以始终是中国人民、中华民族主心骨的历史逻辑和理论逻辑；通过深化新中国史教育，要从社会主义革命以及社会主义建设全面展开的历史进程中，真正懂得社会主义基本制度建立为什么是中华民族有史以来最为广泛而深刻的社会变革，真正懂得新中国社会主义建设基础性成就对于中华民族振兴复兴的伟大意义；通过深化改革开放史教育，要透彻地领悟改革开放为什么是中华民族伟大复兴的必由之路，透彻地领悟中国特色社会主义理论、制度、道路、文化对于中华民族走向包容性更强、凝聚力更大之命运共同体的伟大价值和深刻意蕴；通过深化社会主义发展史教育，要从社会主义500多年来世界与中国、资本主义与社会主义的纵横比较中深刻体悟中华民族选择马克思主义的历史必然性，在社会主义500多年来得与失、经验与教训的分析总结中更加坚信只有共产党才能救中国，只有中国特色社会主义才能发展中国，使中华民族全面迈向现代化；通过深化中华民族发展史教育，要深入了解中华先民在华夏大地上自强不息、披荆斩棘走向文明舞台中央的辉煌历程。推动全党全社会增强历史自觉、坚定文化自信，坚定不移走中国特色社会主义道路，为全面建设社会主义现代化国家、实现中华民族伟大复兴而团结奋斗。

历史是最好的教科书，也是最好的滋养剂。通过深化和拓展历史学习，不仅可以引导各族人民在坚持走中国特色解决民族问题正确道路、维护各民族大团结、铸牢中华民族共同体意识等重大问题上不断提高思想认识和工作水平，同时也能够更好地引导全国各族人民进一步坚定共同理想信念，牢固树立休戚与共、荣辱与共、生死与共、命运与共的共同体理念，从而更加紧密地团结在党的周围，深化交往交流交融实践，以推动中华民族成为认同度更高、凝聚力更强的命运共同体，推动中国特色社会主义现代化建设，实现中华民族伟大复兴。

四、社会维度：铸牢中华民族共同体意识的社会体系

构建中华民族共同体意识的社会体系是铸牢中华民族共同体意识的基石。民族作为社会系统，具有体系性、过程性和动态性。民族社会建立在一定的历史、民族、文化基础上，不断通过已有社会文化资源的运作来制造出特有的组织，这构成民族社会的自我复制。同时，民族也会在交往过程中同周边的民族进行交流学习，调整自身结构功能以适应新的历史条件，这构成民族社会的自我更新。社会作为整体，具有特殊的经济结构、政治结构、文化结构和民族结构，而民族社会必然处于一定的社会结构之中，是整体社会的一部分。中华民族共同体就是这样的多民族国家共同体，由国家内部全体民族人口共同参与，具有政治、经济、社会和文化方面的整体性。不同民族，或者一个民族内部的不同群体在这个共同体的结构中占据一定的位置，是部分与整体的关系，社会结构重塑着民族内部的基本关系。在这一结构之下，民族与社会之间形成互为因果的关系，民族从属于社会，适应社会的发展；社会离不开民族，民族的发展也影响社会的进步。

（一）推进民族事务治理体系和治理能力现代化

党的十九届四中全会总结了我国国家制度和国家治理体系的显著优势，做出了坚持和完善中国特色社会主义制度、推进国家治理体系和治理能力现代化的重大战略部署。在民族工作领域，坚持各民族一律平等，铸牢中华民族共同体意识，实现各民族共同团结奋斗、共同繁荣发展是我国民族事务治理体系的显著优势。进一步做好民族工作，要求我们坚定不移走中国特色解决民族问题的正确道路，不断推进民族事务治理体系和治理能力现代化，铸牢中华民族共同体意识。

民族问题，毫无疑问，位居"国之大者"之列。民族工作关乎大局，古今中外概莫能外。处理好民族问题、做好民族工作，是关系祖国统一和边疆巩固的大事，是关系民族团结和社会稳定的大事，是关系国家长治久安和中华民族繁荣昌盛的大事。民族事务治理复杂而敏感，世界上没有放之四海而皆准的唯一标准。世界各国在这方面既积累了丰富的经验，也留下了很多值

得总结或反思的教训。中国共产党坚持把马克思主义基本原理同中国具体实际相结合、同中华优秀传统文化相结合，在艰辛探索中走出了一条中国特色解决民族问题的正确道路。这是党的民族工作取得的最大成就。而加快推进民族事务治理体系和治理能力现代化，正是推动新时代党的民族工作高质量发展的重要目标和基本内容。其是中国共产党人在马克思主义民族理论指导下，在充分吸收我国从古至今协调民族关系经验智慧的基础上，在长期的革命、建设和改革实践中，逐步建立起来的由基本制度、法律体系、政策体系和工作机制等构成的一套制度体系，是国家治理体系和治理能力现代化的重要组成部分。

当前，中国特色社会主义已进入新时代，我国社会主要矛盾已经转化为人民日益增长的美好生活需要和不平衡不充分的发展之间的矛盾。而社会主要矛盾的解决，最根本、最重要的是发展问题。为适应我国社会主要矛盾的变化，更好满足人民日益增长的美好生活需要，必须把促进全体人民共同富裕作为为人民谋幸福的着力点，不断夯实党长期执政的物质基础。如今的中国已经全面建成了小康社会，在中国特色社会主义道路上，中华民族迎来了从站起来、富起来到强起来的伟大飞跃。但是由于历史、自然环境等因素影响，民族地区自我发展能力仍然有所欠缺，自主创新能力和造血能力较弱、生态环境开发与保护不协调、城乡区域发展和收入分配差距依然较大、基本公共服务有待改善等发展不平衡不充分的问题比较突出，离习近平总书记提出的推动各民族共同走向社会主义现代化的要求有一定差距。为此，提升民族事务治理能力，推进民族事务治理体系和治理能力现代化，既是推进国家治理体系和治理能力现代化的重要组成部分，也是全面深化改革在民族工作领域的要求，是实现中华民族一家亲、同心共筑中国梦的关键环节。有序推进民族事务治理体系和治理能力现代化，要对准民族事务治理瓶颈和短板，精准对焦、协同发力，以实现治理科学化、精细化和高效化。

首先，应推动构建共建共治共享的社会治理格局。我国区域间资源禀赋差异大、发展起点差异大，必须根据各地的条件和特点，推进生产力合理布局，因地制宜，宜水则水、宜山则山、宜粮则粮、宜农则农、宜工则工、宜商则商，发挥各自的比较优势。把区域性政策与普适性政策结合，坚持正确的，调整过时的，更好地保障各族群众合法权益。民族事务治理要坚持问题导向、分类指导，挖掘创新潜力，重点突出针对特定地区、特殊问题、特别事项的靶向治理，找出各族群众心中的"结"、民族地区治理工作的"难"，精细化和针对性地制定区域性政策法规的实施细则，提升治理有效性和整体效能，确保民族事务治理工作能够"上接天线、下接地气"，推动中央关于民族地区经济社会发展政策的贯彻落实。具体而言，要围绕铸牢中华民族共同体意识这一主线，真正形成党委统一领导、政府依法管理、统战部门牵头协调、民族工作部门履职尽责、各部门通力合作、全社会共同参与的新时代党的民族工作格局。加大对民族地区基础设施建设、产业结构调整支持力度，优化经济社会发展和生态文明建设整体布局。要支持民族地区实现巩固拓展脱贫攻坚成果同乡村振兴有效衔接，促进农牧业高质高效、农牧区宜居宜业、农牧民富裕富足。要完善沿边开发开放政策体系，深入推进兴边富民行动、"一带一路"倡议、乡村振兴战略、西部大开发等方面的战略协同。

其次，应提升科学思维能力，做到全面把握、精准施策。一方面，要提高战略思维能力和辩证思维能力。要站在时代前沿和国家安全的高度认识民族事务治理规律与特点，对民族事务的发展趋势和走向进行全面把握、及时研判。另一方面，要提高历史思维和创新思维能力，善于从历史中汲取智慧，善于总结当代中外民族事务治理的经验和教训，做到知古鉴今、晓外洞内、精准施策。同时，要在民族事务治理实践的基础上发挥各级工作人员的主观能动性，不断开拓新思路，探索新办法；要提高法治思维能力，始终坚持在法治框架内想问题、做决策、办事情；要提高底线思维意识，坚决对一切破坏民族团结的行为零容忍，牢牢把握工作主动权，着力防范化解重大风险。

再次，应坚持系统治理、依法治理、综合治理、源头治理。党的十九届四中全会提出，加强系统治理、依法治理、综合治理、源头治理，把我国制度优势更好转化为国家治理效能。改进治理方式、提升治理效能，是提升民族事务治理能力的内在要求。坚持系统治理，要求我们用联系和动态平衡的观点、整体性的视角看待民族工作；坚持依法治理，要求我们不断完善民族工作领域相关法律法规，做到民族事务治理有法可依、有法必依、执法必严、违法必究；坚持综合治理，要求我们把民族事务治理与国家"五位一体"总体布局紧密结合，统筹推进民族地区经济建设、政治建设、文化建设、社会建设和生态文明建设；坚持源头治理，要求我们坚持以人为本，从实际出发，建立健全民族问题多元化解、过程缓解、根本纾解、全面尽解的工作体制机制。

最后，还应创新治理方式方法，提升民族事务治理能力。随着全球化、城市化、网络化的发展，我国民族事务治理的环境与主体已经发生了深刻变化，民族事务治理呈现出治理主体多元化、治理结构扁平化的特点。这就要求民族事务治理体系和治理能力必须实现现代化的转变。对此，要牢牢把握铸牢中华民族共同体意识这一新时代民族工作的主线，充分认识重要意义，全面把握机遇挑战，抓研究、抓教育、抓法律、抓规划、抓落实，坚定不移地推进民族工作创新发展。要始终坚持人民主体地位，始终坚持各民族一律平等，确保各族人民共同当家做主、共同享有发展成果、共同维护国家团结统一。具体而言，要处理好日常民族事务，促进各民族交往交流交融；要借助网络手段提升民族事务治理能力，不断营造良好的网络环境；要选用熟悉党的民族政策和法律法规、具有民族地区基层工作经验的复合型人才，用心用情用力做好民族工作。

（二）构建各民族相互嵌入式的社会结构和社区环境

促进各民族广泛交往、全面交流、深度交融既是各民族自身发展的客观需要，也是铸牢中华民族共同体意识的最基本途径。其中交往是基础。只有人走到一块，手握到一起，才会相识相知、彼此尊重。交流是关键。通过交流，相互欣赏、互学互鉴，方能缩小差距、共同进步。交融是核心。在尊重差异的基础上增强共同性，就会达到美美与共、天下大同。

党的十八大以来，习近平总书记反复强调要加强各民族交往交流交融，并将其纳入中国特色解决民族问题的正确道路的重要内容予以高度重视，就如何推动各民族交往交流交融进行了深入思考。在2014年召开的中央民族工作会议上，他提出要推动建立互嵌式的社会结构和社区环境，实现各民族在居住、经济、文化、社会乃至心理等各方面全方位深度交融，形成各民族共同居住在一起、学习在一起、工作在一起、活动在一起的和谐图景。这既是对历史上各民族交错杂居分布格局"原生态"的充分尊重，也是顺应新时代我国民族人口分布格局新变化，铸牢中华民族共同体意识社会基础的重要举措。

"相互嵌入式的社会结构和社区环境"，就是在保障各民族相对稳定的社会构成的前提下，通过引导性的相互嵌合，主动性的相互包容，互惠互补，形成新型的社会结构和社区环境，最终形成彼此紧密联结的利益共同体、情感共同体。"民族互嵌式社区既是情感共同体又是地缘共同体，把现代社会治理的顶层设计和基层相结合推进相互嵌入式社会结构和社会环境建设，是一项系统工程"①。也就是说，相互嵌入式的社会结构和社区环境需要有相对稳定的两个或多个民族的构成比例；行政干预或经济引导是达成这种嵌入式结构和社区环境的主要方式；其最终形态是通过民族间的交往交流交融，达到中华民族内部的再融合，各民族在保持民族特性的同时，亦融入中华民族的共性之中，各民族间是一个利益的、情感的共同体。构建民族互嵌式社区，有利于促进各民族交流交往，凝聚社区共识，使社区共同体意识上升为中华民族共同体意识。民族共建工作是嵌入工作的重要方式，要以社区为依托，开展形式多样的民族共建工作。

首先，应重点抓好双语教育和职业教育。语言作为传递文化的载体，一种交往、交流、交际的工具，在铸牢中华民族共同体意识中有着重大基础作用。在民族地区推行"双语教育"，顾名思义，就是要求少数民族地区的人既要掌握好自己本民族的特色语言，又要掌握国家通用语言。采取"双语"教学，一方面保留了本民族语言，有利于加强对本民族文化的认同；另一方面加强对汉字的学习，有利于扫除沟通障碍，加强各民族的交流，增进各民族之间的情感。积极引导少数民族群众到内地来，与内地人们共同居住、共同学习、共同劳动，使各族人民群众在互相交融中增进了解、加强沟通、培养感情。使汉族与少数民族民众之间，建立一种共同成长、共同进步的和谐氛围，大力培育双语精通型人才。在民族地区推广"职业教育"，其目的主要是想通过提高职业教育的支出，调整民族地区院校的学科专业结构，大力支持实用型专业的发展，大力培养应用型、技术技能型人才，进一步提高当地就业率，以带动整个地区的经济等各方面的发展。

其次，大力实现社区公共服务均等化。"治天下也，必先公，公则天下太平。"追求公平正义是社会主义的内在要求，实现公平正义是党的一贯态度。要让社区各族人民在日常生产生活中真真正正感受到公平正义，正如"老百姓讲一碗水端平，如果不端平、端不平，老百姓就会有意见、就会有怨气，久而久之，社会和谐就难以实现"②。要下大力气完善社区公共服务体系，实现社区公共服务均等化，保障社区内各族人民权利平等、机会公平、规则公平，努力营造平等公平的社区环境，让每个人都获得在奉献社会的过程中实

---

① 雷雪芹，王媛.中华民族共同体意识培育路径研究[J].合肥师范学院学报，2018（2）：23—27.

② 中共中央宣传部编.习近平新时代中国特色社会主义思想三十讲[M].北京：学习出版社，2018：233.

现自我发展的机会。唯有如此，社区内的各族人民才会认同这个社区共同体，从而使小范围的社区共同体意识上升为大范围的中华民族共同体意识。

再次，积极开展各级各类的群体活动。鼓励各民族群众能积极参与其中，于活动中加强彼此之间的交往；要在社区中积极营造一种和谐友爱、互帮互助的愉悦氛围；要不断教育引导各族民众尊重彼此的文化风俗、宗教信仰以及生活方式；鼓励、支持少数民族与汉族之间的合作交流，鼓励大学生干部去地方基层实践锻炼，切实提高社区工作的有效性；重视社区作为基层公共服务平台的作用，把社区民族工作摆上重要议事日程，推动社区民族工作的广泛开展；要坚持民生优先、服务为本的理念，努力解决好社区少数民族生产生活中的困难和特殊需求。村庄、邻里、城市、社区等形成的地域性共同体是建设民族互嵌型社区的基础。在这样的地域共同体内通过相互之间的交流交融交往形成一种社会共同体意识，进而从一个地域辐射另一个地域，乃至弥散于整个城市，再到整个国家，最终铸牢中华民族共同体意识。

最后，广泛开展主流意识形态宣传工作，凝聚价值共识。"意识形态关乎旗帜、关乎道路、关乎国家政治安全"[①]，亟须基于社区各族人民的实际情况，通过线上和线下相结合的多种渠道广泛开展主流意识形态宣传工作，以钉钉子精神狠抓习近平系列重要讲话精神、社会主义核心价值观的落实，向社区各族人民讲好党的故事、中国的故事，讲清楚"社会主义为什么好""中国共产党为什么能""中华民族为什么能够在屡次磨难中赢得胜利和生生不息"的问题，引导社区各族人民进行深度的交往交流交融，从而使社区各族人民的思想价值观念达成共识，使他们牢固树立起中华民族共同体意识。概言之，构建民族互嵌式社区、促进各民族交流交往交融是新时代铸牢中华民族共同体意识的重要途径。

（三）应深入进行民族团结宣传教育

在全球化、信息化时代，坚持以社会主义核心价值观为引领，以网络为平台，创新民族团结宣传教育、民族团结进步创建活动的载体和方式，是新形势下开展民族团结进步工作的重要途径。深化民族团结进步教育，可以厚植中华民族共同体意识的思想基础。"加强中华民族大团结，长远和根本的是

---

① 中共中央文献研究室编.十八大以来重要文献选编（中）[M].北京：中央文献出版社，2016：301.

增强文化认同，建设各民族共有精神家园，积极培养中华民族共同体意识。"[1]民族工作的本质就是团结工作，因而新时代和谐民族关系的构建需结合民族团结进步教育，铸牢中华民族共同体意识的思想根基。做好各民族事务工作，要本着争取人心、联络人心、团结人心的原则，坚决反对民族利己主义与民粹主义，引导各族人民自发形成维护民族团结、民族利益与国家利益的思想自觉，"筑牢各族人民的民族命运共同体意识"[2]，将唯有各民族实现团结统一方能维系各民族共同繁荣和国家稳定发展的价值理念内化于各族民众内心，并外化于民族内部各项事业的实践开展过程中。唯有各民族团结统一、守望相助、紧密与共，中华民族共同体意识的培育与铸牢才更具时代价值，平等团结互助和谐的社会主义民族关系方能稳固构建，伟大的中华民族复兴梦想方能早日实现。

首先，应尽快推动教材编写工作。要围绕铸牢中华民族共同体意识这条主线来设置内容，尊重各民族的自我认同，增强民族之间的相互认同和中华民族的一体性认同。既不能把民族团结进步宣传教育搞成抹杀各民族存在的"同化"教育，也不能搞成唯我独尊的民族自大教育。教材应该注重基本原则的把握，同时也应该注重不同年龄和不同学校的差别，注重知识的递进性、系统性和科学性，坚决防止"一刀切"和形式主义。

其次，应优化宣教内容。就社会最为关注的问题开展有针对性的民族政策宣传，以有说服力的解读，消除误解、增进共识。中华人民共和国成立以来，党的民族理论和方针政策是正确的，中国特色解决民族问题的道路是正确的，我国民族关系总体是和谐的。同时，在发展社会主义市场经济和实行对外开放的历史条件下，我国的民族工作也面临着一些新的阶段性特征。具体的政策举措和实现形式也要与时俱进，加以发展完善。这两层道理都应该讲清楚，让人们充分理解，同时宣传也应该因地制宜。在民族地区，要侧重政策原则实现形式和发展完善的宣传；在非民族地区，应侧重政策内容的普及和必要性宣传。就形式上说，包括民族团结在内的思想政治宣传教育应更加注重受众心理和宣传效果，僵化、单调的宣传教育方式很难"入脑入心"。

最后，应突出宣传引领发动。以铸牢中华民族共同体意识为主线，以社

---

[1] 中央民族工作会议暨国务院第六次全国民族团结进步表彰大会在北京举行[N]. 人民日报，2014-09-30（1）.
[2] 张慧卿，李亚军. 中华民族"多元一体"的辩证统一关系探讨[J]. 重庆理工大学学报（社会科学），2019（10）：146-152.

会主义核心价值观为引领,把民族团结进步宣传教育融入意识形态工作中,按照人文化、实体化、大众化总要求,针对不同对象和受众特点,找准创建工作与各族群众切身利益的结合点、与群众心理的契合点、与民族情感的共鸣点,充分运用新技术、新媒体,打造实体化的宣传载体,开设民族团结进步宣传专栏、制作专题片,利用重大节庆纪念日、少数民族传统节日加大民族团结进步宣传力度,让宣传教育更亲切、更接地气、更有人情味。持续拓展阵地宣传,在公路沿线、主要路口、路段、广场及城区醒目位置设置大型宣传牌、文化墙绘、LED显示屏等悬挂播放宣传标语,利用"三微一端"和抖音快手等新兴媒体新平台宣传创建工作,推动宣传教育全覆盖,民族团结理念入脑入心。引导各族群众牢固树立中华民族命运共同体意识,大力弘扬和践行"五个认同"思想,使"五个认同"思想内化于心,外化于行。

五、生态维度:铸牢中华民族共同体意识的生态保障

伴随着人类经济与科技的发展,自然环境日益遭到破坏,由此带来的自然生态灾害日益严重。党的十七大报告提出经济建设、政治建设、文化建设和社会建设"四位一体",并首次提出建设生态文明理念;党的十八大报告提出"五位一体"的总体布局,将"大力推进生态文明建设"独立成篇。这是中国共产党自改革开放以来,特别是党的十八大以来对于建设中国特色社会主义理论体系不断进行探索、传承与提升的重大理论创新,是面对我国资源环境和生态系统退化这一严峻形势做出的科学判断和重大抉择。习近平同志在不同的场合多次强调生态环境对人类命运的重要意义,强调生态文明在我国社会主义发展战略中的重要地位,他说:"人因自然而生,人与自然是一种共生关系,对自然的伤害最终会伤及人类自身。"[①] 优先发展生态文明,建设生态文明是一项"功在当代,利在千秋的事业"。五大发展理念的"出世"和"生态文明"建设等一系列理念的一再强调不仅反映了国家领导人对生态文明建设的高度重视,同时也深刻反映了经济新常态下我国经济发展方式的重大变革。

民族地区作为我国重点的生态功能区、资源涵养区,同时也是我国自然条件差、生态环境脆弱、经济文化社会发展相对落后的地区,少数民族地区

---

①习近平.在省部级主要领导干部学习贯彻党的十八届五中全会精神专题研讨班上的讲话[EB/OL].2016—05—10.

人民生活较为贫苦，贫困人口大量存在，地区发展对自然过度依赖，导致生态危机日趋加重，这对我国整体生态文明建设是一个极大的考验，因此，全力推进民族地区生态文明建设已成为当前我国民族地区社会发展和治理的迫切任务，对于践行习近平生态文明思想、推进高质量绿色发展具有十分重要的作用。各族人民必须把铸牢中华民族共同体意识同生态文明和环境保护建设统一起来，深入贯彻习近平生态文明思想和习近平总书记关于民族工作的重要论述，把绿色发展理念贯穿乡村振兴、实现第二个百年奋斗目标全过程，将推进高质量绿色发展作为实现跨越式发展的有力抓手，走出一条生态优先、绿色发展、民族团结、富民强国的高质量发展之路，为推动形成人与自然和谐发展的现代化建设新格局，建设美丽中国、铸牢中华民族共同体意识作出积极贡献。

（一）深入贯彻人与自然的生命共同体意识

2021年，云南西双版纳亚洲象群成为世界级"网红"。从北移到南返，象群一路游走，中国政府与民众一路精心管护。"人象和谐的画面，温暖了全世界。"以此为主题的短片《"象"往云南》，在10月昆明举行的联合国《生物多样性公约》第十五次缔约方大会（COP15）开幕式上首映，从一个侧面展现了人与自然和谐共生的美丽中国景象。法国生态学家、法国弗朗什－孔泰大学教授帕特里克·季洛杜不禁赞叹，云南亚洲象的故事正是中国加强生物多样性保护、推进人与自然和谐共生、贯彻人与自然的生命共同体意识的生动案例。美国野生动物保护专家毕蔚林就曾称赞道："在生物多样性调查和监测、育种保护、保护区规划、应对气候变化等诸多方面，中国已成为全球生物多样性保护的引领者。"

古希腊悲剧大师埃斯库罗斯就曾说过："非但不能强制自然，还要顺从自然。"中国古代的道家学派也持与此相近的观点，荀子却独树一帜，自信地宣布："人定胜天。"到了近代，西哲黑格尔说："当人类欢呼对自然的胜利之时，也就是自然对人类惩罚的开始。"恩格斯更明确地指出："我们不要过分陶醉于我们对自然界的胜利。对于每一次这样的胜利，自然界都报复了我们。"自然是人类生存之本、发展之基。自然界先于人类而存在，反映了自然界不依赖于人类而具有内在创造力，它创造了地球上适合于生命生存的环境和条件，创造了各种生物物种以及整个生态系统。因此，推进人与自然和谐共生、构建人与自然的生命共同体是一项复杂的系统工程。当人与自然和谐相处，自觉保护生态环境，能动地适应、有效地利用、合理地改造时，得到的往往是大自然的加倍回报和恩惠；当人们破坏性、盲目性、掠夺性地向自然索取资源时，得到的往往是无情的惩罚和报应。这是生态文明理念中人与自然、人与人、人与社会关系和谐的基本要义。

建设人与自然和谐共生的现代化，贯彻人与自然的生命共同体意识正是我们党遵循经济社会发展规律和自然规律，主动破解经济发展与资源环境矛盾、实现中华民族永续发展的重大成果。中国共产党自成立以来，就一贯高度重视生态文明建设。中华人民共和国成立之初，毛泽东同志就发出"绿化祖国"的号召。20世纪80年代初，我们党就把保护环境作为基本国策。党的十八大报告首次将生态文明建设纳入中国特色社会主义总体布局。党的十九大报告提出"坚持人与自然和谐共生"的基本方略，明确强调"我们要建设的现代化是人与自然和谐共生的现代化"。2021年4月22日，习近平总书记在"领导人气候峰会"上发表题为《共同构建人与自然生命共同体》的重要讲话，更是进一步强调指出："面对全球环境治理前所未有的困难，国际社会要以前所未有的雄心和行动，勇于担当，勠力同心，共同构建人与自然生命共同体。"习近平总书记明确提出共同构建"人与自然生命共同体"，既是对"人与自然是生命共同体"论述的再次重申，又是共谋人与自然和谐共生之道的理念指引，彰显出重要的理论贡献和实践价值。2022年10月16日，党的二十大报告强调指出，中国式现代化，是中国共产党领导的社会主义现代化，既有各国现代化的共同特征，更有基于自己国情的中国特色。其中，对于人与自然关系问题明确提出了"中国式现代化是人与自然和谐共生的现代化"。由此，"人与自然和谐共生"，中国古已有之的"天人合一"朴素生态观，被以一种更具现代性和探索性的表达方式写入了中共二十大报告中。以上这些观点和论述都充分体现了习近平总书记对生态文明建设的长期思考和高度重视，标志着我们党对中国特色社会主义规律认识的进一步深化，彰显了我们党加强生态文明建设的坚定意志和坚强决心。

自然是人的生命，是人的第二个无机的身体，是人类赖以生存和发展的基本条件。近年来气候变化、生物多样性丧失、荒漠化加剧、极端气候事件频发，给人类生存和发展带来现实、严峻、长远的挑战。新冠肺炎疫情持续蔓延，更使各国经济社会发展雪上加霜。人类只有遵循自然法则，按照文明的逻辑，尊重自然、顺应自然、保护自然，树立人与自然生命共同体意识，才能防止出现生态赤字和人为造成的不可逆转的生态灾难，使各族人民生活在天蓝、地绿、水清的中华大地上。从整体上来看，我国大多数民族地区多居住于高寒、荒漠、干旱地带，自然生态环境比较脆弱，加上少数民族地区人口逐渐增加，人类活动日益频繁，由于人类的不合理开发利用，使人类赖以生存和发展的生态环境遭到破坏，引起自然生态系统结构和功能的严重失衡，超出了民族地区环境的承载能力，导致生态环境的退化。因此，树立"人与自然是生命共同体"思想是铸牢中华民族共同体意识的基础和前提。全国各族人民只有在清醒认识到人与自然是生命共同体的基础上，才能懂得56个民族共同生存在同一个国土家园，进而为铸牢中华民族共同体意识奠定思想基础。

（二）全面推进和落实绿色发展理念

改革开放以来，我国民族地区经济社会实现了迅速发展，同时也使其生态环境遭到了严重破坏，引发了一系列的生态和社会问题，给民族地区带来巨大的损失和灾难。这些问题的出现与当前民族地区长期坚守的传统经济发展模式不无关系，如果经济发展仍然依托这种模式，将严重威胁着民族地区经济社会可持续发展。"走老路，去无节制消耗资源，去不计代价污染环境，难以为继。"[①] 为了解决民族地区的生态环境问题，必须加快转变经济发展方式，走绿色发展道路，遵循绿色发展规律。习近平总书记就曾强调，"绿色发展是生态文明建设的必然要求"。作为一种新型的发展理念，绿色发展理念既包含了对西方现代工业文明的深刻反思，也包含了对中国古代生态智慧的主动继承，是对人与自然的共生属性与原初关联的理性表达。

马克思就曾说："自然界，就它自身不是人的身体而言，是人的无机的身体。这就是说，自然界是人为了不致死亡而必须与之处于持续不断地交互作用过程的、人的身体。"自然界是为人类提供劳动资料和劳动对象的第一源泉，正是在改变自然的存在形态的过程中人类劳动才能有所创造。人的存在是有限的，并不意味人可以一味地向自然无度索取，全然无视自然本身的客观规律。恩格斯说："到目前为止的一切生产方式，都仅仅以取得劳动的最近的、最直接的效益为目的。那些只是在晚些时候才显现出来的、通过逐渐的重复和积累才产生效应的较远的结果，则完全被忽视了。"如果那种以取得利润最大化为唯一目的的工具理性思维彻底主宰了人对自然的态度，涸泽而渔、焚林而猎的生产方式就必然将自然推向人的对立面，资源流失、环境污染、

---

① 中共中央宣传部.习近平系列重要讲话读本[M].北京：学习出版社，人民出版社，2014：125.

生态恶化的结果就很难避免。因此，人类必须清醒地意识到，由工具理性的功利思维所驱使的对自然的奴役，必然会超出自然本身的承载限度，迫使自然以始料不及的方式报复人类。保护环境就是保护生产力，改善环境就是发展生产力，只有深入贯彻绿色发展理念，人与自然才能实现和谐共生。

当前，我国民族地区整体发展相对滞后，居民收入水平整体不高，收入渠道单一，以第一产业——农业经营收入为主，支出以生存性消费为主，发展性消费支出所占比重很小，因而呈现出来的恩格尔系数常年保持在较高水平；加上自然灾害频发，家庭负担更为沉重，最终导致人均可支配收入进一步减少，同时，由于民族地区地形地势复杂，对外交通不便，本地优势资源与产品很难进入外地市场，流通受阻；再加上当地居民大多以"大杂居小聚居"的传统居住习惯分布于各地，致使民族地区内部也很难形成较完善的商品交易体系，内需不足，最终导致产品出现大量积压、浪费等严重现象，民族地区大量的优势资源亦得不到有效的开发与利用，这严重阻碍了当地经济的繁荣与发展，居民收入自然也很难得以真正提高，这一切致使民族地区显性与隐性贫困人口大量存在。进而，处于相对贫困境遇的人们为了生存、为了获取更多的生活资料，无视自然规律，无视生态平衡，肆意砍伐、焚烧森林，盲目开垦耕地，就短期而言，人们取得了一定的生活资料，在一定程度上，暂时性地维持了最基本的生存所需。而在长远发展视角下，这类不合理利用自然的方式，必将导致生态系统的平衡性丧失，致使自然灾害频发，水土流失，土壤肥力下降，庄稼受损，产出减少，居民收入进一步减少，由此进入恶性循环。人们收入并不能得到实质性提高，而大自然却因人类这些盲目的、所谓的"发展"行径失去了完整面目，变得"满目疮痍"。两个世纪前，恩格斯就在《自然辩证法》中告诫我们："我们不要过分陶醉于我们对自然界的胜利。对于每一次这样的胜利，自然界都报复了我们。每一次胜利，在第一步都确实取得了我们预期的结果，但在第二步和第三步却有了完全不同的、出乎意料的影响，常常把第一个结果又取消了。"人类有追求更好生活的权利，同样，自然也有保护自身体系完整的权利，摒弃传统不合理的发展模式，结合绿色发展理念，将地区发展与生态平衡有机统一起来，加快推进乡村及社区共同体建设，这已是势在必行。

从"既要绿水青山，又要金山银山"到"宁要绿水青山，不要金山银山，而且绿水青山就是金山银山"，我们党对绿色发展的认识不断深化。习近平总书记曾指出，要"把生态文明建设作为战略性任务来抓，坚持生态优先、绿色发展",强调要"秉持绿水青山就是金山银山的理念,倡导人与自然和谐共生,坚持走绿色发展和可持续发展之路"。要像保护眼睛一样保护生态环境,像对待生命一样对待生态环境;多谋打基础、利长远的善事,多干保护自然、修复生态的实事,多做治山理水、显山露水的好事。概括地说,这里强调的既是指充分承认舒适优美的自然生态环境对于人类社会的前提基础意义和巨大福祉价值,也是指在现实生活中需要持续加强生态环境保护治理,其中既包括着力解决那些情形紧迫的环境污染防治、资源保护与生态保持问题,也包括积极应对那些长期性或根本性的生态安全、自然生态系统稳定性、生态生物多样性问题。践行习近平总书记所倡导的绿色发展理念,具体讲,民族地区应建立健全绿色低碳循环发展经济体系,促进经济社会发展全面绿色转型。在多个场合,习主席就推动绿色发展、循环发展、低碳发展提出了明确要求和思路举措,强调要"大力发展清洁能源,优化产业结构,构建低碳能源体系,发展绿色建筑和低碳交通,建立国家碳排放交易市场,等等,不断推进绿色低碳发展";要解决好推进绿色低碳发展的科技支撑不足问题,"提高科学技术对于生态环境的第一生产力的先导作用"[①],坚持走中国特色新型工业化发展道路,及时调整经济结构,促进产业优化升级,积极倡导绿色、循环、低碳发展,这不仅能够实现民族地区生态环境保护和经济社会发展互利共赢,同时也可为各民族地区在资源高效利用和绿色低碳发展的基础上推动经济社会发展提供科学指导。此外,还应坚持绿色富区、绿色惠民,推动绿色发展和绿色消费,让绿色发展全面贯穿于人们的日常生活中。例如,在提倡绿色出行、低碳出行方面,可以大力推进共享自行车、共享电动车和共享汽车等共享经济的发展,落实新能源汽车的优惠补贴政策,等等。在处理经济发展和生态环境保护之间的关系方面,要坚持生态保护与经济增长并重的原则。应以更大的决心、更明确的思路加快推进生态环境治理,转变经济发展方式,坚持走绿色发展道路,实现绿色发展理念在经济发展中"常态化",让绿色发展在民族地区蔚然成风,真正"建设一个资源节约型、环境友好型、农民尊重型、社区繁荣型、审美欣赏型的有机的五型新农村",为乡村文明及共同体的繁荣与发展奠定最坚实的基础,最终实现我国民族地区生态文明建设的目标与价值追求。而通过全面推进和落实绿色发展理念,可让各族人民在享受绿色发展带来的经济效益和良好生态环境的过程中,进一步铸

[①] 连玉明.绿色新政[M].北京:中信出版社,2015:35.

牢各族人民的中华民族共同体意识。

（三）坚持和完善生态文明制度体系

马克思坚持辩证唯物主义和历史唯物主义的基本观点，把人与自然的关系放到一定的社会制度的视角下审视。不仅充分揭示了人与自然的有机统一，即"人靠自然界生活"，人与自然是相互作用的，还认为人与自然的关系是由社会形式决定的，生态危机是人与社会制度造成的，生态问题的解决依赖于人与一定的社会制度。资源、生态危机的社会根源就在于资本主义制度，是资本家通过资本对自然的掌握和控制所造成的，实现自然的良性发展必须对整个社会制度实行完全变革，即"使现存世界革命化"，从根本上消除人与自然的对抗，以促进社会进步，走向人与自然和谐。由此形成了主张通过变革社会制度解决自然生态问题的"社会制约论"马克思主义生态思想。中国共产党人在传承与发展马克思主义制度制约论生态思想的基础上，从中国的客观实际出发，创造性地提出了生态文明制度体系建设思想。这是对马克思主义生态思想的传承发展，拓展了对马克思主义生态思想的深化认识。

作为我们党的一项优良传统，重视生态环境保护也是我国的一项制度优势。从某种意义上而言，我国生态环境保护史就是一部相关理论创新和制度建设的发展史。特别是自改革开放以来，我们党更是从关系中华民族伟大复兴的战略高度持续推进生态文明建设，高度重视生态文明建设的顶层设计。党中央对生态文明建设战略部署的频率之高、推进力度之大，可谓前所未有。从 2005 年中央人口资源环境工作座谈会上首次提出生态文明概念和完善生态建设的法律和政策体系的要求，到党的十六大把"生态良好"确定为全面建设小康社会的四大目标之一；从党的十八大强调要"把生态文明建设放在突出地位"，并通过《中国共产党章程（修正案）》，将生态文明建设纳入党的行动纲领，再到党的十八届五中全会将"绿色发展"纳入新时代"五大发展理念"；从党的十九大提出"要坚定走生产发展、生活富裕、生态良好的文明发展道路，建设美丽中国，为全球生态安全作出贡献"，从而为生态文明建设提供了目标与路径，再到党的十八届三中全会上首次提出"建立系统完整的生态文明制度体系"，及至党的十九届四中全会就"坚持和完善生态文明制度体系"进行了系统阐释，进一步明确了生态文明制度体系建设的重要地位、总体要求和重点任务，并在总结历史、立足现实和面向未来的基础上，将生态文明制度体系建设提到了前所未有的历史新高度等，我们都可以发现，在不同历史阶段，生态文明建设在党和国家事业发展中的地位，都可以深刻地感悟到中国共产党人对生态文明建设的责任与担当。

"以史为鉴，可以知兴替。"新时代，我们也必须基于历史，从我国生态文明建设的历史赓续中，从我们党对生态文明建设的实践探索中准确认识和把握新时代坚持和完善生态文明制度体系的着力点。目前，我国已经迈入生态文明的新时代。新时代，我国社会主要矛盾已经发生根本性变化，小康社会全面建成，各民族人民在"富起来"的基础上，对美好生活的向往已经不再是物质生活的富足，对美好生态环境的要求也日益增长。因此，坚持和完善生态文明制度体系，不仅是对人们美好生态环境期盼的热切回应，同时也是满足人民对优美环境和优质生态产品新需要的必要举措。

不能否认，中华人民共和国成立尤其是改革开放以来，我国民族地区人民在生态文明建设上所取得的显著成效。但与此同时，也应该看到，建设过程中也面临着两方面问题：从生态环境来看，"我国环境容量有限，生态系统脆弱，污染重、损失大、风险高的生态环境状况还没有根本扭转，并且独特的地理环境加剧了地区间的不平衡"，特别是作为我国重要的生态功能区，少数民族地区既是自然资源比较富集的地区，同时也是生态环境十分脆弱的地区。自2000年实行西部大开发以来，国家一直倡导和始终坚持资源开发与生态治理并举的战略方针，并将实现生态功能修复的退耕（牧）还林（草）、防沙固沙工程作为整个西部大开发的重点任务，投入了大量财政资金进行生态建设。从实际效果看，虽然局部生态得以改善，环境恶化速度相对减缓，但整体功能退化的趋势并未得到根本遏制，民族地区在将来很长一个时期依然将面临自然资源大规模开发与西部少数民族群众因改善生存条件、提高生活水平而对脆弱生态环境破坏加剧的双重压力。在民族地区生态系统对经济社会发展承载能力不断减弱，经济发展与生态建设两难抉择的背景下，大力加强民族地区生态文明建设，不仅关系到该地区的可持续发展，而且关系到整个中国的生态安全和永续发展。而从现实状况来看，政府生态行政管理制度不科学、生态环境产权制度不明晰、生态环境法律制度不完善、生态环境监测制度不得力等问题，也是我国民族地区生态文明制度体系建设的短板。因此，我国生态文明制度体系建设的紧迫性和严峻性的现实，决定了我们必须着力坚持和完善生态文明制度体系。在秉持人与自然和谐共生的思想和绿色发展等理念的基础上，以建设美丽中国为目标，通过建立和健全能够覆盖生态文明建设全领域、全方位和全过程的各项规章制度，以引导和规范全体社会成员的生态文明行为。

具体而言，坚持和完善生态文明制度体系，必须运用系统思维方法，从不同层次和维度建立和健全生态文明制度体系。从生态文明建设顶层设计而言，我们应致力于建立和健全生态文明保护制度体系、生态文明法治管理制度体系、生态文明道德文化制度体系和生态环境保护责任追究制度体系等。从生态文明建设领域而言，我们应致力于建立和健全生态文明绿色生产制度体系、生态文明财政税收优惠制度体系、生态文明科技创新制度体系、生态文明绿色消费制度体系等。从生态文明主体而言，我们应致力于建立和健全生态文明行政决策制度体系、生态文明绿色 GDP 企业核算制度体系、生态文明公众参与制度体系、生态文明社会组织协同制度体系等。从生态文明建设内容而言，我们应致力于建立和健全生态环境信息披露制度体系、建立和健全生态环境保护制度体系、自然资源高效利用制度体系、生态能源节约制度体系、生态环境修复制度体系等。近年来，我国生态文明制度建设力度之大前所未有，开创了系统构建生态文明制度体系的新阶段①。当前，我国已开启全面建设社会主义现代化国家新征程，进入向第二个百年奋斗目标进军的新阶段，党的十九届五中全会提出，到 2035 年要基本实现美丽中国建设目标，建设人与自然和谐共生的现代化②。党的二十大报告再次强调指出，推动绿色发展，促进人与自然和谐共生。尊重自然、顺应自然、保护自然，是全面建设社会主义现代化国家的内在要求。必须牢固树立和践行绿水青山就是金山银山的理念，站在人与自然和谐共生的高度谋划发展。党的二十大报告将"促进人与自然和谐共生"作为中国式现代化本质要求的重要内容，对新时代新征程生态文明建设做出重要部署，强调要推进美丽中国建设，加快发展方式绿色转型，深入推进环境污染防治，提升生态系统多样性、稳定性、持续性，积极稳妥推进碳达峰碳中和，促进人与自然和谐共生。以上这一系列重要论述都深刻体现了新时代生态文明建设必须遵循的基本原则，是对马克思主义自然观、生态观的继承和创新，是对中华优秀传统生态文化的创造性转化、创新性发展，也是中国式现代化和人类文明新形态的重要内涵，对筑牢中华民族伟大复兴绿色根基、实现中华民族永续发展具有重大现实意义和深远历史意义。为此，必须深刻把握坚持和完善生态文明制度体系对我国生态

---

① 秦书生，王新钰．中国共产党百年生态文明建设思想的演进历程［J］．城市与环境研究，2021（2）：33—46．

② 中共中央关于制定国民经济和社会发展第十四个五年规划和二〇三五年远景目标的建议［N］．人民日报，2020—11—04（1）．

文明建设的引领和保障作用，明确坚持和完善生态文明制度体系是推进国家治理体系现代化必不可少的一环。坚持和完善生态文明制度体系，要围绕严格的生态环境保护制度、资源高效利用制度、生态保护和修复制度、目标评价考核和责任追究制度等主要着力点精准发力，推进生态文明制度的体系化建设，致力于形成一套系统完整、科学规范、运行有效的生态文明制度体系，以进一步改善生态环境，切实保障各族人民的生态利益，进而推动铸牢各族人民的中华民族共同体意识。

总之，中华民族作为一个大家庭，各个家庭成员在这个大格局中要有远大的抱负。中华民族具有超强的凝聚力和生命力，就在于各个民族能"像石榴籽一样紧紧抱在一起"，有着共同的民族追求和价值依归。新时代，中华民族共同体面临的机遇与挑战并存，实现中华民族伟大复兴的中国梦是每一位中华儿女的共同心愿和艰巨使命，全国各族人民只有在中国共产党的全面领导下，以习近平新时代中国特色社会主义思想为指导，始终坚持和贯彻党的民族政策，坚持完善和发展"多元一体"理论，坚定不移走中国特色社会主义道路，走中国式现代化道路，铸牢中华民族共同体意识，推进中华民族共同体建设，才能共创中华民族的美好未来、共享民族复兴的伟大荣光。

结束语

口中含玉为国，一砖一瓦为家。五十六个民族，五十六个兄弟姐妹是一家。家兴国兴，有国才有家。

曾有人问哲学家："一滴水怎样才不会干？"哲学家回答说："把它放到大海里。"如此简短的回答，却凸显了一个深刻的哲理：个人离不开集体而生存，只有在团结协助的集体中才会有无穷的力量；反之，就算有再大的力量，也终会枯竭。

我国是一个统一的多民族国家，多民族是我国的一大特色。中国共产党历来高度重视民族工作，各族人民在党的领导下坚决维护国家统一、民族团结、社会稳定，防范和化解国内外敌对势力渗透、破坏、颠覆，为中国革命、建设和改革等各个不同历史时期取得的伟大历史性成就，提供了坚强保证。从"彝海结盟""牦牛革命""山山金达莱、村村烈士碑"，到"三千孤儿入内蒙""最好牧场为航天""一家三代为国戍边"，再到西气东输、西电东送、北煤南运等，各族人民手足相亲、守望相助，一方有难、八方支援等，都充分展示了中华民族大团结的力量。

党的十八大以来，以习近平同志为核心的党中央统筹中华民族伟大复兴战略全局和世界百年未有之大变局，团结带领全党全军全国各族人民有效应对严峻复杂的国际形势和接踵而至的巨大风险挑战，始终从全局和战略高度重视统战工作，先后颁布有关重要法规文件，召开一系列重要会议，对统战工作做出一系列重大部署，以奋发有为的精神把新时代中国特色社会主义推向前进。集中力量实施脱贫攻坚战，在中华大地上全面建成了小康社会；开展抗击疫情人民战争、总体战、阻击战，统筹经济发展和疫情防控取得世界上最好的成果；在斗争中维护国家尊严和核心利益，牢牢掌握了我国发展和安全主动权……近年来，我们遭遇的风险挑战风高浪急，有时甚至是惊涛骇浪，在党中央坚强领导下，全国各族人民众志成城、坚定信心、迎难而上、砥砺奋进，一仗接着一仗打，经受住了多方面考验，党和国家事业取得历史性成就，发生历史性变革。

2022年是中共二大召开100周年，也是党的统一战线政策提出100周年。在7月29日至30日的中央统战工作会议上，习近平总书记在讲话中再次强调指出，"统一战线是党的总路线总政策的重要组成部分，在我国革命、建设、改革不同历史时期发挥了重要作用"。"新时代爱国统一战线的基本任务是：坚持以新时代中国特色社会主义思想为指导，坚持中国共产党领导，坚持中国特色社会主义道路，高举爱国主义、社会主义伟大旗帜，坚持一致性和多样性统一，坚持围绕中心、服务大局，坚持与时俱进、守正创新，加强思想政治引领，发挥凝聚人心、汇聚力量的政治作用，促进政党关系、民族关系、宗教关系、阶层关系、海内外同胞关系和谐，促进海内外中华儿女团结奋斗，为全面建成社会主义现代化强国、实现中华民族伟大复兴汇聚磅礴伟力"。同时从12个方面精辟概括关于做好新时代党的统一战线工作的新理念新思想新战略，并强调指出，"必须以铸牢中华民族共同体意识为党的民族工作主线"，要解决好人心和力量问题，充分发挥好统一战线的重要法宝作用。"要把握好固守圆心和扩大共识的关系，不断增进共识，真正把不同党派、不同民族、不同阶层、不同群体、不同信仰以及生活在不同社会制度下的全体中华儿女都团结起来。"

回望历史，1922年7月16—23日，中共二大在上海召开，此次会议，通过了《关于"民主的联合战线"的议决案》，标志着中国共产党统一战线政策的正式提出。自此，统一战线，因党而生、伴党而行。在革命、建设、改革等各个不同历史时期，中国共产党始终把统一战线摆到重要位置，汇聚了浩浩荡荡的磅礴力量，积累了党关于统战工作的历史经验。在党的十九届六中全会上，更是将"坚持统一战线"明确为党百年奋斗的十大历史经验之一，并强调指出，"只要我们不断巩固和发展各民族大团结、全国人民大团结、全体中华儿女大团结，铸牢中华民族共同体意识，形成海内外全体中华儿女心往一处想、劲儿往一处使的生动局面，就一定能够汇聚起实现中华民族伟大复兴的磅礴伟力。"

当前，世界百年未有之大变局加速演进，中华民族伟大复兴进入关键时期。我们比历史上任何时期都更接近、更有信心和能力实现中华民族伟大复兴的目标。同时，我们清醒地认识到，中华民族伟大复兴不是轻轻松松、敲锣打鼓就能实现的，必须勇于进行具有许多新的历史特点的伟大斗争，准备付出更为艰巨、更为艰苦的努力。历史告诉我们，团结是中国人民和中华民族战胜前进道路上一切风险挑战、不断从胜利走向新的胜利的重要保证。当此船到中流、人到半山之时，正需要海内外全体中华儿女心往一处想、劲儿往一处使，拧成一股绳、铆足一股劲，最大限度凝聚起共同奋斗的力量。

基于此，我们应更加紧密地团结在以习近平同志为核心的党中央周围，深刻领悟"两个确立"的决定性意义，增强"四个意识"、坚定"四个自信"、做到"两个维护"，加强党对统一战线工作的全面领导，坚持大团结大联合，不断巩固和发展各民族大团结、全国人民大团结、全体中华儿女大团结，铸牢中华民族共同体意识，形成海内外全体中华儿女心往一处想、劲儿往一处使的生动局面，以汇聚起实现中华民族伟大复兴的磅礴伟力，在新时代新征程上赢得新的更加伟大的胜利和荣光。

参考文献

一、马克思主义经典著作

[1] 马克思恩格斯选集：第1—4卷［M］.北京：人民出版社，2012.

[2] 马克思恩格斯文集：第1—10卷［M］.北京：人民出版社，2009.

[3] 马克思恩格斯全集：第1、2、30卷［M］.北京：人民出版社，1995.

[4] 马克思恩格斯全集：第2、4、21卷［M］.北京：人民出版社，1965.

[5] 马克思恩格斯全集：第3卷［M］.北京：人民出版社，2002.

[6] 马克思恩格斯全集：第7卷［M］.北京：人民出版社，1959.

[7] 马克思恩格斯全集：第10卷［M］.北京：人民出版社，1998.

[8] 马克思恩格斯全集：第13、27卷［M］.北京：人民出版社，1962.

[9] 马克思恩格斯全集：第17卷［M］.北京：人民出版社，1963.

[10] 马克思恩格斯全集：第23、29卷［M］.北京：人民出版社，1972.

[11] 马克思恩格斯全集：第25卷［M］.北京：人民出版社，1974.

[12] 马克思恩格斯全集：第40卷［M］.北京：人民出版社，1982.

[13] 马克思恩格斯全集：第42卷［M］.北京：人民出版社，1979.

[14] 马克思恩格斯全集：第44卷［M］.北京：人民出版社，2001.

[15] 马克思恩格斯全集：第46卷（上）［M］.北京：人民出版社，1979.

[16] 马克思恩格斯全集：第47卷［M］.北京：人民出版社，2004.

[17] 马克思.1844年经济学哲学手稿［M］.北京：人民出版社，2000.

[18] 马克思.德意志意识形态：节选本［M］.北京：人民出版社，2003.

[19] 马克思.资本论：第一卷［M］.北京：人民出版社，2004.

[20] 马克思.古代社会史笔记［M］.北京：人民出版社，1996.

[21] 列宁选集：第 1—4 卷［M］. 北京：人民出版社，1995.

[22] 列宁全集：第 36 卷［M］. 北京：人民出版社，1985.

[23] 列宁. 哲学笔记［M］. 北京：人民出版社，1993.

[24] 梁启超全集：第 4 卷［M］. 北京：北京出版社，1999.

[25] 梁启超. 历史上中国民族之考察——饮冰室合集专集之四十一［M］. 北京：中华书局，1989.

[26] 梁启超. 历史上中国民族之研究——饮冰室合集专集之四十二［M］. 北京：中华书局，1989.

[27] 梁启超. 中国史叙论——饮冰室文集之六［M］. 北京：中华书局，1989.

[28] 孙中山全集：第 1、2、5、9 卷［M］. 北京：中华书局，2011.

[29] 李大钊文集：上、下册［M］. 北京：人民出版社，1984.

[30] 陈独秀著作选编：第 1—4 卷［M］. 上海：上海人民出版社，2009.

[31] 李达文集：第 1 卷［M］. 北京：人民出版社，1980.

[32] 瞿秋白文集：政治理论篇第 1—3 卷［M］. 北京：人民出版社，2013.

[33] 毛泽东选集：第 1—4 卷［M］. 北京：人民出版社，2022.

[34] 邓小平年谱：上下卷［M］. 北京：中央文献出版社，2009.

[35] 邓小平文选：第 1—2 卷［M］. 北京：人民出版社，1994.

[36] 邓小平文选：第 3 卷［M］. 北京：人民出版社，1993.

[37] 江泽民文选：第 1—3 卷［M］. 北京：人民出版社，2006.

[38] 胡锦涛文选：第 1—3 卷［M］. 北京：人民出版社，2016.

[39] 习近平谈治国理政：第 1 卷［M］. 北京：外文出版社，2014.

[40] 习近平谈治国理政：第 2 卷［M］. 北京：外文出版社，2017.

[41] 习近平谈治国理政：第 3 卷［M］. 北京：外文出版社，2020.

[42] 习近平谈治国理政：第 4 卷［M］. 北京：外文出版社，2022.

[43] 习近平新时代中国特色社会主义思想学习纲要［M］. 学习出版社、人民出版社，2019.

[44] 习近平. 决胜全面建成小康社会 夺取新时代中国特色社会主义伟大胜利——在中国共产党第十九次全国代表大会上的报告［M］. 北京：人民出版社，2017.

[45] 习近平. 在纪念马克思诞辰 200 周年大会上的讲话［M］. 北京：人

民出版社，2018.

［46］习近平. 中国共产党历史［M］. 北京：中央文献出版社，2021.

［47］中央民族工作会议精神学习辅导读本［M］. 北京：民族出版社，2015.

［48］中共中央宣传部. 习近平总书记系列重要讲话读本［M］. 北京：学习出版社、人民出版社，2016.

［49］中共中央宣传部. 习近平新时代中国特色社会主义思想学习问答［M］. 北京：学习出版社，人民出版社，2021.

［50］中共中央文献研究室. 习近平关于社会主义政治建设论述摘编［M］. 北京：中央文献出版社，2017.

［51］中共中央宣传部. 习近平新时代中国特色社会主义思想三十讲［M］. 北京：学习出版社，2018.

［52］中共中央宣传部. 习近平新时代中国特色社会主义思想学习纲要［M］. 北京：学习出版社，人民出版社，2019.

［53］中共中央党史和文献研究院. 毛泽东邓小平江泽民胡锦涛关于中国共产党历史论述摘编［M］. 北京：中央文献出版社，2018.

［54］社会主义发展简史［M］. 北京：人民出版社、学习出版社，2021.

［55］中国共产党简史［M］. 北京：人民出版社、学习出版社，2021.

［56］中华人民共和国简史［M］. 北京：人民出版社、学习出版社，2021.

［57］改革开放简史［M］. 北京：人民出版社、学习出版社，2021.

二、外文译著类（按姓名拼音首字母排序）

［1］［古罗马］奥古斯丁. 忏悔录［M］. 周士良，译. 北京：商务印书馆，1963.

［2］［英］埃里克·霍布斯鲍姆. 民族与民族主义［M］. 李金梅，译. 上海：上海人民出版社，2006.

［3］［英］爱德华·莫迪默，罗伯特·法恩. 人民·民族·国家——族性与民族主义的含义［M］. 刘泓，黄海慧，译. 中央民族大学出版社，2009.

［4］［英］安东尼·D. 史密斯. 民族认同［M］. 王娟，译. 南京：译林出版社，2018.

［5］［美］埃利希·弗洛姆. 健全的社会［M］. 孙恺祥，译. 北京：中国

文联出版公司，1988.

[6][古希腊]柏拉图.理想国[M].郭斌和，等译.北京：商务印书馆，1996.

[7][英]鲍曼.共同体[M].欧阳景根，译.南京：江苏人民出版社，2003.

[8][美]本尼迪克特·安德森.想象的共同体：民族主义的起源与散布[M].吴叡人，译.上海：上海人民出版社，2017.

[9][法]笛卡儿.第一哲学沉思集[M].庞景仁，译.北京：商务印书馆，1986.

[10][日]大冢久雄.共同体的基础理论[M].于嘉云，译.台北：联经出版社，1999.

[11][法]傅立叶.傅立叶选集：第1卷[M].汪耀三，庞龙，译.北京：商务印书馆，1981.

[12][法]傅立叶.傅立叶选集：第3卷[M].汪耀三，庞龙，译.北京：商务印书馆，1982.

[13][英]菲利普·施莱辛格.媒体、国家与民族[M].林玮，译.南京：译林出版社，2021.

[14][法]吉尔德·拉诺瓦.民族与民族主义[M].郑文彬，译.香港：新知三联书店，2005.

[15][德]费尔巴哈.宗教的本质[M].王太庆，译.北京：商务印书馆，2016.

[16][德]费迪南·滕尼斯.共同体与社会[M].张巍卓，译.北京：商务印书馆，1999.

[17][美]古尔德.马克思的社会本体论：马克思社会实在理论中的个性和共同体[M].王虎学，译.北京：北京师范大学出版社，2009.

[18][英]霍布斯.利维坦[M].黎思复，黎廷弼，译.北京：商务印书馆，2013.

[19][德]黑格尔.法哲学原理[M].范扬，张企泰，译.北京：商务印书馆，1961.

[20][德]黑格尔.哲学史演讲录：第1卷[M].贺麟，译.北京：商务印书馆，1983.

[21][德]黑格尔.精神现象学：上、下卷[M].贺麟，译.北京：商

务印书馆，1978.

[22]［德］黑格尔. 小逻辑［M］. 贺麟，译. 北京：商务印书馆，1980.

[23]［德］胡塞尔. 欧洲科学的危机和先验现象学［M］. 张庆熊，译. 上海：上海译文出版社，1988.

[24]［德］海德格尔. 海德格尔选集［M］. 孙周兴，译. 上海：上海三联书店，1996.

[25]［英］齐格蒙特.鲍曼. 共同体［M］. 欧阳景根，译. 南京：江苏人民出版社，2007.

[26]［英］霍布斯鲍姆. 民族与民族主义［M］. 李金梅，译. 上海：上海人民出版社，2000.

[27]［美］迈尔威利·斯图沃德. 当代西方宗教哲学［M］. 周伟驰，胡自信，等译. 北京：北京大学出版社，2001.

[28]［德］赫斯. 赫斯精粹［M］. 邓习议，编译，方向红，校译. 南京：南京大学出版社，2010.

[29]［德］康德. 康德著作全集：第6卷［M］. 李秋零，译. 北京：中国人民大学出版社，2007.

[30]［德］康德. 法的形而上学原理［M］. 沈叔平，译. 北京：商务印书馆，2022.

[31]［法］卢梭. 社会契约论［M］. 李平沤，译. 北京：商务印书馆，1980.

[32]［法］卢梭. 爱弥儿：上卷［M］. 彭正梅，译. 北京：商务印书馆，1996.

[33]［英］洛克. 政府论：上、下卷［M］. 北京：商务印书馆，2019.

[34]［美］麦金太尔. 德性之后［M］. 龚群，戴扬毅，等译. 北京：中国社会科学出版社，1995.

[35]［美］迈克尔·桑德尔. 自由主义与正义的局限［M］. 董礼，译. 南京：译林出版社，2001.

[36]［英］马丁·雅克. 当中国统治世界：中国的崛起和西方世界的衰落［M］. 张莉，刘曲，译. 北京：中信出版社，2010.

[37]［英］欧文. 欧文选集：第1卷［M］. 柯象峰，何光来，译. 北京：商务印书馆，1979.

[38]［德］斐迪南·滕尼斯. 共同体与社会——纯粹社会学的基本概念

[M].林荣远,译.北京:商务印书馆,1999.

[39][法]让-雅克·卢梭.社会契约论[M].陈阳,译,杭州:浙江文艺出版社,2016.

[40][美]诺齐克.无政府、国家与乌托邦[M].何怀宏,等译.北京:中国社会科学出版社,1991.

[41][法]圣西门.圣西门选集:第3卷[M].董果良,赵鸣远,译.北京:商务印书馆,1985.

[42][英]托马斯·莫尔.乌托邦[M].付一帆,译.北京:商务印书馆,1982.

[43][法]托克维尔.旧制度与大革命[M].冯棠,译.北京:商务印书馆,1992.

[44][法]涂尔干.孟德斯鸠与卢梭[M].李鲁宁,等译.上海:上海人民出版社,2003.

[45][古罗马]西塞罗.论国家[M].徐奕春,译.北京:商务印书馆,1986.

[46]〔瑞士〕雅各布·布克哈特.意大利文艺复兴时期的文化[M].何新,译.北京:商务印书馆,1979.

[47][古希腊]亚里士多德.政治学[M].吴寿彭,译.北京:中国人民大学出版社,2003.

[48][古希腊]亚里士多德.尼各马可伦理学[M].廖申白,译.北京:商务印书馆,2003.

三、国内学者著作类(按姓名拼音首字母排序)

[1]安成浩,族群社会发展与变迁[M].杭州:浙江大学出版社,2014.

[2]陈云生.中国民族区域自治制度[M].北京:经济管理出版社,2001.

[3]费孝通.中华民族多元一体格局[M].北京:中央民族大学出版社,1999.

[4]陈茂荣.马克思主义视野的"民族认同"问题研究[M].北京:中国社会科学出版社,2014.

[5]傅斯年.民族与古代中国史[M].北京:北京出版社,2018.

[6]费孝通.文化与文化自觉[M].北京:群言出版社,2010.

[7] 费孝通. 乡土中国［M］. 上海：上海人民出版社：2021.

[8] 高永久. 民族关系综论［M］. 北京：民族出版社，2015.

[9] 郝时远. 中国特色解决民族问题之路［M］. 北京：中国社会科学出版社，2016.

[10] 郝时远. 中国共产党怎样解决民族问题？［M］. 南昌：江西人民出版社，2018.

[11] 郝时远. 中国的民族与民族问题：论中国共产党解决民族问题的理论与实践［M］. 南昌：江西人民出版社，1996.

[12] 何润. 马克思主义民族理论经典导读［M］. 北京：中央民族大学出版社，1998.

[13] 虎有泽，尹伟先. 铸牢中华民族共同体意识研究［M］. 北京：中国社会科学出版社，2019.

[14] 虎有泽，马玉堂. 民族问题研究［M］. 兰州：甘肃民族出版社，2019.

[15] 黄光学. 当代中国民族工作（上）［M］. 北京：当代中国出版社，1993.

[16] 黄兴涛. 重塑中华：近代中国"中华民族"观念研究［M］. 北京：北京师范大学出版社，2017.

[17] 暨爱民. 国家认同建构：基于民族视角的考察［M］. 北京：社会科学文献出版社，2016.

[18] 国家民族事务委员会. 铸牢中华民族共同体意识——全国民族团结进步表彰大会精神辅导读本［M］. 北京：民族出版社，2021.

[19] 姜明. 中国民族政治学［M］. 北京：社会科学文献出版社，2007.

[20] 刘友田. 科学社会主义新论［M］. 北京：中国社会出版社，2018.

[21] 李湘道，于铭松. 中华文化与民族凝聚力［M］. 北京：中央编译出版社，2007.

[22] 李帆等. 近代中国的民族国家建设［M］. 北京：商务印书馆，2015.

[23] 郎维伟等. 中国民族政策与少数民族人权保护［M］. 成都：四川人民出版社，2006.

[24] 郎维伟等. 民族理论与政策要论［M］. 北京：民族出版社，2017.

[25] 李资源等. 共同发展共同繁荣：中华人民共和国成立以来党的民族工作理论与实践研究［M］. 南宁：广西人民出版社，2014.

［26］李珍．民族史观与中国古代民族文化认同［M］．北京：商务印书馆，1994．

［27］刘海江．马克思实践共同体思想研究［M］．北京：中国社会科学出版社，2016．

［28］刘先照．中国共产党主要领导人论民族问题［M］．北京：民族出版社，1994．

［29］马俊峰．马克思社会共同体理论研究［M］．北京：中国社会科学出版社，2011．

［30］青觉．马克思主义民族观的形成与发展［M］．北京：民族出版社，2004．

［31］全国政协民族和宗教委员会．铸牢中华民族共同体意识学习与思考［M］．北京：民族出版社，2021．

［32］金炳镐．新中国民族政策60年［M］．北京：中央民族大学出版社，2009．

［33］金炳镐．民族理论通论［M］．北京：中央民族大学出版社，1994．

［34］金炳镐．民族关系理论通论［M］．北京：中央民族大学出版社，2007．

［35］金炳镐．中国共产党民族理论90年［M］．沈阳：辽宁人民出版社，2014．

［36］金炳镐．中国共产党民族工作理论与实践［M］．北京：中央人民大学出版社，2007．

［37］金炳镐，王铁志．中国共产党民族纲领政策通论［M］．哈尔滨：黑龙江教育出版社，2002．

［38］沈桂萍．马克思主义民族观与党的民族政策［M］．北京：中央编译出版社，2007．

［39］邵发军．马克思的共同体思想研究［M］．北京：知识产权出版社，2014．

［40］沈林，周文京．中国的民族团结工作［M］．北京：民族出版社，2019．

［41］田鹏颖，武雯婧．天下为公［M］．北京：社会科学文献出版社，2018．

［42］田鹏颖，郭辰．中国方案［M］．北京：社会科学文献出版社，2017．

［43］吴仕民．中华民族理论新编［M］．北京：中央民族大学出版社，2006．

［44］吴仕民．民族问题概论（第三版）［M］．成都：四川人民出版社，2007．

［45］吴晓明．马克思早期思想的逻辑发展［M］．昆明：云南出版社，1993．

［46］王公龙．构建人类命运共同体思想研究［M］．北京：人民出版社，2018．

［47］王永和，高国希．多元文化背景下的国家认同研究［M］．银川：宁夏人民出版社，2016．

［48］王延中，隋青．中国民族发展报告［M］．北京：社会科学文献出版社，2018．

［49］王珂．民族与国家：中国多民族统一国家思想的系谱［M］．北京：中国社会科学出版，2001．

［50］王希恩．全球化中的民族过程［M］．社会科学文献出版社，2009．

［51］乌小花．当代世界和平进程中的民族问题［M］．北京：中央民族大学出版社，2006．

［52］徐杰舜．从多元走向一体：中华民族论［M］．桂林：广西师范大学出版社，2008．

［53］徐杰舜，徐桂兰．从华夏到汉族［M］．福州：福建教育出版社，2014．

［54］徐杰舜，刘冰清，罗树杰．中华民族认同论［M］．银川：宁夏人民出版社，2014．

［55］徐宁．马克思共同体思想的哲学研究［M］．北京：光明日报出版社，2020．

［56］姚大力．追寻"我们"的根源：中国历史上的民族与国家意识［M］．北京：生活•读书•新知三联书店，2018．

［57］张奎良．马克思的哲学思想及其当代意义［M］．哈尔滨：黑龙江教育出版社，2001．

［58］张康之．共同体的进化［M］．北京：中国社会科学出版社，2011．

［59］《中华民族凝聚力的形成与发展》课题组．中华民族凝聚力的形成与发展［M］．南京：江苏人民出版社，2012．

[60] 张耀灿, 郑永廷. 思想政治教育学原理 [M]. 北京: 人民出版社, 2007.

[61] 张少春. 互嵌式社会与民族团结 [M]. 北京: 社会科学文献出版社, 2018.

[62] 张康之, 张乾友. 共同体的进化 [M]. 北京: 中国社会科学出版社, 2012.

[63] 张三南. 马克思主义经典作家关于民族主义的论述及当代意义研究 [M]. 北京: 时事出版社, 2014.

[64] 张寅. 多元文化背景下的民族国家建构 [M]. 昆明: 云南人民出版社, 2015.

[65] 赵杰. 中华民族共有精神家园论 [M]. 北京: 人民出版社, 2012.

[66] 周平. 多民族国家的族际政治整合 [M]. 北京: 中央编译出版社, 2012.

[67] 周平. 民族政治学二十三讲 [M]. 北京: 中央编译出版社, 2014.

[68] 字振华. 马克思主义民族理论中国化研究 [M]. 北京: 人民出版社, 2014.

[69] 张健. 中国共产党构筑中华民族共同体的历程与道路研究 [M]. 北京: 中国社会科学出版社, 2019.

四、国内学位论文（按姓名拼音首字母排序）

[1] 陈琳. 马克思的共同体思想研究 [D]. 长春: 吉林农业大学, 2020.

[2] 窦宁. 政治文化视角下民族地区大学生铸牢中华民族共同体意识研究 [D]. 呼和浩特: 内蒙古大学, 2020.

[3] 邓钢. 中国共产党中华民族共同体建设的历史经验及思想政治教育意义 [D]. 重庆: 西南政法大学, 2018.

[4] 顾超. 西北地区中华民族共同体意识培育研究 [D]. 兰州: 兰州大学, 2020.

[5] 胡燕. 《1857－1858 年经济学手稿》中共同体思想探析 [D]. 南宁: 广西师范大学, 2019.

[6] 胡寅寅. 走向"真正的共同体"——马克思共同体思想研究 [D]. 哈尔滨: 黑龙江大学, 2014.

[7] 胡敏. 中华民族共同体意识融入高校校园文化研究 [D]. 重庆: 西南

大学，2020.

[8] 胡腾. 铸牢南疆高校大学生中华民族共同体意识研究［D］. 喀什：喀什大学，2019.

[9] 侯大鹏. 少数民族大学生中华民族共同体意识培育研究［D］. 重庆：西南大学，2019.

[10] 贾圆鑫. 铸牢中华民族共同体意识研究［D］. 泰安：山东农业大学，2019.

[11] 卢斯媛. 习近平对马克思恩格斯共同体思想的发展研究［D］. 重庆：西南大学，2020.

[12] 卢姿元. 马克思民族理论及其对铸牢中华民族共同体意识的意义［D］. 济南：山东大学，2021.

[13] 卢韦昆. 广西高校学生中华民族共同体意识培育研究［D］. 南宁：广西民族大学，2019.

[14] 罗琛. "铸牢中华民族共同体意识"的可行性研究［D］. 呼和浩特：内蒙古师范大学，2021.

[15] 骆育芳. 加强新疆大学生中华民族共同体意识培育研究［D］. 乌鲁木齐：新疆师范大学，2017.

[16] 刘超鹏. 新时代防范化解重大风险研究［D］. 延安：延安大学，2020.

[17] 刘灿. 新时代民族院校民族团结进步教育实践研究［D］. 北京：中央民族大学，2021.

[18] 刘佳. 新时代铸牢中华民族共同体意识研究［D］. 包头：内蒙古科技大学，2020.

[19] 鲁特. 新时代北京高校铸牢大学生中华民族共同体意识研究［D］. 北京：中央民族大学，2021.

[20] 李可欣. 新时代大学生理想信念现状及教育对策研究［D］. 沈阳：沈阳农业大学，2020.

[21] 孟婷. 大学生中华民族共同体意识培育研究［D］. 武汉：中南民族大学，2018.

[22] 索艳. 大学生中华民族共同体意识培育研究［D］. 长春：东北师范大学，2019.

[23] 施钰泷. 新时代铸牢中华民族共同体意识研究［D］. 锦州：渤海大

学，2021.

[24] 孙凯民. 中华民族共同体认同建设研究 [D]. 呼和浩特：内蒙古大学，2017.

[25] 王苗苗. 以中华文化提升中华民族共同体意识研究 [D]. 兰州：兰州大学，2019.

[26] 王春杰. 习近平总书记关于中华民族共同体的重要论述研究 [D]. 贵阳：贵州师范大学，2019.

[27] 王幸平. 民族与自治 [D]. 南京：南京大学，2013.

[28] 王娟. 边疆民族地区大学生的中华民族共同体意识培育路径研究 [D]. 延边：延边大学，2021.

[29] 王欣星. 高校大学生中华民族共同体意识培育研究 [D]. 哈尔滨：东北农业大学，2020.

[30] 薛碧霞. 《德意志意识形态》中的个体与共同体辩证关系研究 [D]. 南宁：广西大学，2019.

[31] 谢雯. 西南地区少数民族大学生中国梦认同研究 [D]. 重庆：西南大学，2016.

[32] 谢木沙子. 大学生中华民族共同体意识及培育研究 [D]. 成都：西华大学，2021.

[33] 杨茂灵. 回汉民族风俗习惯差异引发的社会矛盾及其处理研究 [D]. 北京：中国人民公安大学，2018.

[34] 叶璐. 少数民族大学生中华民族共同体意识培育研究 [D]. 银川：北方民族大学，2020.

[35] 张畅. 马克思"人的本质"思想研究 [D]. 长春：吉林大学，2021.

[36] 郑明浩. 高校民族学生中华民族共同体意识培育研究 [D]. 广州：广东技术师范大学，2019.

[37] 赵坤. 马克思个人与共同体关系思想研究 [D]. 长春：东北师范大学，2018.

[38] 曾禹彬. 铸牢民族高校大学生中华民族共同体意识研究 [D]. 成都：西南民族大学，2020.

五、国内期刊论文（按姓名拼音首字母排序）

[1] 白利友. 铸牢中华民族共同体意识的民族政策机制分析 [J]. 贵州大

学学报（自然科学版）2021（6）．

　　［2］陈胜锦，卢成观，黄德雄．铸牢中华民族共同体意识的路径思考［J］．西南石油大学学报（社会科学版），2021（6）．

　　［3］陈东英，刘忠权．马克思共同体思想的文化渊源探析［J］．学术研究，2021（2）：17－21．

　　［4］陈纪，曾泓凯．论铸牢中华民族共同体意识的历史基础与实践目标［J］．西南民族大学学报（人文社会科学版），2021（10）．

　　［5］陈蒙．论社会主义核心价值观引领铸牢中华民族共同体意识的内在机理［J］．社会主义研究，2021（6）．

　　［6］陈永胜．立德树人 培根铸魂 夯实铸牢中华民族共同体意识教育基础——深入学习习近平关于加强和改进民族工作的重要思想［J］．民族高等教育研究，2021（5）．

　　［7］陈纪，章烁晨．家国情怀与铸牢中华民族共同体意识［J］．西北民族研究，2021（3）．

　　［8］陈瑞三，陈桂华，孙亚如．中华民族共同体意识的内涵与铸牢路径［J］．沈阳建筑大学学报（社会科学版），2021（6）．

　　［9］陈蒙，雷振扬．中华民族共同体意识的价值观基础探析［J］．西南民族大学学报（人文社会科学版），2021（2）．

　　［10］成冬梅，张连英．新时代铸牢中华民族共同体意识的文化建设路径探析［J］．边疆经济与文化，2021（7）．

　　［11］陈立鹏，汪颖．习近平关于铸牢中华民族共同体意识重要论述的理论要点［J］．中南民族大学学报（人文社会科学版），2021（10）．

　　［12］陈智，赵冬，金浩．要正确把握共同性和差异性的关系，铸牢中华民族共同体意识［J］．北方民族大学学报，2022（1）．

　　［13］董慧，王晓珍．中华民族共同体意识的基本内涵、现实挑战及铸牢路径［J］．中南民族大学学报（人文社会科学版），2021（4）．

　　［14］丹珠昂奔．铸牢中华民族共同体意识的宏大实践——习近平"一个民族也不能少"思想的理论意义与实践价值［J］．中南民族大学学报（人文社会科学版），2021（11）．

　　［15］丁晔．马克思恩格斯的共同体思想及其现实意义［J］．科学社会主义，2018（3）．

　　［16］贾圆鑫．铸牢中华民族共同体意识：历史逻辑、现实诉求与未来担

当[J]. 大连干部学刊, 2021（8）.

[17] 淦思明, 王磊. 近年来国内关于中华民族共同体意识研究述评[J]. 云南行政学院学报, 2021（1）.

[18] 高云松, 李志农. 论铸牢中华民族共同体意识的认识论基础与实践逻辑[J]. 西南民族大学学报（人文社会科学版）, 2021（10）.

[19] 海路, 谢唯. 铸牢中华民族共同体意识视域下民族文化进校园的内涵及路径[J]. 贵州民族研究, 2021（5）.

[20] 海群. 中华民族优秀"和合"文化与铸牢中华民族共同体意识[J]. 四川省社会主义学院学报, 2021（6）.

[21] 郝亚明. 铸牢中华民族共同体意识 亟待多学科共创理论话语体系[J]. 民族学刊, 2021（10）.

[22] 郝亚明. 从政治定位来深化对铸牢中华民族共同体意识的认识[J]. 西南民族大学学报（人文社会科学版）, 2021（8）.

[23] 郝立新, 米乐平. 马克思恩格斯关于个人与共同体关系思想的历史建构——基于《德意志意识形态》的分析[J]. 山东社会科学, 2021（1）.

[24] 何雄浪, 尹凤茗. 新时代"五位一体"铸牢中华民族共同体意识探究[J]. 民族学刊, 2021（3）.

[25] 贺萍. 铸牢中华民族共同体意识的多维考量[J]. 新疆社科论坛, 2021（5）.

[26] 韩艳伟. 铸牢中华民族共同体意识：多民族国家建设的理论创新——学习新修订《中国共产党统一战线工作条例》体会[J]. 黑龙江民族丛刊（双月刊）, 2021（1）.

[27] 何文钜. 习近平关于铸牢中华民族共同体意识重要论述的理论精髓[J]. 广西民族研究, 2021（2）.

[28] 何星亮. "铸牢中华民族共同体意识"理念的形成与创新[J]. 中央民族大学学报（哲学社会科学版）, 2021（4）.

[29] 郝时远. 民族工作以铸牢中华民族共同体意识为"纲"[J]. 贵州民族研究, 2021（5）.

[30] 胡静. "大一统"思想与中华民族共同体意识的形成[J]. 青海民族大学学报（社会科学版）, 2021（2）.

[31] 蒋连华. 认识和把握铸牢中华民族共同体意识的丰富内涵[J]. 江苏省社会主义学院学报, 2019（10）.

［32］刘渠景.铸牢中华民族共同体意识的四重维度［J］.湖北省社会主义学院学报，2021（5）.

［33］李曦辉.铸牢中华民族共同体意识的经济维度研究［J］.北方民族大学学报，2021（7）.

［34］李娜.铸牢中华民族共同体意识的价值逻辑与践行路径［J］.重庆理工大学学报（社会科学版），2021（11）.

［35］李涵伟，程秋伊.铸牢中华民族共同体意识的法治进路［J］.中南民族大学学报（人文社会科学版），2021（8）.

［36］李慧玲，陈洪连.中华民族共同体意识的价值意蕴与逻辑进路——基于沿海城市少数民族流动人口的分析［J］.青岛大学学报（社会科学版），2021（4）.

［37］李林.新时代铸牢中华民族共同体意识的路径选择［J］.思想政治研究，2021（10）.

［38］吕朝辉.同频共振：铸牢中华民族共同体意识与国家治理现代化的互构理路［J］.湖南社会科学，2021（5）.

［39］李蓝冰，银特妮拉.守护和传承民族记忆 铸牢中华民族共同体意识［J］.赤峰学院学报（哲学社会科学版），2021（7）.

［40］李曦辉.基于经济维度的铸牢中华民族共同体意识研究［J］.宁夏党校学报，2021（5）.

［41］李道湘.铸牢中华民族共同体意识提出的背景及意义［J］.山西社会主义学院学报，2021（3）.

［42］李思言，李晓峰.中华民族共同体意识研究中的四个问题［J］.内蒙古社会科学，2021（4）.

［43］李娜，赵金科.中华民族共同体意识：价值逻辑、现实困境与铸牢路径［J］.广西社会主义学院学报，2019（4）.

［44］李娜，赵金科.人与自然生命共同体的学理逻辑、价值意蕴与架构路径［J］.中南林业科技大学学报（社会科学版），2020（2）.

［45］李资源，向驰.中国共产党对铸牢中华民族共同体意识的核心作用［J］.中南民族大学学报（人文社会科学版），2021（1）.

［46］林钧昌，张宏溧，赵民.情感认同视角下铸牢中华民族共同体意识路径探析［J］.黑龙江民族丛刊（双月刊），2021（2）.

［47］龙其鑫.毛泽东关于铸牢中华民族共同体意识的思考及其启示［J］.

湖南科技大学学报（社会科学版），2021（6）.

[48] 刘永刚. 中华民族共同体意识的二维向度与演进逻辑 [J]. 探索，2021（3）.

[49] 郎维伟，黎雪，黄钰. 中国共产党与铸牢中华民族共同体意识 [J]. 北方民族大学学报，2021（7）.

[50] 陆平辉. 铸牢中华民族共同体意识的法治建构 [J]. 中央社会主义学院学报，2021（8）.

[51] 马进. 铸牢中华民族共同体意识社会交往的哲学基础 [J]. 甘肃社会科学，2022（1）.

[52] 马大正. 从中华民族一词的产生到铸牢中华民族共同体意识 [J]. 云南师范大学学报（哲学社会科学版），2022（1）.

[53] 纳日碧力戈，萨仁. 铸牢中华民族共同体意识的多维进路 [J]. 广西民族大学学报（哲学社会科学版），2021（4）.

[54] 乔姗姗，党垒，张继焦. 铸牢中华民族共同体意识研究的三个维度 [J]. 民族学刊，2021（6）.

[55] 乔秀丽，贾友军. 中国共产党铸牢中华民族共同体意识的百年历程及经验启示 [J]. 兵团党校学报，2021（6）.

[56] 宋才发. 中华民族共同体意识是国家凝聚力的精神纽带 [J]. 社会科学家，2021（5）.

[57] 宋才发. 铸牢中华民族共同体意识的法治内涵及路径研究 [J]. 广西民族研究，2021（4）.

[58] 宋才发. 中华民族共同体意识是中华民族全面觉醒的体现 [J]. 贵州社会科学，2021（3）.

[59] 石高峰. 文化认同是铸牢中华民族共同体意识的精神动力 [J]. 今日民族，2021（9）.

[60] 沈桂萍. 铸牢全体统一战线成员的中华民族共同体意识 [J]. 江苏省社会主义学院学报，2021（4）.

[61] 王广利，谢红岭. 铸牢中华民族共同体意识 推进民族事务治理法治化 [J]. 集宁师范学院学报，2021（6）.

[62] 武永江. 铸牢中华民族共同体意识的包容性文化路径 [J]. 重庆理工大学学报（社会科学版），2021（11）.

[63] 王瑜，张琴. 铸牢中华民族共同体意识：内涵范式、内生逻辑与文

化路径[J].昆明理工大学学报(社会科学版),2021(4).

[64]王爽.习近平总书记关于铸牢中华民族共同体意识重要论述研究述评[J].新疆社科论坛,2021(4).

[65]王润泽,杜恺健."两个中心"建设与中华民族共同体意识建构——历史语境与现实意义[J].民族学刊,2021(2).

[66]王希辉,王文涛.中华民族共同体意识研究现状与趋势[J].西南民族大学学报(人文社会科学版),2021(6).

[67]王文光,马宜果.新时代中华民族共同体意识研究述论[J].学术探索,2021(7).

[68]魏健馨.从民族认同到国家认同:铸牢中华民族共同体意识的进路[J].中央社会主义学院学报,2021(2).

[69]徐亚文,郁清清.法治在"铸牢中华民族共同体意识"中的特殊作用[J].湖南大学学报(社会科学版),2021(6).

[70]许烨."四个共同"视域下铸牢中华民族共同体意识的价值意蕴[J].四川省社会主义学院学报,2021(9).

[71]杨志玲.铸牢中华民族共同体意识的哲学意蕴[J].理论视野,2021(2).

[72]严庆.主线、理念与作为:深刻把握与贯彻铸牢中华民族共同体意识[J].贵州民族研究,2021(5).

[73]项梅.铸牢中华民族共同体意识的内涵及其理论基础[J].攀枝花学院学报,2021(4).

[74]许晓东.中华民族共同体意识的历史、问题与铸牢路径[J].华中科技大学学报(社会科学版),2021(3).

[75]严庆,于浩宇.当代中国多民族国家建设的理路及其时代价值——兼论中华民族共同体意识的铸牢策略[J].探索,2021(3).

[76]严庆.本体建设与意识铸牢:试论中华民族共同体研究的理路[J].西北师大学报(社会科学版),2021(6).

[77]姚贱苟,于恩洋.百年来党的中华民族共同体意识历史逻辑与铸牢路径研究[J].民族学刊,2021(2).

[78]杨金香,程东亚.社会实践理论视域下铸牢中华民族共同体意识实践构想[J].新疆大学学报(哲学·人文社会科学版),2022(1).

[79]杨文炯.铸牢中华民族共同体意识 建设各民族共有精神家园[J].

青海民族大学学报（社会科学版），2021（2）.

［80］杨虎得，韩喜玉."中华民族共同体"概念的基本内涵及理论意义探析［J］.青海民族大学学报（社会科学版），2021（2）.

［81］郑旺全，赵晓非.中华民族共同体意识的话语演进与内涵深化——基于"五个认同"建构中华民族共同体意识内涵体系框架［J］.民族教育研究，2021（2）.

［82］周智生，李庚伦.以"四个共同"为核心：全面推进中华民族共同体意识教育［J］.西南民族大学学报（人文社会科学版），2021（7）.

［83］朱西括.习近平关于铸牢中华民族共同体意识重要论述的逻辑探析［J］.广东省社会主义学院学报，2021（2）.

［84］赵本燕.习近平关于铸牢中华民族共同体意识重要论述的多维阐释［J］.西北民族大学学报（哲学社会科学版），2021（5）.

［85］詹小美，骆红旭.论铸牢中华民族共同体意识的社会表征［J］.内蒙古社会科学，2021（6）.

［86］张淑娟，梁秋瑞.历史方位与培育目标：中华民族共同体意识培育的基础与方向［J］.广西民族研究，2021（1）.

［87］张晴晴，陈虹."以和为贵"铸牢中华民族共同体意识［J］.今古文创，2021（8）.

［88］张亮.马克思主义哲学视域中的"铸牢中华民族共同体意识"［J］.理论与改革，2022（1）.

［89］张红，吴月刚.铸牢中华民族共同体意识研究的现状、特点与展望——基于2014-2020年中国知网的文献分析［J］.西北民族大学学报（哲学社会科学版），2021（5）.

［90］张善鑫.中华民族共同体：国家与民族统一的理论——兼论铸牢中华民族共同体意识的当代路径［J］.西北师大学报，2021（5）.

［91］张殿军.制度自信维度铸牢中华民族共同体意识的逻辑与路径［J］.吉首大学学报（社会科学版），2021（3）.

［92］朱西括.以铸牢中华民族共同体意识为主线做好各项工作——学习习近平总书记关于民族工作的重要论述［J］.湖南省社会主义学院学报，2021（2）.

［93］周银珍.新时代铸牢中华民族共同体意识的话语建构［J］.宁夏社会科学，2021（6）.

[94] 张泽宇. 铸牢中华民族共同体意识——以法治文化为视域［J］. 文化学刊，2021（9）.

[95] 郑洁，吴琼. 铸牢中华民族共同体意识研究述评［J］. 四川民族学院学报，2012（4）.

[96] 朱军. 铸牢中华民族共同体意识的历史演进与治理意蕴——基于秩序视角的分析［J］. 云南社会科学，2021（9）.

[97] 朱尉，周文豪. 铸牢中华民族共同体意识的理论、逻辑与文化传播路径［J］. 长安大学学报（社会科学版），2021（5）.

[98] 朱尉，周文豪. 中华民族共同体意识的内涵阐释与理论拓展［J］. 中南民族大学学报（人文社会科学版），2021（3）.

[99] 张首先，马丽. 恩格斯《自然辩证法》中的生命共同体思想［J］. 湖南社会科学，2021（3）.

[100] 赵金科，李娜. 乡村生态振兴的价值逻辑与践行路径——基于生态安全视角的思考［J］. 长白学刊，2020（5）.

[101] 臧峰宇. 马克思共同体思想的核心要义与中国语境［J］. 中国高校社会科学，2018（1）.

六、外文文献（按英文首字母排序）

［1］Amiot，C. E，and Sansfaçon，S. "Motivations to Identify With Social Groups：A Look at Their Positive and Negative Consequences," Group Dynamics Theory Research & Practice，vol. 15，no. 2（June 2011）. PP. 105－127.

［2］AMANDA COLLINS. Friend or Foe：An Analysis of the Contribution National Identity Hegemony Plays in the Acceptance of Asylum Seekers in Australia，Spain and Catalonia［J］. IAFOR Journal of Cultural Studies，2019，4（1）：128－147.

［3］Anthony. D. Smith，National Identity［M］. Reno，Nevada：University of Nevada Press，1991.

［4］Brendan. O'Leary，Federations and the Management of Nations in Daniele［J］. Conversi，ed.，Ethnonationalism in the Contemporary World：Walker Connor and the Study of Nationalism，London：Routlegde，2004.

［5］BROWN R. Social identity theory：Past achievements, current problems and future challenges [J]. European Journal Social Psychology, 2000, 30: 745-778.

[6] Basic Goran, Lokareva Galina Vasylivna, Stadnichenko Nadiya Vasylivna. "Inclusive Educational Spaces and Social Pedagogical Recognition: Interaction—and Social—Pedagogy—Inspired Analysis of Space Dynamics in Compulsory, Upper—Secondary and Post—Secondary Education," Education Sciences, 2021, 11 (11): 754-754.

[7] Cara J, Reginald J. Racial identity, African self—consciousness, and career decision making in African. American college women [J]. Journal of Multicultural Counseling and Development, 1998.

[8] Cook, Victoria A. and Peter J. Hemming, "Education Spaces: Embodied Dimensions and Dynamics," Social and Cultural Geography, 2011, 12 (8): 1-8.

[9] Carol. C. Gould. Marx's Social Ontology: Individuality and Community in Marx's Theory of Social Reality [M]. MIT Press, 1978.

[10] DREW, ROSANNA, LEIGH. Migrant ethnic identity and psychological distress [J]. Journal of cross-cultural psychology, 1997, 28 (5): 569-588.

[11] F. V. Lim, K. L. O' Halloran and A. Podlasov, "Spatial pedagogy: mapping meanings in the use of classroom space," Cambridge Journal of Education, 2012, 42 (2): 235-251.

[12] Ho - fung Hung. From Qing Empire to the Chinese nation: an incomplete project [J]. Nations and Nationalism, 2016, 22 (4).

[13] HELEN A, RODERICK L. The relationship between racial identity cluster profiles and psychological distress among African American college students [J]. Journal of Multicultural Counseling and Development, 2000, 28 (4): 194-202.

[14] Hung, HF. From Qing Empire to the Chinese nation: an incomplete project [J]. Nations and nationalism, 2016, 22 (4).

[15] Hoskins A, "From collective memory to memory systems," Memory studies, 2011, 4 (2): 131-133.

[16] Jurgen Habermas, Citizenship and National Identity: Some

Reflections on the Future of Europe [J]. Praxis International 12, 1992.

[17] JERRY H, EVANGElIA B. Other voices, other rooms: Differentiating social identity development in organisational and Pro-Am virtual teams [J]. New Technology Work & Employment, 2010, 25: 154-166.

[18] John U Ogbu, "Origins of Human Competence: A Cultural-Ecological Perspective," Child Development, 1981, 52 (2): 413-429.

[19] June Teufel Dreyer. China's Forty Millions. Cambridge, Mass: Harvard University Press, 1976.

[20] M. T. Griffin, E. M. Atkins. Cicero On Duties [M]. Cambridge, Mass: Cambridge University Press, 1991.

[21] Mccann E J, "Race, Protest, and Public Space: Contextualizing Lefebvre in the U. S. City," Antipode, 2002, 31 (2): 163-184.

[22] Nancy Fraser, Rethinking Recognition [J]. New Left Review, 2000.

[23] Phinney J S. Ethnic identity in adolescents and adults: review of research [J]. Psychological bulletin, 1990.

[24] PHINNEY S. The multigroup ethnic identity measure. A new scale for use with diverse groups [J]. Journal of Adolescent Research, 1992, 7 (2): 156-172.

[25] Prasenjit Duara. Deconstructing the Chinese Nation. Australian Journal of Chinese Affairs, 30.

[26] QIU. Reconstructing China: The Concept of "the Chinese Nation" in Modern China [J]. Journal of Modern Chinese History, 2018, 12 (1).

[27] Roman Szporluk. Communism and nationalism. Karl Marx Versus Friedrich List. Oxford University Press, 1988.

[28] Rogers Tim, "Henri Lefebvre, Space and Folklore," Ethnologies, 2002, 24 (1): 21-44.

[29] Thomas Richard Shannon, An Introduction to the World-System Perspection [M]. West view Press, 1989.

[30] TENG LUO. Modern Governance of the New Corona virus Pneumonia Epidemic Promotes the Modernization of the Chinese National

Community [J]. International Journal of Social Science and Education Research, 2020, 3 (10): 41—49.

[31] Veg, S (Veg, Sebastian). The Rise of "Localism" and Civic Identity in Post handover Hong Kong: Questioning the Chinese nation—state. CHINA QUARTERLY, 2017, 230.

[32] Valk, Aune, and K. Karu. "Ethnic Attitudes in Relation to Ethnic Pride and Ethnic Differentiation," Journal of Social Psychology, 2001, 141 (5): 583—601.

[33] Wang Z. The Chinese Dream: Concept and Context. Journal of Chinese Political Science, 2014, 19 (1).

[34] Woolley Nathan. The Origins of the Chinese Nation: Song China and the Forging of an East Asian World Order [J]. Monumenta Serica, 2020, 68 (2).

[35] Will Kymlicka, Liberalism, Community and Culture [M]. Oxford University Press, 1991.

[36] Will kymlicka and wayne Norman, A Survey of Recent Work on Citizenship Theory [J]. Ethics, 1994, 104 (2).

[37] Yingjie Guo, Baogang He. Reimagining the Chinese Nation [J]. Modern China, 1999, 25 (2).

[38] Zhang Yi. The Variation of The Chinese Image in The Community Consciousness about Tang Poetry [A]. AEIC Academic Exchange Information Centre (China). Proceedings of 2019 5th International Conference on Humanities and Social Science Research (ICHSSR 2019) (Advances in Social Science, Education and Humanities Research, VOL. 319) [C]. AEIC Academic Exchange Information Centre (China): International Conference on Humanities and Social Science Research, 2019: 7.